광고카피창작론

기본원리 편

나남출판

김병희

서울대학교 국어국문학과를 졸업하고
연세대학교를 거쳐 한양대학교 대학원
광고홍보학과에서 광고학 박사학위를 받았다.
대학으로 옮기기 전, 광고회사 선연에서 카피라이터 겸
크리에이티브 디렉터로서 한시절을 보냈다.
미국 일리노이주립대(어바나-샴페인) 교환교수를
역임하였으며, 현재 서원대학교 광고홍보학과 교수이다.
또한, 한국광고학회 이사,
한국광고홍보학회, 한국언론학회, 미국광고학회 회원으로 활동중이다.
지은 책으로는《광고 오디세이》(2006),
《크리에이티브의 길을 묻다》(2004),
《광고와 대중문화》(2000) 등이 있으며,
"광고 창의성 측정을 위한 척도개발과 타당성 검증"(2006),
"가치관의 차이에 따른 국제광고 표현전략 연구"(2006) 등
광고와 관련한 30여 편의 논문이 있다.
이메일: kimthomas@hanmail.net

나남신서 · 1201

광고카피창작론
기본원리 편

2007년 2월 25일 발행
2007년 2월 25일 1쇄

저자 • 김병희
발행자 • 趙相浩
편집 • 방순영 · 정유진
디자인 • 이필숙 · 김지현
발행처 • (주)나남출판
주소 • 413-756 경기도 파주시 교하읍
출판도시 518-4
전화 • 031)955-4600(代)
팩스 • 031)955-4555
등록 • 제1-71호(79.5.12)
홈페이지 • www.nanam.net
전자우편 • post@nanam.net

ISBN 978-89-300-8201-3
ISBN 978-89-300-8001-9 (세트)
책값은 뒤표지에 있습니다.

나남신서 · 1201

광고카피창작론

기본원리 편

김 병 희

NANAM
나남출판

머리말

카피가 파닥파닥

대학에서 광고카피 과목을 강의한 지도 어언 10여 년 이상이 흘렀다. 그 이전에 광고회사 카피라이터로서 날밤을 새며 카피를 쓴 시간까지 합치면, 내 젊은 날은 온통 광고카피와 함께 살아온 셈이 된다. 어쨌든… 새 학기가 되어 매번 새로운 학생들 앞에 설 때마다 나는 늘 좌절하며 괴로워했다. 광고카피라는 것이 과연 가르칠 수 있는 성질의 것인가, 하는 생각들이 강의 도중에도 해변의 포말처럼 문득문득 몰려왔기 때문이다.

이 문제에 대하여 나는 10여 년 넘도록 진지하게 성찰하였다. 예를 들어, 수학 같은 과목은 가르치는 방법에 따라서 일정수준 이상의 성과를 기대할 수 있겠지만, 카피창작은 아무리 좋은 교수법을 활용하더라도 상당한 수준까지 학생들의 카피파워를 끌어올릴 수 있을 것인지 자신이 없었고 도무지 길이 보이지 않았던 터이다. 창작에 관련되는 모든 영역이 그렇듯이, 카피창작을 잘하게 하는 방법에도 정답이 없었기에 학생들의 잠재력을 계발한다는 것이 헛되고도 허망한 욕심으로 보였다.

예를 들어, 카피파워가 학습의 결과가 아니라 타고난 자질이나 직관력에서 나온다는 연구가 있다. 이에 비해 지능과 창의성은 어떤 상관관계도 없으며 학습과 노력 여하에 따라 아이디어 발상과 카피파워가 달라진다는 연구결과도 있다. 그렇다면 카피창작에 있어서 무엇이 정답인가? 그동안 나는 학기마다 바꿔가며 할 수 있는 모든 방법을 다 동원해 보았다. 때로는 카피창작 교과서를 사용하기도 했고, 때로는 다양한 시각자료를 활용하기도 했다. 심지어 일본의 가나사와 공과대학에서 몽고방(夢考房) 시스템을 도입하여 학생들이 마음대로 꿈꾸고(夢) 생각하도록(考) 하듯이, 교과서도 없이 격식도 없이 학생들이 알아서 하도록 하며 해보기도 하였다. 그러나 이 방법도 극소수의 학생들에게만 효과가 있었다.

학생들이 알아서 하도록 하는 것만이 능사는 아니다 싶어, 때로는 여러 방법을 섞어보기도 하였다. 그런 와중에 평생을 창의적으로 살아온 이어령 전 문화부장관을 만나 카피창작의 교수법을 듣게 되었는데, 그순간 그동안의 고민을 정리하며 생각의 반환점을 돌았다. 그는 국내외에서 알아주는 지식인이자 예술가요 창의성 전문가가 아니었던가. 그 역시 젊은 시절 창의성 교육 문제로 고민이 많았지만, 이제는 더 이상 고민하지 않는다고 했다. 그는 이렇게 말했다.

> 그러니까 창조라고 생각할 것 없고, 루틴한 기초지식을 가르치면 돼요. 창조는 자기 스스로 김치처럼 발효가 돼서 나오는 것이지, 처음부터 우리가 발효된 것을 집어넣을 수는 없어요. 그러니까 선생이 그런 김칫독을 만들어주면 발효는 각자가 알아서 해야 하는데, 발효까지 선생이 시키려고 하면 절대 안 돼요. 요즘 교육이 왜 버렸냐 하면 참고서 뒤에 해설을 너무 상세히 달아서 사전도 찾을 필요가 없어요. 너무 친절하고 너무 많이 가르쳐주기 때문에 아이들이 점점 학력이 떨어집니다. 좀 딱딱한 것도 씹을 줄 아는 그런 훈련을 시켜줘야 아이들의 사고력을 키우는데, 선생이 생각한 것을 다 주니까 더 이상 생각할 필요가 없는 거지요. 어려운 것을 스스로 푸는 능력을 길러줘야 하는데 창조교육 시킨다고 암기 안 시키고, 암기교육이 뭐 대단히 잘못된 것이라고들 하는데 저는 생각이 달라요. 제가 발표한 대부분의 창조적인 생각은 초등학교 때 외웠던 이런저런 것들이 새로운 지식하고 결합되어 나온 것입니다. 구구단 외우듯이 암기하는 교육이 주입식 교육이 아니라, 오히려 좋은 글을 쓰게 하고 아이디어를 짜내는 창조적 능력의 거름이 돼요. 우리가 암기교육시키면 비창조적이고 틀에 박힌 교육이라고 그러는데, 기본은 가르치고 그 다음에는 알아서 하도록 놓아둬야 해요. 사실 카피라이팅도 지식이 중요한데 암기를 많이 해놓으면 그 안에서 뭔가 결합되고 그러지, 암기 안 하는 데서 무슨 아이디어나 상상력이 나오겠어요? 메모리라는 것이 암기 그 자체인데, 미술이나 문학도 메모리에서 나오지 않겠어요? 광고에서 아이디어 발상도 마찬가지구요. 예술이 기억에서 나오고 기억력은 반복에서 나오고, 반복을 통해서 창의성이 나와요. 한석봉 어머니가 불 끄고 떡 썬 것이 비창조적 교육 같지만, 한석봉이 깜깜한 방에서 자기 어머니가 떡 썰 듯이 글씨공부를 했기에 파격도 나오고 일탈도 하고 그랬지, 기본도 못하는데 무슨 창조가 되겠어요? 그러니까 기본지식만 가르쳐주고, 그것을 응용할

수 있는 시야를 늘려줘야 해요.

(이어령 · 김병희 대담, "크리에이티브의 길을 묻다 45: 둥지를 떠날 날개를 달자—이어령 ①." 〈광고정보〉 2006년 4월호, pp.70~71).

이어령과의 대담을 통하여 일급 카피라이터가 되려면 타고난 자질도 필요하겠지만, 상당한 수준까지는 체계적인 교육과 본인의 피눈물 나는 노력으로 가능하다는 깨달음을 얻게 되었다. 이후 나는 카피도 가르칠 수 있다는 희망을 조심스럽게 가지며 본격적인 《광고카피창작론》을 써보기로 마음먹었다. 그 이전에도 카피창작에 관련된 교과서를 써보고 싶은 생각이 없었던 것은 아니었으나, 카피창작교육 자체에 회의를 느끼던 터라 '이루어질 수 없는 사랑'으로 끝나고 말았다. 이제, 확신을 갖게 된 이상 다시금 희미한 옛사랑에 불을 지펴 보았다. 그렇다면 학생들에게 어떤 내용을, 어떻게 담아 가르치면 될 것인가? 이 책은 이런저런 고민의 흔적이자 뒤늦은 깨달음의 결실이다.

| 제1장 | "광고의 창조철학"에서는 카피창작의 목적이 보다 창의적인 광고를 만드는 데 있다는 점에 주목하여, 광고 창의성의 개념과 의의를 살펴보고, 외국 광고인의 광고 창조철학과 한국 광고인의 광고 창조철학을 검토해 보았다. 그동안에 나온 여러 광고학 교재를 보면 주로 외국 광고인의 광고에 대한 생각을 중심으로 논의를 전개하였으나, 그것만으로는 우리 광고의 현상을 다 설명하지 못한다. 여기에서는 한국 광고인의 창조철학까지 검토함으로써 그동안 광고학 논의에서 소외된 우리 광고인들을 주류로 편입시켰다.

| 제2장 | "카피창작의 심리학적 원리"에서는 광고 심리학이 카피창작과 어떻게 접목될 수 있는지 그 관련양상을 다각도로 고찰해 보았다. 소비자 심리에 대해 제대로 이해하지 못하고서는 좋은 카피를 쓸 수 없다. 따라서 여기에서는 지각, 학습과 기억, 동기와 가치, 태도, 자아 개성, 라이프스타일, 문화, 그리고 개인적 의사결정 등 광고 심리학의 주요 개념을 살펴보고 카피창작에의 적용 가능성을 탐색해 보았다. 이 부분 역시 우리나라 카피 교재에서 처음으로 시도하는 것으로 독자들에게 유익한 양식이 될 것이다.

| 제3장 | "카피 아이디어 발상법"에서는 보다 효과적인 카피를 쓰는 데 필요한 여러 가지 아이디어 발상법을 살펴보았다. 카피 아이디어의 개념 정의에서부터 시작하여, 영(James Webb Young)의 5단계 발상법, 오스본(Alex Osborn)의 브레인스토밍 기법, 케이플스(John Caples)의

연상적 발상법, 호리겔(George Horigel)의 브레인라이팅 기법, 송치복의 상통일맥풍류도 발상법, 베이커(Stephen Baker)의 201가지 발상법, 포스터(Jack Poster)의 발상법, 기타 아이디어 발상법 등을 조목조목 친절하게 소개하였다. (예비)카피라이터인 독자들은 여러 방법들을 단순히 암기하기보다 실제로 활용해 보는 것이 무엇보다 중요하다.

| 제4장 | "카피창작의 전략과 전술"에서는 카피창작에 필요한 여러 가지 전략적 맥락에 대하여 포괄적으로 검토해 보았다. 광고의 삼각형을 어떻게 그리느냐에 따라 카피창작의 결과가 현저하게 달라진다는 전제하에, 광고전략과 표현전략의 관련 양상, 카피창작 과정, 표현전략의 개념과 모형, 그리고 카피 폴리시(*copy policy*)와 카피 플랫폼(*copy platform*)에 대하여 살펴보았다. 전략을 알고 카피를 쓰는 경우와 전략에 문외한인 상태에서 손끝의 감각으로만 카피를 쓰는 경우는 현격한 차이가 난다는 점을 이 장에서 새삼스레 확인할 수 있을 것이다.

| 제5장 | "카피의 구성요소"에서는 실제 카피창작에 한 걸음 더 나아가 카피의 여러 가지 구성요소에 대하여 보다 깊이 있게 알아보았다. 여기에서는 헤드라인의 개념과 기능, 헤드라인 잘 쓰는 법, 바디카피의 개념과 기능, 바디카피 잘 쓰는 법, 그리고 슬로건의 기능과 특성 등 인쇄광고와 전파광고에 있어서 광고 메시지를 구성하는 카피요소들의 구체적 특성을 체계적으로 설명하였다. 독자들은 이 장을 통하여 어떻게 하면 헤드라인에서 캐치프레이즈에 이르기까지 두루두루 잘 쓸 수 있는지 그 방법을 체득하게 될 것이다.

| 제6장 | "카피창작의 수사학적 원리"에서는 무엇을 '어떻게' 써서 소비자를 설득할 것인지를 규명해 보았다. 카피창작이 언어게임에 의한 의미의 교환이라는 전제하에, 동서양의 수사학적 전통 및 언어학적 지식을 바탕으로 광고 수사학의 정립을 모색하였다. 여러 가지 분류틀을 검토한 다음, 우리나라의 광고 수사학을 비유의 수사법, 변화의 수사법, 강조의 수사법, 소리의 수사법 등 4가지로 대분류하고 31가지 광고 수사법을 제시하였다. 독자들은 이 장에서 광고표현의 아득한 황홀경을 경험하게 될 것이다.

광고 실무에 필요한 지식이란, 대단한 그 무엇이 아니라 우리가 초등학생 때부터 배웠던 국어 과목의 '읽기', '듣기', '쓰기', '말하기'만 제대로 할 줄 알아도 충분히 가능한 상식 수준이 아닐까 싶다. 일상생활에서도 제대로 읽고, 듣고, 쓰고, 말하기란 생각만큼 쉽지 않지만, 그렇다고 그렇게 어려운 일만도 아니다. 광고에서 《광고기획론》이 상품 · 시장 · 소비자 '읽기'에, 《소비자행동론》이 소비자의 소리 '듣기'에, 《프레젠테이션론》이 광고주와 소비자에게 '말하기'에 해당된다면, 《카피창작론》은 소비자에게 러브레터를 보내는 '쓰기'에 해당되지 않겠는가.

이 책은 이상의 네 가지 중 '쓰기'에 해당된다. 이 책에서는 효과적인 실무능력 배양에 필수적인 카피창작의 기본원리를 제공하는 데 가장 공을 들였다. 기본원리를 모르고서도 카피를 쓸 수는 있겠지만, 기본이 튼튼하지 않으면 언젠가는 그 기반이 무너지게 마련이다. 사회심리학자 커트 르윈(Kurt Lewin)이 "훌륭한 이론보다 더 실용적인 것은 없다"고 했듯이, 이 책에서 제시하는 훌륭한 기본원리들은 카피라이터의 자질을 향상하고 보다 효과적인 카피를 쓰게 하는 데 꼭 필요한 매우 실용적인 지식이다. 소비자에게 러브레터를 보낼 때 '쓰기'의 재료들을 어떻게 버무려야 하는지를 알려주는 기본원리를 잘 익혀 독자 여러분의 것으로 만들기를 바란다. 이 책이 기본원리 설명에 치중한 《광고카피창작론: 기본원리 편》이라면, 매체에 따라서 카피가 어떻게 달라지는지를 알아보는 《광고카피창작론: 매체활용 편》은 다음 기회를 기약하고자 한다.

이 책이 나오기까지 이런저런 곡절이 있었다. 나의 부족한 됨됨이에도 불구하고 귀한 인연을 엮어 주신 나남출판의 조상호 사장님께 가슴 깊은 곳으로부터 감사의 마음을 전하며, 정성을 다해 책의 꼴을 갖춰 주신 방순영 편집부장님과 디자인 감각을 발휘해 주신 이필숙 실장님께도 감사드린다. 그리고 초고상태에서 원고를 꼼꼼히 읽고 이런저런 조언을 해주신 김동규(동명대), 오창일(서울예대), 이현우(동의대) 교수님께도 인사를 드린다. 여러 교수님들의 세세한 지적은 책의 방향을 잡을 때 큰 도움이 되었다.

카피창작이란 길 없는 길을 찾아나서는 순례자의 여정과 같다. 이 책에 소개된 지식을 단지 알고 이해하는 것만으로는 턱없이 부족하다. 여기에 독자 여러분의 땀과 열정을 부지런히 더해서 자기 것으로 만들기를 바란다. 경험 많은 낚시꾼이 손맛만으로도 바늘에 걸린 물고기의 크기를 가늠할 수 있듯이, 독자 여러분 역시 카피창작의 진면목을 자기만의 말맛으로 드러내는 그날을 가급적 빨리 만들기를 기대한다. 그리하여, 그물에 걸린 씨알 굵은 물고기가 힘차게 몸부림치며 파닥거리듯이, 독자 여러분이 쓴 카피 역시 소비자의 눈과 귀에 걸려 힘차게 파닥거리기를 기대한다. 파닥파닥, 힘차게 파닥거리는 카피를 쓸 그날을 위하여….

2007년 2월

김 병 희

나남신서 · 1201

광고카피창작론
기본원리 편

차 례

제 1 장

광고의 창조철학

"논리가 좌절된 곳에서 창작이 시작된다." -김태형

"광고는 젊은이의 비즈니스가 아니라, 젊은 마음의 비즈니스이다." -핼 스티빈스

- **광고에서의 창의성**
  - 광고 창의성의 개념
  - 광고 창의성의 평가준거
  - 광고 창의성의 영향요인
- **외국 광고인의 광고 창조철학**
  - 로서 리브스
  - 데이비드 오길비
  - 윌리엄 번벅
  - 레오 버넷
- **한국 광고인의 광고 창조철학**
  - 김태형
  - 윤석태
  - 이강우
  - 박우덕

카피라이팅이란 단순히 광고에 대한 글쓰기일까? 카피라이팅이 광고에 대한 단순한 글쓰기라면 글을 잘 쓰는 작가나 기자들이 광고창작에 참여하는 것이 타당할 것이다. 그러나 세계의 광고사를 검토해보면, 작가나 기자들이 카피라이터로 직업을 바꾼 경우 성공한 카피라이터로 평가받는 사례가 매우 드물다. 이 말은 카피라이팅이 광고 글쓰기 이상의 그 어떤 전문적인 창작행위라는 것을 반증한다.

그렇다면 카피라이팅이란 상품전략적 글쓰기일까? 아니면 예술적 글쓰기일까? 이에 대한 대답은 복잡하고 어려운 종합적 판단을 요구한다. 모든 광고전략은 결국 보다 효과적인 광고물을 창작하는 데 바쳐진다고 할 것이다. 예술을 위한 예술이 대중적 공감대 형성에 실패하였듯이 전략 그 자체만을 위한 광고전략은 소비자 심리를 움직이기 어렵고 상품판매에 기여할 수도 없기 때문이다. 자동차를 운전할 때, 운전만 잘하면 될 것이지 차량구조나 엔진의 작동원리 등에 대해 전문가들이 아는 수준까지 알아야 할 이유는 없다. 이와 마찬가지로 소비자 입장에서는 전략의 최종적 결과물인 광고크리에이티브만 보면 되는 일이지 전략과 창작원리를 굳이 알아야 할 이유는 없다. 광고를 본 소비자들이 광고 메시지에 공감하고 구매행동을 시도하면 이로써 광고효과가 나타난다고 할 수 있다.

광고회사에서 광고 창작자의 역할을 중요시하는 까닭은 그들이 특별히 잘났다거나 기획팀이나 매체팀에 비해 일을 더 많이 해서가 아니라, 소비자와의 최종적 접점인 광고물을 만드는 과정에 직접 참여하기 때문이다. 특히, 카피라이터는 광고 창작의 중심에 서서 단지 카피를 쓰는 이상의 다양한 업무를 진행한다는 점에서 갈수록 그 역할이 중요해지고 있다.

카피라이팅이 단순히 광고에 대한 글쓰기인지, 상품전략적 글쓰기인지, 아니면 예술적 글쓰기인지에 대한 일반적인 정답은 없다. 다만 이 세 가지 정의 중 어느 것 하나도 카피창작의 특성을 모두 포괄할 수 없다는 점만은 분명하다. 또한, 카피창작에서 광고 창의성이란 무엇이며, 창의적 광고의 평가방법은 무엇이며, 광고 창의성에 영향을 미치는 요인이 무엇이냐에 따라 카피창작의 방향도 달라질 것이다. 따라서 이 장에서는 광고 창의성에 대한 종합적 이해를 바탕으로, 외국과 한국의 광고 창작자들이 생각하는 광고창조 철학을 비교 검토함으로써 카피창작에 필요한 철학적 기초를 탐색해본다.

광고에서의 창의성

창의성(*creativity*)을 배제하면 광고는 존재할 수 없다. 여러 연구에 의하면, 창의적 광고는 브랜드 자산을 형성하고 판매효과에 일정한 영향을 미친다고 한다. 따라서 광고에서의 창의성은 광고효과의 전제조건이 될 때가 많은 것이다. 그렇다면 어떤 광고가 창의적 광고이며, 창의적 광고물은 어떤 기준으로 평가하고, 광고인의 창의성 형성에 영향을 미치는 요인들은 무엇일까?

광고 창의성의 개념

광고에서 가장 중요하고 재미있는 주제 가운데 하나가 창의성이다. 일찍이 오길비(Ogilvy, 1983)가 "팔리지 않는 광고는 창의적이지 않다"[1]고 언급한 바와 같이, 광고 창의성은 브랜드 커뮤니케이션에 영향을 미치는 주요 요인 중의 하나이며, 광고효과는 광고표현의 창의성 여부에 따라 달라질 수 있다. 일반적인 창의성 개념들은 창의성의 네 가지 측면(*product, process, person, persuasion*) 가운데 어느 한 부분을 강조한 것이라 할 수 있으나,[2] 광고에서 크리에이티브 혹은 창의성이라는 용어는 너무 광범위한 개념으로 쓰이고 있다. 광고 창의성의 개념은 애매하다는 입장이 광고의 창작과정에서 자주 발견되기도 한다.

광고학 영역에서 창의성이라는 용어가 너무 광범위한 개념으로 쓰이는 상황에서, 일반적 창의성과 광고 창의성을 같은 개념으로 보는 연구자들도 있는가 하면,[3] 다른 개념으로 보는 연구자들도 있다.[4] 그러나 광고창작은 상품판매나 정보제공 또는 소비자

---

1. David Ogilvy(1983). *Ogilvy on Advertising*. New York, NY: Crown Publishing.
2. 곽원섭 · 차경호(2001). "창의성을 위한 자원과 광고교육." 〈광고연구〉 53, pp.7~29.
3. 유창조 · 김광수 · 신강균 · 김철민 · 이화자(2001). "광고 창의성의 구성 및 선행요인에 관한 연구." 〈광고학연구〉 12(3), pp.125~143.
4. 김병희(2002). "광고 창의성에 관한 현상학적 연구." 〈광고연구〉 55, pp.183~207.

설득을 전제로 한다는 점에서 광고 창의성의 개념은 일반적 창의성의 개념과 다르다.

일반적으로 창의성이란 어떤 집단에 의해 독특하고(*novel*) 적합한(*appropriate*) 것으로 인정받는 아이디어나 상품을 창출하는 개인의 능력으로 정의된다.[5] 그러나 광고에서 창의성은 낡은 요소들을 새롭게 조합하는 것이며,[6] 이전에 생각했던 어떤 것과 전혀 무관한 다른 것을 만드는 것이 아니라 과거 익숙한 것을 새롭게 재정리하여 전혀 무관한 사물 사이의 관련성을 제시하는 기본적이고 과학적인 능력이다. 창의적인 사람들은 새로운 생각을 창조하지는 않고 오히려 자신의 마음에 이미 존재하는 생각들을 새롭게 조합할 뿐이다.[7] 이상은 연상과정(*associative process*)이 광고 창의성에 직접 관계된다는 관점인데, 이에 따라 광고 창의성이란 새롭고 관련 있는 아이디어를 생산하기 위해 뭔가 다른 어떤 것과 연결시키는 능력이라고 할 수 있다.

이런 관점과는 달리 경쟁관계에서의 문제해결책이나 상호작용 시스템으로 보는 입장들도 있다. 광고 창의성은 경쟁적 혜택을 독특하게 극화하거나 실연하는 아이디어이며, 문제점 및 해결책을 제시하고 그것을 표현하는 방식과 아이디어이다. 창의성은 개인의 행동이나 의식에 의한 결과가 아니라 특정분야나 사회단체, 아이디어나 콘텐트를 발산하는 문화적 영역, 그리고 그 영역 속에서 변화를 주도하는 개인, 이 세 가지가 상호작용하는 사회적 시스템에서 발현된다.

그동안 이루어진 연구성과를 종합하면 광고 창의성의 개념은 대체로 연상과정, 문제해결책 제시, 상호작용 시스템 등 세 가지 관점으로 구분할 수 있다.

첫째, 연상과정이 창의성에 직접 관련된다는 관점을 보면, 광고 창의성이란 판매 아이디어 창출을 위해 다른 것과 연결하는 능력이며,[8] 낡은 요소들을 새롭게 조합하는 감각이며(Young, 1975), 무관한 요소들을 새롭고 의미 있게 연결하되 상관성, 신뢰성, 호감을 형성하는 재능이며,[9] 익숙한 사물이나 개념을 새로운 의미로 해석하여 상호 관

---

5. Marieke de Mooij(2004). *Consumer Behavior and Culture*. Thousand Oaks, CA: Sage, p.198.

6. James Webb Young(1975). *A Technique for Producing Ideas*. Lincolnwood, IL: NTC Business Books.

7. Alex F. Osborn(1963). *Applied Imagination* (3rd Ed.). New York, NY: Scribners.

8. James L. Marra(1990). *Advertising Creativity: Techniques for Generating Ideas*. Englewood Cliffs, NJ: Prentice-Hall. pp.52~63.

련성을 제시하는 과학적 능력이다.[10]

둘째, 연상과정과는 달리 창의성을 문제해결책 제시로 규정한 연구관점을 보면, 일반적 창의성은 참신하고 적절하게 결과를 창출하는 능력이나 상호작용 과정을 의미하며,[11] 광고 창의성은 경쟁적 혜택을 독특하게 제시하는 동시에 문제점과 해결책을 제시하고 이를 표현하는 방식과 아이디어이다.

셋째, 광고 창의성을 상호작용 시스템의 과정으로 보는 연구에서는 창의성이란 선천적 통찰력이 아닌 사회체계를 기반으로 하는 지적 노력의 결과로 간주한다.[12] 따라서 창의성은 개인의 행동이나 의식에 의한 결과가 아니라 특정분야나 사회단체, 아이디어나 콘텐츠를 발산하는 문화적 영역, 그리고 그 영역 속에서 변화를 주도하는 개인 등 3가지가 상호작용하는 사회적 시스템에서 발현된다는 것이다.[13]

광고 창의성의 평가준거

광고물의 창의성을 판단하려면 평가준거를 고려해야 한다. 이전에 보고 듣지 못한 반응을 발생시켰는가, 행동계획에 근거하는가, 효과적이며 놀라운가 등 여러 준거가 있으나, 광고 창의성의 평가준거는 연구자에 따라 상이하다. 광고업계에서도 광고회사에 따라 광고 창작자의 주관적 기준을 적용하여 창의성을 평가한다. 네이플스(Naples, 1979)가 광고노출의 효율적 빈도와 관련된 연구들을 종합 정리하면서 내린 12가지 결론의 하나는 광고 캠페인 효과의 소멸현상은 과도한 노출빈도에 기인하기보다 카피나

9. Leo Burnett(1995). *100 Leo's: Wit and Wisdom from Leo Burnett.* Chicago, IL: NTC Business Press. pp.52~72.
10. Jaafar El-Murad, & Douglas C. West(2004). "The Definition and Measurement of Creativity: What Do We Know?" *Journal of Advertising Research* 44(2), pp.188~201.
11. Craig E. Johnson, & Michael Z. Hackman(1995). *Creative Communication: Principles & Applications.* Prospect Heights, IL: Waveland Press.
12. 서기원 역(1995). 《18인의 광고 천재들》. 서울: 김영사.
13. Mihaly Csikszentmihalyi(1999). "Implications of a Systems Perspective for the Creativity." in Robert J. Sternberg (Ed.). *Handbook of Creativity.* New York, NY: Cambridge University Press. pp.313~335.

내용 요인에 의해 발생되므로 광고 메시지의 질에 대한 연구가 빈도에 관한 연구만큼 중요하다[14]는 것이다.

이러한 주장은 광고 창의성의 요인 및 평가준거에 대한 연구를 촉구하는 내용인데, 광고의 기능에 대한 관점에 따라서 광고 창의성의 평가준거가 달라질 것이다. 예컨대, 시장지배 모델의 관점에서는 광고의 기능을 설득 커뮤니케이션의 척도로 보는 반면, 시장경쟁 모델의 관점에서는 광고를 본질적으로 정보제공의 척도로 보기 때문에, 광고 창의성의 평가기준 역시 관점에 따라 차이가 있을 수 있다.

광고회사 디디비니드햄(DDBNeedham)은 상관성(*relevance*), 독창성(*originality*), 충격성(*impact*)을 광고 창의성의 평가준거로 제시하였다. 영 앤 루비컴(Young & Rubicam)은 광고 창의성의 평가와 관련하여 하나의 룰과 다섯 가지 원칙을 제시하였다. 즉, 하나의 룰은 AQRI(Arouse Quick Related Interest)이며, 다섯 가지 원칙은 SCORE(Simplicity 단순성, Credibility 신뢰성, Originality 독창성, Relevance 상관성, Empathy 공감성)인데, 이때 5점 만점에 각각의 원칙을 충족시키면 1점을 주는 형식으로 광고 창의성을 평가하였다.[15]

전설적인 카피라이터 번벅(William Bernbach)은 독창성(*inventiveness*), 매력성(*attractiveness*), 영리함(*cleverness*)을 광고 창의성의 평가준거로 삼았으며, 다른 연구에서는 빅 아이디어가 있는가, 표현주제가 있는가, 상품과의 연관성이 있는가, 진부하지 않은가, 상품을 실연해 보이는가, 신뢰성이 있는가를 제시하며 광고물 승인 전에 반드시 검토할 것을 권고하였다. 최근 들어, 영(Young, 2000)은 카피라이터와 아트디렉터들에 대한 조사결과를 보고하며 단순하고, 직접적이며, 참신하고, 독창적인 표현이 광고물의 창의성을 평가하는 준거라고 하였다.[16]

이밖에도 마라(Marra, 1990)는 창의적 광고 아이디어의 요체를 포괄적으로 검토한

---

14. Michael J. Naples(1979). *Effective Frequency: The Relationship between Frequency and Advertising Effectiveness*. Association of National Advertisers Inc.

15. 김광규 · 최동만 · 손훈수 역(1998). 《크리에이티브 워크샵》. 서울: 한국광고연구원; Norins, Hanley (1990). *The Young & Rubicam Traveling Creative Workshop*. Englewood Cliffs, NJ: Prentice-Hall.

16. Charles E. Young(2000). "Creative Differences between Copywriters and Art Directors." *Journal of Advertising Research* 40(3), pp.19~26.

다음 애드놈스(ADNORMS) 개념을 제시하였다. 그는 창의적 광고가 소비자의 주목을 끌고 브랜드 상기도를 높인다고 보고, 적용성(*Adaptability*), 영속성(*Durability*), 새로움(*Newness*), 단일성(*Oneness*), 상관성(*Relevance*), 기억성(*Memorability*), 단순성(*Simplicity*)을 광고 창의성의 평가기준으로 제시하였다. 여기에서 적용성이란 구매시점 광고에서 텔레비전 광고에 이르기까지 어떤 매체에서나 개작이 가능하고 적용할 수 있는 아이디어이며, 영속성은 예컨대 말보로 담배의 카우보이 상징처럼 장기간 지속할 수 있는 카피나 비주얼이며, 참신성은 전혀 기대하지 않았던 뜻밖의 아이디어로 주목을 끄는 기발한 표현요소이다. 또한, 단일성은 여러 가지 메시지가 아닌 하나의 메시지를 사용함으로써 소비자들이 쉽게 기억하도록 하는 집약적 표현주제이며, 상관성은 소비자가 자신의 이야기로 받아들이도록 상품을 관련시키는 아이디어이며, 기억성은 소비자가 장기간 기억할 수 있도록 하는 아이디어이며, 단순성은 한 번에 이해될 수 있는 단순하고 분명한 아이디어라는 것이다.

광고 창의성의 평가준거에 대한 국내 연구를 보면 메시지의 적절성과 메시지 표현방법의 역할을 분석하고 있는데, 이들 연구에서는 광고의 여러 구성요소들에 대한 호의적 비호의적 평가가 광고효과에 유의한 영향을 미친다고 한다. 창의적 광고가 소비자 반응을 일으키는 심리학적 메커니즘을 탐색한 연구에서는 창의적 광고의 특성으로 광고 독창성, 브랜드 관련성, 광고의 완성도와 짜임새, 소비자의 공감성을 들고 있다.[17] 즉, 창의적 광고란 독창적이며 짜임새 있고 상표와 어울리며 소비자의 공감을 얻을 수 있는 광고라는 것이다.

유창조(2000)는 광고에 대한 평가요인의 구조를 분석하고 광고에 대한 평가요인이 광고에 대한 태도에 영향을 미치는 과정을 설명하였다. 즉, 광고에 대한 평가는 광고의 소구유형과 관계없이 독특함, 산만함, 명료함, 유익함 등 네 가지로 요인으로 요약되며 이들 요인은 각각 독립적 요인으로 구성된다는 것이다.[18]

---

17. 성영신 · 이일호 · 허연주 · 이지량(2002). "창의적 광고의 심리학적 메커니즘." 《한국광고학회 2002 연차학술대회 논문집》. 한국광고학회. pp.60~70.

18. 유창조(2000). "광고에 대한 평가요인의 효과에 관한 연구." 〈광고학연구〉 11(1), pp.35~51.

한편, 광고주, 광고회사, 그리고 소비자의 입장에 따라 광고의 창의성을 평가하는 기준이 다를 것으로 예상된다. 예컨대, 화이트와 스미스(White & Smith, 2001)는 인쇄광고에 대한 광고 전문가들의 평가와 일반인들의 평가가 다른지 알아본 결과, 광고 전문가와 대학생 및 일반인들의 광고에 대한 평가는 유의한 차이가 나타났으며 인구통계적 변인에 따라서도 차이가 있었다.[19]

또한, 코버와 제임스 및 소너(Kover, James, & Sonner, 1997)는 광고내용에 대한 광고 전문가의 반응과 시청자의 반응에 차이가 있다고 보고하였다. 즉, 시청자들은 광고를 의도적으로 보지 않고 단지 우연히 보기 때문에 전문가의 평가와 다르다고 보고 광고 크리에이티브는 대체로 소비자와의 연계에 실패한다고 분석하였다.[20] 앨트섹(Altsech, 1996)은 창의적 광고에 대한 평가에서 전문가의 판단보다는 소비자의 판단이 중요하다고 하였다. 이상의 연구결과는 광고 창의성의 평가에서 광고 주관영역(광고주, 광고회사, 소비자)에 따라서 평가기준이 다르게 나타날 수 있음을 시사한다.

광고 창의성의 본질은 '생산성' 처럼 명쾌하게 파악되는 개념이 아니며, 쉽게 조작되거나 통제되지도 않아 수량화에 어려움이 있으며, 실전적 응용차원의 광고 창작과정 자체가 광고 창의성의 영향요인이며 평가준거이기 때문에 광고물의 분석이나 평가자체가 이미 창작행위 정신에 위배된다는 보기도 한다. 실무적 차원에서도 광고회사에 따라, 광고 창작자에 따라 주관적 기준을 적용하여 광고의 창의성을 평가하기도 한다.

이상에서 알 수 있듯이 광고 창의성의 평가준거는 다양하지만 일반적으로 적용할 만한 척도가 부족하였다. 김병희와 한상필(2006)은 신뢰도와 타당도가 확보된 광고 창의성 측정척도가 부족하다는 점에 주목하여, 광고주, 광고회사, 소비자 집단을 대상으로 다각적 접근법을 시도하여 광고물의 창의성 측정을 위한 척도를 개발하였다.

---

19. Alisa White, & Bruce L. Smith(2001). "Assessing Advertising Creativity Using the Creative Product Semantic Scale." *Journal of Advertising Research* 41(6), pp.27~34.

20. Arthur J. Kover, William L. James, & Brenda S. Sonner(1997). "To Whom Do Advertising Creatives Write? An Inferential Answer." *Journal of Advertising Research* 37(1), pp.41~53.

연구결과, 〈표 1-1〉에 제시한 바와 같이 7점 척도로 구성된 4개요인 15항목의 광고 창의성 측정척도가 도출되었다(김병희 · 한상필, 2006: 32). 이 연구에서는 선행연구들에서 간과한 신뢰도 및 여러 가지 타당도를 검증하여 새로 개발한 광고 창의성 척도가 전반적으로 타당하다는 결론을 얻었다.[21] 자료분석 결과 나타난 광고 창의성의 4가지 구성요인의 내용을 보다 구체적으로 설명하면 다음과 같다.

〈표 1-1〉 광고 창의성 측정척도의 구조

요 인	항 목	사례수	평균(m)	표준편차(sd)	평균의 표준편차
독창성	뜻밖이다	447	3.70	1.523	.07
	혁신적이다	444	3.66	1.600	.08
	개성적이다	448	4.08	1.708	.08
	독특하다	450	4.31	1.747	.08
적합성	표현이 제품과 어울린다	450	4.83	1.461	.07
	부적절하다★	451	4.75	1.390	.07
	만족스럽다	451	4.73	1.454	.07
	못 만들었다★	450	4.66	1.520	.07
명료성	이해하기 쉽다	446	5.06	1.354	.06
	분명하다	447	4.84	1.407	.07
	간결하다	449	4.75	1.495	.07
	내용을 즉각 알았다	449	4.73	1.532	.07
상관성	구체적인 정보가 있다	449	3.53	1.482	.07
	제품의 혜택이 있다	451	3.74	1.608	.08
	제품의 특성을 알았다	451	3.99	1.478	.07

★은 역항목(*reverse-scored item*)이다.

21. 김병희 · 한상필(2006). "광고 창의성 측정을 위한 척도개발과 타당성 검증." 〈광고학연구〉 17(2), pp.7~41.

독창성*originality* 광고내용이 얼마나 놀랍고 혁신적이며 개성적이고 독특한가를 나타내는 요인으로(놀라움, 혁신감, 개성감, 독특함), 광고표현에서의 새로움과 유사한 개념이다. 이는 선행들에서도 광고 창의성의 가장 중요한 구성요인으로 자주 언급되었다.

적합성*appropriateness* 광고표현이 얼마나 상품과 어울리며 적절하며 만족스럽고 정교한가를 나타내는 요인으로(조화도, 적절함, 만족감, 정교함), 광고표현에 서의 완성도를 의미한다. 이 요인은 앨트섹(Altsech, 1996)의 연구에서도 광고 창의성을 담보하는 하나의 조건으로 언급되었다.

명료성*clarity* 광고내용이 얼마나 이해하기 쉽고 분명하며 간결하고 즉각 알 수 있는가를 나타내는 요인으로(이해도, 분명함, 간결함, 간파함), 광고표현의 명쾌함을 의미한다. 이는 선행연구들에서 언급된 단순성과 유사하나, 김병희와 한상필(2006)의 연구에서 추출된 개념으로 단지 간결한 표현 이상의 정확하고 분명한 메시지 전달력을 강조한다는 점에서 단순성보다 상위개념이다.

상관성*relevance* 광고내용에 상품에 대한 구체적 정보나 혜택 또는 특성이 얼마나 있는가를 나타내는 요인으로(정보도, 혜택감, 특성감), 광고내용이 상품과 관련되는 정도를 의미한다. 이는 선행연구들에서도 자주 언급되었으며, 상품과의 관련성을 알아본다는 점에서 일반적 창의성과 광고 창의성을 구분하게 하는 근거가 되기도 한다.

한편, 김병희와 한상필(2006)의 연구에서 독창성, 적합성, 명료성, 상관성이 광고 창의성을 어느 정도나 판별(구별)해 주는지 그 상대적 중요도를 알아본 결과, 독창성(.571), 적합성(.565), 상관성(−.169) 순이었으며, 명료성은 제외되었다. 이러한 결과는 명료성이 광고 창의성을 구성하는 주요인의 하나이지만 매우 창의적인 광고와 별로 창의적이지 않은 광고를 판별하는 데에는 설명력이 없다는 것으로 볼 수 있다. 판별계수에서 '독창성'과 '적합성'의 차이는 불과 .006밖에 나지 않았는데, 이는 광고 창의성의 판별에서 적합성이 독창성과 거의 비슷한 수준으로 중요하다는 의미이다.

따라서 독창성 항목인 "놀랍고" "혁신적이며" "개성적이고" "독특한" 표현 못지않게, 적합성 항목인 "표현이 제품과 어울리고" "적절하며" "만족스러우며" "완성도 높게 잘 만든" 광고가 필요하다고 하겠다. 앨트섹(Altsech, 1996)의 연구에서도 독창성과 적합성이 광고 창의성의 주요 구성요인이라는 결과가 보고된 바 있는데, 적합성이 광고 창의성의 주요 구성요인이고 광고효과에도 영향을 미치는 주요인이라는 사실은 본 연구에서 나타난 주요 시사점이다. 그동안 광고 실무계에서는 독창성 요인을 자주 강조하며 '창의적 광고 = 독창적 광고' 라는 관점이 팽배하였는데, 이 연구결과에 의하면 창의적 광고를 창작하기 위해서는 독창성 요인 못지않게 적합성 요인을 적극적으로 고려할 필요가 있다고 하겠다.

광고 창의성의 영향요인

광고 창의성은 선천적 자질인가, 아니면 후천적으로 계발되는 요인인가? 창의성 형성에 관한 연구경향을 보면, 개인이 속한 조직이나 사회 시스템과 관련지어 설명하는 연구와 개인적 요인에 관한 연구로 대별되며, 연구자들은 창의성에 영향을 미치는 조직의 역할과 개인적 영향력을 강조하였다.

광고 아이디어 발상에서 상상력의 중요성이 의문시되기도 하나, 창의적 광고인들이 놀라운 아이디어를 얻기 위해 내적 성찰과 직관에 대한 믿음을 권고할 필요가 있다. 개인적 요인의 영향을 보면, 내적 동기화, 개성, 인지능력, 인지 스타일, 지식, 경험, 배경이나[22] 지적 능력, 지식, 인지스타일, 창의적 성격, 동기, 환경이 개인의 창의성 계발에 영향을 미치는 것으로 보고하고 있다. 브레인스토밍의 창시자 오스본(Alex Osborn)은 자신과 동료들의 경험을 바탕으로 광고 창의성의 발현과정을 문제점 파악,

22. Joanne M. Klebba, & Pamela Tierney(1995). "Advertising Creativity: A Review and Empirical Investigation of External Evaluation, Cognitive Style and Self-Perceptions of Creativity." *Journal of Current Issues and Research in Advertising* 17(2), pp.33~52.

관련자료 수집, 분석, 아이디어 발상, 아이디어 숙성, 개별 아이디어의 종합, 평가 등으로 체계화시켰다.[23]

또한, 광고 창의성의 발현에서 여러 연구자들은 광고 창의성이 후천적 노력을 통하여 계발될 수 있다고 본다. 또한, 전혀 무관한 사물들끼리 새롭고 의미 있는 관계를 형성시키며 그러한 관계형성 방식에서 상관성, 믿음, 호감을 유지하되 새롭고 신선한 관점으로 제시하는 노력을 반복하면 광고 창의성이 향상된다고 한다. 많은 사람들이 저절로 창의적 아이디어가 떠오른다고 생각하는데 이는 잘못이며, 광고 창의성은 끈질기고 치밀한 지적 활동의 최종적 산물이라 꾸준한 노력에 의해 영감이 떠오른다고 할 수 있다.[24]

결국 광고 창의성은 선천적 직관력에서 나오지 않고 끊임없는 지적 노력에서 나오기 때문에, 카피라이터들은 분석적 사고방식을 바탕으로 창조적 상상력 훈련을 수시로 해야 한다. 또한, 광고 창의성 향상을 위하여 카피라이터는 주변 사물에 대한 호기심을 바탕으로 논리적 사고력을 키워야 하며 시각적 표현과 언어적 표현을 조화시키는 연습을 평소에 자주 해야 한다.

광고실무에서는 이상에서 논의된 여러 광고 창의성의 평가준거들과 광고 창의성의 영향요인을 광고 창작과정에 반영하면 보다 창의적인 광고물을 만들 수 있을 것으로 예상된다. 사람에 따라서 창의적 광고물은 개인의 직관적 상상력에 따라서 나오기 때문에 그런 평가준거를 사전에 고려하면 오히려 창의성의 발현에 장애요인이 된다고 생각하는 경우도 있을 수 있겠으나, 크리에이티브도 효율을 추구한다는 점에서 일반화하기 어렵다.[25] 대신에 위에서 설명한 광고 창의성의 평가준거를 고려하고 이를 어떤 가이드라인으로 삼아 카피(광고)를 창작한다면 보다 창의적인 광고를 만들 가능성이 높다.

---

23. Alex F. Osborn(1963). *Applied Imagination* (3rd Ed.). New York, NY: Scribners.
24. 김병희(2004). 《크리에이티브의 길을 묻다》. 서울: 살림출판.
25. 김병희(2006). "광고 창의성 평가에 대한 비평과 전망." 김병희 외, 《방송광고와 광고비평》. 파주: 나남출판, pp.109~133.

외국 광고인의 광고 창조철학

창조철학의 검토에 앞서, 광고학계나 광고업계에서 무의식적으로 쓰고 있는 크리에이티브(*creative*) 또는 제작이라는 용어의 의미를 먼저 살펴보자. '크리에이티브' 란 일반적으로 '창조적' 또는 '독창적' 의 뜻을 가진 형용사인데, 광고업계에서는 광고제작이라는 명사적 의미로 사용하고 있다. 그러나 무한한 상상력과 창의력으로 수용자의 구매욕을 유발해야 하는 업무성격으로 볼 때, 제작(制作)이라는 말보다 창작(創作)이라는 용어가 크리에이터의 정신구조와 아이디어 발상과정을 보다 정확히 나타낸다.

광고 한 편을 만드는 과정은 공장에서 똑같은 상품을 수십만 개 찍어내는 제작의 성격보다 예술가의 창작과정에 더 가깝다. 따라서 문예제작(文藝制作)이라는 말 대신 문예창작(文藝創作)이라는 용어가 통용되듯이 광고현장에서도 '제작' 대신 '창작' 이라는 말을 쓰는 것이 바람직하다. 또한, 광고제작은 '광고창작' 으로, 크리에이터는 '광고 창작자' 로 사용하는 것이 창의성을 추구하는 광고인들의 창작정신을 보다 구체적으로 나타낸다고 하겠다.

근대광고는 1800년대 이후 미국 광고를 중심으로 본격적으로 발전하였다. 근대광고의 발전과정을 보면, 보다 창의적이며 효과적인 광고물 창작은 언제나 동시대 광고인들의 꿈과 이상향이었다. 그렇기 때문에 창의적 광고의 개념이 무엇이며, 이에 대한 광고 선구자들의 생각이 어떻게 변했는지를 검토하다 보면 후배 광고 창작자들에게 여러 가지 교훈을 남겨줄 것이다.

그동안 광고학계와 광고 실무계에서 언급된 광고의 창조철학을 종합하면 대체로 '광고 = 과학' 또는 '광고 = 예술' 이라는 두 가지 관점이 제시되고 있다. 광고 연구자의 학문적 경향이나 광고 실무자의 업무 스타일에 따라 그동안 두 가지 관점이 지지되거나 반박되었다. 각각 팽팽한 긴장관계를 유지하면서 광고 창조철학의 핵심쟁점이 되었으나, 제각기 긍정적 영향을 미치며 카피파워 향상에 기여하였다고 할 수 있다. 두 가지 관점은 광고창작에서 과연 어떤 법칙이 있을 수 있는지 아니면 법칙이란 불필요한 것인지에 대한 쟁점을 제기하며 21세기에 들어서도 여전히 논쟁이 계속되고 있다. 1950년대 이후, 광고 창조철학의 형성과 정립에 영향을 미친 주요 관점의 역사적전개

과정을 개략적으로 고찰하면 다음과 같다.[26]

1950년대 고유판매제안 (USP)	상품마다의 독특한 판매 소구점을 제안할 필요가 있음이 강조되던 시대로, 로서 리브스(Rosser Reeves)가 제시한 고유판매제안(USP) 개념이 이 시대의 대표적 창조철학이다.
1960년대 브랜드 이미지	각각의 브랜드는 고유한 이미지를 구축할 필요가 있음을 자각한 시대로, 데이비드 오길비(David Ogilvy)와 레오 버넷(Leo Burnett)이 대표적 광고인이다.
1970년대 포지셔닝	마케팅은 인식의 싸움이라는 관점에서 브랜드의 상대적 위치를 중시한 시대로, 잭 트라우트(Jack Trout)와 알 리스(Al Ries)의 포지셔닝 이론이 이 시대를 대표한다.
1980년대 사회적 책임성	광고의 사회적 책임(*social responsibility*)을 강조하고 광고 메시지의 진실성을 추구하는 시대로, 밥 레빈슨(Bob Levenson)의 광고철학이 대표적이다.
2000년대 이후 기호의 정박	현대 기호학 이론을 바탕으로 개별 브랜드에 적합한 기호의 의미작용을 모색함으로써 기호의 정박(碇泊, *anchoring*)기능에 주목하고 이를 강조하는 시대이다.[27]

---

26. 리대룡(1990). "광고 크리에이티브와 창조철학." 한국언론연구원 편(1990). 《세계의 광고》(한국언론연구원 총서 9). 서울: 한국언론연구원. pp.162~199.

27. 21세기에 들어서는 아직 뚜렷한 광고 창조철학이 정립되지 않고 있으나, 필자는 21세기의 첫 20년간이 '기호의 정박' 시대가 될 것으로 본다. 지구촌이 영상문화의 르네상스 시대로 접어들면서 기호학은 광고 표현영역에까지 큰 영향을 미치고 있다. 기호학에서 말하는 기호의 정박기능이 현대광고에 다양한 맥락에서 구현되고 있다. 김병희(2000). 《광고와 대중문화》. 서울: 한나래. p.255.

한편, 광고의 종주국이라고 하는 미국에서 카피창작이 전문가의 영역이라는 인식이 싹튼 것은 1890년대부터였다. 일찍이 1800년대 초엽에 미국에서는 광고가 산업의 형태를 갖추었으나 당시의 카피는 단순히 '글을 쓰는' 형태에 불과했다. 이 당시 카피라이터는 카피라이터라는 용어 대신 광고작가(*advertising writer*)나 문사(*literary man*)라는 이름으로 독자적으로 또는 특정 광고회사에 소속되어 광고 글을 썼으나 판매의 개념을 자각하지는 못하였다.

초기에 가장 두각을 나타낸 카피라이터는 파워즈(John E. Powers)였는데, 당시의 카피가 파워즈 스타일과 비(非) 파워즈 스타일로 구분될 정도로 유명세를 탔다. 카피창작 분야에 그만의 스타일인 파워주의(*powerism*)를 유행시킨 그는 오랫동안 지속된 단순설명형의 카피스타일을 버리고 광고목표를 수용자의 흥미로 연결하는 데 관심을 기울였다.[28]

이후 근대 미국 광고의 아버지라는 홉킨스(Claude Hopkins), 미국 광고계의 최고 원로로 추앙받는 영(James Webb Young), 영 & 루비컴의 설립자 겸 전설적 카피라이터 루비컴(Ramond Rubicamm), 이야기식 카피의 대표자 케이플즈(John Caples), 고유판매제안을 주창한 리브스(Rosser Reeves), 이미지 학파의 거두 오길비(David Ogilvy), 광고표현의 예술적 형상화를 강조한 번벅(William Bernbach), 그리고 내재적 드라마 개념을 제시한 레오 버넷(Leo Burnett) 등이 등장하여 카피창작 분야에서 한 시대를 풍미하였다. 여러 광고인들의 특성과 광고 창조철학을 요약하여 개략적으로 제시하면 〈표 1-2〉와 같다.

광고의 초창기였던 탓에 이들의 경험에서 우러나온 이런저런 생각들은 비교적 손쉽게 동시대의 광고 창조철학으로 자리잡게 된다. 광고의 표현영역을 부흥시킨 여러 광고인 중 현재까지 세계 광고계에 지대한 영향을 미치는 대표적인 광고 창작자와 그들의 광고 창조철학을 보다 구체적으로 제시하면 다음과 같다.

---

28. 보다 자세한 내용은 다음을 참조하라. 조봉구(1984). "명 카피라이터 열전: 미 '카피라이터 명예의 전당' 에 헌정된 거봉들." 〈광고정보〉 9월호, pp.35~41.

29. 이수민(2003). 〈데이비드 오길비(David Ogilvy)의 광고이론과 그 적용사례에 관한 연구〉. 이화여대 디자인대학원 석사학위 논문. p.24를 바탕으로 필자가 대폭 수정함.

〈표 1-2〉 초창기 미국 광고인의 특성 비교[29]

	클로드 홉킨스 1867~1932	스탠리 레조 1879~1962	알버트 라스키 1880~1952	레오 버넷 1891~1971
광고회사	Laud & Hopkins	J. W. T.	Laud & Thomas	Leo Burnett
조사에 대한 견해	중요, 카피 리서치 신봉	신봉자	불필요, 낭비	선호
영향받은 사람과 사건	대졸자는 카피를 쓰면 안 됨	부인 헬렌(카피라이터)	존. F. 케네디	시카고학파 영향, 교육중시
업무 스타일	일요일도 근무	업무에 많은 시간 할애	15시간 이상 근무	광고 카피 메모의 생활화
특이사항	41세때 광고시작	조사선호, 유명인 모델 신봉	검정 바탕 흰 글씨 혐오	브랜드 이미지 강조
근본 법칙	쿠폰 반응으로 아이디어 지속적 시험	개인의 천재성은 위험	독자적 유형	특이한 언어적 발상에 의존
대표 광고	팜 올리브 비누	폰즈 크림	코덱스	말보로
단점	조사에 편중된 광고	현역에 너무 오래 근무	독단적 발상	창의성 평가의 어려움
주요 경력, 학력, 기타	독실한 침례교인, 서점 직원	가정교사, 책 세일즈맨, 예일대학	독일 이민자, 신문기자	미시건 대학(저널리즘), 신문기자
광고 창조 철학	판매효과	유명인 효과	카피 파워	내재적 드라마

	레이몬드 루비컴 1892~1978	윌리엄 번벅 1911~1982	데이비드 오길비 1911~1999	로서 리브스 1911~1982
광고회사	Y & R	DDB	O & M	Ted Bates
조사에 대한 견해	적극적 활용	불신	매우 중요	중요
영향받은 사람과 사건	갤럽박사와 조사연구	그래픽 디자이너 폴-랜드	루비컴, 홉킨스, 갤럽박사의 조사이론	클로드 홉킨스
업무 스타일	쉬지 않고 일함	09~17시까지 개인시간 선호	광고에서 숙제는 필수과정	쉬지 않고 일함
특이사항	조사 선호	카피보다 일러스트레이션 강조	스토리 어필 광고 매직 랜턴	조사선호
근본 법칙	조사결과를 광고 창작에 활용	혼자의 아이디어로 창작	자신의 광고법칙	고객의 요구조건 수용
대표 광고	스타인웨이 피아노	폭스바겐 비틀 자동차	헤더웨이 셔츠, 롤스로이스	M & M 초콜릿
단점	후계자 없음	아트에 편향, 비지니스 관념 희박	조사의 한계	지나치게 이론 중시
주요 경력, 학력, 기타	해운회사, 카우보이, 방문판매원, 신문사 통신원	뉴욕 토박이, 뉴욕대학 조사요원	방문판매 세일즈맨, 옥스퍼드 중퇴, 요리사	기자
광고 창조 철학	조사와 창작의 조화	창작 솜씨	브랜드 이미지	고유 판매제안

〈그림 1-1〉 로서 리브스

로서 리브스

현대 미국 광고는 로서 리브스(Rosser Reeves: 1911~1982)가 광고 메시지 구성에서의 과학적 접근방법을 제시함으로써 이론적 실무적으로 비약적 발전을 하게 된다(〈그림 1-1〉 참조). 리브스는 《광고의 실체(*Reality in Advertising*)》(1961)[30]에서 고유판매제안(USP: Unique Selling Proposition)이라는 과학적인 광고 창작개념을 제시하였다. 그가 제시한 개념은 이전에 막연한 느낌으로 아이디어 발상을 해오던 광고 창작자들의 습관을 바꾸고, 광고창작에서 보다 효과를 발휘할 수 있는 판매 메시지의 개발에 기여하였다.

그는 각각의 상품에서 고유판매제안(USP)을 도출하기 위해서는 다음과 같은 세 가지 사항을 고려해야 한다고 강조하였다. 첫째, 광고상품을 사용하면 특별한 혜택을 얻을 수 있다는 점을 제안해야 하고, 둘째, 그 제안은 경쟁사가 따라할 수 없고 제안하기 어려운 단일 메시지여야 하며, 셋째, 그 제안은 수백만 소비자들을 움직일 수 있을 만큼 강력해야 한다[31]는 것이다. 그의 광고 창조철학인 고유판매제안은 주먹구구식의 주관적 느낌으로 광고를 창작하던 관행에 일대 경종을 울리며 광고창작에 과학적 접

30. Rosser Reeves, 권오휴 역(1984). 《광고의 실체》. 서울: 오리콤 마케팅커뮤니케이션 연구소.

근의 필요성을 환기하였다는 점에 의의가 있다.

리브스는 그만의 광고 창조철학을 바탕으로, "M&M 초콜릿은 손에서 녹지 않고, 입에서 녹습니다"(M&M' s melt in your mouth, not in your hands) 또는 "콜게이트 치약은 이를 닦듯 당신의 숨결까지 닦아줍니다"(Colgate cleans your breath as it cleans your teeth) 같은 광고카피를 창작한다. 이 카피들은 처음 광고가 노출된 이후 장기간에 걸쳐 사용되었으며 상품판매에 크게 기여한 것으로 평가받고 있다.

데이비드 오길비

1960년대는 크리에이티브 혁명의 시대이다.[32] 이 시기에는 이른바 이미지 학파로 평가받는 데이비드 오길비, 윌리엄 번벅, 그리고 레오 버넷 같은 광고의 거장들이 등장해서 한 시대를 풍미하게 된다. 이들은 광고에 나타난 이미지를 중시했지만 생각하는 광고의 창조철학은 각각 다르다. 이들은 서로간에 다른 관점을 존중하고 상대방의 창의성을 인정해주며 우정 어린 존경심을 서로에게 나타내며 1960년대의 미국 광고의 꽃을 활짝 피우는 데 큰 영향을 미치게 된다.

데이비드 오길비(David Ogilvy: 1911~1999)는 영국에서 스코틀랜드계 아버지와 아일랜드계 어머니 사이에서 태어나, 옥스퍼드 대학에 들어갔으나 대학생활에 별로 흥미를 느끼지 못하여 자퇴하였다(〈그림 1-2〉 참조). 그 후 호텔 요리사, 조리용 스토브 외판원, 여론조사회사 갤럽(Gallup)의 조사원 등을 거쳐 광고회사 오길비 앤 매더(Ogilvy

31. Rosser Reeves(1961). *Reality in Advertising*. New York: Alfred A. Knopf, pp.47~48. USP에 대한 설명을 원문 그대로 제시하면 다음과 같다. (1) Each advertisement must make a proposition to the consumer. Not just words, not just product puffery, not just show-window advertising. Each advertisement must say to each reader "Buy this product and you will get this specific benefit." (2) The proposition must be one that the competition either cannot, or does not, offer. It must be unique-either a uniqueness of the brand or a claim not otherwise made in that particular field of advertising. (3) The proposition must be so strong that it can move the mass millions, i.e. pull over new customers to your product.

32. Bruce Bendinger(1988). *The Copy Workshop Workbook*. Chicago, IL: The Copy Workshop, p.28.

〈그림 1-2〉 데이비드 오길비

& Mather)를 창립하여 오늘날 세계 유수의 광고회사로 키운 전설적인 광고인이다. 그는《어느 광고인의 고백(*Confessions of an Advertising Man*)》(1963),《오길비의 광고(*Ogilvy on Advertising*)》(1983) 같은 저서를 통하여 자신의 광고 창조철학인 브랜드 이미지 전략을 체계적으로 정리하고 있다.

그는 모든 광고물이 브랜드 이미지 구축에 기여하는 장기간의 투자라고 보았다. 어떤 상품이든지 광고를 통하여 자기만의 독특한 이미지를 갖게 되는데, 소비자는 그 이미지에 기대어 상품을 구매하지 않고 상품광고에서 제시한 상품의 물리적 심리적 혜택을 구매한다는 것이다. 오길비는 이미 오래 전에, "장미보다는 사랑을 팔라"는 것으로 요약되는 현대 광고창작의 기본적 가이드라인을 제공했다고 평가할 수 있다.

그는 광고창작 및 카피창작에서 조사의 기능을 특히 중시했는데, 그의 이런 입장은 그가 여론조사기관인 갤럽의 면접 조사원을 거쳤다는 점과 무관하지 않다. 그는 직접반응 광고에 특별한 관심을 기울이고, 장기간에 걸친 현장에서의 광고효과 조사를 바탕으로 광고창작 원칙의 일반화를 시도한다. 창의적 광고 아이디어는 천재적 영감에서 나온다는 연구결과도 있으나, 그는 창의적 광고 아이디어 발상에는 대단한 천재적 자질이 요구되지 않고 대신에 일반화된 법칙을 숙지하고 그것을 원용하면 된다는 입장을 고수하였다. 그는 30여년에 걸친 광고물 평가조사를 바탕으로 효과적 광고창작

을 위한 5가지 원칙을 제시하였는데, 그 구체적 내용은 다음과 같다.[33]

- 가능하면 상품을 크게 제시하라.
- 수용자를 혼란시키는 부정적 헤드라인은 쓰지 말라.
- 헤드라인에 브랜드명을 넣고 로고 처리를 강하게 하라.
- 신상품일 경우 뉴스성을 최대한 보장하라.
- 가능한 한 상품 사용자를 제시하라.

또한, 그는 인쇄광고에서 헤드라인(*Headline*)의 중요성을 특히 강조하였다. 그는 직접 반응 광고에 대한 장기간의 소비자 응답결과를 바탕으로 헤드라인 쓰는 법을 다음과 같은 네 가지 원칙으로 정리하고 있다.

- 헤드라인에 따옴표(" ")를 붙이면 상기도가 28% 증가한다.
- 뉴스형 헤드라인은 사람들에게 22% 더 많이 읽힌다.
- 헤드라인은 독자의 83%가 읽지만 바디카피는 83%가 읽지 않는다.
- 따라서 헤드라인에 반드시 브랜드명을 포함시켜야 한다.

그는 자신이 정립한 광고창작 원칙과 헤드라인 쓰는 방법 등을 고수하며 불후의 명작 광고들을 창작하였다. 그는 해서웨이 셔츠나 롤스로이스 자동차 같은 고급품 광고에서 능력을 발휘하였다. 예컨대, "시속 60마일로 가는 이 신형 롤스로이스 안에서 가장 큰 소음은 전자시계에서 나는 소리"(At 60 miles an hour the loudest noise in this new Rolls-Royce comes from the electric clock)라는 헤드라인으로 유명한 〈그림 1-3〉과 같은 롤스로이스 광고 '시속 60마일' 편은 전 세계의 광고 교과서에 인용될 만큼 현대광고

33. 오길비의 광고에 대해서는 다음을 참조하라. Joel Raphaelson. ed.(1988). *The Unpublished David Ogilvy*. London: Sidgwick & Jackson; 박종열 · 김명하 역(1984). 《오길비의 광고》. 평음사; 박종열 · 김명하 역(1984). 《오길비의 고백》. 평음사; 최윤식(1993). 〈David Ogilvy와 William Bernbach의 광고 철학에 관한 비교 연구〉. 고려대학교 정책과학대학원 석사학위 논문.

The Rolls-Royce Silver Cloud—$13,995

"At 60 miles an hour the loudest noise in this new Rolls-Royce comes from the electric clock"

What makes Rolls-Royce the best car in the world? "There is really no magic about it—it is merely patient attention to detail," says an eminent Rolls-Royce engineer.

1. "At 60 miles an hour the loudest noise comes from the electric clock," reports the Technical Editor of THE MOTOR. Three mufflers tune out sound frequencies—acoustically.

2. Every Rolls-Royce engine is run for seven hours at full throttle before installation, and each car is test-driven for hundreds of miles over varying road surfaces.

3. The Rolls-Royce is designed as an *owner-driven* car. It is eighteen inches shorter than the largest domestic cars.

4. The car has power steering, power brakes and automatic gear-shift. It is very easy to drive and to park. No chauffeur required.

5. The finished car spends a week in the final test-shop, being fine-tuned. Here it is subjected to 98 separate ordeals. For example, the engineers use a *stethoscope* to listen for axle-whine.

6. The Rolls-Royce is guaranteed for *three years.* With a new network of dealers and parts-depots from Coast to Coast, service is no problem.

7. The Rolls-Royce radiator has never changed, except that when Sir Henry Royce died in 1933 the monogram RR was changed from red to black.

8. The coachwork is given five coats of primer paint, and hand rubbed between each coat, before *nine* coats of finishing paint go on.

9. By moving a switch on the steering column, you can adjust the shock-absorbers to suit road conditions.

10. A picnic table, veneered in French walnut, slides out from under the dash. Two more swing out behind the front seats.

11. You can get such optional extras as an Espresso coffee-making machine, a dictating machine, a bed, hot and cold water for washing, an electric razor or a telephone.

12. There are three separate systems of power brakes, two hydraulic and one mechanical. Damage to one will not affect the others. The Rolls-Royce is a very *safe* car—and also a very *lively* car. It cruises serenely at eighty-five. Top speed is in excess of 100 m.p.h.

13. The Bentley is made by Rolls-Royce. Except for the radiators, they are identical motor cars, manufactured by the same engineers in the same works. People who feel diffident about driving a Rolls-Royce can buy a Bentley.

PRICE. The Rolls-Royce illustrated in this advertisement—f.o.b. principal ports of entry—costs **$13,995.**

If you would like the rewarding experience of driving a Rolls-Royce or Bentley, write or telephone to one of the dealers listed on opposite page. Rolls-Royce Inc., 10 Rockefeller Plaza, New York 20, N. Y. CIrcle 5-1144.

〈그림 1-3〉 롤스로이스 '시속 60마일' 편

의 고전이 되었다.

결국, 오길비의 광고 창조철학의 요체는 과학적 조사결과를 바탕으로 '무엇을 말할까' (What to say)를 찾는 것이라고 할 수 있다. 그에게 있어 말로 설명할 수 없는 기막힌 아이디어는 비과학적 신비성이나 다름없었으며 광고물의 완성도나 광고 창작자의 솜씨는 정확한 메시지 전달보다 중요하지 않은 부차적 문제였던 것이다. 그가 제시한 효과적 광고창작을 위한 5가지 원칙이나 헤드라인 쓰는 4가지 원칙은 당시로서는 유용한 길잡이가 되었을지 몰라도, 21세기의 광고상황에는 부적절한 측면도 있으니, 카피라이터들은 참고는 하되 굳이 금과옥조(金科玉條)로 삼을 필요는 없다. 다만 그는 광고창작에서 예술성을 추구하기보다 과학성을 추구하였다는 점에서 그의 광고 창조철학은 대단히 주목할 만하다고 하겠다.

윌리엄 번벅

오길비가 광고는 과학이라는 입장을 천명했다면, 동시대의 거장 윌리엄 번벅(William Bernbach: 1911~1982)은 광고는 예술이라는 입장을 견지했다(〈그림 1-4〉 참조). 그는 광고가 과학이라는 오길비의 믿음에 반대한다는 입장을 분명히 밝혔으며, 효과적 광고창작에는 과학적 객관성이 아닌 예술적 직관과 재능이 필요하다고 보았다.[34] 특히, 조사결과 그 자체는 자료더미에 불과하고 조사결과에서 나온 수치를 창조적으로 읽어내지 못하면 무의미하며, 창의적 시사점을 주지 못하고 단순자료를 보고하는 조사는 크리에이티브의 감옥일 뿐이라고 천명하였다. 번벅은 오길비와는 전혀 다른 관점에서 광고 창의성을 이해하였는데, 그가 제시한 광고 창조철학은 다음 네 가지로 요약된다.[35]

---

34. 원문을 제시하면 다음과 같다. "I warn you against believing that advertising is a science. It is intuition and artistry, not science, that develops effective advertising."

35. 원문을 제시하면 다음과 같다. "The magic is in the products." "Rules are what the artist breaks: the memorable never emerged from a formula." "I want you against believing that advertising is a science." "Know the rules first and then Break the rules."

- 놀라움(*magic*)은 언제나 상품에 내재한다.
- 광고에서 법칙이란 광고 창작자가 타파해야 할 그 무엇이며 기억에 남는 광고는 절대로 공식으로 창작되지 않는다.
- 광고는 과학이라는 믿음을 가장 먼저 타파해야 한다.
- 먼저 법칙을 알되 나중에는 그 법칙들을 타파해야 한다.

오길비가 광고 표현에서 '무엇을 말할 것인가'를 강조하였다면 번벅은 이와 상반되는 '어떻게 말할 것인가'를 중시함으로써 메시지를 표현하는 창작솜씨(*execution*)를 특히 강조하였다. 광고에서 제시할 핵심 메시지의 설정은 표현의 기본바탕이 되지만 이것만으로는 부족하며 어떻게 표현하는가 하는 창작솜씨 자체가 곧 광고 메시지를 결정하는 내용이 될 수 있으며, 이는 전달하고자 하는 메시지의 내용만큼 중요하다는 것이다. 따라서 번벅은 창작솜씨(실행)를 광고창작에서 가장 중요한 덕목으로 삼았다. 광고창작에서 규칙이나 원리를 거부한 번벅이라 창작솜씨에 대해 구체적 원칙을 제시하지는 않았으나, 단편적인 그의 생각들을 종합하면 그만의 광고 창조철학의 일단을 엿볼 수 있다.[36]

- 수용자를 무시해서는 안 되며 수용자를 존중해야 한다. 따라서 정직한 카피를 써야 하며 과장이나 상투적 반복을 피해야 한다.
- 가급적 단순하고 쉽게 표현함으로써 가장 경제적이며 창조적인 방법으로 수용자의 주의를 집중하여 상품을 판매할 수 있도록 해야 한다.
- 참신성, 독창성, 그리고 상상력이 담겨 있지 않은 광고는 아무도 주목하지 않기 때문에 다른 광고보다 돋보이도록 독특하게 표현해야 한다.
- 광고 수용자들의 관심을 끌고 그들에게 긍정적 보상을 줄 수 있는 유머기법을 사용하는 것이 효과적이다.

---

36. 이화자(1998). 《광고표현론》. 서울: 나남출판. pp.56~57.

〈그림 1-4〉 윌리엄 번벅

번벅은 매사를 계량화하려는 태도야말로 광고창작의 상상력을 가로막는 가장 치명적 장애요인이며 조사에 대한 맹신으로 이어져 결국 모든 것을 조사결과 위주로만 판단하게 된다고 보았다. 따라서 그는 광고창작에 어떠한 법칙도 있을 수 없다고 하였는데 이와 같은 법칙에 대한 맹목적 신봉은 정작 소비자의 동기유발과는 전혀 무관하다고 보았다. 오길비는 이러한 그의 관점에 대하여 법칙을 거부하는 번벅의 관점이야말로 무에서 유를 창조하려는 헛된 망상일 뿐이라며 그를 망상의 광고 창작자라며 호되게 비판하였다.

오길비의 비판에도 불구하고 그의 광고 창조철학은 현대의 광고 창작자들에게 대단한 영향을 미치게 된다. 그는 허풍스런 광고를 특히 경멸하였는데 거짓된 상품자랑보다는 정직한 상품 메시지를 개발하여 여기에 광고 창작자의 창작솜씨를 발휘하는 것이 광고창작의 요체로 보았다. 이와 같은 독자적 관점을 바탕으로 그는 세계의 광고학 교과서에 반드시 인용되는 "불량품"(Lemon) "작은 것을 생각하세요"(Think Small) 같은 폭스바겐(Volkswagen) 비틀 캠페인[37] 및 "에이비스는 2등일 뿐입니다"(Avis is only No.2)(〈그림 1-5〉와 〈그림 1-6〉 참조) 같은 전설적인 광고 캠페인을 전개하였다. 결국,

37. 폭스바겐 캠페인에 대한 자세한 내용소개와 해설은 다음을 참고하라. 박현주(1998). 《딱정벌레에게 배우는 광고발상법》. 서울: 나남출판.

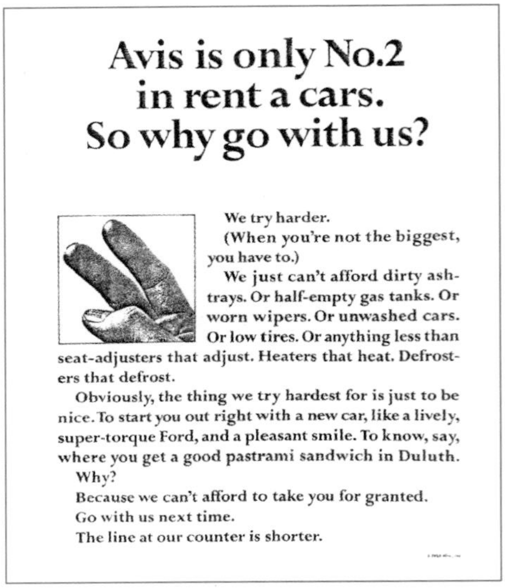
Avis is only No.2
in rent a cars.
So why go with us?
We try harder.
(When you're not the biggest, you have to.)
We just can't afford dirty ashtrays. Or half-empty gas tanks. Or worn wipers. Or unwashed cars. Or low tires. Or anything less than seat-adjusters that adjust. Heaters that heat. Defrosters that defrost.
Obviously, the thing we try hardest for is just to be nice. To start you out right with a new car, like a lively, super-torque Ford, and a pleasant smile. To know, say, where you get a good pastrami sandwich in Duluth.
Why?
Because we can't afford to take you for granted.
Go with us next time.
The line at our counter is shorter.

〈그림 1-5〉 에이비스 렌터카 '손가락' 편

When you're only No.2,
you try harder.
Or else.
Little fish have to keep moving all of the time. The big ones never stop picking on them.
Avis knows all about the problems of little fish.
We're only No.2 in rent a cars. We'd be swallowed up if we didn't try harder.
There's no rest for us.
We're always emptying ashtrays. Making sure gas tanks are full before we rent our cars. Seeing that the batteries are full of life. Checking our windshield wipers.
And the cars we rent out can't be anything less than lively new super-torque Fords.
And since we're not the big fish, you won't feel like a sardine when you come to our counter.
We're not jammed with customers.

〈그림 1-6〉 에이비스 렌터카 '물고기' 편

그의 광고 창조철학의 요체는 광고표현에서 "어떻게 말할 것인가"(How to say)를 구현하는 것으로 귀결된다. 그에게 있어 '무엇을 말할 것인가'보다는 동일한 메시지라도 어떻게 표현하느냐 하는 문제가 더 중요했던 것이다. 오길비가 광고를 과학적 입장에서 접근했다면 그는 예술적 표현을 더 강조했다고 할 수 있다.

그렇다면 법칙을 강조한 오길비의 철학과, 광고는 과학이라는 믿음을 가장 먼저 타파하고 법칙을 알기는 하되 반드시 타파하라는 번벅의 철학 중 어느 것이 21세기의 광고 창작환경에 더 타당한 것일까? 대체로 광고 기획자나 마케팅 담당자는 대체로 오길비의 관점을 지지하는 경우가 많고 광고 창작자들은 번벅의 관점을 지지하는 경향이 있다. 그렇다면 번벅이 만든 광고 "Think Small"을 오길비가 제시한 5가지 원칙에 따라서 광고를 만들어보면 광고표현이 어떻게 달라질 것인지 다음 그림들[38]을 통하여 비교해보자.

이 광고들을 보면 처음의 원작 광고(〈그림 1-7〉)가 오길비의 원칙에 따라 상당히 다

38. 이 그림들은 동방기획 TCR팀(1998) 《알수록 어려운 광고 알고보면 쉬운 광고》. 서울: 동방기획. pp14~15에서 스캔한 것이다.

〈그림 1-7〉 Think Small 원작

〈그림 1-8〉 상품을 크게 제시

〈그림 1-9〉 긍정적 헤드라인

〈그림 1-10〉 헤드라인에 브랜드명 제시

〈그림 1-11〉 신상품의 뉴스성 강조

〈그림 1-12〉 상품 사용자의 제시

른 스타일로 바뀌고 있음을 발견할 수 있고, 모든 요소를 번영한 〈그림 1-12〉에 이르면 광고가 얼마나 복잡해져 버리는지 확인할 수 있다. 즉, 오길비가 제시한 원칙들은 당대의 과학적 조사결과를 바탕으로 추출된 일반적 원칙이기는 하지만 21세기 현실에서 보자면 시대착오적 측면이 많다. 따라서 오길비의 원칙이나 번벅의 방법을 참고는 하되 상품과 시장과 소비자 환경에 따라 광고 아이디어를 자유자재로 구사할 필요가 있다.

레오 버넷

1960년대 미국 광고를 한 단계 비약시킨 광고인으로 이미지 학파의 또 다른 거장인 레오 버넷(Leo Burnett: 1891~1971)을 들 수 있다(〈그림 1-13〉 참조). 그는 시카고에 자신의 광고회사를 설립하면서 뉴욕 중심의 광고회사 문화와는 다른 독특한 광고 창조철학을 수립하였다. 그는 상품 자체에 들어있는 고유한 이야기를 찾아내어 이를 드러내는 것

〈그림 1-13〉 레오 버넷

이 상품 이미지를 구축하는 핵심으로 보았다. 다시 말해서 그의 광고 창조철학은 모든 상품에는 그 상품에 내재하는 고유하고 독특한 드라마가 있는데 그러한 상품의 내재적 드라마(*inherent drama*)를 발견하는 것이 다.[39] 이는 오길비나 번벅의 관점과는 상이한 맥락에서 광고인들의 주목을 받았다. 그는 모든 상품에는 그 상품만이 가질 수 있는 나름대로의 극적 요소가 있다고 하면서 내재적 드라마에 대해 다음과 같이 설명하고 있다.

> 이른바 '내재적 드라마'는 거의 모든 상품과 서비스 속에 있다는 것을 알게 되었습니다. 새로운 돔형 차량이나 냉동수프 같은 경우라면, 비교적 이런 극적 요소를 찾기 쉽습니다. 완두 통조림이나 오트밀, 비누 한 상자나 밀가루 부대, 가솔린 탱크나 담배, 또는 연관(鉛管) 같은 다른 사례에서는 인내심을 갖고 찾아내서 여러 가지로 해석해야 하며 독자나 시청자들에게 이를 보다 간단하고 직접적으로 제시할 수 있어야 합니다. 교묘한 속임수나 술수를 쓰지 않고서 흥미와 함께 신뢰감을 주도록 말입니다.[40]

39. 레오 버넷의 광고철학은 레오 버넷사에서 레오의 연설문과 기고문 등을 모아 사후의 봉헌문집 형식으로 편집한 다음을 참조하라. Leo Burnett Company(1971). *Leo*. Chicago, IL: Leo Burnett Company.

그가 제시한 내재적 드라마 개념은 광고 창작자들에게 상품의 이미지라는 것이 어떻게 정해진 고정적 형상이 아니라 변화하는 속성을 지니고 있으며 그렇게 때문에 발견하는 자의 몫이라는 생각을 갖도록 하였다. 그의 광고 창조철학은 최근 들어 자주 강조되는, 광고에 의한 브랜드 개성(*brand personality*), 브랜드 에센스(*brand essence*), 브랜드 자산(*brand equity*) 같은 브랜드 이론의 이론적 근거를 실무적으로 제시하였다는 점에 의의가 있다.

그의 광고창작 스타일을 보통 '상식적인 솜씨'(*common touch*)라고 부르는데, 이는 시카고를 중심으로 하는 중서부 지역의 미국적 정서를 드러내는 데 손색이 없었다. 그의 광고철학의 정수는 상품을 살아있는 생명체처럼 표현하여 독특한 드라마를 연출하는 것으로 요약되는데,[41] 이는 표현에 대한 예리한 직감을 바탕으로 이미 알고 있는 것을 다시 조합하여 새로운 것으로 만들어내는 광고 창작자의 능력에서 나온다고 할 수 있다.

그는 이와 같은 광고철학을 바탕으로 40여년 이상을 동일한 광고 컨셉을 유지하며 세계 광고계에 이미지의 중요성을 알려준 말보로 담배 캠페인(〈그림 1-14〉와〈그림 1-15〉 참조)의 광고창작에 깊이 관여하였다. 또한, 유나이티드 항공 캠페인을 통하여 '상식적인 솜씨'가 광고창작에서 얼마나 중요한지를 명쾌하게 보여주었다. 카피라이터의 개성에 따라 레오 버넷이 만든 광고가 너무 평범하여 창의적 광고라고 할 수 없다고 볼 수도 있다. 실제로 그렇게 비판받을 수 있는 매우 평범한 광고들을 창작했으나, 그는 광고 창의성이 무슨 대단히 예외적인 그림이나 카피를 제시하는 것이 아니라고 보았다. 그는 상품의 이미지를 구축할 수 있는 그 무엇을 찾아내어 이를 두고두고 반복하여 제시해야 어떤 상품의 이미지가 구축된다는 광고 창조철학을 평생토록 고수하였다. 이와 같은 그의 창조철학 역시 오늘날까지 카피라이터들에게 중요한 귀감이 되고 있다.

---

40. Leo Burnett(1961). *Confessions of an Advertising Man*. Chicago, IL: Leo Burnett Company, p.77.
41. 데니스 히긴스, 이현우 역(2003). 《광고 글쓰기의 아트》. 서울: 북코리아. pp.39~70.

〈그림 1-14〉 말보로 론칭 광고

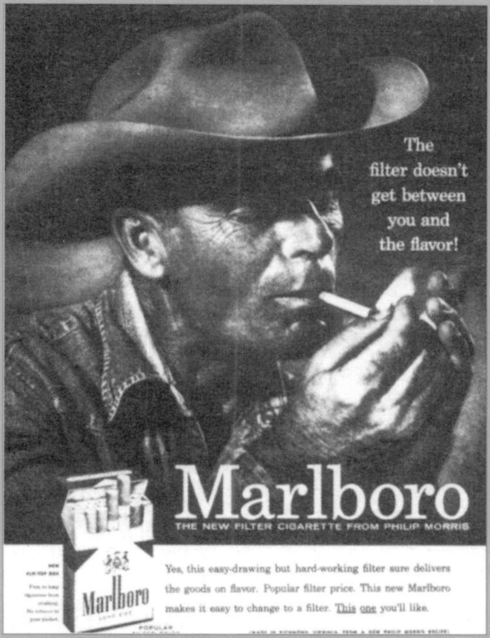

〈그림 1-15〉 말보로 장기 캠페인

광고학의 최종목적은 한국 광고학의 정립이다.[42] 그럼에도 불구하고 그동안 출판된 여러 광고 크리에이티브 관련 교과서를 보면 주로 외국 광고인의 광고철학을 소개하며 그것이 광고 창조철학의 전부인 듯이 간주하는 경향이 많았다. 예컨대, 마치 성경의 첫장에서 누가 누구를 낳고 그 누가 또 다른 후손을 낳았다는 식으로 하나같이 홉킨스, 로서 리브스, 핼 스티빈스, 오길비, 번벅, 레오 버넷, 제임스 웹 영 같은 외국 광고인들을 죽 나열하는 천편일률적 내용들로 구성되었으나, 한국의 광고 창작자들을 소개하는 내용은 거의 없었다.

그러나 우리가 미국이 아닌 한국에서 광고를 공부하고 한국에서 한국사람들을 대상으로 광고를 만드는 이상 우리 광고인들의 광고 창조철학을 검토하는 것은 필수적이면서도 시급한 일이다. 더욱이 우리 광고도 120년 이상의 역사를 지닌 마당에 언제까지나 외국 광고인의 광고 창조철학에만 기대어 우리 광고를 창작할 수 있겠는가? 〈그림 1-16〉과 같은 국내 최초의 카피창작 교재 《광고 Copywriting》(신인섭, 1977. 7. 26, 비매품)이 출간된 이후, 그동안 국내에서 출간된 카피관련 책들에서는 주로 외국 광고인의 광고 창작원리만을 금과옥조처럼 소개하고 있다. 앞으로 우리 광고계에서 이 부분에 대한 지양 극복과정이 필요할 것이다.

우리나라에서 카피라는 용어를 설명한 용례(用例)는 한국 최초의 광고전문지 〈새廣告〉(1960년 10월호)에서 발견할 수 있다. 여기에서는 카피를 "광고의 본문, 활자를 가지고 조판되는 일체의 본문, 제판에 의하여 복제하는 원화(原畵), 그리고 도안문안 및 타(他)의 조건을 완비한 광고"로 정의하고 있다. 이러한 정의는 카피를 아이디어의 표현으로 보는 현대 광고에서의 정의와는 상당한 차이가 있음을 알 수 있다. 광고 아이디어를 글로 쓴 것이 카피라고 처음으로 풀이하여 기록으로 제시한 이는 신인섭이었으며,[43] 그는 또한 미국과 일본 그리고 한국에서 카피라는 용어가 최초로 사용된 시점

---

42. 리대룡(1988). "한국 광고학의 정립이 시급하다." 〈광고정보〉 3월호, p.6.
43. 신인섭(1975). 《광고 핸드북》. 서울: 매일경제신문사. pp.140~141.

을 문헌고찰을 통하여 제시하였다.[44]

우리 광고계에 1960년대 이후 '카피'라는 말은 부분적으로 소개되었으나 '카피'라는 용어가 본격적으로 쓰이기 시작한 것은 1976년 7월 3일 서울카피라이터즈클럽(SCC: Seoul Copywriters' Club)이 창립되면서부터라고 할 수 있다. 또한, 일반에게 생소했던 '카피라이터'라는 용어는 프리랜서 카피라이터 이만재가 방송출연과 신문기고를 통하여 자신의 직함을 카피라이터라고 자주 언급함으로써 일반에게 널리 확산된

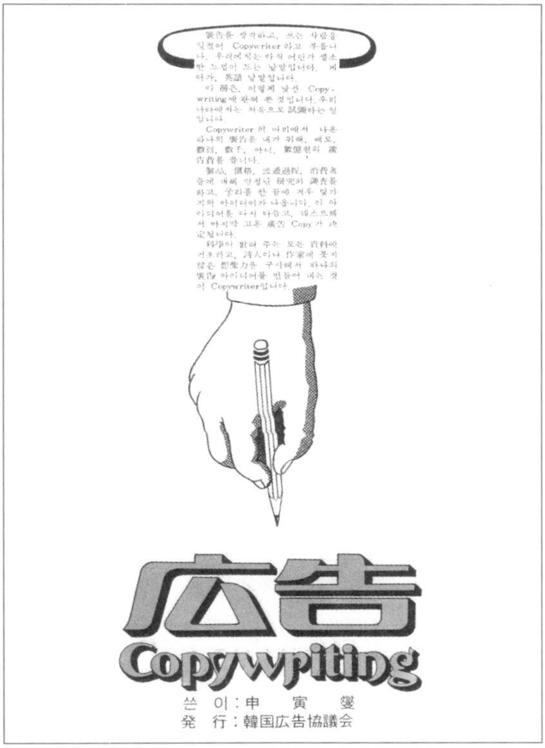

〈그림 1-16〉 신인섭의 《광고 Copywriting》(1977) 표지

44. 신인섭(1978). "광고와 카피(Copy)." 《커뮤니케이션연구 4》, 경희대 신문방송학과 커뮤니케이션조사연구소, pp.25~38.

廣告文案係募集

一、雜誌新聞의編輯에經驗 또는趣味를가지시며國文과 諺文에能熟하고 文章作成에自信잇는분 廣告部文案係로採用함

一、資格은中學卒業程度以上可 優遇함

一、右希望者는履歷書付送하면面會日通知함

京城府[illegible]建町一九五

わかもと朝鮮出張所 廣告部

〈그림 1-17〉
최초의 카피라이터 모집광고(1940)

듯하다.[45] 카피라이터라는 말이 일반화되기 이전에는 광고문안계(廣告文案係)나 광고문안가(廣告文案家)라는 말이 광고에 대한 이런 저런 글 쓰는 사람이라는 뜻으로 사용되었다. 재미있는 것은 우리가 생각하는 것보다 훨씬 이전에 카피의 중요성을 알아본 기업들이 있었으며, 일찍이 광고문안가를 공개적으로 모집했다는 점이다. 〈그림 1-17〉은 〈매일신보(每日申報)〉(1940. 9. 13)에 게재된 우리나라 최초의 카피라이터 모집광고라고 할 수 있다.

와카모도 조선출장소 광고부에서 낸 이 모집광고에서는 "광고문안계(廣告文案係) 모집(募集)"이라는 헤드라인 아래 카피라이터에게 필요한 자격요건을 다음과 같이 제시하고 있다.

1. 잡지 신문의 편집에 경험 또는 취미를 가지시며 국문(國文)과 언문(諺文)에 능숙하고 문장작성에 자신잇는 분 광고부(廣告部) 문안계(文案係)로 채용함

1. 자격은 중학졸업 정도 이상 가(可) 우우(優遇)함

1. 우(右) 희망자는 이력서 부송(付送)하면 면회일(面會日) 통지함.

이상의 카피라이터를 모집하는 카피와 같이, 카피라이터가 될 가능성이 높은 사람은 매체에 대하여 관심이 많거나 글쓰기를 잘하는 사람이었으며 당시로서는 고학력에 해

---

45. 김병희(2006). "크리에이티브의 길을 묻다 53: 정신사의 궤적을 찾아서—이만재 ①." 〈광고정보〉 12월호, pp.106~110.

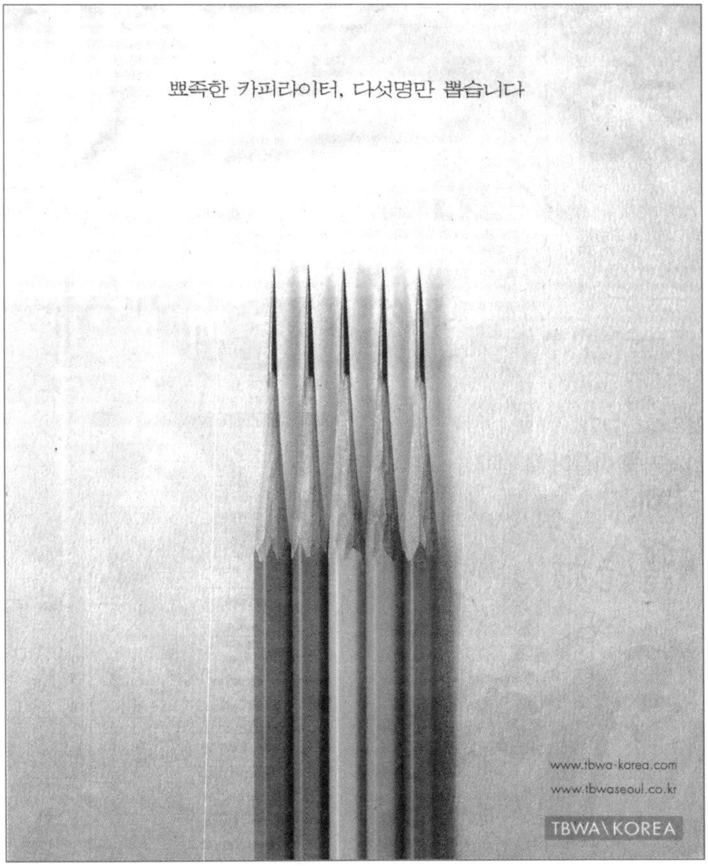

〈그림 1-18〉 TBWA/KOREA의 카피라이터 모집광고(2003)

당하는 중졸(요즘 기준으로 대졸 이상) 이상의 학력이 요구되었다. 또한, 서류전형만으로 뽑지 않고 면접을 통하여 채용하였음을 알 수 있다. 1940년대의 카피라이터 모집광고에서는 그 자격을 매우 상세하게 명시하고 있는 데 비해, 60여년이 지나 이미 카피라이터가 인기직종으로 부상한 2000년대의 모집광고에서는 이런저런 설명이 없고 간략하다. 〈그림 1-18〉에서 알 수 있듯이, 뾰족하게 깎은 연필 다섯 자루 위쪽에 "뾰족한 카피라이터, 다섯 명만 뽑습니다"라는 단 한 줄의 헤드라인으로 카피라이터가 되고자 하는 지원자들의 가슴을 설레게 만들었다.

한편, 카피라이터가 인기직종으로 부상한 데는 우리나라 광고산업이 비약적으로 발전하고 이에 따라 선배 카피라이터들이 불철주야 노력한 덕분에 힘입은 바가 많다. 이와 더불어 카피 또는 광고창작과 관련된 여러 가지 책을 집필한 저자들의 노고에 빚진 바도 많다. 그들은 책을 통하여 후배 카피라이터들에게 다양한 광고 관련지식을 풍요롭게 전해주었다. 그동안 국내에서 출간된 카피 창작에 관련된 주요 저술을 연대순으로 제시하면 다음과 같다.

- 신인섭(1977). 《광고 Copywriting》. 한국광고협의회.
- 신인섭(1980). 《카피라이팅》. 세원문화사.
- 신인섭 편저(1984). 《광고실무론》. 나남출판.
- David Ogilvy, 박종열 · 김명하 역(1984). 《오길비의 고백》. 평음사.
- David Ogilvy, 박종열 · 김명하 역(1984). 《오길비의 광고》. 평음사.
- Hal Stebbins, 이낙운 편역(1986). 《광고의 기본원리: 카피라이팅이란 무엇인가》. 나남출판.
- 이낙운(1987). 《광고 제작의 실제》. 나남출판.
- 이만재(1987). 《실전카피론1: 카피라이터, 카피라이팅의 세계》. 나남출판.
- 이만재(1989). 《실전카피론2: 카피라이팅의 실무 및 광고현장론》. 나남출판.
- Grey, 신해진 역(1989). 《카피, 카피, 카피》. 한겨레.
- 西尾忠久, 안준근 역(1989). 《효과적인 광고카피》. 오리콤 마케팅커뮤니케이션 연구소.
- John Caples, 이상우 역(1989). 《존 케이플즈의 성공하는 광고》. 오리콤 마케팅커뮤니케이션 연구소.
- 이만재(1990). 《카피라이터 입문》. 고려원.
- Hal Stebbins, 송도익 역(1991). 《카피캡슐》. 서해문집.
- 植條則夫, 맹명관 역(1991). 《카피교실》. 들녘.
- 이낙운(1992). 《카피, 이처럼 쓰라》. 나남출판.
- 이상오 · 오창일 · 이정기(1992). 《아트와 카피의 행복한 결혼》. 제일기획.

- John Caples, 송도익 역(1992). 《광고, 이렇게 하면 성공한다》. 서해문집.
- David Ogilvy, 이낙운 역(1993). 《어느 광고인의 고백》. 서해문집.
- 김원규(1994). 《카피, 카피라이팅, 카피라이터: 당신도 名카피를 쓸 수 있다》. 나남출판.
- 이화자(1994). 《된광고, 든광고, 난광고》. 나남출판.
- 박웅현 · 이상오 · 최창원(1994). 《아트와 카피의 행복한 결혼2》. 제일기획.
- 김태형(1995). 《카피라이터 가라사대》. 디자인하우스.
- Bruce Bendinger, 김광규 역(1995). 《카피워크샵》. 한국광고연구원.
- 류진한(1997). 《카피의 핵 슬로건》. 진화기획.
- 山川浩二 · 中村昭雄, 손혜민 역(1997). 《워딩 100: 라디오 · TV의 카피라이팅》. 디자인하우스.
- 岡田 耕, 손혜민 역(1997). 《카피 100: 아이돌론에서 발상론까지》. 디자인하우스.
- 이화자(1998). 《광고표현론》. 나남출판.
- 이현우(1998). 《광고와 언어》. 커뮤니케이션북스.
- 강승구 · 신용삼(1999). 《광고카피론》. 참미디어.
- 맹명관(1999). 《광고의 바다 헤드라인 건지기》. 살림출판.
- 이인구(2002). 《카피 한 줄의 힘》. 컴온북스.
- 이화자(2003). 《광고 What&How》. 나남출판.
- 김동규(2003). 《카피라이팅론》. 나남출판.
- 박영준 외(2003). 《광고언어연구》. 박이정.
- 소강춘 · 성기수(2003). 《광고와 카피라이팅》. 글솟대.
- Denis Higgins, 이현우 역(2003). 《광고 글쓰기의 아트》. 북코리아.
- 오창일(2004). 《카피 발(發) 비주얼 착(着)》. 북코리아.
- 박영준 · 김정우 · 안병섭 · 송민규 (2006). 《광고언어론》. 커뮤니케이션북스.
- 김정우(2006). 《카피연습장1: 아이디어와 인쇄광고 편》. 커뮤니케이션북스.
- 김정우(2006). 《카피연습장2: 전파광고와 제품분석 편》. 커뮤니케이션북스.
- 오창일(2006). 《광고 창작실》. 북코리아.

이상의 카피창작 관련교재에서 부분적으로 언급된 광고의 창조철학을 종합하면, '광고 = 과학' 또는 '광고 = 예술' 이라는 두 가지 관점이 제시되고 있다. 그러나 언제까지나 결론나지 않을 "광고가 예술이냐 과학이냐"의 관점에 대한 논쟁만으로는 우리 광고인(카피라이터)이 우리나라 소비자를 대상으로 우리가 만드는 상품에 대한 광고를 창작해야 한다는 현실에 정말로 유용한 시사점을 주기에는 부족한 측면이 많다.

일찍이 필자는 한국 광고인이 생각하는 광고의 창조철학에 대한 관심을 가지고 여러 광고인들을 인터뷰하고 그들의 광고 창의성에 대한 생각을 정리한 바 있었다.[46] 필자는 그들에게 단순히 묻고 답하는 식의 피상적 인터뷰가 아니라 상호간에 충분한 호감(*rapport*)이 형성된 다음 서로가 서로를 깊이 있게 바라다보는(*inter-view*) 전문가적 인터뷰 기법을 활용하여 선배 광고인들을 만났다. 필자는 인터뷰 내용과 관련기록들을 비교 검토한 다음 우리나라를 대표하는 광고 창작자들의 광고 창조철학을 정리하였는데, 이는 오랜 세월 현장에서 광고를 창작하며 빚어낸 선배 광고인들의 값진 정신이라고 하겠다. 우리 광고인들이 생각하는 광고의 창조철학을 간략히 제시하면 다음과 같다.

김태형

한국을 대표하는 카피라이터이자 카피라이터 1세대인 김태형(1936~ : 본명 金泰允)은 한국 광고계에서 인정하는 '카피라이터의 원형질'[47]이다(〈그림 1-19〉 참조). 그는 일찍이 한국 최초의 카피작품집이라 할 《김태윤 작품집: 廣告文案》(1971)을 출간함으로써 카피의 작품화를 시도한 바 있었다(〈그림 1-20〉 참조). 프리랜서 카피라이터의 영업을

46. 인터뷰 결과는 한국방송광고공사(KOBACO)에서 매월 발행하는 〈광고정보〉 2002년 7월호부터 매월 〈크리에이티브의 길을 묻다〉라는 제목의 시리즈로 연재중이며(http://www.kobaco.co.kr/kor/information/adinfo), 연구결과의 1차분이 단행본으로 출판되었다. 김병희(2004). 《크리에이티브의 길을 묻다》. 서울: 살림출판.

47. 이만재(1994). "한국광고인물사 6: 카피라이터의 원형질 30년 김태형." 〈광고정보〉 8월호, pp.98~99.

〈그림 1-19〉 김태형(2006)

위한 차원에서였건, 너무 열악한 당시의 카피수준을 타개하기 위한 카피라이터의 열정에서였건, 이 책은 국내 최초의 카피작품집이다. 한편, 오랫동안 동료로서 함께 일해 온 웰콤의 박우덕 대표는 김태형의 존재에 대하여 어느 특강에서 다음과 같이 진술하고 있다.

> 김태형 씨가 지난 (2001년) 5월 사표를 냈지요. 그래서 사표내용으로 사원 모집광고를 만들었습니다. '나는 크리에이터로서 너무 늙도록 일했으므로 이제 그만 물러갈까 합니다. 카피라이터 김태형' 그런데 그 밑의 카피는 '아직도 66세의 김태형 씨는 웰콤에서 젊은 카피를 쓰고 있습니다' 라는 광고였습니다. … (중략) … 이 분(김태형) 은 5월 9일 사표를 냈는데 평생고문으로 모셔 같이 일하고 있습니다. 그리고 김태형 씨는 아직도 20~30대 젊은이보다 더 젊은 카피를 쓰고 있습니다. 1년에 하나씩 좋은 카피만 나와도 그 회사는 절대 망하지 않습니다. 그래서 이 분이 1년에 좋은 헤드라인 카피를 써서 성공캠페인 하나만 남겨도 연봉 아니라 어마어마한 돈을 받을 자격이 있는 것입니다.[48]

48. 박우덕(2001). "광고인 하계대학 특강: 좋은 광고 하나가 세상을 바꿀 수도 있습니다." 〈광고정보〉 8월호. p.58.

〈그림 1-20〉 김태형의 《광고문안》 표지(1971)

이 진술에서도 우리 광고계에서 김태형의 위상이 어떠한지 짐작하고도 남음이 있는데, 그는 일찍이 1989년에 광고 창의성의 개념을 '생활의 제안'이라고 천명하였다. 그는 남다르게 접근하되 전략에도 창의성이 있어야 하고 표현에도 창의성이 있어야 하며, 광고 창의성이란 대단한 그 무엇이 아니라 유희정신을 바탕으로 새로운 생활을 제안하는 것으로 보았다.

광고 창작자를 건축가와 동일한 존재로 이해한 그는 과학과 예술의 조화를 모색하였다. 건축에서는 건축물 본래의 기능인 '살기 좋음'과 '튼튼함'이 중요하지만 이것만으로는 안되며 주변 환경과의 조화 등 그 건물 내에서 살지 않는 사람에게도 즐거움을 주어야 하듯이 광고 역시 상품판매라는 본래의 기능을 수행하면서 대중과 호흡하고 즐거움을 주는 광고가 좋은 광고라는 것이다. 마케팅 전략차원에서 좀더 주도면밀한 작업이 이루어져야 하고, 그 바탕 위에서 광고 창작자의 표현의 자유가 행사되어야 하듯이 장난스런 발상을 하되 단순한 장난이 아닌 '파는' 광고를 만들어야 한다는 것이 그의 지론이다. 광고회사 웰콤의 기업PR 광고로도 활용된 김태형의 시 〈꽃〉[49]을 보자.

49. 김태형(1995). 《카피라이터 가라사대》. 서울: 디자인하우스. p.12.

꽃

가리키는 손이 아니라
꽃에 머물게 해야지

광고가 아니라
제품에 머물게 해야지

그가 생각하는 광고 창의성 개념인 '생활의 제안'이란 광고에서 보다 창조적이고 재미있는 삶의 방법을 구체적으로 제안해야 한다는 것이다. 도쿄 올림픽 이후에 일본 광고가 생활제안 캠페인을 했듯이 우리 광고도 중산층 이상을 대상으로 생활비평적, 문명비평적 시각에서 상품과 생활의 의미를 예리하게 천착할 필요가 있고 그것이 표현의 흐름을 주도할 것으로 보았다. 이는 소비자의 관점에서 '소유'의 문제가 아니라 '생활'이 문제가 되는 시대가 올 것을 예측한 것으로 현대의 광고현상을 정확히 예측한 것이었다.

창의성 향상에 영향을 미치는 요인에는 여러 가지가 있을 수 있다. 자라온 환경, 전공영역, 근무하는 회사의 여건 등이 창의성 계발에 영향을 미칠 수 있는데 김태형은 머리가 좋아야 함을 가장 강조한다. 여기에서 머리가 좋다는 것은 단순히 높은 IQ를 의미하지 않고 기억력과 상상력을 가리킨다. 그러나 기억력이 너무 뛰어나면 자기도 모르는 사이에 외국의 온갖 광고물들을 아이디어 발상의 단서로 삼기 때문에 기억력이 오히려 방해가 된다는 점도 아울러 경계한다. 김태형은 지나친 기억력보다는 사물에 대한 자세한 관찰과 면밀한 인간심리의 분석을 통하여 상상력을 발휘하는 것이 가장 중요하다고 강조한다. 그는 1993년에 쓴 글에서 후배 카피라이터들에게 다음과 같은 충고를 하고 있다.

약간의 재치와 작문 좀 할 줄 알면 쉽사리 카피라이터가 될 수 있다고들 생각하는 것인지 모른다. 그런 인식을 가지고는 카피라이터가 될 수 없고, 된다고 하더라도 이내 좌절

의 쓴맛을 본다. 피와 눈물의 직업임을 알고 덤빌 일이다.[50]

그는 광고를 보는 순간, 어디서 많이 본 것 같다는 느낌이 들면 창의적 광고가 아니고, 깜짝 놀랄 만한 그 무엇이 있으면 창의적 광고라고 본다. 무척 평범한 진술이지만 여기에는 김태형이 그토록 애써온 모방에 대한 거부감이 짙게 배어있다. "나는 카피라이터였던가, Re-copywriter였던가? 나는 프로듀서였던가, Re-producer였던가? 나는 디자이너였던가, Re-designer였던가?"[51]라는 질문을 하루도 쉬지 않고 스스로에게 묻고 자기만의 스타일을 만드는 데 혼신의 힘을 기울였을 때 비로소 창의적 광고가 나온다고 본다.

색깔만 요란할 뿐 이미지는 간데없는 광고들이 난무하는 가운데, 김태형은 광고가 잘 되고 못되고 이전에 우선 말이 되어야 하는데 그것마저 부족한 상태에서 여기서 슬쩍 저기서 슬쩍 베끼는 것이 광고의 창의성을 망치는 것으로 보았다. 따라서 겉으로 봐서는 그럴듯한 광고도 실패할 가능성이 충분히 있다는 것이다.

김태형은 늘 좌절하면서도 "논리가 좌절된 곳에서 창작이 시작된다"는 믿음으로 우리 광고표현의 수준을 한 단계 올려놓았다. 그는, 첫째 다르게 하고, 둘째 재미있게 하고, 셋째 새로운 접근법을 찾고, 넷째 단순화하고, 다섯째 믿음을 사야 한다는 5가지 창작원칙[52]을 가슴속에 몇 번씩 되새기면서 카피를 썼다. 이른바 김태형의 카피창작 방법론이라 할 5가지 원칙을 보다 자세히 설명하면 다음과 같다.

| 다르게 하라 | 남의 흉내를 내지 않는 것만으로는 부족하고 아무도 나의 흉내를 낼 수 없도록 카피를 쓰라는 것이다. 남과 다르기만 해서는 안 되고 오늘의 나는 어제의 나와 달라야 한다는 것이다.

| 재미있게 하라 | 재미에 그치는 광고여서도 안 되지만 무미건조한 광고는

50. 김태형(1993). "광고하는 사람이란." 〈광고계동향〉 11월호, p.3.
51. 김태형(1981). "풍요속의 평작." 〈광고정보〉 12월호, p.61.
52. 김태형(1984). "잡종철학 무철학이 나의 카피 철학." 〈광고정보〉 9월호, pp.44~46.

더더욱 안 된다는 것이다. 광고 수용자들이 정말 재미를 느끼는 광고 만들기가 쉽지는 않지만 위트가 있는 광고를 만들어야 한다고 보았다.

| 새로운 접근법을 찾아라 | 주어진 상품을 보는 시각에도 새로운 접근법이 있고 소비자 분석에서도 새로운 접근법이 있을 수 있다. 그리고 전달하는 방법에서도 새로운 방법이 있을 수 있는데 그는 늘 새로운 접근법이 필요하다고 보았다.

| 단순화하라 | 카피의 길이는 길고 짧음의 문제가 아니라 한 줄기의 뚜렷한 맥을 세우는 것이 중요하다. 카피는 길 수도 있고 짧을 수도 있지만 되도록 압축하여 광고 컨셉을 단순화하여 소비자 혜택으로 연결하는 것이 중요하다는 것이다.

| 믿음을 사라 | 광고는 소비자에게 보내는 러브레터나 마찬가지다. 따라서 소비자의 신뢰를 얻는 것이 가장 중요한데, 신뢰할 만한 상품을 가지고서도 신뢰성이 희박한 카피를 쓸 수 있음을 명심하고 믿음을 살 수 있는 카피를 써야 한다.

이와 같은 5가지 원칙을 세우고 김태형은 책상머리에 앉아서 카피를 쓰지 않고 발바닥으로 카피를 썼다. 그는 시 〈오늘도 걷는다마는〉에서 다음과 같이 고백하고 있다. "그렇다 나는 | 신발바닥에서 아이디어를 캤다 | 길에서 카피를 썼다 | 장터에서 썼다 | 산에서 썼다 | 나는 썼다." 그가 1960년대 중반부터 지금까지 써온 카피 중 중요한 몇 가지를 제시하면 다음과 같다.

"둘째로 좋아해 주세요—엄마가 첫째, 해태는 둘째" –해태제과 기업광고
"왜 여자로 태어났던가?" –유한킴벌리 코텍스
"남편 몰래 아이들 몰래" –유한킴벌리 코텍스
"여자의 일년은 305일?" –유한킴벌리 코텍스

"무좀이란 놈이 이제야 임자를 만났군!" -삼아약품 무좀약 아루스연고

"복잡한 세상입니다, 계산만은 간단히 합시다" -삼성 Secal전자계산기

"봄이 오면 김장이 간다?" -제일제당 김치시지마

"커피역사가 낳은 최고의 명작, 맥심" -동서식품 맥심

"딱하다, 행주여!" -유한킴벌리 크리넥스 키친타올

"행주여, 안녕!" -유한킴벌리 크리넥스 키친타올

"50청년이 있는가 하면 30노인이 있습니다" -그랑페롤

"老? No!" -유한양행 게론톤

"사명(使命)이 커짐에 따라 사명(社名)을 바꾸었습니다" -한농

"대통령 관저앞을 시민들이 자유롭게 통행하는 나라" -1987 대통령선거

"안주를 든든히 먹어라" -로얄셔츠

"지금부터입니다, 아버지" -로얄셔츠

"스승의 날에야 찾아뵙습니다" -로얄셔츠

"만나면 편안한 사람이 있습니다
입으면 마음까지 편안한 옷이 있습니다" -로얄셔츠

"한두 병 더 가져오는건데!" -해태 나폴레온

"여성들이여 잠꾸러기가 되자" -에바스화장품 타임

"미인은 잠꾸러기?" -에바스화장품 타임

"손님의 기쁨―그 하나를 위하여" -하나은행

"청개구리심뽀" -참존화장품

"냉장고 문을 그렇게 자주 열고도
내가 싱싱한 생선으로 있길 바랐나요?" -삼성문단속 냉장고

"한번 주인이면 평생 주인" -세진컴퓨터

"미쳤군! (윤복희)" -신세계

"잠꼬대? (백남준)" -신세계

"노래도 아니다 (서태지)" -신세계

"행복한 젖소" -빙그레우유

"살아서 가요!" -빙그레 닥터캡슐
"독립만세!" -삼성독립만세 냉장고
"감나무가 있는 광고회사" -웰콤
"쉿! 소리가 차를 말한다" -대우 레간자
"소주 위에 소주" -보해 김삿갓소주
"큰 차 비켜라!" -마티스
"자장 자장 자장" -LG 디오스냉장고
"안을 보라!" -대우 레조
"가슴에 한줄기 소나기" -OB라거
"누구시길래…" -르노삼성 SM5

예를 들어, 〈그림 1-21〉에 제시한 유한양행 게론톤 '괴테' 편과 〈그림 1-22〉의 '피카소' 편을 보면 "老? No!"라는 한 음절의 헤드라인으로 어르신들의 관심과 주의를 단숨에 끌어들이는 동시에 상품이 제공하는 소비자 혜택을 촌철살인(寸鐵殺人)의 메시지로 전달한다. 이러한 그가 스스로의 카피철학이 없다고 하면서도 굳이 말하자면 모든 사람들과 이론에서 배운 '잡종철학'이라고 겸손해하지만, 적어도 광고 창의성 또는 카피창작에서는 김태형이 오길비를 능가한다[53]고 하겠다.

물론 오길비는 대단한 광고인이고 여러 분야에 재주가 많은 광고인이기는 하지만, 광고 창작자로서의 오길비는 그 명성 때문에 지나치게 과장되었다. 그는 크리에이티브에서 일찍 손을 떼고 광고회사 경영에 더 관심을 가졌으며, 일찍 은퇴하여 프랑스의 대저택에서 부유한 만년을 보내다 1999년 숨을 거두었다. 당연한 귀결이겠지만 김태형은 오길비의 《어느 광고인의 고백》을 가장 추천하고 싶은 책으로 꼽으며 이미 이 세상사람이 아닌 오길비와 인터뷰하는 형식의 헌사[54]를 바치고 있다.

---

53. 필자는 그동안 우리에게 잘 알려진 《어느 광고인의 고백》, 《오길비의 광고》, 《오길비의 고백》 번역본을 10번 이상 읽었음은 물론 아직 국내에 번역이 안 된 *The Unpublished Ogilvy*(Raphaelson 편, 1988)까지도 3번 이상 읽고 그 내용들을 자세히 분석한 바 있다.

54. 김태형(2002). "고맙습니다, 오길비 선생님." 〈광고정보〉 3월호, pp.9~11.

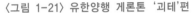

〈그림 1-21〉 유한양행 게론톤 '괴테'편

〈그림 1-22〉 유한양행 게론톤 '피카소'편

그는 구천을 건너가 오길비에게 질문하는 가운데 이 책이 '맛있는 요리' 같은 책이라며 현대의 고전으로서의 이 책의 뿌리를 강조하지만, 오길비가 원칙과 법칙의 책을 썼다면 김태형은 광고란 이래야 한다는 원칙을 드러내지 않고 그것을 카피로 썼다. 영화비평가와 영화감독의 관계와 같다고 할까? 어쨌든 우리는 그동안 외국의 광고학 교과서에 나오는 오길비의 광고를 보고 그의 광고 창작자로서의 업적을 지나치게 과대평가해온 경향이 많았다.

여기에 이르면 국내 광고인에 대한 평가는 지나치게 인색하면서도 외국 광고인에 대해서는 너무 관대한 우리 광고업계 및 학계의 척박한 풍토를 다시 한 번 만나게 된다. 광고 창의성 분야에서 김태형이 이룩한 업적은 오히려 오길비를 능가한다. 신은 오길비에게 너무 많은 능력을 주어 스스로 크리에이터가 되기보다 광고 창작자들을 부리는 역할을 하게 했는지도 모른다.

그는 늘 카피라이터에서 벗어나려고 했지만 70세가 넘도록 끝끝내 카피에서 벗어나지 못하고 우리 광고표현의 또 다른 가능성에 대하여 쉼 없이 고민했다. 농심라면의 "형님먼저 아우먼저"를 가장 좋아하는 카피로 꼽는 그는 한국 냄새가 나는 한국적 표현과 공감의 광고를 만들기 위하여 다양한 형식실험을 감행하였다. 그 하나의 예로 그는 예부터 전해 내려오는 시조의 형식을 차용하여 표현의 경계를 넓히기도 하였다.

아내가 다리어준 한삼모시 고의적삼
걸치고 앉아시니 삼복더위 간데없다
어디서 바람부나 서늘키도 서늘쿠나　　　–백양 모시메리

겨울이 춥다하되 이 몸은 모를레라
에어메리 공기층 이리도 따습건만
사람이 제 아니입고 떨기만 하누나　　　–백양 에어메리

이런 점에서 무조건 '끝내주는 한마디' 만을 찾기 위해 들떠있는 요즘 카피 경향과는 사뭇 다르다. 그는 광고의 역할을 차별화(*make the difference*)로 보고 단순히 말장난에 의한, 차별화 아닌 차별화에 대하여 개탄하며, 정서적 공감을 유발하는 카피를 제시해야 비로소 '생활의 제안' 이 수용될 수 있다고 보았다.

윤석태

광고감독 윤석태(1938~)는 1969년 4월 만보사에 입사하여 그 해 12월 코카콜라 광고 창작업무를 총괄하고, 1970년 2월 우리나라 최초의 스틸 커머셜 해변 작품의 연출을 맡으면서 처음 텔레비전 광고와 인연을 맺게 된다(〈그림 1-23〉 참조). 한국을 대표하는 광고감독 1세대인 윤석태가 31년 동안 연출한 광고물은 모두 663편이며, 편집 편수로는 2,014편에 이른다. 1985년과 1987년에는 각각 38편을 연출할 정도로 엄청난 역량을 과시했으며, 1988년과 1989년에는 일본 KAO의 의뢰를 받아 해외광고 2편을 제작하기도 하였다. 이 밖에도 영화 〈러브 러브 러브〉 120분 1편, AFKN-TV 프로그램 타이틀 〈IMAGE of KOREA〉 60초 2편, MBC-TV 〈수사반장〉 타이틀 1편, KBS-TV 9시 뉴스 타이틀 1편, 그리고 국제광고협회(IAA) 세계대회 서울유치를 위한 8분 홍보물 등 광고외의 제작물은 모두 6편이다.

그는 광고연출을 하는 동안 국내 43편과 해외 9편 등 모두 52편의 광고물에 대하여

〈그림 1-23〉 윤석태 (2005)

방송광고상을 받았다. 우리나라의 방송광고대상은 1981년 3월 텔레비전 광고의 컬러화가 가능해진 이후 한국방송광고공사에 의해 처음으로 제정되었고, 1980년도 작품부터 해당된 것이기 때문에 실제로 그가 만든 작품 중에서 이전 것을 제외한 522편의 작품 중 52편을 수상작으로 올려놓은 셈이다.[55]

그는 텔레비전 광고의 창작에서 꼭 있어야 할 것만 있어야 독특한 스타일의 영상에너지가 충전될 수 있다고 보았다. 그의 광고 영상미학은 우리 광고만의 느낌과 구조를 세계의 광고계에 알리는 데 일정한 영향을 미친 것으로 평가할 수 있다. 그가 제시한 광고창작 방법론은 다음과 같은 4가지로 요약할 수 있다.[56]

| 연관된 소재를 찾아내라 | 예를 들어, 자동차가 속도감 있게 주행하는 장면을 촬영할 때는 자동차만 찍기보다 산에 있던 다람쥐가 놀라 뛰어가는 장면을 필름에 담는 것도 상품에 연관성을 부여하는 방법이다.

55. 윤석태(2001). 《윤석태 TV-CF 작품집 Q-30》. 서울: 도서출판 호미.
56. 김병희(2004). "우리시대 광고 영상의 거장—윤석태." 《크리에이티브의 길을 묻다》. 서울: 살림출판. pp.73~75.

| 생명력을 불어넣어라 | 광고 창작자들은 무생물인 상품이 마치 살아있는 생명체처럼 느껴지도록 브랜드 개성을 만들어주어야 한다는 것이다. 그는 상품에 생명을 불어넣는 것이 영상미학의 핵심이라고 본다.

| 메시지를 하나로 집약시켜라 | 광고를 구성하는 표현요소가 너무 많으면 절대로 소비자를 하나의 메시지로 집중시키기 어렵다. 따라서 내용도 집약시키고, 스토리도 집약해서 표현하고, 카피도 집약해서 표현하고, 영상의 표현도 집약해서 표현해야 한다는 것이다.

| 차이가 나도록 식별하라 | 식별이란 다른 회사의 특정 브랜드와는 차이가 나는 스토리의 전개방법이나 고유한 색깔과 톤을 의미한다. 다른 회사와는 절대로 비슷해서는 안 되며, 설령 비슷하더라도 거기에서 탈피하여 광고 브랜드만이 갖는 영상미학이 있어야 소비자들이 광고상품을 금방 인식할 수 있다는 것이다.

그는 아이디어 발상에 있어서 자기의 경험에 비추어 생각의 폭을 넓히는 동시에 자기 자신의 체험이 부족할 경우 영화나 연극 같은 제3자적 경험을 통하여 충분하게 관찰할 것을 권유하며, 텔레비전 광고창작이란 가상의 아이디어를 놓고 각 분야의 전문가들이 모여 실제 영상으로 창안해내는 집단협업이기 때문에 서로의 절대적 신뢰와 협조가 있어야 하며 예산이 뒷받침되어야 한다고 보았다.[57] 또한, 그는 향후 광고영상의 나아갈 방향을 전망하면서 손쉬운 제작환경이 영상의 질 저하를 초래한다고 보고 프로와 아마추어의 차별화 필요성을 지적하고 감독 중심의 1인 체제에서 벗어나는 동시에 후진양성을 위하여 지속적 투자가 필요하다고 보았다.[58]

광고영상이란 이유 있는 커뮤니케이션이라고 할 수 있겠어요. 무슨 말인가 하면 지금

57. 윤석태(1990). "커머셜 제작노트 2: 불신의 늪." 〈광고정보〉 110, pp.86~87.
58. 윤석태(2003). "영상은 누구나 만들지만 광고는 아무나 만들 수 없다." 〈광고계동향〉 147, pp.4~5.

> 립스틱 광고를 찍는다고 합시다. 그냥 사람 얼굴을 찍는다 할 때와는 그 카메라 앵글이 달라져야 해요. 예를 들어, 약간 눈썹이 잘리더라도 턱이 더 나와야 된다는 말이지요. 그런데 어떤 감독은 영상의 기본문법에 충실해서 얼굴을 중심으로 찍어요. 클로즈업도 립스틱을 위한 광고냐 눈썹 마스카라를 위한 광고냐에 따라서 다르다고요. 만약 립스틱이라면 턱을 좀더 잘라내야 해요. 그게 1cm 또는 5mm의 차이인데, 그 느낌이 엄청나게 다릅니다. 또, 소품을 쓸 때도 분명한 이유가 있어야 해요. 누구에게도 답변할 수 없으면 그건 불필요한 소품이지요. 소품 하나하나가 이야기가 있고 이유가 있어야 된다는 말입니다. 그런데 정원이면 나무와 꽃만 갖다 놓고, 싱크대면 비싼 싱크대 갖다 놓고 나서 소품 준비를 다 했다는 거예요. 그러니까 불필요한 소품들이 주제를 막 잡아먹어요. 저는 절대 그런 것 인정하지 못해요. 입으로 얘기 못하는 것을 눈으로 얘기할 수 있어야 합니다.[59]

광고영상을 '이유 있는 커뮤니케이션' 이라고 말하는 그의 광고철학을 뒤집어보면 이유가 없으면 커뮤니케이션도 되지 않는 광고영상이 아닌 보통의 영상에 불과하다는 것이다. 카메라 앵글도 이유가 있어야 하고, 광고상품과 모델은 물론 배경과 소품 하나하나도 나름대로의 존재 이유가 있어야 커뮤니케이션에 성공할 수 있다는 뜻이다. 이성(입)으로는 말하지 못해도 감성(눈)으로는 말할 수 있다는 이상한 논리, 이는 네이턴슨(M. Natanson) 같은 현상학자들이 말하는 '개인 경험의 침전 구조' (*sedimental structure*)로 설명이 가능하다. 즉, 한 인생의 축적된 경험이야말로 모든 새로운 사건과 행위를 해석하는 조건인데 이성이 할 수 없는 것을 감성이 할 수 있는데 이는 곧 개인 경험의 침전물이나 마찬가지라는 것이다. 그가 말하는 감각 또는 심취란 결국 개인 경험의 침전에서 나오는 예술 사회학적 성찰이다.

그는 카피창작에서 영상과의 호흡조절이 가장 중요하다고 본다. 커머셜에서도 영상과 카피가 변화무쌍하게 움직이면서도 어느 순간 절묘하게 호흡을 맞추는 것이 가

59. 김병희(2004). "우리시대 광고 영상의 거장—윤석태." 《크리에이티브의 길을 묻다》. 서울: 살림출판. pp.83~84.

장 중요하다는 것이다. 영상은 오디오와 비디오의 결합에서 이루어지는데 영상 자체는 거짓말을 못한다. 따라서 그는 영상이란 있는 그대로 카메라에 담겨지므로 있는 그대로의 '죽은' 영상은 찍지 말라고 충고한다. 작품은 연출자를 닮고 연출자는 작품으로 말한다. 영상은 반드시 카피와의 호흡을 맞춰야 하듯이, 카피 역시 글이 아닌 이유 있는 커뮤니케이션이 되어야 하기 때문에 영상과의 호흡조절이 필요하다. 이런 맥락에서 카피라이터가 백지에 쓴 글은 카피가 아니라 거친 메시지 덩어리일 뿐이며, 영상과 적절하게 호흡조절을 한 것만이 모름지기 좋은 카피라고 할 수 있다는 것이다.

영상광고의 4대 요소는 영상, 카피, 음(音), 그리고 시간이다. 영상광고에는 길이가 정해져 있으므로 제한된 시간에 풀어낼 수 있는 적합한 소재나 아이디어를 찾아야 하고 제한된 시간 내에 기승전결(起承轉結)이 이루어져야 한다.[60] 일찍이 그는 광고의 내용과 제한된 시간의 문제에서 광고의 길이(시간)가 가장 큰 변수로 작용하며, 길이가 짧아질수록 리듬을 잃기 쉽고 템포는 빨라지며 노이즈 레벨은 높아진다고 보았는데,[61] 이는 그가 광고 표현기법의 문제에 얼마나 심혈을 기울였는지를 반증한다. 15초 및 20초 제한이 해제되고 30초 광고가 가능해진 상황에서 그는 단순한 시간연장이 아닌 새로운 차원의 동기부여이며 광고의 표현기법을 모색하는 계기로 보았다.

그가 창작한 텔레비전 광고 145편을 상품 분류기준에 따라 분석하면, 식품 음료 61편(42.1%), 의류 2편(1.4%), 신발 1편(0.7%), 의약품/의료기구 7편(4.8%), 생활용품/가정용품 11편(7.6%), 화장품 12편(8.3%), 가전/통신기기 13편(9.0%), 시계/안경/보석류 1편(0.7%), 자동차/오토바이/자전거 10편(6.9%), 금융/통신 3편(2.1%), 서비스 12편(8.3%), 기타 12편(8.3%)이다. 이상에서 알 수 있듯이 그가 만든 작품 중에서 식품과 음료가 차지하는 비율이 전체의 42.1%이며, 그 다음으로 많은 영역인 가전/통신기기가 9.0%로 나타난 것은 소비자의 일상생활과 가장 밀접한 상품들이 그가 즐겨 사용한 표현소재와 자연스럽게 접목되었음을 의미한다.

한편, 김병희(2004)는 사이몬(Simon, 1971)과 프렌전(Franzen, 1994)이 제시한 광고의

60. 윤석태(2005). 《영상 커머셜 제작》. 서울: 한국방송광고공사. pp.33~34.
61. 윤석태(1987). "광고인 하계대학 지상중계: 커머셜 제작기법—리얼리티 철저히 추구해야." 〈광고정보〉 77, pp.50~56.

표현전략 분석유목에 따라 그가 창작한 텔레비전 광고물 145편에 대한 내용분석을 실시하였다.[62] 사이몬이 제시한 10가지 광고 표현전략 유목[63]을 기준으로 분석한 결과, 가장 많이 사용된 기법은 브랜드 친숙성(57편)으로 전체의 39.3%이며, 그 다음으로 많이 사용된 기법은 상징적 연상(33편)으로 전체의 22.8%에 해당되었다. 이 두 가지 기법이 전체 광고의 62.1%를 차지함으로써 그의 광고 창작기법을 대표하고 있었다. 특이하게도 반복전략, 모방전략, 습관시작 전략은 전혀 나타나지 않았으며, 나머지 전략들은 낮은 빈도로 비교적 고르게 분포되었다. 브랜드 친숙성은 친근한 카피로 상품과 브랜드와의 관계성을 제고하며, 상징적 연상은 브랜드와 관련된 상징물을 통하여 그 상품을 연상할 수 있도록 하는 전략인데, 분석결과에 의하면 그는 광고를 단기적 설득기제로 보지 않고 장기적 브랜드 관리수단으로 보았음을 확인할 수 있다.

또한, 이상의 두 가지 전략은 프렌전의 분석유목[64]으로 분류했을 때 가장 많이 나타난 기법인 드라마 기법과 연상전이 기법과 유사한 분석결과라고 할 수 있다. 프렌전이 제시한 광고 표현전략의 기본기법과 보조기법을 바탕으로 그의 작품 145편을 분석하면, 가장 많이 사용된 기법은 드라마 기법(56편)으로 전체의 38.6%이며, 그 다음 많이 사용된 기법은 연상전이 기법(43편)으로 전체의 29.7%이다. 또한, 수업기법은 30편 20.7%, 공개기법은 12편 8.3%, 오락 기법과 특수효과 기법은 각각 2편 1.4%로 나타났으나, 상상기법은 전혀 사용되지 않은 것으로 분석되었다.

기본기법을 보다 구체적으로 분류한 보조기법 유목에 따라 광고물을 분석한 결과, 드라마 기법 중 일상의 단면이 56편 38.6%로 나타나 그는 소비자의 일상적인 생활과 관련된 표현을 가장 선호한 것으로 나타났다. 이러한 경향은 두 번째로 많이 나타난 기본기법의 보조기법 중 생활유형제시가 22편 15.2%로 나타난 데서도 확인할 수 있는데, 그는 소비자의 일상생활과 관련된 표현을 가장 선호하였고 이 부분에서 자신의 장

62. 김병희(2004). "광고감독 윤석태 연구." 〈호서문화논총〉 18, 서원대학교 호서문화연구소, pp.1~39.
63. Julian L. Simon(1971). *The Management of Advertising*. Englewood Cliffs, NJ: Prentice-Hall.
64. G. Franzen(1994). *Advertising Effectiveness*. Henley-on-thames, Oxfordshire, UK: NTC Business Publication.

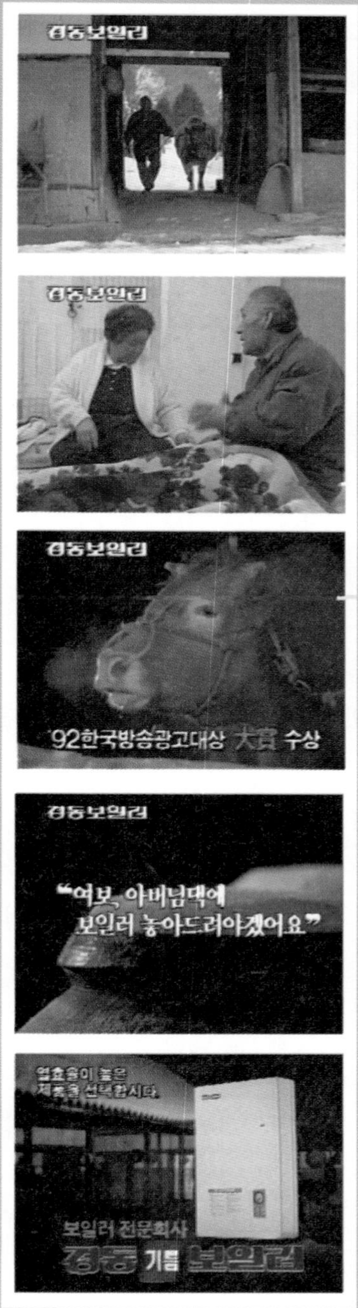

〈그림 1-24〉 경동보일러 '아버님 댁' 편

〈그림 1-25〉 다시다 '망향' 편

기를 가장 잘 구현하였다. 예를 들어, 〈그림 1-24〉의 경동보일러 광고 '아버님댁' 편과 〈그림 1-25〉의 제일제당 다시다 '망향' 편과 같이 일상의 단면을 한국적인 정감으로 자잘하게 그려내는 데서 광고감독으로서의 그의 진가가 한껏 발휘되었다.

그는 미적인 것에 눈을 떠 화가가 되고 싶었지만 31년 간 다른 길을 걸었고, 불같은 성격 때문에 스스로 자멸할지도 모른다며 늘 불안의 그림자를 달고 다녔지만, 그는 결국 우리나라 최초의 CM 작품집이라 할 수 있는《윤석태 TV-CF 작품집 Q-30》(2001)을 펴내는 동시에 전시회를 열며 광고감독으로서의 자신의 한평생을 정리하였다. 그는 이 책의 서장에 해당되는 〈광고주가 찾는 사람, 광고주를 찾아가는 사람〉에서 후배 광고 창작자들에게 다음과 같이 마치 잠언(箴言)같은 충고를 하고 있다.

… 일은 찾아서 하는 것이지 받아서 하는 것이 아니다
맞는 말이다
그러나
크리에이터는 일을 구걸해서는 안 된다
크리에이터는 일을 돈으로 흥정해서는 더더욱 안 된다

찾는 사람이 되든가
찾는 사람이 되도록 노력하든가
크리에이터가 가는 길은 그 길밖에 없다.[65]

그가 생각하는 광고 창의성 개념은 '호흡조절' 이다. 연출자가 할 일이 "보이는 것을 찍지 말고/ 보여지는 것들의 마음을 담는 일"[66]이어야 하듯이, 그는 우리나라를 대표하는 광고감독으로서 한국적 커뮤니케이션의 전형성(*prototype*)을 확립하는 데 크게 기여하였다고 평가할 수 있다.

65. 윤석태(2001).《윤석태 TV-CF 작품집 Q-30》. 서울: 도서출판 호미. p.11.
66. 위의 책. p.21.

이강우

광고계에서 CM 플래너 1호라고 할 수 있는 이강우(1941~)는 오랜 세월 TV-CM 제작에 참여하였으나 직접 촬영하는 감독은 아니었고 TV-CM의 기획을 총괄하는 CM-플래너 역할을 수행하였다(〈그림 1-26〉 참조). 그는 늘 자유로움을 추구하였으며 그의 마지막 직장이 자유로움이기를 기원하였다.[67] 그는 광고에 대한 사랑과 열정이 특히 대단했는데, 젊은 시절에 그가 쓴 광고업에 대한 에세이를 보면 그 열정의 일단을 읽을 수 있다.

> 나는 광고가 지니고 있는 그 무한한 의외성을 사랑한다. 그리고 하루에도 열두 번씩 천재와 천치 사이를 오가게 하는 그 심술궂은 장난기를 사랑한다. … 일 초를 몇십 분의 하나로 잘라내야 하는 이 좀스러움은 얼마나 섬세한 감성이며 한 컷의 그림을 얻기 위해 제 월급의 수십 배를 아까워하지 않는 무신경은 또 얼마나 대범스러운 단순함인가. … 광고란 언제나 요란한 스포트라이트를 받고 나타나는 무대배우와 같다. 비록 꾸며진 세트라 하나 수많은 인생의 은밀한 감정까지 흘낏흘낏 곁눈질해 보는 규시(窺視)의 즐거움이 있고, 이 세상 저 사회 기웃거려 보는 것 또한 나쁘지 않은 경험이다. … 내가 그토록 열에 들뜬 채 사랑해왔던 그 모든 것이 참으로 사랑할 만한 것이었는지, 아니면 한낱 헛된 허상에 불과했는지. 그렇다. 아직도 확신할 수 없는 그 마지막 순간의 불확실성마저도 나는 사랑한다.[68]

그가 광고창작에서 가장 중요하게 생각하는 원칙은 광고표현에서의 반보(半步)주의였다. 즉, 예술은 작가의 주관적 판단에 좌우되지만 광고는 그것을 수용하는 소비자의 객관적 평가가 중요하다는 전제하에 광고가 소비자나 사회보다 뒤떨어지거나 너무 앞서가면 둘 다 설득에 실패한다는 것이다. 너무 앞서가면 소비자는 자기 얘기가 아닌가

---

67. 이강우(2003). 《대한민국 광고에는 신제품이 없다》. 서울: 살림출판. p.40.
68. 이강우(1987). "광고라는 직업." 〈광고정보〉 10월호, pp.94~95.

〈그림 1-26〉 이강우 (2004)

싶어 쉽게 포기하고, 너무 뒤처지면 도외시하니까, 반 보 정도 앞서가며 알게 모르게 소비자를 리드하는 기교가 있어야 한다는 것이다. 크리에이티브에서 기발하거나 놀랄 만한 것은 필수적 조건이지만 대중이 수용할 만한 선에 있느냐 아니냐가 중요하다는 것이다.

그는 정말 참다운 창조라는 것은 신의 영역이라고 보며, 신의 창조와 인간의 창조는 본질적으로 다르다고 본다. 따라서 광고 크리에이티브도 이질적 요소들을 교묘하게 결합시켜 새로운 의미를 만들어내는 것이므로 크리에이티브의 기본재료는 소비자의 생활이나 사회 속에서 찾아야지 그것을 벗어나면 의미가 없다는 것이다. 한편, 그는 생활이나 사회 속에서 아이디어의 단서를 찾되, 변화하는 시대의 흐름을 수용할 수 있어야 하며 급격하게 발전하는 매체환경에 대한 기술적 대책이 뒷받침되어야 보다 창의적인 광고를 만들 수 있다고 진단하였다.

앞으로의 영상광고란 단순히 TV만을 위한 것이 아니라 다양하게 전개될 멀티미디어 시대에 적절하게 대응해야 하고, 일종의 전환기에 어떻게 방향을 잡느냐에 따라 한국 영상광고의 장래가 결정될 것[69]이라며, 그가 향후의 한국 광고의 나아갈 길을 진단

69. 이강우(1997). 《한국 TV광고 영상의 변천에 관한 연구》. 중앙대학교 신문방송대학원 석사학위 논문. 결론 부분.

〈그림 1-27〉 델몬트 '따봉' 편

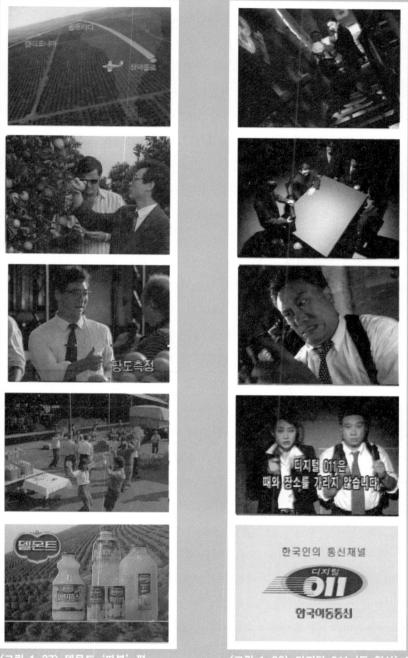

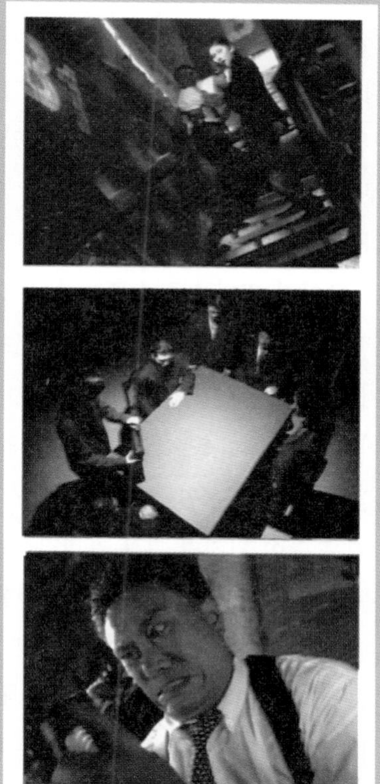

〈그림 1-28〉 디지털 011 '두 형사' 편

한 배경에는 생활과 기술발전을 동시에 고려해야 소비자가 공감할 수 있는 광고가 창작된다는 평소의 지론이 반영되어 있다.

한편, 그는 배우기를 주저하지 않았다. 주변의 광고인에게서도 배웠고 아줌마들의 뒤꽁무니를 따라다니면서도 배웠다. 자신의 실패에서도 배웠고 성공에서도 배웠다. 그러나 갈증에 목마를 때마다 그에게 가장 많이 알려준 큰 스승은 언제나 소비자였다. 때로는 창의적 표현욕구를 주체할 수 없었지만 그는 상품과의 보폭 맞추기를 위해 표현의 절제를 광고창작의 준엄한 지침으로 삼았다. 특히, 광고카피는 소비자의 언어로 빚어져야 한다는 믿음을 바탕으로 소비자의 마음속에 존재하는 언어를 상품에 딱 맞아떨어지게 가져다 붙이는 맞춤법을 찾고 그것을 찾아내는 눈썰미를 길러야 광고창작의 핵심에 다다를 수 있다고 보았다.

카피를 많이 썼지만 그를 카피라이터라고 부르기에는 그가 지닌 그릇이 너무 크다. 수많은 콘티를 직접 그리고 촬영현장을 누볐지만 직접 카메라 앵글을 잡지 않았기에 그를 광고감독이라고 부를 수도 없다. 따라서 그의 존재는 늘 무대의 뒤쪽에 숨겨져 있었지만 그는 늘 광고에 대한 사랑 하나로 광고에 자기의 모든 것을 던졌으며 그런 과정에서 우리나라 CM 플래너 1호라는 직함을 스스로 개척하여, 〈그림 1-27〉의 델몬트 광고 '따봉' 편과 〈그림 1-28〉 디지털 011 광고 '두 형사' 편 같은 인구에 회자되는 광고창작에 결정적으로 기여하였다.

그는 늘 뜨거운 현장을 사랑하였다. 광고의 시작과 끝이 현장에서 이루어진다고 보고 낮에는 늘 상품과 시장과 소비자를 찾아 길을 떠났다. 길에서 아이디어를 줍고 길 위에서 생각의 실타래를 풀어나갔다. 그리고 밤이 되면 그 아이디어를 추스르고 설득의 코드를 주섬주섬 엮어나갔다. 마치 미네르바의 부엉이가 밤이 되면 날기 시작하듯이, 밤늦도록 총총한 정신과 따스한 가슴으로 사람과 사람 사이, 그리고 사람과 상품 사이를 연결하는 생각의 다리를 하룻밤에도 몇 개씩 놓았다 뜯곤 했다. 그는 광고라는 험한 세상의 다리가 되어 기나긴 세월을 그렇게 보내왔다.

제 아트 능력이나 저를 증명하기 위한 유혹을 끊임없이 받지만 얼마만큼 절제하느냐가 우리 직업의 기본적 윤리라고 생각해요. 여태까지 광고해서 밥 먹고 살아왔지만 내 돈

> 내서 광고를 만들어 본 적은 한 번도 없습니다. 광고라는 직업 자체가 남의 목적을 위해 남의 돈으로 내 재능을 팔아먹는 직업이니까, 자기 목적을 위해서 자기를 나타내는 일을 하려고 한다면 남의 돈으로 만들어서는 안 됩니다. 종종 광고주 돈 가지고 크리에이터의 성과만 높이려는 광고가 있는데, 이는 비윤리적 행위라고 봐요.[70]

그가 생각하는 광고 창의성의 개념은 '상품의 본질을 찾는 안목' 이다. 그는 창의성을 수사(修辭)의 맥락이나 외적 치장으로만 보는 관점을 거부하며, 상품의 본질을 찾아내는 안목이야말로 진정한 광고 창의성이라고 보았다. 이강우는 그만의 창의성 개념인 '상품의 본질을 찾는 안목'을 바탕으로 정답에 가까운 그 무엇을 찾기 위하여 평생을 광고창작에 몰두하였다.

박우덕

디자이너로 광고계에 입문한 이후 웰콤을 창립하여 한국의 대표적인 독립광고회사로 성장시킨 박우덕(1951~)은 광고에서 브랜드에 대한 사랑을 특히 강조하였다(〈그림 1-29〉 참조). 그는 미술대학을 졸업한 다음 해태제과에 입사하는 것으로 광고인생을 시작한다. 그후 1977년 코래드로 옮겨 십여 년간 한곳에서 있다가 1987년 3월 1일 충무로에 조그만 사무실 하나를 열어 오늘의 웰콤이 있게 하는 작은 씨앗 하나를 뿌린다.

그는 어떤 법칙을 가지고 문제해결에 접근하기보다 사람들의 잠재의식을 일깨우는 아이디어를 찾으려고 시도하는 것이 곧 아이디어 발상과정이라고 보았다. 다시 말해서, 브랜드에 대한 존경과 사랑을 일깨울 수 있는 것이면 무엇이든 의미가 있다는 말인데, 이는 이전에 나온 다양한 광고창작 원리가 무리한 객관화를 시도함으로써 오히려 광고 창의성의 진면목과 동떨어질 수 있다는 점을 시사한다. 이러한 사정은 심리학개론의 첫장에 등장하는 실험심리학과 기술심리학의 비교에서 확인할 수 있다.

70. 김병희(2004). 《크리에이티브의 길을 묻다》. 서울: 살림출판. p.172.

〈그림 1-29〉 박우덕 (2004)

실험심리학이 가설과 실험을 통하여 일반화할 수 있는 모델을 이끌어내는 방법이라면, 기술심리학은 의식의 내부지각을 반추하고 관찰하여 있는 그대로 기술하는 방법인데, 후설(E. Husserl, 1859~1938)은 이러한 기술심리학의 방법에 착안하여 현상학의 기본개념인 지향성(*intentionality*)을 주창한 바 있었다. 후설은 의식이란 의식내용이 담겨져 있는 어떤 그릇 모양이라고 생각한 이전의 생각을 뒤집고 의식이란 반드시 어떤 대상에 대한 의식이라고 함으로써 현상학의 새 지평을 열었는데, 박우덕은 광고 창작자의 경험을 신봉하며 모든 광고표현은 '소비자에 대한' 의식적 지향성을 가져야 한다고 보았다. 그의 광고철학은 이른바 '뱀장수론' 으로 요약할 수 있다.

우리나라 뱀장사에게는 약효의 진실성을 빼고 광고의 기본적인 것이 다 들어 있습니다. '아이들은 가라' 라고 외치면서 타깃에 대한 분명한 '컨셉' 을 전달했고, '밤에 어쩌구…' 는 효능에 대한 분명한 '확신' 을 주었고, 측면에서는 뱀을 들고 놀라움과 새로움을 전달하여 사람들에게 '흥미' 를 주었습니다. 뱀을 목에 걸고 입에도 슬쩍 넣으면서 대중의 시선을 끌었습니다. 그것이 크리에이티브인 것입니다. 가만히 눈을 감고 생각하면 컨셉이나 모든 것은 이미 다 우리 곁에, 생활 속에 있는 것들입니다. 큰 회사를 상대로 새로운 회사가 신제품을 만들어 싸울 때는 어떻게 해야 하나, 그럴 때는 우리가 어릴 때를 생각해 봅시다. 작은 친구가 큰 친구와 싸울 때는 그냥 정식으로 싸워서는 안 됩니다. 급소를 치든지, 코피를 내야 이길 수 있지 큰 친구와 정면으로 싸워서는 반드시 패합니다. 이것이 틈새 마케팅이 아닌가 합니다. 외국사람, 교수님들이 말씀하시는 광고이론들은 우리 아버지의 말씀 속에, 어머니의 말씀 속에, 친구들 속에, 어린 시절에 이미 이렇게 다 존재합니다. 그것을 외국 책에서만 찾고 있는 현실이 아쉬운 것입니다. 그래서 우리의 뱀 장사를 존경하자는 말씀을 해드리고 싶습니다.[71]

그는 좋은 광고를 만드는 기본원리가 우리들의 과거와 생활 속에 이미 다 들어있다고 보았다. 책을 보는 것도 좋겠지만 좋은 크리에이티브나 마케팅 전략은 우리들의 생활 속에 모두 존재하며 그렇기 때문에 좋은 광고는 우리들 과거와 생활 속에 있으며 이와 같은 기본적 컨셉을 찾아서 광고표현으로 연결하는 훈련이 필요하다고 보았다.

한편, 그는 현재와 과거, 그리고 미래를 연결하는 것이 광고인들이 하는 일이라고 생각한다. 다시 말해서 광고가 별 대단한 그 무엇이 아니라 현재, 과거, 미래에서 소비자가 공감할 수 있는 요인들을 찾아내 현대적 감각으로 표현했을 때 우리의 광고자산이 된다는 것이다. 따라서 보다 한국적인 요인들을 찾아내고 사랑함으로써 무조건 외국의 광고표현에 의존하는 관행을 타파하고 한국 광고의 기본을 만들어가야 한다는 입장에서 스스로 이를 실천하였다. 이를 광고실무에서 스스로 실천하는 동시에 후배 광고인들에게 광고표현의 진면목을 다 강력하게 알려주기 위해 역설적 맥락에서 자신의 '거짓말 시리즈' 특강을 하게 된다. 그의 거짓말 시리즈는 다음과 같다.

- 그래도 상품의 독특한 차이를 광고의 포인트로 만들어라.
- 상품의 차이가 아니라 눈에 띄는 감정의 차이를 찾아라.
- 그래서 상품에 대해 다르게 느끼도록 만들어라.
- 상품을 사랑하라. 그리고 찾아라. 그 상품을 시시하거나 특징이 없다고 욕하

71. 박우덕(2001). "광고인 하계대학 특강: 좋은 광고 하나가 세상을 바꿀 수도 있습니다." 〈광고정보〉 8월호, p.49.

지 말라.

- 당신이 만든 그 광고가 USP가 되고 혜택이 되어라.
- 그래서 우리는 대행사가 아니라 그 상품에 다른 감정을 만들어주는 제조회사다.
- 유머는 브랜드로 가볍게 만들어라. 팔리지 않을 수 있다. 아니다 팔린다.
- 브랜드는 친구 사귀기이다.
- 언제나 즐겁고 유머 넘치는 사랑은 좋다.
- 자동차는 유머가 안 되고 맥주는 유머가 된다는 생각에서 벗어나자.
- 남대문 시장의 옷 장수를 보라. 더 웃기고 재미있게 하는 사람이 물건을 더 판다는 사실을.
- 물론 상품에 따라 유머의 차이는 있어야 한다.
- 그대가 광고로 세상을 웃겼다면 그대의 죄 몇 가지는 염라대왕도 용서할 것이다.[72]
- 소비자가 꼭 기억해야 할 슬로건에는 엔드라인이 있어야 한다.
- 좋은 헤드라인이 좋은 슬로건이라는 사실을 잊지 말자.
- 광고는 광고다워야 하지만 광고가 광고 같지 않을 때 더 큰 광고효과를 거둘 수도 있다.
- 광고 그 자체가 브랜드가 되게 하라.[73]
- 상 받는 광고는 장사가 안 된다는 말은 크리에이터의 핑계이다.
- 상을 받는 창의성을 우리는 아이디어라고 말한다.
- 저렴한 제작비에도 아이디어만 있으면 좋은 광고를 만들 수 있다.
- 빅 모델을 쓰지 않고도 선호도 최고의 광고를 만들 수 있다.
- 광고상 심사위원이 좋아하는 광고를 만들어도 좋다. 단, 괜찮은 심사위원이어야 한다.

---

72. 이상은 박우덕의 웰콤 내부 특강(2006.4.25) 자료에서 발췌하였음.
73. 이상은 박우덕의 웰콤 내부 특강(2006.5.8) 자료에서 발췌하였음.
74. 이상은 박우덕의 웰콤 내부 특강(2006.5.30) 자료에서 발췌하였음.

• 광고에서 거짓말을 하지 말자. 거짓말에 속지 말자.[74]

그에게 있어 광고창작의 원리가 따로 있을 수 없지만, 그는 어떠한 상황에서도 정답은 하나라는 신념을 바탕으로 광고표현이 더하기의 법칙이 아니라 빼기의 법칙이라고 생각하였다. 즉, 광고표현에서도 군살빼기가 설득의 요체라는 것이다. 그는 경험의 중요성을 무엇보다 강조하였는데, 광고라는 것이 이론으로만 되는 것이 아니라 순간에 떠오르는 강력한 상상력과 현실적 적용 가능성이 적절히 버무려질 때 비로소 자기만의 곡조를 만들 수 있다고 보았다.

그는 "헤드라인이 비주얼이다"[75]라고 생각할 정도로 카피를 중요시한다. 소비자들이 카피만 봐도 그림이 떠오른다면 거기에 구태여 그림으로 설명할 필요가 없으며, 그냥 헤드라인만 써 놓아도 좋은 광고가 되면 그림을 빼도 상관없고 아주 작게 처리해도 무방하다고 생각한다. 예를 들어, 그가 광고창작에 깊숙이 관여한 〈그림 1-30〉의 프로

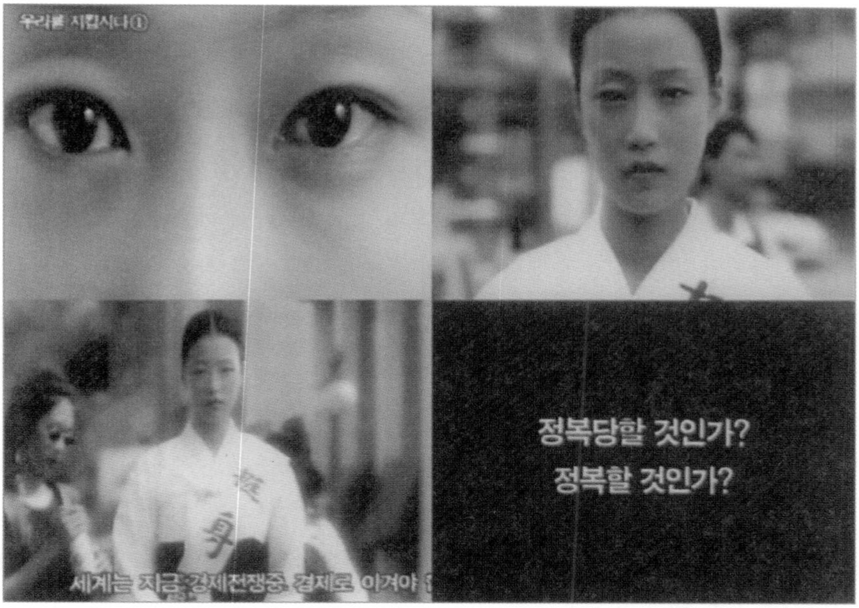

〈그림 1-30〉 프로스펙스 '정신대' 편

75. 박우덕(1997). "좋은 헤드라인보다 좋은 비주얼은 없다." 웰콤 사내 특강 자료(1997.9.6).

〈그림 1-31〉 대우자동차 레간자 '쉿!' 편

스펙스 광고 '정신대' 편이나 〈그림 1-31〉의 대우자동차 레간자 '쉿!' 편 역시 헤드라인을 비주얼처럼 표현함으로써 소비자의 공감을 유도할 수 있었다.

더욱이 그는 좋은 아이디어는 광고 창작자의 집중력에서 나오며 아이디어 발상과정에서도 짧지만 집중력 있게 생각하는 것이 중요하며 극과 극을 왔다갔다하는 발상의 극단적 전환이 필요하다고 보았다. 따라서 별도로 아이디어 발상을 하는 시간을 갖기보다 잠시만 몰두하고 집중하면 주위에 아이디어 소재가 널려 있으므로 아이디어를 짜내지 말고 주워 담을 필요가 있겠다.

어떤 사람을 아이디어를 줍고 어떤 사람은 줍지 못하는 것은 관찰력과 집중력의 차이이므로 카피라이터는 평소 주변 사물에 대하여 관심과 사랑의 시선으로 바라볼 필요가 있다. 평소의 관찰력은 광고 창작자의 버릴 줄 아는 마음과 만날 때 진정 창의적 아이디어로 꽃을 피울 것이다. 광고창작이 '빼기의 미학' 이라는 맥락에서 다음과 같은 그의 진술은 의미심장하고도 유익하다.

완성도를 높이기 위해 특별히 노력한 것은 없고, 다만 "버려라, 버리면 얻는다" 라는 생각을 많이 해요. 우리가 많은 메시지를 주었다고 해서, 많은 카피나 그림으로 설명한다고 해서, 소비자들이 다 받아들이는 것은 아니겠지요. 음식도 그렇잖아요. 진수성찬을 차려 놓으면 오히려 더 먹기 힘들 듯 쓸데없는 반찬을 다 버리고 정말 소비자들이 좋아할 만한 것 하나를 골라 맛있게 포장하는 것이 가장 중요해요. 결국은 많이 버릴 줄 알아야 더 설득할 수 있어요.[76]

그가 생각하는 광고 창의성 개념은 '브랜드에 대한 사랑의 방정식' 이다. 수많은 소비자의 사랑을 얻기가 쉽지 않지만, 그는 정답은 분명히 있다는 믿음 하나로 어떻게 하면 그 브랜드를 더 사랑하게 하고 더 존경하게 할지를 고민하며 마치 수학의 방정식 문제를 풀듯이 밤을 새워 브랜드에 대한 사랑의 방정식을 풀어야 한다고 보았다. 광고 창의성이란 브랜드를 사랑하고 존경하게 하는 방법을 찾는 과정이라고 본 그는 자신이 할 수 있는 데까지 더 노력해서 브랜드를 사랑하고 나아가 존경까지 하게 하는 그런 광고들을 만들고 싶어하였다.

그는 한편으로 아무리 좋은 뉴스라도 신문에는 한번밖에 안 나가지만 광고는 한두 달 내내 싫든 좋든 매체에 노출된다는 점에 주목하였다. 그는 광고에서 지속적으로 같은 메시지를 반복하면 유행을 창출하고 현대 소비대중사회의 소비문화 형성에 영향을 미친다고 본 것이다. 이와 같이 광고 창작자들이 새로운 문화창조의 사명감도 가져야 된다는 주체적 입장을 견지해온 그에게 한국을 대표하는 광고 창작자라는 명칭을 부여해도 큰 무리는 없을 터이다.

76. 김병희(2004). 《크리에이티브의 길을 묻다》. 서울: 살림출판. pp.244~245.

생_각_해_ 볼_ 문_제_

1. 광고창작은 과학적 논리성으로 이루어지는가, 아니면 예술적 감수성으로 이루어지는가? 이 문제에 대하여 선배 광고인의 광고 창조철학을 제시하고 자신의 생각을 기술해보자.

2. 미국 광고인들의 광고 창조철학과 한국 광고인들의 광고 창조철학을 개략적으로 고찰하고, 자신이 생각하는 광고 창의성의 개념을 제시해보자.

3. 동서양의 광고 창조철학을 비교하면 어떠한 차이가 나타나는가? 동서양의 문화적 차이에 따라 나타날 수 있는 광고 창조철학의 공통점과 차이점을 비교해보자.

4. 카피라이터 김태형은 오길비를 가장 존경했지만 결국에는 그를 능가하였는데, 이는 스승을 창조적으로 배반하는 사례이다. 이러한 현상은 예비 카피라이터에게 무엇을 의미하는지 자신의 생각을 정리해보자.

5. 이 장에서 언급하지 않은 한국의 광고 창작자들은 많다. 자신이 존경하는 두 사람의 광고 창작자를 인터뷰하고 그들과 관련된 문헌자료들을 분석한 다음 그들이 생각하는 광고 창의성의 개념을 도출해보자.

제 2 장

카피창작의 심리학적 원리

"훌륭한 이론보다 더 실용적인 것은 없다." —커트 르윈

"카피라이터는 비누 한 개에서도 브랜드의 명예로운 이력과 그것을 사용해온 아름다운 여인들의 긴 대열, 그리고 앞으로 사용할 사람들의 수려한 옷 색깔을 볼 수 있어야 한다." —존 B. 호지키스

✻ 지 각

- 지각의 특성
- 소비자의 지각과정

✻ 학습과 기억

- 행동적 학습이론
- 인지적 학습이론
- 관찰학습
- 기 억

✻ 동기와 가치

- 동기와 욕구
- 동기의 종류와 구조
- 동기의 구조
- 가 치

✻ 태 도

- 태도의 특성
- 태도의 구성요소
- 태도의 형성과 강화 및 변화

✻ 자아 개성 라이프스타일

- 자 아
- 개 성
- 라이프스타일

✻ 문 화

- 문화의 구성요소
- 하위문화
- 소득과 사회계급

✻ 개인적 의사결정

- 구매의사 결정유형
- 구매의사 결정과정

카피창작에 앞서, 카피라이터는 〈광고심리학〉 또는 〈소비자행동론〉에 대한 공부를 반드시 해야 할 필요가 있다. 좀 과장해서 말하자면, 헤드라인의 개념을 알지 못해도 카피를 쓸 수는 있겠지만 광고심리학을 모르면 카피를 쓸 수 없다고 할 것이다. 카피창작에서 소비자 심리의 이해는 그만큼 중요한데, 소비자와 행동 그리고 상품이 서로 관련된 상황에 따라 카피 메시지의 양과 질이 달라져야 하기 때문이다.

소비자(*consumer*)란 소비행동에 참여하는 모든 사람을 지칭하는 용어이며, 상품 범주에 대한 모든 행위자를 포함한다. 따라서 어떤 브랜드를 구매하든 어느 점포에서 구매하든 관계없이 특정 브랜드나 상품을 구매하거나 사용하는 사람은 모두 소비자에 포함된다.

행동(*behavior*)이란 가시적인 신체적 움직임은 물론 심리적 활동까지도 포함한다. 따라서 가시적 구매행위는 소비자 행동의 한 측면에 불과하며 소비자 행동은 구매에 영향을 미칠 수 있는 신념이나 태도의 형성, 변화, 강화 등 심리적 활동까지도 포함한다.

상품(*product*)이란 자동차, 냉장고, 음료수 같은 유형의 품목뿐 아니라 이동통신 서비스, 기업의 체험 프로그램 등 유무형의 서비스를 포함한다. 따라서 상품은 교환될 수 있고 상대방에게 가치를 가진다고 지각되는 모든 욕구충족 수단을 의미한다.

카피라이터가 광고심리학을 공부할 경우 다음과 같은 점에서 카피창작에 도움이 될 것이다. 첫째, 소비자의 관점에 서서 소비자가 바라는 상품에 대한 욕구를 파악할 수 있으며, 둘째, 시장 세분화에 따른 표적시장을 구체적으로 정의함으로써 소구대상에 적합한 메시지 전략을 수립할 수 있고, 셋째, 광고심리학의 주요 개념을 이해함으로써 럭비공처럼 어디로 튈지 모르는 소비자 심리변화에 적합한 카피를 창작할 수 있으며, 넷째, 소비자 조사결과를 평가하고 그 의미를 이해함으로써 카피창작에 유용한 현실적 아이디어를 얻을 수 있을 것이다.

이 장에서는 카피창작에서 반드시 알아야 할 광고심리학 이론을 소개하고 그 이론을 설명하기에 적합한 광고카피 사례를 제시함으로써, 카피창작이 단순한 글쓰기가 아니라 인간심리에 호소하는 고도의 심리적 글쓰기라는 점을 강조하고자 한다. 카피를 쓰는 데 광고심리학 공부가 무슨 도움이 되겠느냐고 항변할 수도 있겠으나, 일찍이 사회심리학자 커트 르윈(Kurt Lewin)이 말했듯이 "훌륭한 이론보다 더 실용적인 것은 없다". 광고심리학 이론은 카피창작에 필요한 너무 훌륭한 이론이며 따라서 매우 실용적이라 하겠다.

지 각

지각(*perception*)이란 감각기관이 받아들인 정보를 일차적으로 처리하는 심리적 과정을 의미한다.[1]

소비자들은 대체로 기존의 지식과 경험을 바탕으로 입력된 정보를 처리한다. 동일한 감각이라도 사람의 감각에 따라 각기 다른 방법으로 해석하기 때문에 사람마다 지각과 행동이 다르게 나타난다. 따라서 소비자 행동에서 소비자의 지각 및 욕구와 동기는 서로 상호작용하는 경우가 많다.

상호작용하는 과정에서 대상(상품)에 대한 욕구와 동기도 변하게 된다. 또한, 환경의 변화에 따라서도 소비자 행동이 계속 변하며, 이에 따라 소비자의 지각과정도 변하게 되어 결국 최종적 구매상황은 처음과 달라질 수 있다. 카피라이터들은 상품에 대한 소비자의 지각이 고정적이지 않고 늘 변할 수 있음에 주목할 필요가 있다. 지각의 일반적 특성은 다음과 같다.

지각의 특성

| 주관성 | 개인은 자기가 보고 싶은 것을 보고 듣고 싶은 것을 듣는 경향이 있으므로, 구매의사가 있는 소비자는 구매할 상품의 단점보다 장점에 더 주의를

1. 김완석(2000).《광고심리학》. 서울: 학지사, p.46.

기울이는 경향이 있다. 소비자는 대체로 자신의 이미지와 감정을 보호하기 위하여 자기의 사고체계나 감정 그리고 신념에 부합되는 정보를 더 잘 받아들인다. 따라서 소비자는 자기의 신념과 태도 그리고 편견을 구체화시키는 가운데 구매행동을 하며, 가급적 자기의 주관에 역행하지 않으려고 한다.

| 선택성 | 개인은 주어진 시간 내에 모든 지각을 받아들일 수는 없기 때문에 가급적 관심이 있는 자극만을 지각하려고 한다. 개인은 순간적으로 모든 대상에 대해 반응할 수 없으며 수많은 자극 중에서 자기에게 필요한 부분만을 구분하여 지각하며(지각의 과부하), 개인의 가치에 역행하는 자극에 대해서는 방어하려고 하며(지각적 방어), 외부에서 유입되는 무수한 자극에 비해 인지능력은 제한되어 있으므로 선별하는 경향이 있다(선별적 감지).

| 일시성 | 개인이 지각하는 자극의 대부분은 오랫동안 지속되지 않고 일시적으로 머무는 경우가 많다. 수많은 광고에서 상품의 특성을 설명하지만 지속적으로 소비자의 주의를 끌기에 어려움이 있는 까닭은 지각이 일시적이라는 특성 때문이다.

| 통합성 | 소비자는 즉각적으로 자극을 받아들이고 어떤 자극을 낱개가 아닌 통합적 형태로 묶어서 지각하는 경향이 있다. 하나의 광고물에서는 브랜드의 로고나 상품패키지 그리고 카피 등이 제시되는데, 소비자는 개별적으로 주어지는 자극을 통합하여 종합적으로 받아들인다.

소비자의 지각과정

선택적 지각

사람들은 매 순간마다 어떤 자극 앞에서 선택에 직면한다. 소비자들은 매일 다양한 자극에 접촉하지만 이 중 극히 일부의 자극만을 지각하게 되는데, 이를 선택적 지각(*selective perception*)이라고 한다. 자극에 대해서 소비자는 선택적으로 지각하므로 많은 비용을 들여 창작한 광고라도 소비자의 기대치에 맞지 않을 때는 받아들이지 않으며, 반면에 소비자의 기대치에 맞을 때는 간단한 아이디어만으로도 주목을 끌게 된다.

선택적 지각의 작동원리는 소비자들이 지각적 균형(*perceptual equilibrium*), 즉 소비자들이 접한 브랜드 정보와 그 브랜드에 대한 이전의 신념 간에 일관성을 추구한다는 점으로 설명할 수 있다. 수많은 자극 중 소비자의 선택적 지각은 그 자극이 어떠한 성질을 갖고 있는가 하는 '자극의 성질' 과 개인의 욕구나 동기 같은 '개인의 특성' 에 따라 결정된다.

자극의 성질 면에서 어떤 자극이 보다 효과적으로 작용하기 위해서는 대조(*contrast*), 새로움(*novelty*), 크기(*size*), 색깔(*color*) 등의 자극에 의해 주목을 끌어야 한다. 예를 들어, 대조는 소비자가 습관적으로 인식하던 일반적 조건으로부터의 변화인데, 광고 창작자들은 새로운 자극을 광고에 도입하여 대조에 의한 선택적 지각을 의도할 수 있다.

〈그림 2-1〉에 제시한 볼보 '찌그러진 자동차' 편에서는 일반적 자동차 광고에서 반

〈그림 2-1〉 볼보 '찌그러진 자동차'편

짝반짝 빛나는 새 차를 보여주는 것과는 달리 사고로 찌그러진 볼보자동차를 제시하고, "우리는 모든 볼보를 이처럼 상상하며 디자인한다"는 카피를 쓰고 있다. 소비자들에게 얼마나 신뢰감을 주는 메시지인가? 광고 창작자는 소비자들이 보아오던 자동차 광고에 대한 인식의 습관을 뒤집으며 대조에 의한 선택적 지각을 유도하는 것이다.

한편, 어떤 자극이 보다 효과적으로 작용하기 위해서는 개인의 욕구와 동기 또는 가치관이나 문화적 배경에 관련된 자극을 활용할 필요가 있다. 지각은 자극물 자체의 성질에 따라 영향을 받지만, 동시에 개인의 특성에 의해서도 영향을 받기 때문이다. 따라서 광고창작에서 자극의 내용은 고통스럽거나 위협적인 내용은 가급적 피하고 소비자의 공감을 얻기 쉬운 소재로 해야 지각적 방어에 걸리지 않고 소비자들에게 선택되기 쉽다. 그러나 업종에 따라 위협적 내용이 효과적인 경우도 있는데, 예를 들어 보험회사 광고에서는 화재로 인한 피해나 인명의 손상 등 공포심을 유발하는 자극이 선택적 지각을 유발할 가능성이 높다.

개인의 특성 면에서 공감할 수 있는 소재의 사용은 중요하다. 〈그림 2-2〉의 베네통 '신부와 수녀의 키스' 편과 〈그림 2-3〉의 SK텔레콤 '수녀와 스님' 편을 비교해 보자. 두 광고 모두 종교적 소재를 활용하고 있으나 신부와 수녀의 키스는 소비자의 일반적 인식으로는 불가능한 상상이며 설령 가능하다 하더라도 소비자의 지각적 방어에 걸릴 확률이 높다. 이에 비해 수녀와 비구니가 함께 자전거를 타고 가는 상황은 충분히 가능한 상상이며, "사람과 사람 그리고…/ 행복한 커뮤니케이션"이라는 헤드라인과도 절묘하게 어울린다. 따라서 선택적 지각을 의도하는 카피를 쓸 경우, 개인의 욕구와 동기 또는 가치관이나 문화적 배경에 관련된 자극을 활용하되 가급적으로 긍정적 메시지를 구성할 필요가 있다.

소비자들이 외부의 정보를 지각하기 위해서는 먼저 정보에 노출되어야 한다. 그 후, 정보에 대하여 주의를 집중한 다음 자극을 이해하는 과정을 거치는데, 이 과정에서 정보의 일부를 기억하는 선택적 지각이 이루어진다. 이와 같은 선택적 지각과정을 보다 자세히 설명하면 다음과 같다.

| 선택적 노출 | 소비자들은 자신의 마음에 드는 즐겁고 긍정적인 메시지에

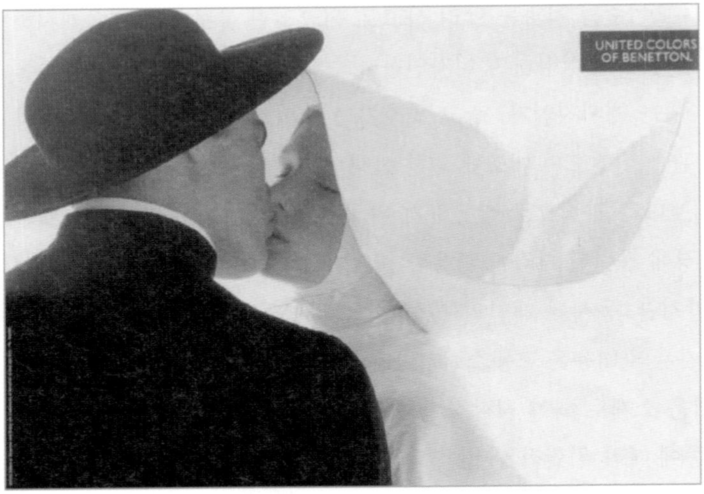

〈그림 2-2〉 베네통 '신부와 수녀의 키스'편

〈그림 2-3〉 SK텔레콤 '수녀와 스님'편

대해서는 주의를 기울이지만, 고통스럽고 자신의 기대에 어긋나는 자극에 대해서는 의도적으로 회피하는 경향이 있다.

| 선택적 주의 | 소비자들은 자신의 욕구와 흥미에 부합하는 자극에 대해서는 많은 관심을 갖지만, 관심이 없는 주제에 대해서는 별로 주의를 기울이지 않는다.

| 선택적 이해 | 소비자들은 기존의 지식과 다른 정보에 접하고 나서 이 정보를 자신의 신념과 태도에 일치하는 방향에서 이해하는 경향이 있다.

| 선택적 보존 | 소비자들은 기존의 신념을 지지하는 정보만을 기억하려고 하며 이를 미래의 의사결정에 이용하려는 과정을 거친다.

지각적 조직화

사람들은 자기가 보고 있는 물체에 약간의 틈이 있더라도 그것을 하나의 완전한 모양으로 보려는 경향이 있다. 그들은 불완전한 정보에 접할 경우, 기존에 가지고 있던 감각과 자극을 하나로 합쳐 의미 있는 전체로 지각한다. 소비자의 주변에는 수많은 자극과 광고들이 있지만, 소비자의 욕구에 완전히 부합되는 정보는 존재하지 않는다. 따라서 소비자들은 여러 개의 단편적 정보를 수집한 다음 임의로 조합하여 유용한 정보를 도출하는데, 이 과정이 지각적 조직화이다. 여기에는 '지각적 부호화' 와 '지각적 통합화' 가 있다.

지각적 부호화는 두뇌 속에서 발생한 전기적 파장에 불과한 자극에 의한 감각으로 유용한 대안을 도출하기가 불가능하므로 이를 소비자가 이해할 수 있는 언어형태로 변환시키는 과정이다. 소비자가 이해할 수 있는 말, 숫자, 그림 같은 심리적 기호를 부여함으로써 지각적 부호화가 이루어진다.

지각적 통합화는 자극의 일부분에 대한 지각만으로는 자극의 의미를 파악하기 어려우므로 여러 자극물을 하나하나 받아들이지 않고 조직화된 통합체로 지각하는 경향을 의미한다. 예를 들어, 소비자들은 어떤 브랜드의 구매 여부를 낱개의 정보만으로 결정하지 않고, 가격, 디자인, 서비스 품질 등 여러 자극물을 총괄하여 결정한다. 지각적 통합화를 가능하게 하는 주요 원칙에는 완결성, 집단화, 형상과 배경이 있으며, 이를 보다 구체적으로 설명하면 다음과 같다.

완결성

완결성이란 자극물이 불완전할 때 잘못된 요소를 고치거나 빈 곳을 채우려는 지각자의 성향이다. 소비자들은 스스로 완전한 모양으로 완성하려고 하며 스스로 메시지를 완결시키는 데서 만족감을 느낀다. 이러한 심리학적 원리를 언론학에서는 구성주의적 접근법(*constructionist approach*)으로 설명한다. 구성주의적 관점에 의하면, 사회적 현실은 세계의 단순한 반영이 아니라 사회적 · 역사적 맥락 속에 인간의 지속적인 해석 과정을 통해 구성된다고 가정하기 때문에 사회문화적 수준에서 결정되는 미디어의 담론에 주목하는 동시에 그것이 개인적 수준에서 현실적 의미로 재구성되는 과정을 중시한다.[2] 따라서 수용자(소비자)의 참여를 유도하여 개인의 의식으로 내면화시키는 광고는 그렇지 못한 광고에 비해 소비자에게 미치는 영향이 크다고 하겠다.

예컨대, 〈그림 2-4〉에 제시한 J&B 크리스마스 광고를 보면 전체 배경을 녹색으로 처리하고 그 위에 "ingle ells ingle ells"라는 헤드라인을 흰색 글자로 크게 뽑았다. 지면의 절반을 차지한 헤드라인은 주목을 끌기에 충분하다. 그런데 이게 무슨 말인가. 이런 영어도 있나? 고개를 갸웃거리며 아래쪽의 바디카피를 보는 순간 저절로 무릎을 치게 된다. "J&B 없는 휴일은 (J&B 있는 휴일과) 같을 수 없습니다(*The holidays aren't the same without J&B*)." 특히 압축된 한 줄의 바디 카피에서 J&B만을 빨강색으로 처리함으로써 헤드라인에서 J&B라는 알파벳을 일부러 뺀 것을 알 수 있게 한다. 이쯤 되면 소비자들은 빠져 있던 J자 B자를 헤드라인에 채워 넣으며 자연스럽게 "Jingle Bells, Jingle Bells"를 흥얼거리게 될 것이다.[3]

---

2. 양승목(1997). "언론과 여론: 구성주의적 접근." 〈언론과 사회〉 17, pp.6~39.
3. 김병희(2000). "신곡은 없는가: 노래체 광고." 《광고와 대중문화》. 서울: 한나래. pp.94~97.

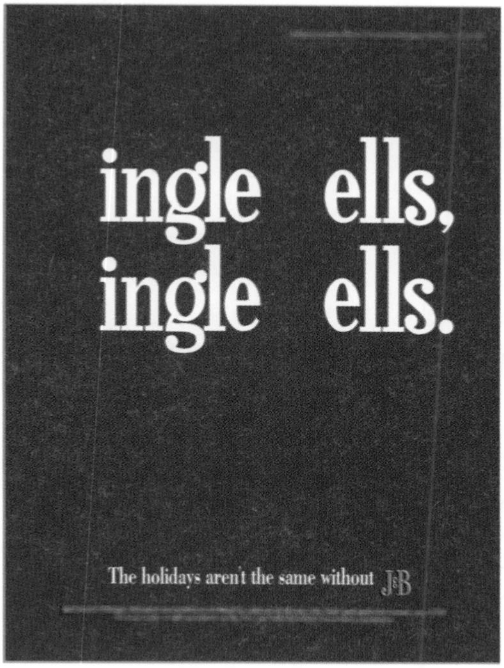

〈그림 2-4〉 J & B '크리스마스'편

디자이너와 카피라이터의 재치가 돋보이는 이 광고는 소비자로 하여금 저절로 노래를 흥얼거리며 헤드라인에 제이(J)와 비(B)를 채우기를 유도한다. 즉, 이 광고는 2006년 이후 우리 광고계의 화두로 떠오른 UCC(user-created contents) 광고의 초기 면모를 엿볼 수 있다. UCC란 수용자(소비자)가 광고창작에 참여하여 직접 만드는 콘텐츠를 지칭하며, 광고영역에서도 본격적인 쌍방향 커뮤니케이션이 이루어지고 있음을 나타내는 결정적 증거라고 할 수 있는데, J&B 광고 '크리스마스' 편에서는 일찍이 이를 구현했다고 할 수 있다.

집단화

소비자는 다양한 정보를 개별단위로 지각하기보다 하나의 덩어리로 지각하기를 선호하고, 각각의 단위정보를 조직화된 전체로 통합하려 한다. 여기에는 서로 가까이 있는 대상들이 함께 연결되도록 하는 근접성에 의한 자극의 집단화, 어떤 대상이 유사한 성질이나 비슷한 의미로 연결되도록 하는 유사성에 의한 자극의 집단화, 중단된 형태보다 연속적 형태로 대상물을 지각하는 연속성에 의한 자극의 집단화가 있다.

형상과 배경

형상은 물체의 형태로 어떤 공간에서 위치를 차지하고 있으며 배경은 일정한 형태를 갖추지 못한 채 물체의 뒤에 있을 뿐이다. 그러나 소비자가 어느 부분을 형상으로 보느냐에 따라 형상과 배경의 위치가 달라질 수 있다. 광고 창작자는 광고에서 제시하는 메시지(자극)가 배경이 아닌 형상으로 인식될 수 있도록 신중을 기해야 한다. 예를 들어, 광고에 쓰이는 배경음악은 소비자가 광고에 관심을 갖게 하는 수준에서 사용되어야지, 그렇지 않으면 핵심 메시지가 배경으로, 광고음악이 형상으로 지각될 수 있다.

학습과 기억

모든 광고는 소비자의 학습과 기억이 이루어질 때 비로소 효과를 발휘한다고 볼 수 있다. 따라서 카피라이터는 학습과 기억의 개념을 정확히 이해하고 어떻게 해야 학습효과를 보다 높일 수 있는 카피를 창작할 수 있는지를 고민해야 하고, 여러 가지 가능성을 타진한 후에 실제 카피창작에서 이를 구체화시켜야 한다.

학습(*learning*)이란 개인이 그를 둘러싸고 있는 환경에서 일어나는 여러 가지 사건들을 경험함으로써 일어나는 행동의 연속적 변화를 의미한다. 즉, 정보와 경험의 결과에 따라 나타나는 행동의 변화를 일반적으로 학습의 효과로 평가할 수 있다. 예를 들어, 소비자는 어떤 브랜드명은 잘 알면서도 다른 브랜드명은 잘 모르는 경우가 있는데, 이러한 지식은 유사한 상황에서 행동수정에 필요한 새로운 자극에 노출되거나 계속해서 피드백을 받음으로써 지속적으로 개선된다.

〈그림 2-5〉 학습이론의 양대 경향

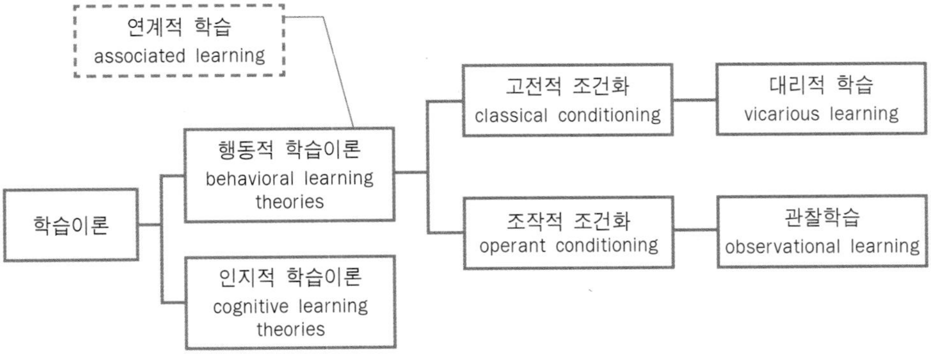

그동안 사람들이 그들의 학습과정을 인식하는지의 여부와 언제 그들의 학습과정을 인식하느냐의 문제를 둘러싸고 많은 논쟁이 있었다. 학습이론에 관한 쟁점은 크게 행동적 학습이론과 인지적 학습이론으로 구분된다. 행동주의 심리학자들은 개인을 단지 블랙박스로 보고 외적인 자극과 반응에만 초점을 맞출 뿐 개인의 내적 인식과정에 대해서는 관심을 두지 않고 기계적이고 자동적인 조건형성의 속성을 강조하였다. 반면에 인지적 학습이론의 지지자들은 단순한 학습효과조차 인지적 요인에 기초한다고 주장하였다. 그동안 제기되어온 학습이론의 양대 경향을 〈그림 2-5〉에 제시하였다.

행동적 학습이론

행동적 학습이론(*behavioral learning theory*)에서는 어떤 대상에 대한 반응의 결과로 학습이 일어난다고 가정한다. 사람들의 경험은 살아가는 동안 마주친 다양한 일상들의 종합이라고 할 수 있는데, 이와 같이 피드백의 결과에 의해 형성되는 행동의 변화가 행동적 학습이론에서 말하는 학습이다. 소비자들 역시 브랜드명, 향기, 소리 등 이런저런 마케팅 자극에 반응하기 쉽다. 예를 들어, 어떤 상품을 선택했을 때 칭찬받은 소비자는 나중에도 그 상품을 살 가능성이 높은 반면에 처음 간 식당에서 식중독에 걸린 사람은 나중에는 그 식당에 가지 않을 가능성이 높은데, 이런 경향은 행동적 학습이론으로 설명이 가능하다.

행동적 학습이론은 크게 고전적 조건화와 조작적 조건화로 구분된다. 행동적 학습이론이 나중에 설명하게 될 인지적 학습이론과 다른 점은 소비자의 인지적 노력이 없어도 호의적 태도나 구매행동을 나타내도록 유도할 수 있으며 내적 사고과정(*internal thought processes*)에는 초점을 맞추고 있지 않다는 점이다. 고전적 조건화와 조작적 조건화에 대하여 보다 자세히 알아보자.

고전적 조건화

두루 알다시피 고전적 조건화(*classical conditioning*)는 러시아의 심리학자 파블로프(Ivan Pavlov)가 개 실험을 통하여 증명한 개념으로, 반응을 유발하는 어떤 자극이 처음에 단독으로는 반응을 유발하지 못하지만 다른 자극과 함께 짝을 이루면 반응하게 되는 경우를 의미한다. 두 번째 자극은 시간이 지나면서 첫 번째 자극과 연합되어 유사한 반응을 유발한다.

파블로프는 실험을 통해 개의 타액분비 반응을 유발시키는 자극(개에게 고기 주기)과 중성자극(고기를 줄 때마다 종소리 울리기)을 함께 짝 지으면 고전적 조건화에 의한 학습이 유발된다는 점을 입증하였다. 이때, 개에게 자연적으로 반응을 유발하는 고기는 무조건자극(UCS: *unconditioned stimulus*)이며, 종소리는 시간이 흐르면서 조건자극(CS: *conditioned stimulus*) 또는 중성자극(NS: *neutral stimulus*)으로 변한다. 종소리는 처음에 타액분비를 유발하지 않지만, 고기를 먹을 때마다 종소리를 들어온 개는 나중에 가서는 종소리만 들어도 고기가 먹고 싶어 침을 흘리기 시작하는 조건반응(CR: *conditioned response*)을 하게 된다.

파블로프는 개에게 중성자극(NS)을 계속 되풀이하면 무조건자극(UCS)을 가했을 때처럼 무조건반응(UCR)을 일으킨다고 하였는데, 스태츠(Staats)는 이에 착안하여 특정한 조작조건을 생각하게 되었고, 특정한 상황(UCS)에 중립적 단어(NS)를 결부시키면 수용자(소비자)는 그 단어에 어떠한 반응(UCR)을 보인다는 사실을 실험을 통하여 입증하였

〈그림 2-6〉 고전적 조건화 모형

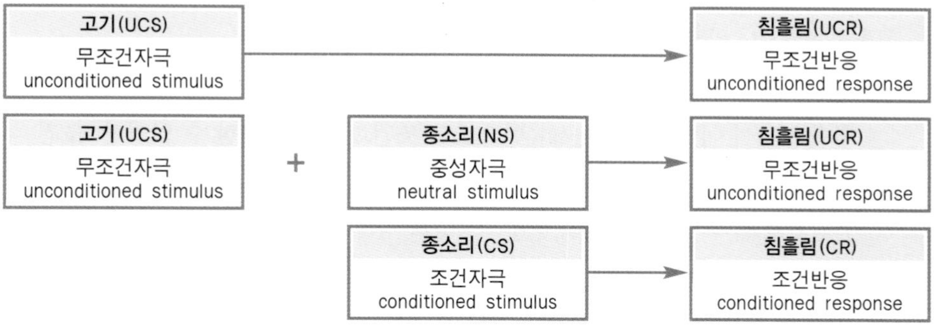

다.[4] 결국, 고전적 조건화 모형은 중성자극을 무조건자극과 결합시킨 다음 이를 조건자극화 함으로써 중성자극이 무조건반응을 일으키도록 하는 설득방법이라고 하겠다. 고전적 조건화 모형을 시각적으로 제시하면 〈그림 2-6〉과 같다.

고전적 조건화 모형은 광고표현에서도 여러 가지 맥락에서 활용될 수 있다. 예를 들어, 김정탁(1992)은 기업광고에서 가장 자주 사용되는 설득모델이 고전적 조건화 모형이라고 전제하고, 파블로프와 스태츠의 이론을 바탕으로 국내 항공사 광고와 외국 항공사 광고물을 분석하여 이 이론이 광고표현 전략수립에 유용한 길잡이가 될 수 있다는 연구결과를 보여주었다.[5]

고전적 조건화를 결정하는 데에는 몇 가지 요인이 영향을 미친다. 다음의 4가지 결정요인 중에서 카피라이터의 역량이 특히 요구되는 것은 반복횟수 및 조건자극-무조건자극의 순서이다. 따라서 카피창작 과정에서 이 부분을 특히 염두에 둘 필요가 있다. 고전적 조건화의 4가지 결정요인은 다음과 같다.

4. A. W. Staats(1975). *Social Behaviorism*. Homewood, IL: Dorsey Press.
5. 김정탁(1992). "기업 이미지 광고전략으로서 고전적 조건화 모델의 효용성: 여객 항공사 광고를 중심으로." 〈광고연구〉 여름호, pp.5~30.

| 무조건자극의 강도 | 무조건자극의 강도가 강하면 조건화가 이루어질 가능성이 높다. 따라서 카피라이터는 강한 무조건자극으로 변할 수 있는 중성자극(독특한 카피나 인상적 음악 등)을 개발해야 한다.

| 반복횟수 | 어떤 경우에는 한 번으로도 조건화가 이루어질 수 있지만, 조건자극-무조건자극 간의 반복이 많으면 더 효과적일 수 있다. 예를 들어, 첫 번째 광고노출에서는 상품을 인식시키고, 두 번째 노출에서는 소비자와 상품과의 관련성을 설명하고, 세 번째 노출에서는 상품의 혜택을 상기시키는 경우이다. 따라서 카피라이터는 주어진 매체예산을 확인한 다음 단계별 카피창작 전략을 수립할 필요가 있을 것이다.

| 조건자극-무조건자극의 순서 | 일반적으로 조건자극이 무조건자극보다 먼저 제시되는 것이 학습효과를 높이는 것으로 알려져 있다. 광고의 예를 들면, 조건자극이 무조건자극보다 먼저 제시되어야 한다. 어떤 청량음료 광고에서 음료(UCS)를 먼저 보여준 다음 그 음료를 음악적으로 표현한 징글소리(CS)를 내기보다 이 반대의 경우가 효과적이다. 조건화가 이루어지기 위해서는 연속적으로 제시되어야 하므로, 조건자극(CS)과 무조건자극(UCS)의 제시순서를 통제할 수 없는 인쇄광고에서는 효과를 기대하기 어렵다. 다시 말해서, 조건자극과 무조건자극의 제시순서를 통제할 수 있는 텔레비전이나 라디오 같은 전파매체 광고에서 조건화 형성이 이루어질 가능성이 높다.

| 친숙성 | 사전경험이 많으면 조건화 형성에 어려움이 있을 수 있다. 따라서 조건화 형성을 위해서는 기존 브랜드보다 새로운 브랜드 광고를 하는 것이 효과적이다. 그렇지 않으면 브랜드의 재포지셔닝(*repositioning*) 시에 조건화가 이루어질 가능성이 높다.

이와 같이, 고전적 조건화 모형은 중성자극을 통하여 무조건반응을 유발하는 광고

아이디어 발상과 카피창작에 유용한 시사점을 제공한다. 소비자가 어떤 상품(조건자극)에 대해 중립적 태도를 가지고 있는데, 신나는 음악과 멋진 배경 또는 공감할 수 있는 카피로 구성된 광고(중성자극)에 반복적으로 노출되면 나중에는 그 상품에 대해 호의적 태도를 가질 수 있다.

필립 모리스의 말보로(Marlboro) 담배광고의 경우를 생각해 보자. 처음에는 여성용 담배였던 말보로가 남성용 담배로 재포지셔닝(*repositioning*)할 수 있었던 데는 서부의 카우보이라는 중성자극(NS)의 역할이 컸다고 할 수 있다. 소비자들은 서부의 카우보이(NS)로부터 강인함, 개척정신, 사나이다움을 자연스럽게 느끼게 되는데 말보로 담배(조건자극)는 이러한 카우보이(NS)와 함께 계속적으로 제시됨으로써 애연가들 사이에서 이 담배가 자연스럽게 남자의 담배로 무조건반응(UCR)을 일으켰다고 볼 수 있다. 광고 창작자 레오 버넷(Leo Burnett)이 고전적 조건화 모형에 따라 말보로 이미지를 창출하였는지 알 수는 없지만, 그는 분명 광고 이미지 형성에서 중성자극의 중요성을 직관적으로 통찰했으리라고 추정해본다.

국내의 광고사례에서 고전적 조건화를 이용한 경우를 살펴보자. 예를 들어, 〈그림 2-7〉과 같은 농심 새우깡 CM송은 1984년에 처음 방송된 이후 20여 년 이상 지속되었다.

"손이 가요 손이 가~ 새우깡에 손이 가~ 아이 손 어른 손~ 자꾸만 손이 가~ 언제든지 새우깡 농심 새우깡"

카피라이터 이만재가 쓴 이 카피는 우리말의 맛과 흐름, 그리고 끊음과 비약을 자연스럽게 구현함으로써 농심 새우깡을 대표적 스낵으로 만드는 데 기여[6]했는데, 처음에는 카피가 중성자극이었으나 점차 시간이 지나면서 CM송 자체가 조건자극화되었으며, 나중에는 소비자의 조건반응을 일으키는 데 상당한 영향을 미쳤다고 할 수 있다.

카피라이터들은 중성자극을 무조건자극과 반복하여 지속적으로 결합시키면 중성자극이 다시 조건자극이 됨으로써, 무조건자극에 따라 나타나는 무조건반응과 유사한

6. 김병희(2006). "크리에이티브의 길을 묻다: 정신사의 궤적을 찾아서—이만재 ①." 〈광고정보〉 12월호, pp. 106~110.

〈그림 2-7〉 농심 새우깡 CM송 악보 (1984)

반응이 일어나게 한다는 점에서, 조건자극과 중성자극(조건자극)의 자연스러운 연결이 중요하다는 점을 인식해야 한다. 소비자에게 고전적 조건화 모형을 이용하여 설득을 시도할 경우 소비자에게 기대하는 광고목표가 곧 무조건반응에 해당된다. 무조건반응은 광고목표와 직접적으로 연결되어 있기 때문에 광고창작 과정에서 수시로 바꾸지 말고 처음부터 의도했던 기대반응을 유지해야 한다.

또한, 고전적 조건화 모형에서는 사실(*fact*)에 입각한 설득방법이 아니라 이미지(*image*)라는 허상에 입각한 설득방법이 효과적인 경우가 많다. 즉, 이성에 소구하기보다 감성에 소구하는 설득방법이며, 사실의 제공보다 이미지 소구를 통하여 소비자의 태도변화를 유도하는 심리학적 이론이다. 이는 상대적으로 경쟁이 치열한 상품의 광고전략에 활용될 가능성이 많은데, 소비자에게 자사상품이 다른 상품과 다르다는 상품차별화의 시도에 보다 효과적이기 때문이다. 또한, 이미지에 의한 고전적 조건화는 기업이미지 광고에서도 자주 활용되는데, 특정기업의 이미지 차별화를 목표로 하는 경우에도 매우 효과적이다.

조작적 조건화

조작적 조건화(*operant conditioning*)는 개체가 긍정적 결과를 가져오는 행위들을 수행하고 부정적 결과를 낳는 것들을 피하도록 학습할 때 일어나며, 도구적 조건화(*instrumental conditioning*)로 부르기도 한다. 행동주의 심리학자 스키너(B. F. Skinner)는 동물에게 원하는 행동에 대한 대가로 체계적 보상을 해주고 탁구나 춤추기를 가르침으로써 조작적 조건형성의 효과를 증명하였다. 고전적 조건화에 의한 반응은 비자발적이고 단순한 데 비해 조작적 조건화에서는 목표달성을 위하여 보다 자발적이고 의도적이며 복잡할 수도 있다. 원하는 행동은 중간행동 과정에서 '보상'을 제공함으로써 일정 기간을 통해 학습될 수 있다.

광고 마케팅 상황으로 조작적 조건화를 설명하면 다음과 같다. 대체로 소비자에게 동일한 행동을 반복하도록 강화하거나 보상을 제공할 때 학습효과가 더 높게 나타나며, 보상의 형태로 긍정적 강화(*positive reinforcement*)를 제공할 때 반응이 강화되고 적합한 행동이 학습된다. 예를 들어, 특정상품을 구매한 고객에게 전화로 접촉하여 감사표시를 하면 전화하지 않은 고객에 비해 지속적 구매반응이 나타날 수 있으며, 일정금액 이상의 구매고객에 대해 별도의 선물을 증정한다면 고객이 다시 그 상점에서 구매할 확률은 높아진다.

부정적 강화(*negative reinforcement*) 역시 학습에 영향을 미친다. 예를 들어, 어떤 영업사원이 소비자에게 강압적으로 상품사용을 권할 경우 소비자는 순간적 불편함에서 벗어나기 위한 방편으로 상품을 구매할 수 있다. 이와 같이 불편 회피를 위한 학습과는 달리 불쾌한 경험이 지속적으로 누적되면 처벌(*punishment*)이 발생하기도 한다. 소비자가 어떤 허위광고나 과장광고를 보고 불쾌한 경험을 반복했다면 나중에 가서는 그 상품광고에서 아무리 신뢰할 수 있는 메시지를 제공하더라도 그 광고를 멀리할 가능성이 높다.

조작적 조건화에서는 일반적으로 충동상태에 있는 어떤 소비자가 강렬한 신호단서에 접하여 어떤 결과를 얻을 것을 예상하고 거기에 반응하며 그 반응은 강화되는 과정을 거친다고 본다. 즉, 기업이 원하는 궁극적 반응을 계속 나타내도록 소비자를 학습시키기 위해서는 소비자의 충동상태, 제시되는 신호단서, 소비자의 반응 및 강화에 초점을 두고 마케팅 전략이 실시되어야 한다는 것이다.

조작적 조건화에서 확인할 수 있는 광고커뮤니케이션의 시사점은 다음과 같다. 첫째, 격렬한 충동상태에 있는 소비자에 대한 학습이 그렇지 않은 소비자를 대상으로 할 때보다 더 효과적이라는 점이며, 둘째, 신호로 사용되는 제시단서가 뚜렷하여야 하며, 셋째, 소비자들이 나타낼 수 있는 반응은 가급적 쉬운 내용이어야 하며, 넷째, 강화나 보상의 방법은 다양한 맥락에서 제시되어야 하며 그 내용도 강력하고 즉각적일수록 보다 높은 효과를 기대할 수 있다는 점이다.

한편, 고전적 조건화와 조작적 조건화의 특성을 간략히 비교해보자. 첫째, 고전적 조건화에서의 소비자는 수동적 학습자이지만 조작적 조건화에서는 소비자가 능동적 학습자가 된다. 둘째, 고전적 조건화에서는 주로 자극-반응 간의 '짝짓기'가 중심이 되지만 조작적 조건화에서는 주로 '강화'가 중심이 된다. 셋째, 고전적 조건화에서는 소비자 반응 이전에 주어지는 자극이 중심이 되는 데 비해 조작적 조건화에서는 소비자의 반응 이후에 제시되는 강화가 중심이 된다. 한편, 기업에서는 기대반응을 유발하기 위해 소비자에게 제공할 '보상'을 조건화 형성의 주요 도구로 활용할 수 있다는 것이다. 카피창작의 맥락에서 유용한 조작적 조건화의 시사점은 다음과 같다.

- 조작적 조건화가 일어나기 위해서는 충동이나 욕구가 강하게 전제되어야 한다. 즉, 소비자가 어떤 행동을 통하여 해소하고자 하는 충동이나 욕구가 강할 때 학습효과가 높게 나타난다. 따라서 카피라이터는 상품 특성의 제시에 앞서 소비자 욕구를 파악해야 한다.

- 행동에 대한 신호로 작용할 단서가 필요하다. 예를 들어, 브랜드 광고, 점포 광고, 각종 POP물, 상품 패키지 같은 내용이 소비자 행동변화의 단서역할을 한다는 것이다. 따라서 카피라이터는 소비자 행동의 신호로 작용할 단서들을 파악하여 카피를 창작해야 한다.

- 소비자의 상품구매 행동은 욕구충족을 위한 조작적 조건화의 결과일 때가 많다. 따라서 카피라이터는 카피 한 줄이 소비자 욕구를 조건화시킬 수 있다는 믿음을 갖고 소비자가 공감할 수 있는 카피를 창작해야 한다. 호소력 있는 카피는 그렇지 않은 카피에 비해 소비자의 학습행동을 유발할 가능성이 높기 때문이다.

- 소비자들이 반응의 결과로 원하는 보상을 얻게 되면 나중에도 동일한 반응을 나타낼 확률이 높다. 따라서 카피라이터는 무엇이 소비자의 반응을 연쇄적으로 유발할 것인지를 파악하여 바디카피에 제시하도록 노력해야 한다.

대리적 학습 ✶

대리적 학습(*vicarious learning*)은 관찰 대상자(모델)의 행동과 결과를 관찰자가 직접 관찰하거나, 마음속으로 상상하거나, 또는 다른 사람으로부터 간접적으로 전해 듣고 나서 일어나게 된다. 대리적 학습효과를 높이기 위해서는 모델의 특성과 관찰자의 특성 및 행동결과의 특성을 고려하여야 한다. 즉, 관찰 대상자(모델)가 매력적이고 신뢰할 수 있거나 관찰자와 유사한 경우에 더 효과적이며, 관찰자가 이전에 관찰 대상자의 행동을 모방하여 좋은 결과를 얻은 경험이 있을 때 더 효과적일 것이다.

또한, 관찰 대상자(모델)의 행동결과가 긍정적 평가를 받았을 때 학습효과가 더 높게 나타날 것이다. 이와 같이 대리적 학습은 소비자의 직접 행동에 의한 학습이 아니라 타인의 행동을 관찰함으로써 일어나는 학습효과로써 모델링(*modeling*)이라고도 한다. 카피창작에 유용한 시사점을 주는 모델링의 기법에는 다음과 같은 3가지가 있다.

외현 모델링*overt modeling* 소비자가 모델의 행동을 직접 관찰한 후, 그 결과의 긍정적 또는 부정적 영향에 따라 모델이 취한 것과 같은 행동을 할 가능성이 높아지기도 하고 낮아지기도 한다. 이와 같이 모델이 직접 구체적인 행동과 그 결과를 보여주는 경우를 외현 모델링이라고 한다. 모델이 등장하여 이런저런 상품 사용상황을 제시하는 광고들은 외현 모델링을 활용하는 경우가 대부분이다.

내현 모델링*covert modeling* 소비자에게 실제 행동과 그 결과를 직접 제시하지는 않지만 특정상황의 행동과 그 결과를 상상할 수 있도록 하는 경우이다. 즉, 소비자에게 어떤 상황에서 좋은 결과를 얻을 수 있음을 상상하게 하는 이 기법은 라디오 광고의 효과를 설명하기에 적합하다. 여러 연구결과에서는 내현 모델링이 외현 모델링만큼 효과적임을 밝히고 있으며, 이는 라디오 광고가 텔레비전 광고만큼 효과적일 수 있음을 시사한다.[7]

언어 모델링*verbal modeling* 소비자와 유사한 다른 사람이 특정상황에서 어떻게 행동했는지, 그리고 그 행동의 결과가 어떠했는지를 관찰함으로서 대상자의 행동을 모방하거나 거부한다. 예를 들어, 어떤 광고에서 광고모델이 "우리나라 주부 60%가 OO브랜드를 선택했고, 그 중 90%가 만족스러워했다" 고 말한다면 이는 언어 모델링을 활용하는 경우이다.

인지적 학습이론

인지적 학습이론에서는 외부대상에 대한 반응결과에 따라 학습이 이루어진다는 행동적 학습이론과는 달리 정신과정의 결과에 따라 학습이 일어나는 것으로 보며 내적 정신과정을 중요시한다. 또한, 사람을 문제해결에 필요한 정보를 능동적으로 활용하는 문제해결사로 보고 개인의 창의성과 통찰력을 강조하므로, 인지적 학습에서의 학습이란 소비자가 여러 가지 대안에 관한 정보를 취사선택하여 기존의 신념과 통합하는 적극적 과정이라고 할 수 있다. 따라서 인지적 학습관점에서는 학습을 정보처리 결과로 장기기억(*long-term memory*)에 저장된 지식의 변화로 본다.

7. 김완석(2000). 《광고심리학》. 서울: 학지사. p.169.

소비자의 인지적 학습은 대체로 상품과 서비스의 직접 경험, 타인의 상품사용에 대한 관찰, 친구나 가족 같은 주변의 권고, 그리고 광고에서 제시하는 상품 메시지를 정보처리한 결과로 일어난다. 소비자는 기존의 지식구조에 새로운 지식이나 신념을 덧붙여 정보처리를 하는데, 예를 들어 소비자는 광고를 본 다음 기존의 지식구조에 새로운 신념을 덧붙여 '연상관계'를 확립하는 경우가 대표적이다. 따라서 카피라이터는 소비자 욕구를 파악하여 그에 타당한 메시지를 제공함으로써 때때로 특정상품이나 브랜드가 생각나도록 욕구와 브랜드 간의 연상관계를 학습시킬 필요가 있다. 인지적 학습에는 다음과 같은 세 가지 방안이 있다.

| 반복 | 어떤 욕구와 특정 브랜드 사이에 강한 연상이 이루어지기 위해서는 광고 메시지가 반복적으로 제시되어야 한다. 소비자가 어떤 욕구를 느끼게 되면 자동적으로 어떤 브랜드가 생각날 만큼 불가분의 관계로 받아들일 정도까지 반복해서 제시될 필요가 있다. 이런 방법은 일반적으로 자주 구매되는 저가의 저관여 상품 광고에서 유효한 인지적 학습유형이다.

| 조율 | 상품에 대한 지식을 축적한 소비자는 자신의 지식구조를 재검토한 다음 이 지식구조를 일반화시키려고 조율하는 과정을 거친다. 이 과정에서 소비자의 지식구조에 일부가 결합되어 새로운 의미가 부여될 수 있다.

| 재구조화 | 보다 광범위한 인지적 노력을 한 소비자는 기존의 지식과는 전혀 다른 새로운 의미구조를 만들거나 기존의 지식구조를 재편하기도 한다. 이 과정은 많은 인지적 노력이 필요하므로 기존지식이 과다하여 재편할 필요가 있을 때만 이루어진다.

관찰학습

관찰학습(*observational learning*)은 사람들이 관찰 대상자의 행동을 관찰하고 그들의 행동에 나타난 '강화'에 주목할 때 나타난다. 사회심리학자 반두라(Bandura)가 행동적 학습이론과 인지적 학습이론의 통합적 관점에서 제시한 관찰학습에서는 학습과 행동은 다른 것이라고 본다. 학습에는 상당한 인지적 과정이 필요하며, 학습이 행동으로 나타나는 동기화 과정은 기대치에 따라 결정된다는 점을 설명하고 있다.

관찰학습에서 동기화를 결정하는 기대에는 두 가지가 있다. 첫째, 자신이 원하는 행동을 할 수 있는지를 지각하는 자기효능감(*self efficacy*) 기대로, 충분한 지각이 없으면 행동이 나타나지 않는다.[8]

둘째, 행동을 통해 자신이 원하는 결과를 얻을 가능성이 어느 정도 되는지를 지각하는 결과기대이다. 즉, 학습내용 같은 행동을 자신이 해낼 수 있을까에 대한 기대(자기효능감 기대)와, 그렇게 행동하면 원하는 결과를 얻을 수 있을까에 대한 기대(결과기대)가 충분할 때에만 행동으로 나타난다는 것이다.

사람들은 지식을 축적하듯이 기억 속에 자신이 관찰한 것을 저장한 다음 나중에 자신의 행동을 통제하기 위해 그 정보를 사용한다. 예를 들어, 새로운 향수를 구매하려는 여성은 얼마 전 자신의 친구가 어떤 향수를 뿌렸을 때 느낀 반응을 기억하고 자신의 구매행동에 활용할 가능성이 높다. 관찰학습은 다음과 같은 네 가지 과정을 거쳐 발생한다.

주의*attention* 모델의 행동과 상황변화에 소비자들이 주의를 기울이도록 하는 과정이다. 카피라이터는 매력적이고 능력이 있어 모방할 만한 가치가 있는 적절한 모델을 선정하고 설득력 있는 카피를 제시함으로써 소비자들이 광고에 주목하도록 해야 한다.

---

8. A. Bandura(1977). "Self-efficacy: Toward a Unifying Theory of Behavioral Change." *Psychological Review* 84, pp.191~215.

파지retention 관찰한 사건들의 관계를 소비자의 기억 속에 저장하고 지식을 형성하는 과정이다. 따라서 카피라이터는 모델이 어떤 말을 했고 어떤 일을 행했는지 소비자들이 기억할 수 있는 구체적이고 실질적인 카피를 제시해야 한다.

재생reproduction 받아들인 정보를 소비자들이 실제 행동에 옮기는 과정이다. 재생은 소비자의 마음속에 동기화과정이 작동할 때 일어나기 쉽다. 따라서 카피라이터는 소비자들이 공감할 수 있는 카피를 제시하여 재생을 유도할 필요가 있다.

동기화motivation 보상지각을 통하여 소비자가 행동여부를 결정하는 과정이다. 이러한 과정이 없으면 학습이 되었다 하더라도 행동으로 나타나기는 어렵다. 따라서 카피라이터는 소비자 행동을 유발하는 동기화에 초점을 맞춰 카피를 창작해야 한다.

기 억

카피라이터들이 보다 창의적인 아이디어를 찾으려고 노력하는 것은 광고를 더욱 주목받게 하여 소비자의 머릿속에 어떤 상품이나 브랜드를 기억시키기 위한 목적에서이다. 광고심리학에서는 소비자의 머릿속에 많은 기억이 저장되어 있다가 적절한 시기에 기억의 단서들에 의해 기억이 표면화되는 것으로 가정한다.

일반적으로 기억이 이루어지는 과정을 보면, '부호화 → 저장 → 인출' 이라는 세 단계를 거치게 된다. 부호화(*encoding*) 단계의 정보는 인지할 수 있는 방식으로 입력되며, 저장(*storage*) 단계에서는 이전 것들과 통합되어 기억의 창고에 보관되어 있다가 필요한 시점에 인출(*retrieval*)된다.

기억의 유형

기억의 유형에는 의미기억, 삽화기억, 과정기억 등 세 가지가 있다. 이 중에서 카피창작에 유용한 시사점을 주는 것은 의미기억과 삽화기억이라고 할 것이다.[9] 세 가지 기억의 유형을 보다 구체적으로 살펴보면 다음과 같다.

의미기억*semantic memories* 상품의 속성이나 세상사에 대한 개인의 일반적이고 추상적인 지식이다. 의미기억에서는 상품의 속성 그대로를 부호화하여 저장하지 못하고 개별정보의 의미를 일반적 형태로 저장한다. 부자는 고급 승용차를 타고 멋쟁이는 귀고리를 한다는 식으로, 어떤 브랜드의 속성을 일반적 관념으로 연결시키는 경우이다.

삽화기억*episodic memories* 일상생활에서 이전에 경험한 특정한 장면이나 사건과 관련지어 정보를 저장하는 기억이다. 관련정보를 경험한 일련의 에피소드별로 저장하며 그것들이 언제 어떻게 발생하였는지 등으로 기억된다. 예를 들어, 연애편지에 인용하던 어떤 시가 광고카피로 사용되면 그 광고상품이 연애시절의 기억을 촉발시키는 경우가 삽화기억에 해당된다.

또한, 〈그림 2-8〉과 같은 롯데칠성음료의 미녀는 석류를 좋아해 '이준기' 편에서는 영화 〈왕의 남자〉에서 주목받은 영화배우 이준기가 등장했는데, 지면의 중앙에 "2006, 미녀들을 위한 상큼한 데뷔!" 라는 헤드라인을 썼다. 모델 이준기는 분명 남자이지만 영화에서 여성 이미지로 주목받은 터라 빅 모델 전략의 일환으로 생각할 수도 있겠으나, 정보원 신뢰도에서 말하는 모델의 매력성(*attractiveness*) 만으로 이준기를 쓴 것 같지는 않다. 즉, '미녀는 석류를 좋아해' 라는 순 우리말로 구성된 신규 브랜드를 론칭하면서, 이 브랜드를 소비자가 경험한 어떤 삽화(에피소드)와 연결시키려는 의도가 엿보인다.

---

9. 김병희(2006). "기억의 단서 제시." 《광고 오디세이》. 서울: 새문사. pp.115~121.

〈그림 2-8〉 롯데칠성음료 미녀는 석류를 좋아해 '이준기'편 (2006)

광고 창작자들은 세상에 미녀는 많겠지만 미녀들이 이미 얼굴이 많이 알려진 상태라, 비교적 덜 알려진 아름다운 남자가 차라리 더 미녀에 가까울 것이라고 계산하였을 터이다. 소비자들은 영화 〈왕의 남자〉를 보러 극장으로 가던 순간을 생각할 수도 있고, 애인의 손을 잡고 "어쩌면 남자가 그렇게 예쁠 수가 있어?" 하며 속삭이던 순간을 떠올릴 수도 있다. 그러면서 "새로 나온 음료 이름이 순우리말이네?", "미녀 아닌 사람은 석류를 좋아하면 안 되나?" 같은 생각들을 하며 일상의 삽화를 그릴 수도 있다. 이것이 에피소드를 활용한 삽화기억 장치의 매력이자 강점이다.

과정기억*processmemories* 어떤 일을 처리하는 방법에 대한 기억으로 문제해결에 중요한 역할을 수행한다. 10년 전에 테니스를 배운 사람이 한동안 테니스를 안 치다가 다시 테니스를 칠 경우 테니스를 처음 배우는 사람보다 더 빨리 적응하는 경우 등이 이에 해당된다.

한편, 소비자는 의식적 또는 무의식적으로 기억 내 정보의 저장이나 흐름을 조정하는데 이와 같은 과정을 기억의 통제라고 한다. 여기에는 입력된 정보를 마음속으로 생각하는 리허설이 있다. 유지 리허설(*maintenance rehearsal*)은 정보를 계속 단순 반복하여 기억하는 방식으로 정보 자체의 의미를 되새기기보다 정보를 지속적으로 반복하는 리허설을 통하여 저장하는 '재생산 기억'(*reproductive memory*)이다. 정교화 리허설(*elaborative rehearsal*)은 새롭게 유입되는 정보를 장기기억 내에 저장되어 있는 기존 정보와 연결시켜 생각하고 처리하여 기억하게 하는 방법으로 '재구성 기억'(*reconstructive memory*)이라고 한다.

기억의 체계

기억의 체계는 기억되는 시간에 따라 다음과 같은 세 가지로 설명할 수 있다. 감각기억, 단기기억, 장기기억이 그것인데, 최근에는 초장기 기억(*super long term memory*)이 강조되기도 한다. 이 중에서 카피창작의 맥락에서 중요한 것은 장기기억이라고 할 수 있다.

감각기억*sensory memory* 사람의 두뇌는 감각기관으로부터 들어온 정보의 저장고이다. 이 저장고는 매우 일시적이어서 어떤 감각을 느끼면 최대 2~3초 정도 지속되는데 이를 감각기억이라고 한다. 예를 들어, 어떤 사람이 제과점 앞을 지나가다 순간적으로 맛있게 빵 굽는 냄새를 맡았다고 하자. 이 감각은 단지 몇 초 동안밖에 지속되지 않았는데도 그 사람으로 하여금 그 제과점 빵을 사야겠다는 의사결정을 하기에 충분하다.

단기기억*short-term memory* 사람의 두뇌는 용량이 제한되어 있어 일정한 기간밖에 정보를 저장하지 못하는데, 이러한 기억을 단기기억이라고 한다. 이 체계는 컴퓨터와 유사하게 운용기억의 성격을 지니며, 언어적 정보는 어떤 소리가 나느냐 하는 청각이나 어떤 의미를 가지느냐 하는 어의(語義)에 따라 저장되는 것이 일반적이다.[10]

장기기억long-term memory 소비자에게 장기간 정보를 유지하도록 해주는 체계를 장기기억 장치라고 한다. 단기기억에서 장기기억으로 옮겨지기 위해서는 정교화 시연(*elaboration rehearsal*) 과정이 필수적이다. 이는 자극의 의미를 생각하는 것과 그것을 이미 기억 내에 있는 다른 정보와 관련시키는 것을 의미하며, 장기기억을 유도하기 위해서는 소비자로 하여금 광고에서 제시하는 정보를 기존의 지식들과 다양하게 관련지어 생각해보도록 하는 카피를 써야 한다.

예를 들어, 〈그림 2-9〉의 SK텔레콤 '사람을 향합니다' 캠페인 중 '없애주세요' 편을 보자. 이 광고에서는 컬러광고가 난무하는 상황에서 차분한 느낌의 흑백 비주얼을 제시하며 배경음악으로 비틀즈의 〈Let it be〉를 들려준다. 현대인들이 모든 커뮤니케이션 수단을 사용하는 상황에서 "사랑하는 사람들이 다시 긴 연애편지를 쓸 수 있도록" 주소록을 없애고 카메라를 없애고 문자기능을 없애라고 말한다. 기술은 언제나 사람에게 지고 만다고 하면서 "사람을 향합니다"라는 기업의 의지를 전달하는 것이다. 카피와 영상 및 음악이 조화를 이룬 이 광고를 보며, 소비자들은 자신의 기억 내에 있는 다른 정보와 관련지으며 광고에 대한 관여도를 높이게 될 것이다. 이와 같은 광고가 소비자의 장기기억을 활성화시킬 가능성이 높다. 카피라이터는 쉽게 따라할 수 있는 슬로건과 캐치 플레이스 또는 징글(*jingle*)을 제시함으로써 소비자의 장기기억을 촉진할 수 있다.

한편, 소비자의 정보처리 용량은 제한되어 있으므로 주어진 시간에 많은 정보가 주어진다고 해서 정보처리를 많이 할 수 있는 것은 아니다. 소비자에게 주어진 정보는 대체로 편화(*chunking*)라는 과정에 의해 작은 조각이 큰 것으로 조합되어 저장된다. 편(*chunk*)이란 어떤 사람에게 친숙한 상태에서 하나의 단위로 조작될 수 있는 기억 저장 용량의 최소단위이자 의미 있는 정보의 최소단위이다. 예를 들어, 친구의 전화번호가 01096595599라고 하자. 이 번호로 친구에게 전화를 걸 때, "0109 6595 599"나 "010

10. James N. MacGregor(1987). "Short-Term Memory Capacity: Limitation or Optimization." *Psycholoical Review* 94, pp.107~108.

〈그림 2-9〉 SK텔레콤 '없애주세요'편 (2006)

965 95599" 식으로 번호를 누르지 않고 "010 9659 5599"로 입력하는 것은 인간의 습관이 세 자리 수 위주로 편화되는 데 익숙해져 있기 때문이다. 전화번호에 국번호가 3~4자리 숫자로 먼저 나오고 그 후에 집 번호가 나오는 것은 모두 편화해서 기억하는 경향 때문이다.

이러한 맥락에서 카피라이터들은 사람이 한 번에 처리할 수 있는 기억용량인 마법의 수 7(*magical number* 7)[11]을 고려할 필요가 있다. 즉, 정보의 형태가 숫자이든 단어이든 문장이든 관계없이 소비자가 한 번에 처리할 수 있는 기억용량은 5~9 편(7±2)에 불과하다. 더욱이 상이한 정보처리를 할 경우에는 한 번에 처리할 수 있는 기억용량은

11. George A. Miller(1956). "The Magical Number Seven, Plus or Minus Two: Some Limits on Our Capacity for Processing Information." *Psychological Review* 63, pp.81~97.

단지 2~3개의 편으로 줄어든다. 따라서 카피라이터들은 제한된 시간에 많은 정보를 한꺼번에 제시하기보다 중요한 핵심정보만을 전달하는 것이 소비자의 기억 활성화에 효과적이라는 점을 명심할 필요가 있다.

또한, 카피라이터들은 카피 창작시에 소비자의 기억을 촉진할 수 있는 다양한 메시지 전략을 모색해야 한다. 위에서 살펴보았듯이, 기억은 시간의 흐름에 따라 감각기억, 단기기억, 장기기억 등으로 분류되는데, 최종적으로는 어떤 브랜드가 장기적으로 기억될 수 있도록 사전에 충분히 검토하여 광고카피를 창작해야 한다. 카피창작시 고려해볼 만한 기억의 시사점은 다음과 같으며,[12] 카피라이터들은 다음에 제안하는 8가지 사항을 고려하여 기억의 단서를 제공할 수 있는 카피를 쓰면 보다 높은 광고효과를 기대할 수 있을 것이다.

| 제안 1 | 독특한 광고 메시지는 그렇지 않은 메시지보다 기억의 단서를 제공할 가능성이 높다. 광고 메시지가 독특할수록 망각의 간섭효과를 덜 받게 되므로, 카피창작시 독특한 광고 메시지를 개발하는 각고의 노력이 필요하다.

| 제안 2 | 광고 메시지의 제시순서에 따라 기억할 가능성이 달라진다. 특히, 광고의 중간부분에 제시되는 카피는 망각될 가능성이 높기 때문에 핵심적 광고 메시지는 광고의 맨처음이나 끝부분에 제시해야 한다.

| 제안 3 | 정보가 입력된 직후에 리허설(*rehearsal*)이 이루어지면 기억할 가능성이 높다. 소비자는 제시된 정보가 매력적일 경우 이를 재생산하고 재구성하는 경향이 있으므로 메시지 입력 직후에 리허설을 할 수 있도록 메시지를 매력적으로 가공할 필요가 있다.

| 제안 4 | 장기기억에 전송되는 정보의 양은 정보처리가 가능한 시간에 의존

12. 김병희(2006). "기억의 단서 제시." 《광고 오디세이》. 서울: 새문사. pp.115~121.

하는 경향이 있다. 따라서 광고에 많은 상품정보를 담고 싶은 의욕을 억제하고 카피 내용을 가급적 줄여야 한다. 소비자들이 광고에 눈길을 주는 시간에 불과 1~2초에 불과하기 때문이다.

| 제안5 | 개별적 정보가 효과적인 편(*chunk*)으로 조직된다면 보다 많은 정보가 기억된다. 소비자는 광고의 구성요소를 5~9개까지 기억하겠지만 유사한 요소를 단순화하고 통합시키면 불과 3~4개의 편이 되어 더 기억하기 쉬워진다.

| 제안6 | 관련성이 높은 기억의 단서가 제시되면 기억과 회상을 촉진할 수 있다. 소비자는 광고에 등장한 카피나 비주얼이 자신에게 친숙한 내용이면 곧바로 연상작용을 할 가능성이 높다. 따라서 누구나 알 수 있는 쉬운 말로 카피를 써야 한다.

| 제안7 | 장기기억에 저장된 정보는 학습과정에서 접한 정보와는 다르다. 즉, 장기기억에 의한 정보는 일시적이 아니라 지속적이므로 소비자의 구매행동에 영향을 미칠 가능성이 높다는 것이다. 따라서 카피에서 장기기억을 촉진하는 기억의 단서를 제공해야 한다.

| 제안8 | 개인적 관련성이 높은 정보는 보다 빠르고 쉽게 기억된다. 이는 자아 관여도와 관련되는 내용으로 소비자들이 흥미를 끌 만한 카피를 써야 한다는 맥락이다. 따라서 대상이 모호한 카피보다 소비자 한 사람 한 사람에게 속삭이는 듯한 카피가 효과적이다.

동기와 가치

동기와 욕구

동기(*motivation*)란 행동을 강요하는 개인 내부의 추동력이며 목표달성에 필요한 활동의 촉매제이다. 소비자에게 어떤 욕구가 생겼을 때 동기가 발생하므로, 동기는 욕구에 따라 어떤 행동을 하고자 하는 심리적 요인이라 할 수 있다. 그렇다면 욕구란 무엇일까? 욕구란 추구하는 상태와 실제 상태와의 차이를 의미하며, 동기유발의 원천으로 작용하므로 동기와 같은 의미로 쓰이기도 한다. 예를 들어, 사람의 지위가 높아질수록 고급 승용차를 선호하는 이유는 자동차가 지위를 상징하기 때문인데 이는 욕구의 발로나 다름없다.

매슬로(Maslow)가 제시한 5단계 욕구계층 이론(*need hierarchy theory*)에서는 욕구충족의 순차적 단계를 제시하고 있다. 즉, 인간의 욕구에는 절박한 욕구와 그렇지 않은 욕구 등 5가지 계층으로 이루어져 있다는 것이다. 이 이론에서는 인간의 욕구를 다음과 같이 네 가지로 가정한다. 첫째, 일단 만족된 욕구는 더 이상 동기부여 요인으로 작용하지 못하며, 둘째, 인간의 욕구체계는 매우 복잡하며, 셋째, 상위수준의 욕구가 한 개인의 행동에 영향을 미치기 위해서는 일단 하위수준의 욕구가 먼저 충족되어야 그 다음으로 중요한 욕구를 충족시킬 수 있는 동기를 유발하며, 넷째, 상위수준의 욕구충족 방법이 하위수준의 욕구충족 방법보다 많다는 것이다.[13] 이 이론은 상이한 발달단계와 환경상황에 따라 소비자가 기대하는 상품혜택을 간접적으로 세분화할 수 있으므로 카피 창작과정에서 다양하게 적용할 수 있다. 매슬로가 제시한 5단계의 욕구과정을 제시하면 〈그림 2-10〉과 같다.

13. Abraham H. Maslow(1970). *Motivation and Personality* (2nd ed.). New York, NY: Harper & Row.

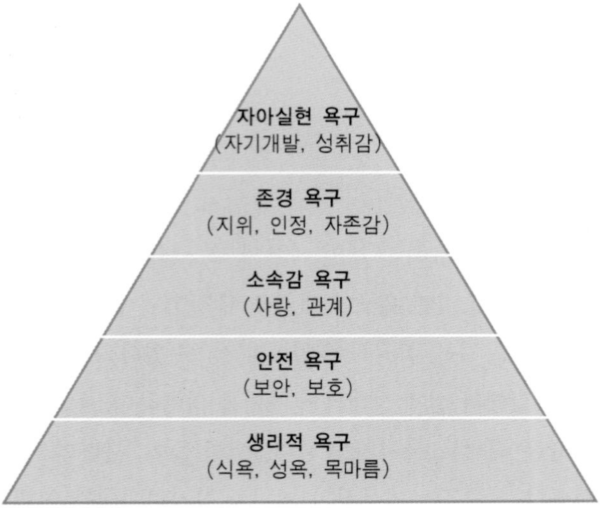

〈그림 2-10〉 매슬로의 5단계 욕구과정

1단계 생리적 욕구*physiological needs*

인간의 가장 기본적 욕구로써 식욕, 성욕, 갈증 같은 것이다. 인간은 먹기 위해 살지는 않지만 정말로 굶주린 사람에게는 식욕이 전부인 경우가 있다. 예를 들어, 제일제당 게토레이 광고에서 "갈증해소 음료—게토레이"라는 카피는 갈증 해소를 갈망하는 소비자의 생리적 욕구에 소구하는 광고이다.

2단계 안전 욕구*safety needs*

생리적 욕구가 어느 정도 충족되면 안전의 욕구가 나타나며, 이는 신체적 위협이나 불확실성에서 벗어나고자 하는 욕구로 의료보험이나 노후대책 같은 것이 해당된다. 예를 들어, 라이나 생명보험의 '누구나 OK실버보험' 광고를 보면 "곧 떠날 사람이라고 보험도 마음대로 못 들어?"라는 질문형으로 광고가 시작된다. 그리하여 "50에서 80세라면 누구나 가입할 수" 있으며 "암, 중풍처럼 큰 병이 있어도 누구나 가입할 수" 있다는 점을 모델 반효정을 통하여 전달한다.

3단계 소속감 욕구*belongingness needs*

일단 생리적 욕구와 안전 욕구가 어느 정도 충족되면 사람들은 다른 사람들과 관계를 맺고 소속감과 애정을 나누고 싶어한다. 즉, 집단을 만들어 거기에 소속되어 사랑을 나누고 싶어하는 것이다. 예를 들어, 스피드 011팅 '교실청소' 편 광고를 보면 학생들이 교복을 입은 상태로 십대의 행동양식을 보이면서 "팅처럼 해봐라~ 팅팅팅!" 이라는 카피를 쓰고 있다. 또래 집단의 소속감을 제시한 이 광고를 본 십대들은 자신도 거기에 소속되고 싶다는 생각을 할 것이다.

4단계 존경 욕구*esteem needs*

타인으로부터 자신의 능력에 대해 인정받고 싶어하는 욕구이며, 이것이 충족되지 못하면 사람들은 열등감과 무력감에 빠지기도 한다. 여기에는 안으로 자존감을 성취하려는 내적인 존경 욕구와 타인으로부터 주목받고 인정을 받고 싶어하는 외적인 존경 욕구가 있다. 예를 들어, 〈그림 2-11〉과 같은 대우건설의 푸르지오 아파트 광고 '질투' 편을 보자. 이 광고에서 모델 김남주는 탁월한 감각과 선견지명으로 항상 유행을 창조하는 사람이자 잘 나가는 사람으로 묘사되고 있어서 모든 사람들이 부러워하고 따라하는 선망과 존경의 대상이 되고 있다. 카피는 다음과 같다. "그녀의 프리미엄."

5단계 자아실현 욕구*self-actualization needs*

자신의 잠재력을 최대한 발휘하고 창조적으로 실현하고자 하는 욕구를 말한다. 일단 존경의 욕구가 어느 정도 충족되기 시작하면 다음에는 자신의 능력을 발휘하고 자기계발을 계속하고 싶어하는 자아실현 욕구가 강력하게 나타난다. 예를 들어, 자기계발에 충실하고 자신의 가능성을 실현하고자 하는 소비자를 대상으로 하는 여러 광고에서 자아실현 욕구에 소구하는 카피를 자주 발견할 수 있다.

〈그림 2-11〉 대우건설 푸르지오 아파트 '질투'편 (2004)

동기의 종류와 구조

동기를 분류하는 여러 방법이 있으나 단순하게 분류하여, 생리적-심리적 동기, 본원적-선택적 동기, 의식적-무의식적 동기, 그리고 긍정적-부정적 동기로 나눌 수 있다. 동기를 쌍으로 묶어서 분류하는 이유는 대개 상대적 개념으로 보았을 때 동기의 특성이 잘 드러나기 때문이다. 이를 보다 자세히 알아보도록 하자.

| 생리적-심리적 동기 | 생리적 동기는 개인의 생물적 욕구에서 비롯된 것으

로 굶주림, 목마름, 추위 같은 긴장상태에서 야기되는 것이다. 심리적 동기는 개인의 심리적 욕구충족을 목적으로 하는 것으로 친교, 친분, 애정, 존경 등이 있다. 심리적 동기는 학습되며 생리적 동기보다 더 많은 영역에서 소비자 행동을 지배하게 된다.

| 본원적-선택적 동기 | 본원적 동기는 성분이나 제조방법 등 순수한 상품범주에 대하여 구매행동을 유발하고 방향을 지시하는 것이며, 선택적 동기는 상품범주 내에서 브랜드나 모델에 의한 선택을 지시하는 것이다. 어떤 동기가 소비자 행동을 더 많이 지배한다고 단정하기는 어렵지만, 소비자 행동의 어떠한 측면을 알아보느냐에 따라 상대적 중요성이 각각 달라진다.

| 의식적-무의식적 동기 | 소비자 스스로 자신의 동기를 인지하고 있는지의 여부에 따라 의식적-무의식적 동기여부가 결정된다. 프로이트는 행동의 대부분이 무의식 상태에서 이루어지고 있다고 주장했지만, 소비자 행동에서는 이성적이며 의식적인 동기에 따라 의사결정을 하는 경우도 많다.

| 긍정적-부정적 동기 | 소비자가 원하는 목표로 유인하는 긍정적 동기에는 욕구와 필요가 있다. 또한, 바람직하지 못한 결과로부터 사람들을 멀어지게 하는 부정적 동기에는 공포, 회피, 불안 등이 있다.

한편, 위에서 살펴본 단순 분류법은 복합적이고 다양한 소비자 행동을 하나의 기준을 적용하여 분류하는 한계점이 있다. 이와 같은 단순분류법의 한계를 보완하기 위해 사회심리학자 맥과이어(McGuire)는 포괄적 분류법을 제시하였는데, 이 분류법은 카피창작에 유용한 가이드라인을 제공한다. 맥과이어는 4가지 단순분류기준에 16가지 동기가 더해져 소비자 행동에 복합적 영향을 미친다고 보았다.[14]

---

14. W. J. McGuire(1966). "The Current Status of Cognitive Consistency Theories." in S. Feldman (Ed.).

〈표 2-1〉 맥과이어의 포괄적 동기 분류법

		능동적		수동적	
		내적	외적	내적	외적
인지적	보존	일관성	귀인	범주화	객관화
	성장	자율	탐색	조화	실용성
감성적	보존	긴장완화	자아표현	자아방어	강화
	성장	단정	친교	동일시	모델링

그러나 소비자 행동에 영향을 미치는 동기는 각각 개별적으로 유발되지 않고, 욕구나 동기가 동시에 나타나는 복합적 성격을 지니고 있음을 이해할 필요가 있다. 또한, 동기유발에 따른 소비자의 구체적 행동 역시 기존에 형성된 태도나 지식에 따라 수정되는 경우가 있으므로, 카피창작에서 동기에 의한 소비자 행동의 예측은 쉽게 예단할 수 없는 문제이다. 〈표 2-1〉에 제시한 16가지 동기의 내용을 소비자 행동의 맥락에서 설명하면 다음과 같다.

일관성*Consistency* 사실과 일치하지 않는 신념이나 정보는 개인에게 긴장감을 초래하는데, 이때 소비자는 그렇게 된 상황을 이해하려는 욕구를 지니게 된다. 이와 같은 욕구에 기반을 둔 동기가 일관성이다. 이 관점에서는 세계를 응집되고 조직화된 구성체로 이해한다.

귀인*Attribution* 소비자가 자기주변에서 일어나는 사건의 원인을 어떤 탓으로 돌리려고 하는 동기이다. 소비자는 직접 관여한 행동의 원인을 추정하고 이를 통해 자신의 동기를 이해하며, 주변 사람의 행동원인을 알아보기도 하며, 특정대상(상품, 브랜드)에 의해 어떤 결과가 나타났는지를 알아보기도 한다. 이와 같이

Cognitive Consistency: Motivational Antecedents and Behavioral Consequences. New York: Academic Press. pp.1~46.

귀인은 광고카피에서 제시하는 상품정보가 소비자의 반응에 미치는 영향에 대해 알아볼 수 있는 방법이 된다.

범주화Categorization 복잡한 정보를 보다 조직적이고 쉽게 이해하기 위해 어떤 기준에 따라 몇 가지로 분류하려는 동기이다. 예를 들어, 신발을 숙녀화, 신사화, 구두, 캐주얼화, 운동화 등으로 분류하는 것이 범주화이다.

객관화Objectification 소비자가 의사결정을 할 때 자신의 가치와 태도를 중시하되 객관적인 외적 정보를 판단의 기준으로 활용하는 경향을 의미한다. 예를 들어, 소비자가 어떤 상품에 대한 태도를 결정하는 데는 그 상품을 다른 사람들이 얼마나 선호하는지를 검토함으로써 의사결정을 하기도 한다. 예를 들어, 〈그림 2-12〉는 코카콜라를 겨냥한 펩시콜라의 비교광고이다. 이 광고에서 카피는 "콜라의 기쁨"이라는 단 한 줄 밖에 없고 모든 것을 시각적으로 설명한다. 두 개의 자판기가 있는데 펩시콜라 앞쪽 바닥은 얼마나 많은 사람들이 다녀갔는지 바닥이 닳고 패인 데 비해 코카콜라 앞쪽 바닥은 말짱하다. 이와 같은 메시지는 소비자에게 객관화의 동기로 작용할 수 있다.

〈그림 2-12〉 펩시콜라의 비교광고 '콜라의 기쁨'편

자율 *Autonomy* 소비자가 자기 성취욕과 주체성의 자각을 바탕으로 개인적 성장과 개성을 추구하려는 경향을 의미한다. 예를 들어, 자아의 발견이나 개성을 강조한 여러 광고카피는 소비자의 자율동기를 유발하는 메시지이다.

탐색 *Exploration* 소비자는 대체로 편하고 안전한 것을 좋아하는 것으로 알려져 있으나, 이와는 달리 경험해보지 못한 새로운 자극을 추구하는 경향도 있는데 이것이 탐색동기이다. 예를 들어, 충동구매나 브랜드 전환(*brand switch*) 같은 소비행동은 탐색동기에 해당된다.

조화 *Matching* 소비자가 이상적 상황을 설정해놓고 현실과 이상을 서로 조화시키려고 하는 동기를 뜻한다. 예를 들어, 어떤 상품을 평가하는 데 있어서 조화 동기가 강한 소비자일수록 다른 브랜드가 아닌 내적 기준을 적용하여 판단하려는 경향을 나타낸다.

실용성 *Utilitarian* 생활 속의 문제해결에 필요한 기술처럼 실생활에 도움이 되는 동기를 실용성 동기라고 한다. 예를 들어, 실용성 동기가 강한 소비자일수록 쇼핑하기를 즐기며 광고에서 제시한 상품정보를 꼼꼼히 분석하는 경향이 있다.

긴장완화 *Relaxation* 소비자가 욕구충족을 하지 못했을 때 그로 인한 긴장을 완화시키려는 욕구를 지니게 되는 경우를 의미한다. 그러나 오늘날에는 불완전한 이론으로 생각되어 자주 활용되지는 않는다.

자아표현 *Self-expression* 소비자가 어떤 대상에 자신의 주체성을 투사하고 싶어하는 동기를 의미한다. 예를 들어, 패션, 장신구, 승용차, 기호품 등 소비자의 개성을 나타낼 수 있는 상품광고에서 자아표현 동기를 자주 활용하고 있다.

자아방어 *Ego-defense* 소비자는 위기에 봉착하거나 가치관의 혼란에 직면했을 때

위협이 되는 상황으로부터 자아를 방어하려는 동기를 지니게 된다. 예를 들어, 비듬이나 무좀약 광고 또는 여러 패션광고에서 자주 발견할 수 있다.

강화Strengthen 소비자는 이전에 받은 보상의 경험에 따라 나중에도 그대로 행동하려는 경향이 있는데 이를 강화동기라고 한다. 보상은 긍정적 학습을 유도하므로 나중에 똑같은 상황이 발생할 경우 소비자는 똑같은 행동으로 반응하게 된다.

단정Assertion 소비자에게 경쟁이나 성공에 대한 욕망을 자극하는 역할의 동기이다. 단정은 성취지향적이며 타인보다 능가하기를 추구한다는 점에서 자아실현과는 구별된다. 예를 들어, 출세나 지위의 신장에 도움이 된다는 광고 메시지들은 단정동기를 활용한 사례이다.

친교Affiliation 소비자는 타인과의 우정과 존경 그리고 온화한 관계를 추구하는 경향이 있는데, 이를 친교동기라고 한다. 예를 들어, 사랑과 평화를 강조하는 여러 광고카피들은 친교동기를 활용하고 있다.

동일시Identification 소비자는 자신의 자아개념을 높이는 새로운 역할이나 정체성을 확립하면서 만족감을 느끼는데, 이를 동일시 동기라고 한다. 즉, 타인과의 관계 속에서 자신의 가치를 정립하는 동시에 대상과 자신을 동일시하며 자신을 새롭게 인식하는 기회를 얻기도 한다. 예를 들어, 미디어 시청동기의 하나인 상상적 상호작용(*parasocial interaction*) 개념 역시 수용자는 미디어에 등장하는 인물과 자신을 동일시한다고 가정하고 있으며, 수용자의 동일시 욕구와 동기에 따라 미디어 이용행태가 달라진다고 본다.[15] 따라서 유명인이 등장하는 광고를

---

15. A. Rubin, A. M. Perse, & R. A. Powell(1985). "Loneliness, Parasocial Interaction, and Local Television News Viewing." *Human Communication Research* 12(2), pp.155~180.

본 광고 수용자는 이후의 광고시청에서 상상적 상호작용 동기를 가질 가능성이 크다.

모델링*Modeling* 소비자는 타인의 행동을 모방하면서 자신의 행동을 결정하는데, 이를 모델링이라고 한다. 예를 들어, 광고모델의 표정이나 말투를 소비자들이 따라 하는 경우가 이에 해당된다.

동기의 구조

하나의 동기는 다양한 행동에 영향을 미칠 수 있으며 하나의 행동이 여러 가지 동기로 인해 나타날 수도 있다. 여러 가지 동기가 작용하여 하나의 행동으로 나타날 경우 그 행동을 하게 하는 지배적 욕구가 있으며 동기들 사이에 어떤 서열이 존재한다. 소비자 역시 동시에 여러 가지 동기들을 가질 수 있는데, 여러 동기가 상호작용하는 과정에서 갈등이 발생하고 새롭게 결합하는 과정을 거친다.

동기의 갈등 역시 카피창작에 유용한 시사점을 준다. 사회심리학자 르윈(Lewin)은 동기결합의 원리에 따라 둘 이상의 동기가 동시에 작용하는 상황을 다음과 같은 3가지 유형으로 분류하였다. 이 분류에 따르면 동기들이 각각 동등한 강도를 지니고 있을 때 갈등이 발생할 확률이 가장 높다.[16]

접근-접근 갈등

접근-접근 갈등(*approach-approach conflict*)은 두 가지 긍정적 반응을 유발할 수 있는 동기가 동등한 강도로 작용할 때 발생한다. 즉, 소비자가 두 가지의 매력적인 대안 중에

---

16. Michael R. Solomon(1999). *Consumer Behavior* (4th ed.). Upper Saddle River, NJ: Prentice-Hall, pp.108~109.

〈그림 2-13〉 산소주 '오늘은 어떤 소주'편

서 어느 하나를 선택해야 하는 경우에 접근-접근 갈등을 경험하며, 이때 대안들의 매력이나 특성이 유사할수록 갈등의 강도가 더욱 커진다.

따라서 이와 같은 소비자의 갈등을 해소해주기 위해서는 경쟁 브랜드와는 다르다는 특성을 강조하는 메시지의 차별화 전략이 필요하다. 예를 들어, 〈그림 2-13〉과 같은 산소주 광고 '오늘은 어떤 소주'편에서는 경쟁 브랜드인 참이슬과의 차별화 메시지로 녹차가 가미되었음을 내세우면서, "산뜻한 아침을 위해" 산소주를 마시라는 카피로 소비자의 심리적 갈등을 해결해 주고자 한다.

접근-회피 갈등

마음에 드는 어떤 상품이 긍정적 특성과 부정적 특성 모두를 가지고 있을 때 소비자는 접근-회피 갈등(*approach-avoidance conflict*)을 경험하게 된다. 이와 같이 긍정적 유인책과 부정적 유인책을 지닌 목표가 동시에 존재할 때 나타날 수 있는 갈등을 접근-회피 갈등이라고 한다. 이때 대개의 소비자는 불안해하며 구매를 망설일 수 있으므로 카피라이터는 상품의 부정적 면보다 긍정적 면을 더 부각시켜 소비자에게 해결책을 제시해 줄 필요가 있다.

청소년은 부모로부터 독립하고자 하면서도 의존하는 경향이 있으며, 이성에 접근하고 싶어하는 동시에 공부를 위해 애써 멀리 하려는 경향이 있는데 접근-회피 갈등 때문에 그러한 태도가 나타난다. 예를 들어, 제일제당 햇반은 손쉽고 빠르게 조리해 먹을 수 있다는 편리한 이점을 가지고 있는 가공 밥인데(접근), 주부들 입장에서는 집에서 해먹는 밥이 좋다는 사회적 인식이 존재하는 상황에서 밥 짓기는 가족에 대한 최소한의 정성이라고 생각하며 만약 레토르트 식품으로 밥을 대신하면 주부의 책무를 다하지 못한다고 생각할 수 있다(회피). 카피라이터는 햇반을 회피하려고 하는 주부들의 심리적 갈등을 해소해주기 위해 〈그림 2-14〉와 같은 햇반 광고 '엄마의 밥맛'편에서

〈그림 2-14〉 햇반 '엄마의 밥맛'편

"엄마가 해주신 밥" 이라는 카피를 제시함으로써 엄마의 정성과 가족을 사랑하는 마음을 강조할 수 있었다.

회피-회피 갈등

쇼핑을 하다 보면 대안이 없어서 있는 상품 중에서 어쩔 수 없이 상품을 선택해야 하는 경우가 있다. 이와 같이 부정적으로 유발되는 갈등에 따라 원하지 않는 대안 중에서 어느 하나를 선택해야 할 경우 소비자는 회피-회피 갈등(*avoidance-avoidance conflict*)을 경험하게 된다. 이때, 소비자는 의사결정을 완전히 회피할 수는 없기 때문에, 카피라이터는 상품의 부정적 측면을 최소화하는 메시지를 구성할 필요가 있다. 또한, 소비자들이 이전에 갖고 있는 신념이나 인지구조에 변화를 주는 카피 메시지를 제공함으로써 회피갈등을 부분적으로 해소하는 방안도 생각해 보아야 한다. 예를 들어, 두 자동차 회사에서 동시에 신차가 나왔다고 하자. 신차 구입에 앞서 소비자들은 초기에 너무 많은 비용이 들기 때문에 차량구매를 망설이게 되는데, 소비자의 초기부담을 완화하는 특별 할부계획을 강조하는 카피를 통하여 소비자의 회피-회피 갈등을 어느 정도 해소시킬 수 있다.

이밖에도 카피라이터는 외부적 자극요인에 따라 소비자에게 어떤 구매동기를 부여하고 활성화시키는 다양한 카피 스타일을 모색해야 한다. 광고에서 제시한 상품의 기능이나 유용성에 따라(기능적 동기) 상품을 선택하게 하거나, 상품의 외형이나 편리성에 따라(미적 감정적 동기) 상품을 선택하게 하거나, 상품 소유자의 사회적 지위나 존경심을 강조함으로써(사회적 동기), 소비자들이 상품을 선택할 수 있도록 해야 한다.

또한, 가격할인이나 예상치 못한 이익을 제공함으로써(상황적 동기) 상품을 선택하게 하거나, 새로운 상품이나 브랜드에 대한 관심을 환기시킴으로써(호기심 동기) 광고상품을 선택하도록 해야 한다. 내부적 동기유발은 물론 외부적 자극요인도 소비자의 구매동기 유발에 영향을 미치기 때문에, 카피라이터는 소비자 심리를 보다 심층적으로 파악하여 상품의 마케팅 커뮤니케이션 환경에 적합한 카피를 창작해야 한다.

사람마다 삶의 목적이 다르고 중요하게 생각하는 가치관도 다르다. 가치(*value*)란 개인적이나 사회적으로 더 선호하는 이상적 행동양식이나 존재의 목적상태에 관련된 하나의 지속적 신념이며(Rokeach, 1973), 개인이나 집단이 독특하게 소유하고 있는 바람직한 것에 대한 명시적이며 묵시적인 개념으로, 개인이나 집단을 특징짓고 행위의 목표와 양식의 선택에 영향을 미친다. 또한, 가치란 개인이 어떤 태도를 가져야 하는지를 알려주는 기준이며, 인간의 행동을 결정하는 지속적 개념이므로 쉽게 변하지 않는다는 특징이 있다. 따라서 소비자의 가치체계를 파악하여 시장 세분화, 신상품 개발, 그리고 광고 메시지 개발과정에서 활용하면 보다 효과적인 광고를 창작할 수 있을 것이다.

한편, 모든 문화에는 구성원들끼리 나누는 일련의 가치가 존재하며, 광고는 사회문화적 커뮤니케이션의 한 형태로 문화적 가치를 반영하고 전수하는 중요한 기능을 담당한다.[17] 일찍이 로키치(Rokeach)는 가치조사(*value survey*)를 실시한 다음, 가치를 인간의 삶에서 궁극적 목표가 되는 궁극적 가치(*terminal value*) 18가지와 궁극적 목표가치를 성취하기 위한 행동양식을 제시하는 수단적 가치(*instru-mental value*) 18가지로 구분하여 모두 36가지의 가치항목을 제시하였다.[18] 로키치가 개발한 가치척도는 그 유용성에도 불구하고 궁극적 가치항목이 너무 많아 상대적 중요도 파악에 어려움이 있고 소비자의 생활과 직접적 연관성이 떨어지는 항목들이 일부 포함되었다는 한계점이 있었다.

이후, 로키치의 가치이론 중 수단적 가치보다 궁극적 가치가 소비자 행동연구에 더 적합하다는 주장이 제기되었다. 수단적 가치는 상황에 따라 선택적으로 사용되는 반면에 궁극적 가치는 소비자의 일관된 신념을 반영하므로 소비자 행동을 장기적 맥락에서 안정적으로 예측하는 데 도움이 되기 때문이다. 이에 따라 칼(Kahle)은 1983년 소비자의 일상생활과 직접 관련되는 9가지 가치항목으로 구성된 LOV(*list of value*) 척도

17. Marieke de Mooij(2004). *Consumer Behavior and Culture: Consequences for Global Marketing and Advertising*. Thousand Oaks, CA: Sage.
18. M. Rokeach(1973). *The Nature of Human Values*. New York: Free Press.

를 개발하였다. 그 내용을 보면, ①소속감, ②즐거움, ③타인과의 관계, ④자아 성취, ⑤자아 존중, ⑥타인으로부터의 존경, ⑦신바람, ⑧성취감, ⑨생활안정 등 9가지이며, 광고 커뮤니케이션 맥락에서 소비자의 가치를 측정하는 데 자주 활용되고 있다.

광고에 나타난 문화적 가치

광고는 문화적 가치를 담고 있으며 미래의 문화적 가치창출에도 영향을 미친다. 홉스테드(Hofstede, 1980)는 문화의 차원을 4가지 층을 가진 양파형태로 제시하며, 가장 바깥쪽에 상징(*symbol*)이, 가장 안쪽에 가치(*value*)가 있으며, 이 둘 사이에 관습(*ritual*)과 주도층(*hero*)이 있다고 하였는데, 이때 가치는 문화형성의 바탕이 되며 사고방식, 상징체계, 언어, 규범, 커뮤니케이션 습관과 더불어 문화형성의 하부체계로 인식된다.[19]

광고에 나타난 문화적 가치의 분석에는 연구자에 따라 여러 분류기준을 적용하였다. 여러 기준 중에서 쳉과 슈바이처(Cheng & Schweitzer, 1996)가 제시한 〈표 2-2〉와 같은 32가지 가치목록[20]은 광고에 나타난 문화적 가치의 분석에 유용하다. 이 목록은 여러 선행연구들에서 나타난 서양적 가치기준에 동양적 가치를 추가함으로써 분석유목 간 상호배타성을 확보하는 동시에 동서양의 가치목록을 망라하고 있어서 동서양 비교문화연구에 자주 사용된다. 광고에 나타난 문화적 가치목록 기준을 제시하면 〈표 2-2〉와 같다.

이상의 문화적 가치목록은 한국 광고와 중국 광고에 나타난 문화적 가치의 비교연구,[21] 홍콩 광고와 한국 광고에 나타난 문화적 가치의 비교연구,[22] 그리고 한국 광고와 중국 광고에 나타난 문화적 가치의 비교[23] 및 한국 광고와 미국 광고에 나타난 문화적

19. Geert Hofstede(1980). *Culture's Consequences: International Differences in Work-Related Values*. Newbury Park, CA: Sage.
20. Hong Cheng, & John. C. Schweitzer(1996). "Cultural Values Reflected in Chinese and U. S. Television Commercials." *Journal of Advertising Research* 36(3), pp.27~45.
21. 홍재욱(2002). "광고와 문화적 가치: 중국과 한국의 TV광고 비교." 〈광고학연구〉 13(4), pp.111~130.
22. 문영숙(2003). "텔레비전 광고의 가치소구에 대한 비교문화연구." 〈광고연구〉 59, pp.49~67.
23. 김병희(2004). "한국과 중국 광고에 나타난 가치패턴 비교." 〈광고학연구〉 15(3), pp.181~205.

〈표 2-2〉 광고에 나타난 문화적 가치목록

가치 유형	개념적 정의
모험adventure	용감, 용기, 전율을 표현한다. 예) 스카이다이빙, 험준한 산악행군
아름다움beauty	상품의 아름다움이나 귀여움을 강조한다.
집단주의collectivism	타인과의 관계나 관련성을 강조한다. 예) 사람을 개인이 아닌 집단이나 공동체의 일원으로 묘사하는 경우
경쟁competition	상품을 경쟁사 상품과 비교한다. 예) 특정 브랜드를 구체적으로 언급하지 않더라도 '업계 1등' '리더' 같은 표현도 해당
편리함convenience	다루기 쉽다거나 쓰기 편리하다는 점을 제시한다.
예의courtesy	상냥한 말투나 행동으로 소비자에 대한 친밀감을 표현한다.
경제성economy	비싸지 않고 적정가격이며 원가를 줄였다는 점을 부각시킨다.
효과성effectiveness	목표달성에 효과적이고 강력하다는 점을 제시한다.
즐거움enjoyment	사용자에게 즐거움을 준다는 점을 제시한다. 예) 맥주나 음료를 마시며 환호하는 모습 등
가족family	가족과의 생활이나 가족의 소중함을 강조한다. 예) 결혼장면, 가족과 함께 지내는 모습, 집에서의 안락한 휴식 등
건강health	상품을 쓰면 신체건강에 좋고 활기차게 한다는 점을 강조한다.
개인주의individualism	개인의 자주성, 독립성, 자존심을 강조하거나, 사람과의 차별성과 독특함을 강조한다.
여가leisure	상품을 쓰면 편안하고 안락해진다는 점을 강조한다.
경이로움magic	상품의 신비로운 효과나 마술 같은 효능을 강조한다.
현대성modernity	'새로운' '현대적인' '최신의' '시대를 앞서가는' 같은 표현이다.
자연natural	인간과 자연의 정신적인 조화를 제안한다.
산뜻함neatness	깨끗함이나 산뜻함을 강조한다.
보호nurturance	자선, 도움, 보호 및 장애자, 어린이, 노약자를 동정하는 표현이다.
애국심patriotism	국가에 대한 사랑이나 애국심 등을 강조한다.
대중성popularity	특정상품이 소비자에게 보편적으로 인정받고 수용됨을 강조한다. 예) '베스트셀러' '전국 또는 세계적으로 유명한' 같은 표현

가치 유형	개념적 정의
품질quality	정부나 공인기관이 인정한 상품의 우수성이나 내구성을 강조한다.
어른 공경respect for the elderly	나이 많은 사람이 모델로 나오거나 그들에게 자문을 구하는 것의 중요성을 강조한다.
안전safety	상품의 안전성을 강조한다.
성sex	성적 매력을 강조하거나 관능적인 모델을 출연시킨다. 예) 연인들이 손잡고 있거나 포옹하거나 키스하는 모습 제시
사회적 지위social status	상품을 사용하면 사회적 지위나 신분이 상승되며 자부심을 느낄 수 있다는 점을 강조한다.
기술technology	상품이 극도로 정교한 기술에 의해 만들어졌다는 점을 강조한다.
전통tradition	과거의 경험을 높이 평가하고 오랜 역사와 전설적인 품질을 강조한다. 예) '80년의 제조경험' '고대 중국처방 개조' 등
독특함uniqueness	경쟁상대가 없으며 비교 불가능한 상품임을 강조한다.
풍요로움wealth	부를 장려하고 상품 사용자가 부자가 될 수 있음을 제시한다.
지혜wisdom	지식, 교육, 지성, 전문성, 경험 등에 대한 존경심을 표현한다.
장인정신work	근면성, 노동, 기술에 전념하는 장인정신에 대한 존경심을 표현한다. 예) 최선을 다한 치료로 불치병 환자를 소생시키는 의사 등
젊음youth	젊은 모델을 써서 젊음을 강조한다. 예) '다시, 젊음을 느껴라' 등

가치의 비교연구[24]에 사용되어 그 타당성이 입증된 바 있다.

한편, 광고에 나타난 문화적 가치는 연구자에 따라서 세부가치들을 보다 포괄적으로 범주화하였다. 그동안 광고와 관련된 비교문화연구들을 종합하면, 광고에 나타난 가치는 실용적 가치 대 상징적 가치, 서양적 가치 대 동양적 가치, 그리고 수평적 가치 대 수직적 가치로 구분하여 국가간 차이를 비교한다(김병희, 2004, 2006; 홍재욱, 2002; Cheng & Schweitzer, 1996; Chiou, 2001; Triandis & Gelfand, 1998). 상대적인 문화적 가치에 대한 보다 자세한 내용은 다음과 같다.

24. 김병희(2006). "가치관의 차이가 국제광고 표현에 미치는 영향: 한미간 비교문화연구." 〈한국광고홍보학보〉 8(3), pp.179~209.

| 실용적-상징적 가치 | 실용적(*utilitarian*) 가치는 상품을 사용함으로써 얻게 되는 실질적 혜택과 상품사용의 효과를 강조하는 가치를 의미하며 여기에는 Cheng & Schweitzer(1996)의 32가지 가치목록 중 ①아름다움, ②편리함, ③경제성, ④효과성, ⑤건강, ⑥산뜻함, ⑦품질, ⑧안전, ⑨기술, ⑩독특함 등 10개가 포함된다. 상징적(*symbolic*) 가치는 상품사용의 구체적 효과보다는 상품사용으로 인한 정서적 가치를 의미하며 나머지 22개가 여기에 해당된다.

| 서양적-동양적 가치 | 서양적(*western*) 가치는 개인의 능력을 강조하고 자연을 정복대상으로 보는 것과 같은 도전적 가치를 의미하며 여기에는 ①모험, ②경쟁, ③즐거움, ④개인주의, ⑤여가, ⑥현대성, ⑦성, ⑧젊음 등 8개가 포함된다. 반면에 동양적(*eastern*) 가치는 개인과 집단의 조화를 강조하며 도전보다는 원만한 관계를 제고하는 가치인데 여기에는 ①집단주의, ②가족, ③경이로움, ④자연, ⑤애국심, ⑥어른 공경, ⑦전통, ⑧풍요로움 등 8가지이다.

| 수평적-수직적 가치 | 수평적(*horizontal*) 가치는 개인과 집단은 다르다고 보고 타인과 상호의존적이며 사회화를 강조하는 가치를 의미하며 여기에는 ①아름다움, ②편리함, ③경제성, ④효과성, ⑤즐거움, ⑥가족, ⑦개인주의, ⑧여가, ⑨현대성, ⑩대중성, ⑪젊음 등 11개가 포함된다. 이에 비해 수직적(*vertical*) 가치는 개인의 목표와 집단의 목표가 같다고 보고 집단 내의 통합을 강조하며 때로는 개인을 희생하는 가치를 의미하며 여기에는 ①집단주의, ②경쟁, ③자연, ④보호, ⑤애국심, ⑥품질, ⑦어른 공경, ⑧사회적 지위, ⑨전통, ⑩지혜, ⑪장인정신 등 11가지이다.

수단-목적 사슬 모형 ★

수단-목적 사슬 모형(*means-end chain model*)에서는 상품의 속성(*Attributes*), 그 속성에 따른 결과(*Consequences*)나 혜택(*Benefits*), 그리고 소비자의 개인적 가치(*Values*) 사이

의 연결관계를 고려하여 소비자 행동을 설명한다. 즉, A-C-V 간의 연계성이 소비자의 구매의사 결정과정에 영향을 미친다고 보는데 그 근거는 다음과 같다. 첫째, 소비자는 특정 속성을 통해 어떤 결과를 연상하는데 이는 학습되는 경향이 있으며, 둘째, 소비자는 바람직한 결과를 가져다주는 속성이 있는 상품을 선택하려 하며, 셋째, 특정 결과가 소비자에게 중요한 이유는 그 결과가 소비자의 특정한 가치와 연결되어 있기 때문이라는 것이다.

예를 들어, 소비자가 옷을 고를 때 품위 있어 보이는 옷을 원한다고 한다면(C), 이 점만으로는 카피라이터에게 중요한 소비자 정보가 되기 어렵다. 카피라이터는 소비자가 그렇게 보이고 싶어하는 이유와 가치(소속감, 자부심, 성취감 등)를 파악하도록 노력해야 하고(V), 옷의 어떤 속성(A)이 그 소비자의 품위를 연상하게 하는지 면밀하게 검토해야 한다.

이와 같은 맥락에서 수단-목적 사슬모형은 소비자 행동을 이해하는 데 유용한 길잡이가 된다. 카피라이터는 이 모형을 이해함으로써 구매의사 결정시 소비자의 기억 속에서 작용하는 인지구조의 체계를 추정할 수 있을 것이다. 소비자 조사나 광고기획 그리고 카피창작에서, 수단-목적 사슬을 구성하는 요소의 본질 및 요소들 사이의 연결관계를 상세히 파악하면 광고 컨셉을 도출하거나 카피 플랫폼을 작성하는 데 도움이 되는데, 이른바 래더링 방법으로 그것이 가능하다.

래더링의 개념

래더링(*laddering*)이란 사다리식 연속질문을 통해 브랜드에 대한 소비자의 가치를 파악하는 데 유용한 방법으로, 상품과 관련된 추상화 단계, 즉 A-C-V 간의 핵심적 지각요소들을 연결해주는 사다리(*ladder*)를 소비자의 기억으로부터 이끌어 내기 위한 일대일 심층면접법이라고 할 수 있다.[25] 카피라이터는 소비자가 가지고 있는 지식의 구조적 측면을 찾기 위해 '추상화 사다리'(*ladder of abstraction*)의 아래쪽에서 위쪽으로(구체적 · 추상적) 올라가는 질문을 계속한다. 즉, "왜 그것이 당신에게 중요합니까?" 라는 질문을

25. 리사 포르티니 캠벨, 문영숙 역(1999). 《광고전략워크북》. 서울: 커뮤니케이션북스. pp.137~157.

계속함으로써 소비자가 특정 상품군의 브랜드에 대한 인식의 차이를 어떤 요소들로 구별하고 있으며 그 요소들이 어떻게 서로 결합되어 있는지를 발견할 수 있다.

소비자의 구매의사 결정에 내재하는 인지구조의 내용은 〈표 2-3〉과 같은 단계를 거친다. 즉, 상품의 물리적 특성으로부터 개인적 가치로 확장되는 연상의 내용은 상위 단계로 갈수록 추상화된다. 상품의 속성(*attributes*)은 색상이나 외형 같은 물리적 특성과 심리적이며 주관적인 성격을 띠는 추상적 특성으로 구성된다. 보다 효과적인 카피를 창작하기 위하여 카피라이터는 어떤 상품의 속성을 정확하고 구체적으로 파악해야 한다.

소비자는 어떤 상품구매를 통하여 그 상품이 제공하는 기능적 결과나 사회 심리적 혜택을 누리게 된다. 예를 들어, 이를 하얗게 하는 속성을 가진 치약을 구매한 소비자가 그 상품을 통하여 얻는 혜택이나 결과는 '하얀 치아'이다. 소비자가 상품구매에서 얻는 결과는 허기나 갈증 같은 생리적인 것일 수도 있고 지위의 향상이나 구성원 의식 같은 사회심리적인 것일 수도 있다.

〈표 2-3〉 추상화의 단계

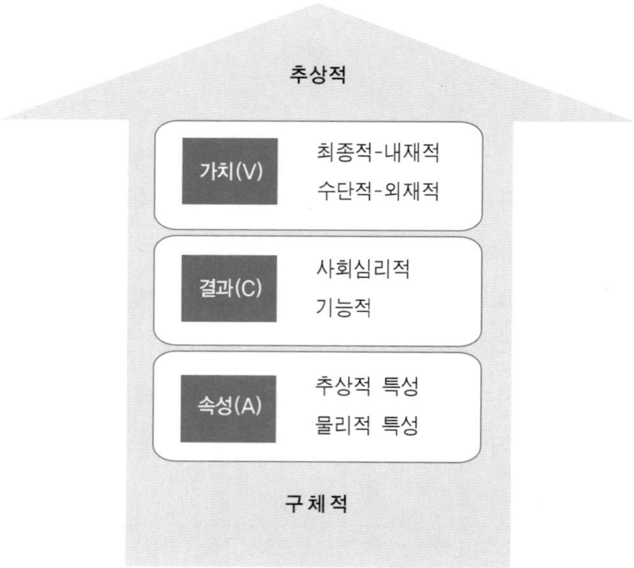

여기에서 카피라이터는 부정적 결과(*negative consequences*)의 개념에 유념할 필요가 있다. 예를 들어, 고급품의 쇼핑행위는 소비자의 명예를 드높여주지만(긍정적 결과), 만약 소비자가 구매에 필요한 돈이 부족할 경우 그에게는 근심이라는 부정적 결과가 야기되어 갈등을 느끼게 된다. 이때, 카피라이터는 바람직한 결과와 부정적 결과 사이에서 갈등을 느끼는 소비자에게 바람직하지 않은 결과를 최소화하는 논리를 제공할 필요가 있다.

그 결과가 긍정적인지 부정적인지를 결정하는 것이 가치이므로 카피라이터는 보다 의미심장한 가치를 소비자에게 제공함으로써 부정적 결과에 대한 우려를 제거해야 한다. 수단적 가치는 최종적 가치로 유도될 수 있는 가치로 외재적 성격을 띠며, 최종적 가치는 행동을 유발하는 최종단계의 가치로 내재적 성격을 띠게 된다. 따라서 카피라이터는 수단적 가치를 최종적 가치로 전환할 수 있는 카피 메시지를 개발하도록 노력해야 한다.

래더링을 통한 광고전략 개발

광고 기획자나 카피라이터는 래더링에 의한 가치 단계도를 바탕으로 소비자가 생각하는 경쟁상품과의 차별점을 이해할 수 있다. 자사 브랜드에 대하여 단계별로 우위점을 판단할 수 있으며, 경쟁 브랜드와의 비교 우위점이나 자기 브랜드의 잠재적 약점을 찾아내어 대응전략을 수립할 수 있다.[26] 래더링 기법을 통한 소비자 가치 연구를 커뮤니케이션 전략모형으로 전환시킨 틀이 레이놀스와 굿맨(Reynolds & Gutman, 1988)이 제시한 메카스(MECCAS) 모형이다. 이는 〈그림 2-15〉에 제시한 바와 같이 광고전략 구성요소의 수단-목표 개념화(*Means-End Conceptualization of Components of Advertising Strategy*, MECCAS)[27]를 시도한 실용적 모형으로 평가할 수 있다.

이상의 메카스(MECCAS) 모형에서 추진력과 소비자 혜택 및 메시지 요소는 가치, 결

---

26. 신강균(1997). 〈광고전략 개발을 위한 래더링의 가치단계 분석: 제품 특성과 라이프스타일을 중심으로〉. 한양대학교 대학원 신문방송학과 미간행 박사학위 논문.

27. Thomas J. Reynolds, & Jonathan Gutman(1988). "Laddering Theory, Method, Analysis, and Interpretation." *Journal of Advertising Research* 28(2), pp.11~34.

〈그림 2-15〉 메카스(MECCAS) 모형

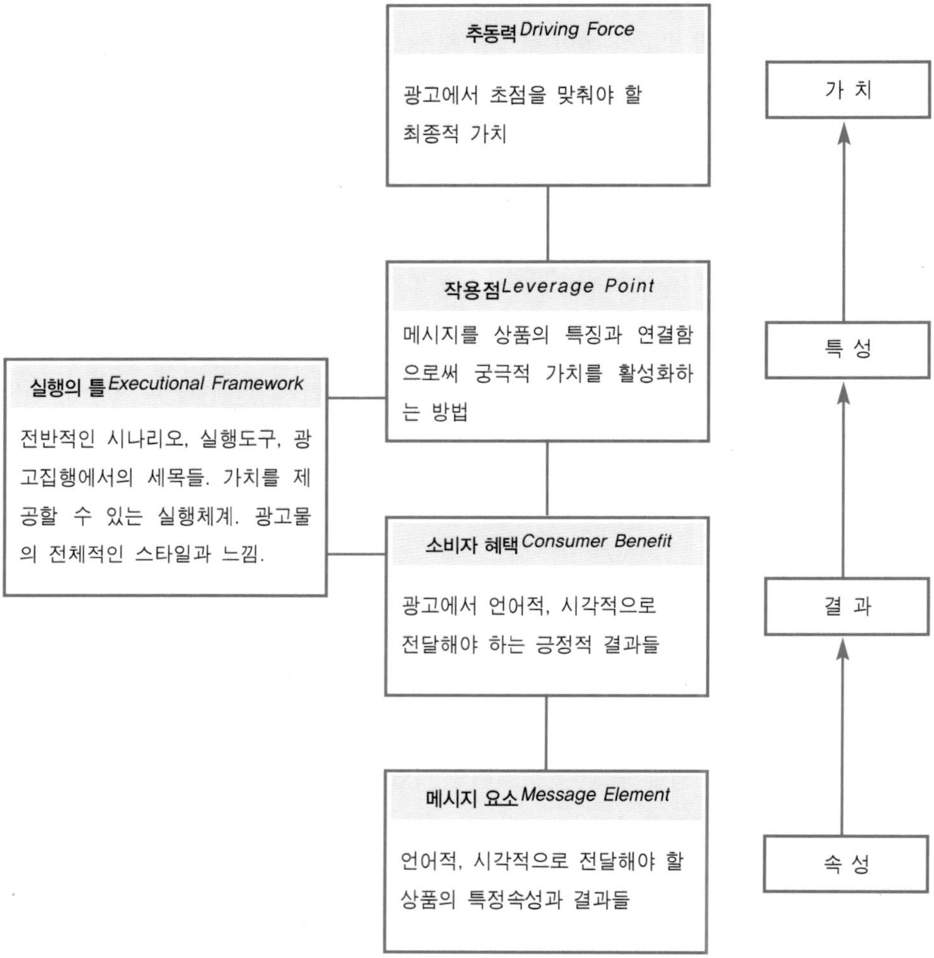

과, 속성에서 직접 도출된다. 또한, 메시지 요소와 소비자 혜택 및 실행체계의 요소가 어떻게 개인적 가치에 연결되어 포지셔닝해야 할 것인지를 나타내는 개념이 작용점(*leaverage point*)이다. 이와 같은 메카스 모형을 통해 소비자의 심리구조를 파악하고, 소비자가 상품을 어떻게 지각하고 어떻게 선호하는지 그 동기화 과정을 이해함으로써 카피라이터는 표현전략 수립과 카피창작에서 보다 유용한 메시지 대안을 모색할 수 있다.

한편, 래더링을 활용한 조사연구나 가치계층도 분류에 관한 연구는 많이 발표되었으나 래더링 조사결과를 어떻게 커뮤니케이션 전략에 적용할 수 있는지와 수단-목표 이론을 바탕으로 수립된 커뮤니케이션 전략이 실질적 광고 아이디어로 어떻게 사용될 수 있는지에 대한 연구는 부족하였다. 그러나 레이놀즈와 위트락(Reynolds & Whitlark, 1995)은 커뮤니케이션 전략과 실질적인 광고 아이디어 발상에 적용할 수 있는 래더링 기법의 6가지 전략적 개념을 다음과 같이 제시하였다.[28]

재강화*reinforce* 광고상품의 차별적인 속성, 이미 소비자들이 알고 있는 그 속성으로부터 얻을 수 있는 결과, 그리고 가치에 대한 연결고리를 강화하는 방법이다. 예를 들어, 코카콜라 광고에서는 독특한 맛과 청량감이라는 속성, 이를 통한 상쾌한 기분이라는 결과, 그리고 자부심이라는 가치로 구축된 연결고리를 재강화함으로써 항상 시장 주도권을 유지하고 있다.

재집중*refocus* 상품의 긍정적 차별화를 위하여 속성과 결과 간에 새로운 연계(*linkage*)를 추가하거나 새로운 속성이나 결과를 창출하는 방법이다. 예를 들어, 〈그림 2-16〉의 시바스 리갈 광고 '병모양 변화' 편을 보면, "어떤 미친놈이 시바스 리갈 병을 바꿨어?"(What idiot changed the Chivas Regal bottle?)라는 질문형 헤드라인이 인상적이다. 이 광고에서는 술맛이 좋다는 점을 전달하기보다 새롭게 바뀐 병 모양을 알리는 것을 광고의 주요 소구점으로 삼아 이전의 속성(원래의 병모양)에 새로운 속성(바뀐 병모양)을 추가하여 소비자에게 재집중을 시도하는 것이다.

재해석*redefine* 자사 브랜드의 잠재적 약점을 바꿔 강점처럼 인식시키는 방법이다. 정치캠페인이나 공공이슈와 같은 분야에서는 때때로 잠재적 약점을 강점으

28. T. J. Reynolds, & D. B. Whitlark(1995). "Applying Laddering Data to Communications Strategy and Advertising Practice." *Journal of Advertising Research* 35(3). pp.9~17.

〈그림 2-16〉 시바스 리갈 '병모양 변화'편

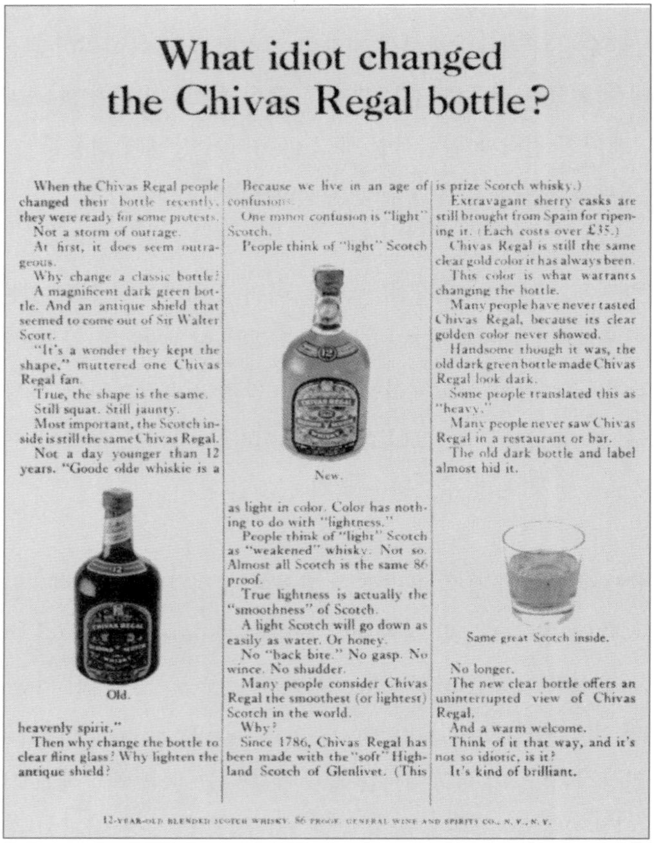

로 인식시키기 위해 재해석하여 정치캠페인을 전개하는 경우가 많다.

재구성*reframe* '재해석'과 달리 경쟁 브랜드의 강점을 약점처럼 인식시키는 방법이다. 일반적으로 정치 캠페인에서는 '재해석'과 '재구성' 전략을 동시에 운용한다.

방향전환*redirect* 관심의 초점을 경쟁브랜드의 강점으로부터 약점으로 바꾸는 방법이다. 래더링의 자료를 통하여 경쟁환경 속에서의 자사 브랜드의 강점과 약점 그리고 상위개념의 느낌과 목표를 규명할 수 있으므로, 카피라이터는 소비자의 관심의 초점을 경쟁 브랜드의 강점에서 약점으로 바꾸는 시도를 해볼 수 있다.

제거[remove] 경쟁 브랜드의 장점이 더 이상 존재하지 않는다는 메시지를 제시함으로써 경쟁 브랜드의 이미지를 손상시키는 방법으로, 부정적 소구의 가장 극단적인 방법이다. 그러나 제거의 방법을 잘못 사용되면 오히려 역효과를 낼 수 있으므로 카피창작에서는 주의할 필요가 있다.

이상의 6가지 전략적 개념은 언제 어떻게 적용하고 얼마나 타당한 전략을 구사하느냐에 따라 그 결과가 달라질 것이다. 재강화와 재집중 및 재해석은 소비자가 자신에게 의미 있고 설득력 있는 정보에 동의한다는 사실을 전제하는 긍정적 접근방법이며, 재구성과 방향전환 및 제거는 경쟁사의 강점이나 약점을 공격할 때 사용되는 부정적 접근방법이다. 부정적 접근방법은 주로 정치광고 캠페인에서 자주 활용되지만 때때로 일반상품의 광고창작에서도 활용될 수 있다.

태 도

태도(*attitude*)는 라틴어의 앱투스(*aputs*)에서 유래되었다. 앱투스란 자세 또는 신체적 포즈를 뜻하는 말인데, 어떤 사람이 취하는 신체적 자세에 따라 이 사람이 다음에 취할 행동이 무엇이 될 것인가에 대한 암시를 얻을 수 있다. 태도는 어떤 대상에 대한 지식의 평가로부터 발생하는 느낌이나 의견에 근거해서 대상에 대해 호의적 또는 비호의적, 긍정적 또는 부정적으로 지속적이고 일관되게 행동하는 경향을 의미한다.

태도가 심리적 과정의 결과이기는 하지만 직접 관찰할 수 없으므로 개인의 말이나 행동으로부터 유추될 수밖에 없다. 따라서 연구자들은 질문이나 행동관찰을 통하여 소비자의 태도를 추정하였다. 태도를 통하여 소비자 행동을 예측할 수 있기 때문에, 태도는 상품이나 광고에 대한 소비자의 반응을 알아보기 위해서나 광고효과를 측정하기 위한 유용한 지표로서 활용될 수 있다. 이와 같은 태도의 특성을 알아보자.

태도의 특성

태도란 어떤 대상에 대하여 일관되게 호의적 또는 비호의적으로 반응하려는 학습된 선유경향(*predisposition*)이라는 정의에 따르면 태도는 다음과 같은 특성을 지니고 있다.[29]

| 태도는 대상을 갖는다 | 보드카 브랜드처럼 형태가 있거나 음주운전과 같이 형태가 없거나 간에 관계없이 사람들이 어떤 태도를 가지게 되는 그 무엇을 태도대상이라고 한다.

| 태도는 지속적이다 | 소비자가 어떤 상품에 대해 가지는 태도는 며칠에서 몇 년까지 계속 지속될 수 있다. 어떤 경우에는 태도가 사라졌다가도 기업의 마케팅 활동에 따라서 다시 활성화되기도 한다.

| 태도는 학습된다 | 어떤 소비자도 처음부터 태도를 가지지는 않는다. 대개의 소비자는 일상적 구매경험을 하거나 상품을 소비하면서 태도를 형성하게 된다.

| 태도는 방향과 강도를 가진다 | 어떤 대상에 대하여 태도를 가지게 되면, 개인이 대상에 대해 느끼는 호의적 또는 비호의적 방향(+, −)은 물론 그 대상

29. Michael R. Solomon(1999). *Consumer Behavior* (4th ed.). Upper Saddle River, NJ: Prentice-Hall, pp.205~231.

을 어느 정도나 좋아하거나 싫어하는지에 대한 강도(강, 약)를 각각 갖게 된다.

| 태도는 직접 관찰할 수 없다 | 태도는 정신적 상태이기 때문에 외적으로 관찰할 수 없고 질문 등의 방법을 통하여 간접적으로 측정하여 추론할 수 있을 뿐이다.

| 태도는 특정상황에서 일어난다 | 태도는 어떤 상황에 따라 달라질 수 있다. 소비자는 좋게 생각했던 대상에 대해서도 상황이 달라지면 나쁘게 평가할 수도 있다.

| 태도는 구조를 지니고 있다 | 태도는 여러 가지 생각의 다발이지만 그 생각들은 일련의 패턴과 체계를 지닐 수 있다. 즉, 태도는 안정적이면서도 여러 가지 의외성이 있을 수 있으나 일반화될 수 있다.

태도의 구성요소

태도를 구성하는 요인에 관한 패러다임에서는 전통적으로 3원론적 관점을 지향한다. 이에 따르면, 태도란 인지적 요소(*cognitive component*), 감정적 요소(*affective component*), 그리고 행동적 요소(*conative component*)의 3가지 구성요소로 이루어진다. 그러나 최근의 연구성과에 의하면, 이들 3가지 요소 중에서 감정적 요소만을 태도의 구성요소로 간주하며 나머지 2개는 태도와 관련된 별개의 개념으로 이해하려는 일원론적 관점이 지지되고 있다.

일원론적 관점에 따르면 신념(*beliefs*)이 인지적 요소로서 태도의 기본이 되고 태도를 바탕으로 구매의도가 형성된다는 것이다. 여기에서 신념이란 어떤 사람이 다른 사람이나 대상 또는 쟁점에 대해 가지고 있는 정보를 말한다. 이때 소비자가 가지고 있는 모든 신념이 태도에 영향을 미치는 것이 아니라 특정시점에 두드러지게 부각되는 신념만이 태도에 영향을 미친다는 점에서 설득력이 있다. 태도의 구성요소(ABC)에 대하여 살펴보자.

인지적 요소

인지적(*cognitive*) 요소란 지각적 요소, 신념 요소, 그리고 대상에 대한 소비자의 신념과 지식을 의미한다. 소비자는 어떤 상품에 대해 신념을 가지고 있는데 소비자가 생각하는 브랜드 속성은 그들이 어떤 브랜드에 대해 믿고 있는 신념이라고 할 수 있으며 이런 신념들의 총체적 집합이 특정 브랜드에 대한 태도의 인지적 요소이다. 여기에서 정보제공적 신념은 상품의 특성(음료수의 경우 열량, 비타민, 천연성분)을 말하고, 평가적 신념은 상품의 혜택(상쾌한 기분, 갈증해소)을 의미한다.

감정적 요소

감정적 요소란 소비자가 어떤 브랜드에 대하여 느끼는(*affective*) 전반적 감정을 의미하며, 브랜드에 대한 호의적 비호의적 감정을 나타낸다. 브랜드에 대한 신념은 소비자가 상품의 속성과 같은 태도 대상물에 대한 지각과 관련되기 때문에 다차원적이다. 반면에 태도의 감정적 차원은 각 속성에 대한 평가와 감정반응이 종합되어 나타나는 결과이므로 단일차원적 개념이다. 따라서 브랜드에 대한 소비자의 전반적 감정은 소비자의 직접평가를 통해 측정할 수 있다.

행동적 요소

소비자가 어떤 태도대상에 대하여 행동하는(*behavioral*) 경향과 관련되며 태도대상에 대하여 개인이 반응하는 성향을 의미한다. 이는 일반적으로 구매의도의 관점에서 측정되며 실제의 구매행동을 예측할 수 있다는 점에서 매우 중요한 의미를 갖는다.

태도의 형성과 강화 및 변화

광고 커뮤니케이션에서 설득의 목표는 크게 태도나 행동의 형성, 강화(유지), 그리고 변화 등 3가지로 구분할 수 있다. 태도의 형성에 관한 설득이론은 앞에서 고찰한 학습이론(*learning theory*)과 단순노출 이론(*mere exposure theory*)이 있으며, 태도의 강화에 관한 설득이론은 기능주의 이론(*functional approach*)과 접종이론(*inoculation theory*)이 있고, 그리고 태도의 변화에 관련된 이론으로는 인지일관성 이론(*consistency theory*), 보다 구체적으로는 인지부조화 이론(*cognitive dissonance theory*)과 사회적 판단이론(*social judgement theory*)을 들 수 있다. 각 설득이론을 보다 구체적으로 소개하면 다음과 같다.

단순노출 효과에 의한 태도의 형성

학습이론에 대하여는 앞에서 설명하였다. 여기에서는 단순노출 효과(*mere exposure effect*)에 대하여만 설명하고자 한다. 일찍이 자이언스(Zajonc, 1968)는 대상에 대한 의식적 인지 없이도 대상에 대한 선호(태도)가 생길 수 있다고 보고, 어떤 자극에 반복적으로 노출될 때 그러한 자극에 대하여 친밀감이 생기고 그 결과 긍정적 감정을 갖게 된다는 가설을 입증하였다. 무의미한 단어를 0부터 25회까지 노출회수를 달리하며 제시하거나, 매일 대학신문에 미국 대학생에게는 무의미한 한자(漢字)를 하나씩 제시하거나, 대학교 졸업앨범 사진을 익명의 대상에게 제시하여 모두 노출 빈도수와 선호도는 긍정적 상관관계가 있음을 발견하였다.[30] 이 밖에도 자이언스는 단어, 음악작품, 예술작품, 그리고 초상화에 대한 반복적 노출은 그러한 대상들에 대한 호의성을 증대시켰다는 증거를 제시하였다.

이와 같이 단순노출 효과이론에서는 단순히 반복적으로 노출하는 것만으로도 대상

30. R. B. Zajonc(1968). "Attitudinal Effects of Mere Exposure." *Journal of Personality and Social Psychology Monography Supplement* 9(2, Part 2), pp.1~27.

에 대한 친숙함(*familiarity*)이 생기고, 그것이 결국 호감 또는 긍정적 태도를 야기한다고 설명한다. 대상에 대한 인지적 분석이 없어도 자주 노출되었다는 것만으로 대상을 선호할 가능성이 있음을 설명하는 이 이론에서는 '단순노출→ 친밀감 증가→ 선호도 증가' 라는 시사점을 카피라이터들에게 제공한다. 단순노출 효과를 광고효과와 관련해서 해석하면, 소비자는 광고 브랜드에 대한 인지적 정보처리와 관계없이 단순히 어떤 브랜드에 자주 노출됨으로써 그 상품에 대한 친밀감이 높아지고, 친밀감이 증가할수록 그 상표에 대해 긍정적 감정(호의적 상표태도)을 형성할 수 있으며, 이런 긍정적 감정이 그 상표에 대한 긍정적 행동(구매선택 행동)의 가능성을 높여준다고 해석할 수 있다.

예를 들어, 19세기말 파리에 에펠탑이 건축될 당시에는 철골구조로 된 흉물이 도시 미관을 해친다는 이유로 파리시민의 극심한 반대에 부딪쳤다. 완공 후 시민들은 아침 저녁으로 그 탑을 자주 보게 되었는데 점점 그 탑이 친근해지기 시작했고 나중에는 '파리 서정의 극치' 라고까지 극찬하게 되며 오늘에 이르렀다. 이와 같이 단순노출을 통해 형성된 매력을 '에펠탑 효과' 라고 하는데,[31] 이와 같은 사례를 통하여 단순노출의 위력을 실감할 수 있다. 만약 반복적 노출이 어떤 대상에 대한 호의를 유발하는 데 충분하다면 광고의 일정한 반복은 상표인식을 가져오는 것뿐만 아니라 상표선호에서도 효과적 전략이 될 것이다.

기능주의 이론에 의한 태도의 강화(유지)

태도가 확실하면 개인적 욕구충족이 분명해지므로 소비자는 그들이 취하는 태도를 유지하려는 경향이 있다. 즉, 태도는 개인으로 하여금 특정한 계획을 성공적으로 실행하고 특정한 목표를 성취하도록 한다는 것이다. 어떤 태도를 나타내는 동기가 무엇인지를 알아보려는 질문이 기능주의 이론(*functional approach*)의 핵심이라 할 수 있다.

그동안 태도의 기능에 대하여 여러 가지 학설들이 제기되었으며 그 기능에 대한 명

31. 이현우(2002). "보고 또 보면 없던 정도 생긴다—에펠탑 효과." 《사람의 마음을 움직이는 설득심리》. 서울: 더난출판. pp.123~129.

칭도 연구자에 따라 각각 다르게 명명하였다. 일찍이 캐츠(Katz, 1960)는 ①실용적 기능, ②가치표현적 기능, ③자아방어적 기능, ④지식기능 등 태도의 기능을 4가지로 요약하였으며 이는 최근까지 여러 연구자들에 의하여 지지되고 있다.[32] 태도의 4가지 기능에 대하여 각각 살펴보면 다음과 같다.

| 실용적 기능 | 소비자는 혜택을 제공하는 어떤 태도대상에 대하여 태도를 형성하게 된다. 일반적으로 어떤 상품이 소비자의 욕구를 달성하는 데 도움이 되면 호의적 태도를 가지게 되고 그렇지 못하면 그 상품을 싫어하는 경향이 있는데, 이것이 태도의 실용적 기능(*utilitarian function*)이다. 실용적 기능에 소구하는 카피의 예를 들면, "간편해요—하기스 슬림"(하기스 슬림)이나 "뾰족한 칫솔모가 당신의 프라그를 제거하고 하얀 이를 만들어드립니다"(안티프라그 칫솔) 같은 것이 있다.

예를 들어, 〈그림 2-17〉의 내셔널 파나소닉의 람대쉬 면도기 '선인장' 편을 보면, 지면 왼쪽에 수염을 상징하는 선인장 가시 옆에 "매끈하게 깎는다"는 헤드라인을 배치하고, 지면 오른쪽에서 "30도 예각 면도날"이 상상을 초월하는 매끈한 면도를 가능하게 한다는 상품기능을 설명함으로써 소비자에게 상품의 실용적 기능을 강조하고 있다.

| 가치표현적 기능 | 소비자는 일반적으로 자신의 가치, 개성, 라이프스타일, 심리적 특성 등을 나타내 줄 수 있는 어떤 태도대상에 대해 긍정적 태도를 형성하는 것이 보통인데, 이것이 태도의 가치표현적 기능(*value-expressive function*)이다. 예를 들어, "Pepsi drinkers think young"(펩시콜라), "누가 나이키를 신는가!"(나이키) 같은 카피에서는 상품의 실용성보다 상징적인 면을 강조함으로써 소비자의 가치표현적 기능에 소구한다.

---

32. Michael R. Solomon(1999). *Consumer Behavior* (4th ed.). Upper Saddle River, NJ: Prentice-Hall, pp.205~207.

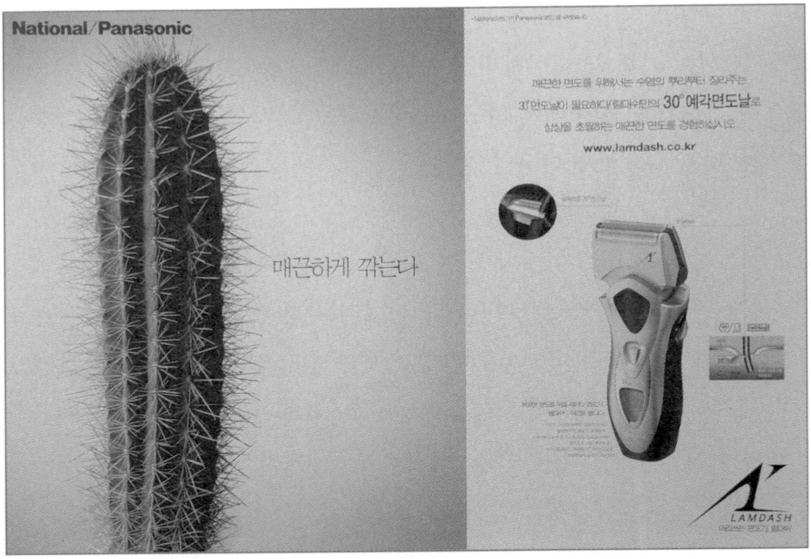

〈그림 2-17〉 내셔널 파나소닉 람대쉬 면도기 '선인장'편

예를 들어, 〈그림 2-18〉에 제시한 SM5자동차 광고 '누구시길래' 편에서는 일반 광고에서 흔히 볼 수 있는 모델의 정면사진을 제시하지 않고 모델의 뒷모습(남자)이나 다리(여자)만을 보여주고 "누구시길래… 가치를 아는 사람. 당신은 다릅니다"라는 카피를 제시하고 있다. 이 광고는 자동차의 기능이나 디자인을 강조하는 여느 광고와는 달리 타는 사람의 가치표현을 강조하는 전형적 사례이다.

| 자아방어적 기능 | 사람은 외적 위협이나 내적 감정으로부터 자신을 보호하기 위해 어떤 태도를 형성하는데, 이것이 자아방어적(*ego-defensive function*) 기능이다. 소비자는 싫어하거나 위협적인 사실을 채택하는 데 있어서 스스로를 방어하고자 하며, 투사나 반작용형성 같은 고전적 방어기제(*defense mechanism*)를 통한 태도들을 계발한다. 소비자는 외적 위협으로부터 자신을 보호하고 내적 갈등을 해소함으로써 스스로 자기이미지를 보호하는 것이다. 따라서 카피라이터는 소비자에게 상품을 사용해서 얻을 수 있는 혜택을 제시하거나 그 상품

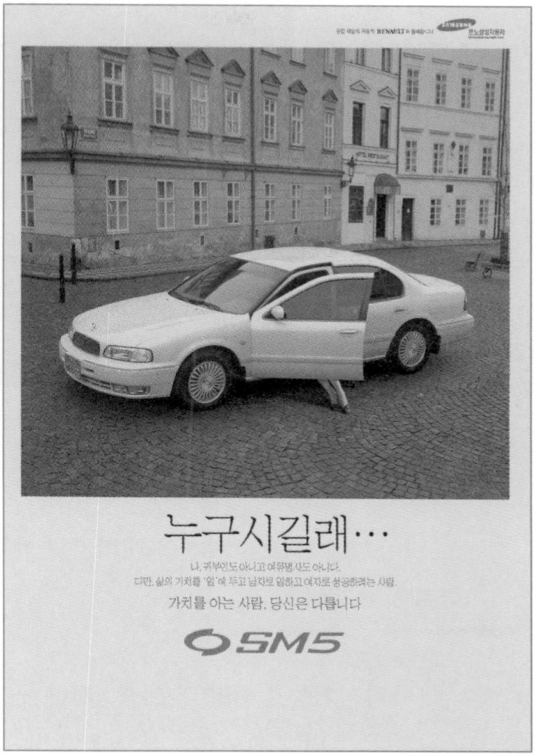

〈그림 2-18〉 SM5자동차 '누구시길래'편

을 사용하지 않을 경우의 위험요소를 강조함으로써 태도의 자아방어적 기능에 소구할 수 있다.

예를 들어, 〈그림 2-19〉와 같은 스파이크 광고 '비듬 잡는 스파이크'편에서는 스파이크를 사용하기 전과 사용한 후의 상황을 반전을 통해 재미있게 전달한다. 평범한 회사원으로 등장한 모델 권해효는 일과를 마치고 퇴근하기 위해 지하철 막차를 탄다. 바쁜 업무에서 벗어난 그의 머릿속에는 비듬 때문에 아침부터 자신을 구박하며 핀잔을 준 사람들의 모습이 떠오른다. 장면이 바뀌면 남자모델이 해맑은 웃음을 지으며 스파이크로 머리를 감고 있다. 이어 그는 "비듬 잡는 스파이크"라고 자신 있게 외친다. 이 광

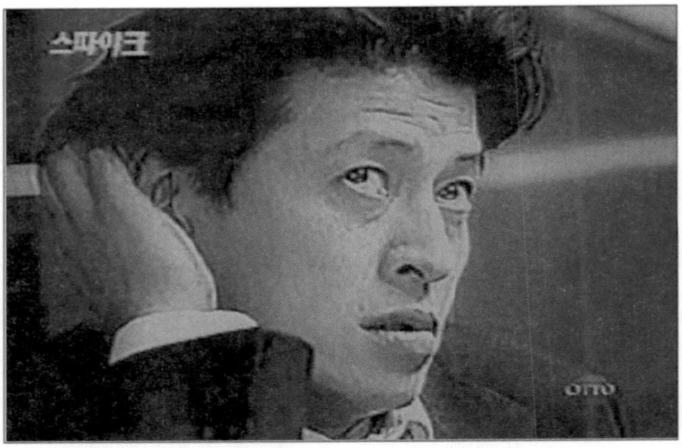

〈그림 2-19〉 스파이크 '비듬 잡는 스파이크'편

고는 소비자 스스로 자신의 이미지를 가꾸고 보호하려는 태도의 자아방어적 기능에 소구하고 있다.

| 지식기능 | 어떤 태도는 질서나 구조 또는 의미에 대한 욕구의 결과로 형성된다. 소비자는 모호한 상황에 있거나 새로운 상품을 접하면 그에 대한 지식을 획득하려고 하는데, 이것이 태도의 지식기능(*knowledge function*)이다. 소비자는 사회생활에서 접하는 모든 정보를 무조건 통합하기보다 태도대상에 의미를 부여하기 위해 효율적 방법으로 정보를 조직화하며, 이때 지식습득에 관한 태도를 형성한다.

예를 들어, 〈그림 2-20〉 마주앙 레드 광고 '건강 와인' 편을 보면, 보통의 와인 광고에 나타나는 우아한 분위기를 제시하지 않고, "하루 한두 잔 포도주는 보약" 이라는 신문기사와 함께 "건강을 위한 새로운 와인" 이라는 예외적인 오버라인(*over line*)을 쓰고 있다. 또한, "콜레스테롤 산화를 막아주기 때문에/ 동맥경화증 예방에 좋은 와인, 마주앙 레드"라는 바디카피를 제시함으로써 소비자에게 지식기능적 태도로 소구하고 있다.

〈그림 2-20〉 마주앙 레드 '건강 와인'편

인지일관성 이론에 의한 태도의 변화

태도와 행동이 불일치하면 사람들은 긴장과 불안을 나타낸다. 페스팅거(Leon Festinger)는 사람들이 태도 대상과의 차이가 있을 때 부조화를 느끼며, 인지부조화 상태의 사람들은 인지부조화를 줄이거나 제거하려고 시도하는데, 두 가지 요소가 조화를 이루도록 한 가지 요소를 변화시키고, 조화로운 인지를 추구하며, 인지의 중요성을 변화시킨다는 것이다.

이때, '인지 부조화의 강도 = 중요성×부조화 인지요소의 수÷중요성×조화 인지

요소의 수' 이다. 개인의 인지부조화에는 어떤 인지와 다른 인지가 아무런 의미를 가지 못하는 무관계(*irrelevant*), 조화관계(*consonant*), 부조화관계(*dissomant*)가 있다. 부조화가 어떻게 강화되는지의 문제, 그리고 개인적 차이에 따라 어떻게 달라지는지, 그리고 심리적 동인(*drive*)에 따라 부조화의 해소가 결정된다.[33]

인지일관성 이론은 광고의 정보원(광고모델)에 대한 일치성의 여부, 다시 말해서 매력성(*attractiveness*), 믿음성(*trustworthiness*), 전문성(*expertise*) 같은 정보원 신뢰도(*source credibility*)[34]에서 소비자가 광고의 정보원을 신뢰할 수 있는지의 여부에 따라 불균형을 어떻게 시정하는지를 알아보거나 정보원과 소비자의 부조화 관계를 어떻게 조정하는지를 알아보는 데 적용될 수 있다.

부조화의 해소에는 개인의 신념을 공개적 행동과 일치하도록 변화시키는 방법이 있다. 인지부조화가 크면 클수록 공개적 행동과 일치하려고 하는 태도변화의 기회가 많아지기 때문에 이를 줄이려는 압력이 커진다고 할 수 있다. 인지일관성 이론은 소비자의 마음을 유도하는 원칙을 이해하는 데에 유용하다. 또한, 이 이론은 인지부조화로 긴장이 발생하면 부조화 요소들간에 조화를 이루도록 노력하는 소비자의 동기적 역할을 이해하는데 유용하다.

이상의 세 가지 단순노출 이론, 기능주의 이론, 인지일관성 이론의 공통점을 알아보자. 세 가지 이론 모두 태도대상(*Ao*)에 대한 개인의 호의나 비호의가 일관성을 갖는다고 가정한다. 이 세 가지 이론을 광고 커뮤니케이션 상황에 적용해보면, 소비자들이 어떤 브랜드가 긍정적 혜택을 가져다준다고 믿으면 그 브랜드를 좋아할 가능성이 높고(감정), 그것을 구매할 가능성이 더 크다는 것으로 해석할 수 있다. 어떤 브랜드의 광고가 자주 눈에 띄면(단순노출) 그 브랜드에 대한 호감도가 올라가며, 그 브랜드가 소비자의 가치를 표현하는 데 유용한 도구라고 생각하고(가치표현 기능), 만약 혁신적 신상

---

33. Joel Cooper, & Russell H. Fazio(1984). "A New Look at Dissonance Theory." *Advances in Experimental Social Psychology* 17, pp.229~266.

34. Roobina Ohanian(1990). "Construction and Validation of a Scale to Measure Celebrity Endorser's Perceived Expertise, Trustworthiness, and Attractiveness." *Journal of Advertising* 19(3), pp.39~52.

품에 등장한 모델이 자신의 기대치와 다른 경우에는 자신의 부조화를 해소하려고 할 것이다(인지부조화→인지일관성).

반면에 이상의 세 가지 이론의 차이점을 알아보자. 인지부조화 이론에서는 소비자들이 부조화 상태에서는 심리적 불편감을 느끼기 때문에 소비자로 하여금 부조화를 줄이는 동시에 부조화를 증가시키는 상황과 정보를 적극적으로 회피하도록 한다는 점을 전제하는 데 비해, 단순노출 이론에서는 그런 맥락을 고려하지 않고 서로 무관하거나, 서로 조화되거나, 서로 조화되지 않거나를 고려하지 않는다.

또한, 소비자 행동에서는 다시 돌이키기 어려운 상황이 있는데, 인지부조화 이론에서는 소비자가 언제나 모든 것을 조화롭게 조정하려 한다고 전제하는데, 이는 기능주의 이론과의 차이점이다. 마찬가지로 단순노출 이론에서는 노출빈도나 시간의 경과에 따라 대상에 대한 태도가 달라질 수 있다고 보았는데, 이러한 관점은 기능주의 이론이나 인지부조화 이론으로는 설명할 수 없다.

정교화 가능성 모형에 의한 태도의 변화 ★

현대의 소비자는 어떤 태도대상을 적극적으로 생각하지 않는 게으른 유기체이거나 인지적 구두쇠(*cognitive miser*)라고 할 수 있다. 설득 커뮤니케이션 연구에서 사고(생각)의 양(개수)과 질(성격)의 문제가 부각되면서 "모든 태도변화가 실질적으로 같지만은 않다"는 생각이 대두되었다. 특히, 페티와 캐시오포(Petty & Cacioppo, 1984)는 정교화 가능성 모형(ELM: *Elaboration Likelihood Model*)을 제안하며, 광고 메시지 등 여러 설득적 메시지에 대한 사고의 양과 질은 설득에 영향을 미친다고 보았다. 이들은 사람들이 모든 것을 신중히 평가할 능력이나 동기가 없다고 가정하였다.

정교화 가능성 모형은 이전에 제시된 여러 소비자 행동이론을 바탕으로 보다 포괄적인 관점에서 소비자의 태도변화 과정을 규명하였다. 이 모형이 카피창작에 미치는 주요 시사점은 소비자가 메시지에 대해 얼마만큼이나 생각하느냐(*a lot or a little*), 메시지 반응으로 유발된 소비자의 생각이 어떠한가(*favorable or favorable*)에 따라 설득효과가 달라진다는 점이다.

정교화 가능성 모형에서는 정보처리자(소비자)의 정교화 가능성 정도(소비자가 정보를 처리하려는 노력의 정도)에 따라 태도형성의 경로가 다르다고 설명한다. 정보처리를 위해 상당한 노력을 기울일 경우의 태도형성은 주로 중심경로를 통해 이루어지는 반면에, 정보처리를 위해 그다지 노력을 기울이지 않을 때는 주변경로를 통해 태도가 형성된다는 것이다. 즉, 어떤 주제에 적절한(중심적인) 정보에 대하여 생각하고 시험해 보는 중심경로(*central route*)를 통해 설득이 이루어질 수도 있고, 인지적 노력을 덜 하는 어떤 상황에서 상대적으로 간단한 단서에 의지하는 주변경로(*peripheral route*)를 통해 설득이 이루어질 수도 있다는 것이다.[35]

중심경로를 통해 형성된 태도는 장기간 지속되고 안정적이며, 경쟁적 메시지의 도전에 비교적 잘 대응할 수 있고, 소비자 행동에 관련된 태도를 보다 잘 예측한다. 반면에 주변경로를 통하여 형성된 태도는 중심경로에 의해 형성된 태도에 비해 비교적 접근하기가 어렵고, 오래 지속되지 않으며 저항력도 약하고 행동에 대한 예측력도 약하다.

정교화 가능성 모형은 마케팅 자극에 대한 소비자의 반응을 효과적으로 유도하기 위한 광고 메시지 전략의 수립에 응용될 수 있다. 고관여 상태에서 소비자의 정보처리 정도가 높을 때는 브랜드의 혜택을 강조하는 카피 메시지를 제시함으로써 그 브랜드에 대한 태도를 변화시킬 수 있다. 반면에 저관여 상태에서는 광고상품의 혜택을 강조하는 구체적 정보보다 광고의 분위기나 광고음악 또는 매력적인 광고모델을 등장시킴으로써 주변 단서를 강조해야 한다. 이때는 모델의 신뢰도나 카피의 강도 같은 구체적 실행방법이 더욱 중요하다. 따라서 카피라이터는 카피창작에 앞서 광고 메시지에 대하여 소비자들이 "심사숙고할 것인가, 그렇지 않을 것인가?" (*To think, or not to think?*)를 가상적으로 생각해볼 필요가 있다.

---

35. Richard E. Petty, & John T. Cacioppo(1984). "The Effects of Involvement on Response to Argument Quality and Quantity: Central and Peripheral Routes to Persuasion." *Journal of Personality and Social Psychology* 46, pp.69~81.

자아 개성 라이프스타일

자 아

자아(*self*)란 하나의 대상으로서 자신에 대한 사고와 느낌의 총체이며 타인이 자신에 대해 갖는 태도이다. 자아는 사회적 상호작용의 영향으로 형성되며, 물리적으로 존재하지 않고 개인의 마음속에 존재하는 사회적 실체이며, 사회적 비교를 통해 이루어진다. 연구자들은 소비자 변인들을 개인이 갖는 자아개념과 연결시켜 개인은 자아에 대한 특정한 지각을 갖는다고 설명한다. 개인은 자신이 원하는 상품구매를 통하여 정체성을 확인하기도 하며 상품과 브랜드의 소유를 통하여 자아 존중감을 확인하기도 한다.

자아의 기능에는 정보처리 기능, 동기화 기능, 행위평가 기능이 있다. 이러한 자아개념의 기능은 결국 자기존중감과 자기일관성의 동기형성에 직접적이고 독립적인 영향을 미친다. 이러한 관점에서 상품과 서비스에 대한 소비행동은 소비자 자신의 자아개념을 향상시키고 자아개념과 일치하는 방향으로 이루어진다고 할 수 있다.

자아개념의 형성

| 자아평가 | 개인이 자신의 행동양식을 사회에서 용인하는 것으로 평가하거나 그렇지 않게 평가함으로써 스스로 자아개념을 형성한다는 것이 자아평가(*self appraisal*)이다. 예를 들어, 어떤 행동은 사회적으로 적합하고 어떤 행동은 반사회적이라고 평가된다면, 소비자는 자신의 행동을 관찰함으로써 그에 합당한 범주를 생각하고 이를 반복함으로써 자아개념을 형성한다.

| 반영평가 | 소비자가 타인의 평가에 따라 자아의 개념을 형성한다는 것이 반영평가(*reflected appraisal*)이며 평가자의 특성과 피평가자의 태도에 따라서 영향력이 달라진다. 평가자가 믿음이 가거나 피평가자가 개인적으로 홍미를 느끼거

나, 주어진 평가에 동조하는 사람이 많거나, 여러 사람의 평가결과가 일관성이 있을 때 그 영향력은 높아진다. 예컨대, 부모, 친한 친구, 신뢰하는 동료, 존경하는 사람 등 주변사람들의 평가는 소비자의 자아개념 형성에 영향을 미친다.

| 사회비교 | 반영평가가 수동적이고 타인의 평가의 반영을 강조한다면, 사회비교(*social comparison*)는 어떤 사람의 자아개념이 타인과 관련하여 어떻게 생각되느냐에 따라 형성된다는 것이다. 이는 광고전략의 개발과 광고창작에서 중요한 개념인데, 소비자가 상품이나 서비스를 소비하는 데 어떤 집단과 비교하여 소비의사 결정을 하는지 파악하여 그에 합당한 메시지를 개발할 수 있다. 이때 소비자는 어떤 브랜드를 구매하면 특정집단 내에서 상대적으로 지위가 상승한다고 생각하는 경향이 있다.

| 편향된 탐지 | 소비자가 동경하는 대상을 얼마나 충족하는지를 알아보기 위하여 주변의 정보를 선별적으로 흡수하는 것을 편향된 탐지(*biased scanning*)라고 한다. 예를 들어, 소비자 자신이 원하는 상품을 동경하고 그에 대한 동기가 있다면, 동경하는 상품과 반대되는 정보는 제외하고 그것을 고취하는 정보만을 탐색하려는 일종의 자기만족이다.

자아개념과 소비자 행동의 관계

소비자는 자아개념을 보호하고 향상시키는 방향으로 행동하는 경향이 있다. 소비자가 상품을 구매하고 사용하는 행위는 그 상품을 매개로 타인들과 상징적 의미를 소통하는 것이나 마찬가지이다. 따라서 개인의 소비행동은 상품을 상징적으로 소비함으로써 자기개념을 증진시키는 방향으로 이루어진다. 모든 상품은 물리적 특성 이외에도 포장이나 광고 또는 소비자에 의해 형성된 이미지를 갖게 되며, 상품 이미지가 자아개념에 부합할 때 소비자는 상품에 대한 긍정적 소비행동을 한다. 따라서 어떤 상품이 소비자의 자아개념과 일관성의 동기를 만족시켜 줄 때 보다 긍정적이고 호의적인 구매

행동을 기대할 수 있으며, 시장에서의 전반적인 소비자 행동에도 영향을 미친다.

예를 들어, 여러 상품에 대해 개인이 지각하는 방법은 자아개념에 따라 다르다. 어떤 상품이 자신의 이미지를 반영하고 있다면 소비자는 그 상품을 선호하며, 어떤 상품에 자신이 동경하는 이미지를 투사하면 그 상품을 선호하게 된다. 소비자가 자아개념을 형성하고 그것이 행동에 영향을 주는 과정은 다음과 같다.

- 소비자의 자아개념은 사회적 상호작용을 통해 형성된다.
- 소비자는 상품과 브랜드에 어떤 이미지나 상징적 의미를 부여한다.
- 상품과 브랜드가 지닌 상징성에 따라 어떤 상품을 소유하면 소비자의 자아개념을 표현할 수 있다.
- 소비자 행동은 상품의 상징성을 소비함으로써 자아개념을 높이는 쪽으로 동기화된다.
- 소비자는 자아개념과 가장 일치하는 이미지로 지각된 브랜드를 선호한다.

카피라이터가 소비자의 자아개념을 포괄적으로 이해하면 카피창작에서 다양한 아이디어 발상이 가능해진다. 즉, 앞에서 설명한 태도연구에서는 주로 상품의 기능적 속성과 소비자의 기능적 가치를 중심으로 연구가 이루어진 데 비해, 자아개념 연구에서는 태도연구에서 간과한 상품의 상징적 속성이나 성격관련 속성을 강조했다는 점에서, 또 다른 시각을 발견할 수 있다. 카피라이터는 소비자의 자아개념을 바탕으로 광고상품에 적합한 카피를 창작함으로써 어떤 브랜드의 상징성을 구축할 수 있다.

개 성

개성(*personality*)이란 소비자가 주변환경에 대하여 지속적이며 일관되게 반응하는 독특한 심리적 경향이며, 어떤 자극에 대하여 소비자가 특정양식으로 생각하거나 행동하는 경향을 의미한다. 어떤 특성이 모든 소비자에게 공통으로 존재하더라도 그 특성을 결합하는 방식은 개인마다 다르고 독특하기 때문에 소비자에 따라서 개성에 차이가 있다. 개성의 전반적 특성은 개인차를 반영하며, 일관되고 지속적이며, 그리고 일관되게 지속된다 하더라도 사건이나 상황에 따라서 변화가 가능하다는 점이다.[36]

소비자 행동을 일정기간 관찰해 보면 다양한 자극이 주어지더라도 그 행동에는 어떤 일관성이나 규칙이 존재하고 있다. 이러한 일관성이나 규칙을 특성 또는 기질(*trait*)이라고 한다. 특성은 개인마다 공통적으로 갖고 있으나 정도의 차이가 있으므로 소비자에 따라서 개성이 달라지는 것이다. 환경요소가 변하더라도 그 특성들은 매우 안정적이므로 소비자 행동에 상당한 영향을 미친다고 하겠다. 개성과 광고 커뮤니케이션의 관련양상은 다음과 같다.

시장세분화 ✶

개성에 따라 소비패턴이 다를 수 있으므로 소비자의 개성을 몇 가지 유형으로 구분하고 유형별 소비패턴이 어떻게 다른지를 규명하면 시장세분화에 따른 유익한 정보를 얻을 수 있다. 또한, 개성의 유형에 따라 소비자들이 선호하는 매체를 파악함으로써 세분화된 시장별로 영향을 미칠 수 있는 광고매체를 선정하고 그 매체에 적절한 카피 메시지를 개발하면 보다 높은 광고효과를 기대할 수 있을 것이다. 소비자는 개인의 선호, 자신이 처한 위치, 구매상황에 따라 어떤 상품을 구매한다. 따라서 기업들은 시장 전체를 공략하기보다 소비자의 개성에 따라 세분시장을 선택하는 방식을 취하게 되었다. 세분시장 마케팅은 크게 '시장 세분화→ 표적시장 선정→ 포지셔닝'의 3단계로 이루어지며, 개성은 시장세분화를 결정하는 주요 변수의 하나로 작용하는 것이다.

예를 들어, 〈그림 2-21〉에 제시한 현대카드 광고 '누려라' 편을 보자. BC카드, 삼성카드, LG카드, 국민카드가 카드시장의 선두자리를 두고 치열한 경쟁을 펼치고 있는 가운데, 현대카드는 카드시장 내에서의 세분시장을 이들 카드사가 선점한 가운데 가장

36. Michael R. Solomon(1999). *Consumer Behavior* (4th ed.). Upper Saddle River, NJ: Prentice-Hall, pp.165~174.

〈그림 2-21〉 현대카드 '누려라'편

늦게 경쟁 속으로 뛰어들었다. 차별화가 필요했던 현대카드는 "누려라, 열심히 일한 당신!" 이라는 카피를 써서 주5일제 근무가 시작되어 여가문화를 즐기고는 싶어하지만 쉽지 않은 전문직 소비자의 개성을 강조하였다.

광고와 상품 포지셔닝

개성은 어떤 상품이 세분화된 시장의 특성에 알맞게 자리매김(*positioning*)하는 데 유용한 시각을 제시한다. 예를 들어, 순종형의 여성시장을 대상으로 하는 화장품 광고의 카피창작에서는 권위자에 의한 증언을 사용할 수 있고, 자아도취형의 여성시장을 대상으로 하는 화장품 광고의 카피창작에서는 치장하는 아름다움을 묘사하는 카피를 창작할 수 있다. 그리고 지배형의 여성시장을 대상으로 하는 화장품 광고의 카피창작에

〈그림 2-22〉 위니아만도 딤채 '로맨틱'편

서는 소비자의 자존심을 살려주고 상류사회의 커리어 우먼이라고 소비자를 묘사하는 카피를 쓸 수 있다.

예를 들어, 〈그림 2-22〉에 제시한 위니아만도의 딤채 광고 '로맨틱'편의 카피를 보면, 김치를 잘 숙성시킨다는 김치 냉장고의 본래적 기능보다 주부들이 김치를 꺼내기에 편리하게 디자인했다는 새로운 포인트를 강조하고 있다. "아내의 허리를 생각해서 / 꺼내기 쉽게 바꾼 뉴 디자인 딤채,/ 딤채는 참 로맨틱하다." 이와 같은 카피는 '발효과학—딤채' 라는 초기의 상품 포지셔닝을 디자인을 강조하는 방향으로 바꾸는 데 영향을 미칠 것이다.

매체 지침

매체 선정과정에서 개성을 인구통계학적 자료와 병행하여 활용하면 매체의 특성에 알맞게 상품 메시지를 전달할 수 있다. 하나의 광고는 소비자에게 최소 3회 이상의 노출이 이루어져야 하며, 다양한 매체에 광고를 노출하는 것이 효과적일 것이다. 어떤 기업이든지 최소의 비용으로 최대의 효과를 누리고자 하며 효과적인 매체집행을 필요로 하는데, 이때 소비자의 개성을 바탕으로 효과적인 미디어 믹스(*media mix*)를 계획해야 한다.

예를 들어, 폭력물을 좋아하지 않는 소비자를 대상으로 광고할 경우와 폭력물을 좋아하는 소비자를 대상으로 광고할 경우에는 카피의 소구점이 달라져야 한다. 마찬가지로 보수적 기질(*trait*)의 소비자와 진보적 기질의 소비자가 각각 선호하는 매체는 다를 수 있으며 이에 따라 카피 스타일도 달라져야 한다. 또한, 패션명품 광고는 4대 매체 중에서 고급 패션잡지에 광고를 게재하는 것이 효과적일 것이다. 이는 명품의 고급스러움이 고품격 패션잡지의 기본적 특성과 잘 부합되기 때문이기도 하지만, 무엇보다 그런 잡지들을 애독하는 독자들의 개성과 부합하기 때문이라고 하겠다.

신상품 도입

신상품을 구입할 가능성이 높은 소비자의 개성을 연구함으로써 신상품 도입전략을 수립할 수 있다. 예를 들어, 독선적이지 않은 소비자일수록 신상품을 더 구매하는 경향이 있는데, 이들은 사회적 욕구에 소구하는 감정적 광고보다 상품속성을 강조하는 사실적 광고를 더 선호하는 경향이 있다.

이상에서 제시한 소비자의 개성을 이해하면 카피창작에서 다양하고 구체적인 아이디어를 얻을 수 있을 것이다. 카피라이터는 소비자의 개성에 대하여 보다 깊이 있게 이해함으로써 소비자의 욕구를 자극할 수 있는 카피를 창작해야 한다. 예를 들어, 상품의 상징적 의미(향수나 의류 등의 환상적 소구)를 강조하는 카피를 제시하여 소비자에게 그 상품의 상징적 가치를 강조할 수도 있으며, 이와는 달리 상품의 물리적인 혜택을 강조함으로써 상품의 물리적 속성을 강조할 수도 있는 것이다. 어쨌든 모든 것은 카피라이터의 선택과 적용에 달려 있다.

라이프스타일

라이프스타일(*life style*)이란 사람들이 시간을 소비하는 방법이나 일상의 활동양상을 말하는데, 최근에는 소비자 스스로 자신을 어떻게 인지하며 타인이 자신을 어떻게 생각하는지에 대한 자기개념(*self concept*)을 반영하는 것으로 이해되고 있다. 따라서 동기부여, 지각과 학습, 태도, 인구통계적 특성, 심리묘사적 특성 같은 개인의 심리적 요인들과 문화, 가치, 사회계층, 준거집단 같은 사회문화적 요인들이 라이프스타일을 형성한다.

이와 같은 영향요인에 의해 형성된 라이프스타일은 독특한 욕구기준과 태도를 형성하고, 강화하며, 변화하는 과정에서 소비자의 경험을 유발한다. 라이프스타일의 개념은 사회 전체의 행동양식을 설명하고 세분시장을 설정하는 데 도움이 된다. 이러한 맥락에서 최근 상품을 구매하고 사용하는 사람들을 소비자의 개념을 넘어서는 생활자(生活者)로 이해하자는 연구결과도 보고되고 있다.[37]

소비자의 라이프스타일 연구의 강조점을 보면 다음과 같다. 첫째, 겉으로 나타나는 소비자의 생활은 비교적 쉽게 관찰할 수 있으며, 둘째, 동기이론, 학습이론, 개성이론, 사회계층 이론 등 여러 광고심리학 이론들이 종합적으로 망라되며, 셋째, 라이프스타일은 소비자 집단의 특성에 대하여 생동감 있게 사실적으로 묘사하기 때문에 이용가

37. 박기철(2005). "소비자 조사 · 분석을 넘는 생활자 체험 · 이해." 〈한국광고홍보학보〉 7(3), pp.42~84.

치가 높고, 넷째, 인간을 각종 재화와 서비스를 소비하는 소비자로 이해하지 않고 개인의 가치관에 따라 행동하고 실천해 나가는 생활자의 모습으로 이해한다는 점이다. 우리나라의 1세대 카피라이터인 김태형은 광고 창의성의 개념을 '생활의 제안'이라고 하였는데,[38] 이는 광고심리학에서 말하는 라이프스타일의 또 다른 표현일 것이다.

특정문화나 특정집단의 라이프스타일은 당연히 다른 문화나 다른 집단의 그것과 구별된다. 라이프스타일은 소비자가 그들의 시간을 소비하는 방법(활동), 그들의 환경에서 중요하다고 생각하는 것(관심), 그리고 주변에 대한 생각(의견)에 따라 달라지며, 앞에서 언급한 자아 및 개성의 개념과도 밀접하게 연계되는 개념이다. 한편, 라이프스타일의 측정방법에는 일반적으로 다음과 같은 세 가지가 주로 논의되고 있으니 참고할 만하다.

사이코그래픽스 ✶

심리적(*psycho-*) 및 도상적(*-graphics*)이라는 단어를 혼합하여 만든 용어로 다양한 상황과 욕구 및 자극 하에서 소비자의 구매성향을 알아보는 라이프스타일 측정법을 사이코그래픽스(*psychographics*)라고 한다. 여기에서는 인구통계적 특성보다 심리적 특성에 더 주목하여 소비자 행동을 측정하며, 소비자의 심리적 동기, 관심, 태도와 같이 인구통계적 특성에서 알 수 없는 부분을 밝히고 그들의 미래행동까지 예측할 수 있다는 장점이 있다.

사이코그래픽스의 공통적 형태는 소비자의 성격, 구매동기, 관심, 태도, 신념, 가치 등의 각종 측정치를 포착하기 위한 일단의 설문으로 구성되어 있다. 따라서 사이코그래픽스를 조사하기 위한 문항과 성격이나 동기를 조사하기 위한 문항은 서로 유사할 뿐만 아니라 때로는 절충되기도 한다. 사이코그래픽스는 표준화된 성격측정보다 추상적이지 않으며 소비자의 욕구를 보다 객관적이고 측정할 수 있다. 사이코그래픽스의

---

38. 김병희(2004). "카피 창작의 아득한 황홀경—김태형." 《크리에이티브의 길을 묻다》. 서울: 살림출판. pp.9~33.

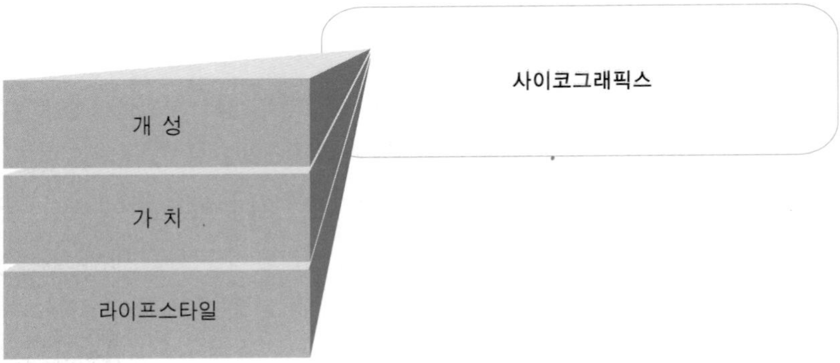

〈그림 2-23〉 사이코그래픽스의 구조

구조를 제시하면 〈그림 2-23〉과 같다.

가치 및 라이프스타일 조사 ★

라이프스타일을 측정하는 또 다른 방법은 소비자의 활동과 관심 및 의견을 규명하기 위하여 서베이를 실시하고, 이를 바탕으로 가치 및 라이프스타일(*Value and Life style*) 범주를 개발하는 것이다. 예를 들어, 표적시장의 소비자 행동에 대한 근본적 동기를 이해하기 위한 조사로 1978년 SRI(Stanford Research Institute) International사에서 실시한 VALS(*Value and Life Style*) 1, 2 조사가 대표적이다. VALS는 연간 2,500명의 소비자에 대한 설문조사를 실시하여 공통적인 라이프스타일과 가치관에 근거하여 소비자 집단의 특성을 9가지로 규명하였다.[39] 각 소비자 집단의 특성을 제시하면 다음과 같다.

① **생존자**^survivor^ **집단** 교육적 · 경제적 · 사회적 여건이 불리하며 가난과 절망 극복이 인생의 목표이다.

---

39. Rebecca Piirto Heath(1996). "The Frontiers of Psychographics." *American Demographics*, July, pp.38~43.

② **연명자** *sustainers* **집단** 이들 역시 빈곤층이며 하루하루가 고달프지만 나름대로 희망을 갖고 생활한다.

③ **소속자** *belongers* **집단** 가장 많고 전형적인 중산층이며 보수적 · 전통적 · 관습적 · 순응적이며, 이들의 관심사는 집과 가정이다.

④ **도전자** *emulators* **집단** 도전적이며 경쟁적 사고를 가지고 있으며 타인을 의식하고 상품을 구매하는 경향이 있으며 유행에 민감한 상품들이 이 집단에서 구매되기 시작한다.

⑤ **성취자** *achievers* **집단** 교육을 잘 받고 물질적 혜택을 즐기는 안정된 집단으로 각 분야의 지도자 위치에서 명성이나 성공을 지향한다.

⑥ **나는 나** *I-am-me* **집단** 개인주의적 성향이 강하며 젊은이들이 대학시절 다양한 경험을 하면서 겪는 단계이다.

⑦ **경험자** *experiential* **집단** 인생이란 특정한 목적지가 없으며 그 자체가 여행이라고 보고 인생에서의 다양한 경험을 원하고 취미와 스포츠 등 다양한 활동에 적극적으로 참여한다.

⑧ **사회의식** *societally conscious* **집단** 개인의 사회적 책임을 강조하고 자원보존, 검소, 내적 성장 등을 중시하는 지식인 집단이다.

⑨ **통합** *integrated* **집단** 정신적으로 성숙하고 인생에 대해서 장기적이며 넓은 견지에서 참을성을 가지고 보며 자아표현이 강하고 미학적 인식이 높다.

이와 같은 VALS 체계는 매슬로(Maslow)가 제시한 5단계 욕구계층 이론을 원용하고 있는데, 9가지 집단은 크게 3가지 상위집단으로 통합된다. 첫째, 욕구지향 소비자(*need driven consumers*) 집단으로 선호보다는 기본적 욕구에 따라 소비행동을 하는 사람들로 생존자 및 연명자 집단이 여기에 해당된다. 둘째, 외부지향 소비자 집단으로 시장에서 가장 높은 비중을 차지하며 타인을 의식하여 소비행동을 하는 사람들이며 소속자 집단, 도전자 집단, 성취자 집단이 여기에 해당된다. 셋째, 내부지향 소비자 집단으로 소비행동을 타인의 의견이 아닌 자신의 판단을 위주로 하는 사람들로, 나는 나 집단, 경험자 집단, 사회의식 집단이 여기에 속한다. 이밖에도 VALS-1을 바탕으로 나중에 추가적으로 개발된 VALS-2, iVALS(*internet-vals*), 그리고 jVALS(*japan-vals*) 등이 있다.

이와 같은 라이프스타일 프로파일은 특정 소비자 집단에 상품을 표적화하기가 용이하다. 또한, 카피창작에서는 누구를 대상으로 하는 메시지를 개발할 것인가 하는 표적 수용자 설정에 유용한 시사점을 제공한다. 그러나 VALS는 미국 소비자를 대상으로 한 결과이기 때문에 한국의 상황에는 맞지 않는다. 카피라이터들은 다만 VALS의 의의를 인식하고 카피창작 단계에서 광고기획팀과 더불어 한국의 소비자에 대한 심리적 유형화를 시도해본 다음, 어떠한 소비자 집단에 광고 메시지를 노출할 것인지를 결정하면 메시지의 방향설정과 강도조절에서 효과적 판단을 내릴 수 있을 것이다.

활동 관심사 의견(AIO) 분석 ✶

여러 가지 라이프스타일 측정방법 중 가장 많이 쓰이는 방법이 활동 관심사 의견(AIO) 변수에 의한 측정법이다. 라이프스타일에 대하여 플러머(Plummer, 1974)는 라이프스타일을 소비자가 시간을 어떻게 보내는지(활동, *activities*), 소비자는 어떤 환경 속에서 무엇을 중요하게 고려하는지(관심, *interests*), 소비자는 자신과 주변환경에 대해서 어떻게 생각하는지(의견, *opinions*)를 식별하는 생활양식(*mode of living*)으로 정의하고 라이프스타일을 식별하는 AIO 측정법을 제시하였다.[40]

일반적 AIO는 개인의 일반적 활동, 관심사, 의견을 말하며, 구체적 AIO는 특정상품이나 서비스와 관련된다. 첫째, 활동이란 소비자가 주로 어떻게 행동하며 시간을 보내는지, 소비자가 선호하는 매체와 매체이용 습관, 쇼핑태도, 신상품이나 서비스에 대한 태도 등 외부로 표출되는 행동이다. 둘째, 관심사는 소비자가 좋아하고 중요시하는 것을 알아보고 특정한 대상이나 화제에 대하여 강력하고 지속적인 주의를 기울이는 정도이다. 셋째, 의견은 사물이나 사건에 대하여 어떻게 생각하는지에 대한 소비자의 반응을 의미한다. 〈표 2-4〉에 제시한 AIO 측정항목은 개인의 일반적 활동과 행위와 관심

---

40. Joseph T. Plummer(1974). "The Concept and Application of life Style Segmentation." *Journal of Marketing* 38(1), pp.33~37.

〈표 2-4〉 AIO 측정항목

활동(A)	관심사(I)	의견(O)	인구통계적 특성
일	가족	사회문제	나이
취미	가정	정치	교육
사회활동	직무	기업	소득
휴가	지역사회	경제	직업
오락	유행	교육	가족규모
쇼핑	매체	상품	거주지
스포츠	성취	문화	라이프사이클 단계

사 그리고 의견을 나타내는데, 이러한 변수들을 종합적으로 반영하여 개인이나 집단의 라이프스타일을 규정하게 된다.

국내에서도 휴대전화 시장의 팽창과 정보기술(IT)의 발전으로 한국인의 라이프스타일이 다양하게 바뀌는 중이다. 최근 주5일제 근무시행으로 인해 새로운 여가문화가 등장하고 있으며, 과학기술의 발달과 생활수준의 향상 및 가치관의 변화에 따라 다양한 유형의 생활상들이 기대되고 있다. 이러한 상황에서 광고심리 연구의 주요 영역을 차지하는 라이프스타일 문제에 대하여 진지하게 고민하고 그에 따라 새로운 생활을 제안한다면 보다 효과적인 광고창작 업무를 수행할 수 있다.

이제, 우리나라에서도 상품의 장점만을 일방적으로 강조하던 시대는 가고, 바야흐로 소비자가 아닌 생활자들이 늘고 있기 때문이다. 라이프스타일은 시장세분화, 매체선정, 광고캠페인의 개발에 효과적으로 적용할 수 있다. 라이프스타일에 의한 소비자 행동분석 결과는 마케팅 전략수립에서 표적시장 선정을 위한 객관적이고 과학적인 시장 세분화 방안을 제시한다. 또한, 이 결과는 소비자 집단별로 라이프스타일의 특성을 정확하게 파악함으로써 표적시장의 특성에 맞는 상품이나 서비스를 개발하는 동시에 카피창작에서도 차별적 메시지를 구성하는 가이드라인을 제공한다.

문 화

문화란 사회 전체에서 용인되는 지향점이며 언어와 상징물을 통하여 사회구성원에게 전달되거나 사회적으로 확산되는 일체의 가치관이다. 따라서 문화는 소비자 행동에 영향을 미치는 중요한 요소로 작용한다. 또한, 문화는 사회구성원으로서 인간이 획득하는 지식, 신념, 예술, 도덕, 법률, 관습, 재능, 습관 등을 포괄하는 복합체인 동시에 집단을 이루는 사람들의 독특한 생활 방식과 그 생활을 위한 모든 설계이다.

대체로 문화는 비물질적 요소와 물질적 요소로 구성되는 것으로 간주한다. 비물질적 문화(*non-material culture*)란 사람들이 사용하는 언어와 공유하는 아이디어나 관습 및 신념 그리고 그들이 따르는 습관 등을 포함하는 개념이며, 물질적 문화(*material culture*)란 도구, 자동차, 도로, 농장 같은 사람이 사용하는 모든 물리적 실체로 구성된다. 이처럼 문화는 여러 맥락에서 정의할 수 있지만 문화에 대한 가장 일반적인 정의는 "한 사회의 인간행동을 규정짓는 사회적 규범과 양식의 총체적 체계"라고 할 수 있다.

그렇다면 소비자 행동에서 왜 문화가 중요한 것일까? 사람들이 행하는 모든 활동은 문화에 의해 결정되는 경우가 많다. 재화의 구입은 신체적 만족감을 얻기 위해서나 문화생활을 영위하기 위하여 수행된다. 개인의 문화적 가치는 브랜드에 대한 태도나 구매의도에 영향을 미치며 구매습관과 매체이용 동기를 결정하는 것으로 알려져 왔다. 카피창작에서 목표소비자가 속한 문화의 특성을 파악할 필요가 있다. 문화의 특성은 다음과 같이 5가지로 요약할 수 있다.[41]

ㅣ규범성ㅣ 문화는 사회구성원의 행동기준이 되며 규범을 제공한다. 즉, 문화는 사회구성원의 욕구를 반영하며 욕구충족의 지침을 제공한다. 문화는 이상적 행동의 표준이나 패턴을 포함하기 때문에 특정상황에서 사회구성원이 올바르고 적절하게 생각하고 느끼고 행동할 수 있도록 한다.

41. Clifford Geertz(1973). *The Interpretation of Cultures*. New York: Basic Books.

| 학습성 | 문화는 학습된다. 문화는 한 개인이 학습하는 일련의 규칙과 행동 패턴으로 태어날 때부터 물려받는 것은 아니다. 모든 사회에는 규범과 행동 체계가 그 사회의 독특한 문화적 환경으로 발전하고 변화를 거치면서 다음 세대에 계승된다.

| 연대성 | 문화는 집단별로 공유되고 연대감을 유지하며, 가족을 비롯한 조직화된 사회구성원에 의해 공통적 가치관으로 받아들여지기도 한다. 어떤 신념과 가치 또는 관습이 그 사회의 문화로 정착되기 위해서는 많은 사회구성원에 의해 공유되어야 한다.

| 보편성 | 문화는 보편성과 다양성을 띤다. 공동체 사회에서는 반드시 문화가 존재하고 각 사회마다 형식과 내용은 다르지만 언어와 종교가 있고 의식주 같은 생활양식이 있다. 따라서 집단 내 개인의 주체성과 창의성 및 집단의 적응성과 독창성으로 인해 한 사회의 문화는 다른 사회의 문화와 다른 특성을 지니게 된다. 따라서 문화는 특수성을 지니되 다양한 모습으로 구체화된다고 할 수 있다.

| 가변성 | 문화는 동태적(動態的)이며 가변적이다. 시간이 지나면서 문화의 특성은 변하게 된다. 여러 세대를 거치는 동안에 새것이 더해지고 낡은 것이 퇴색하면서 문화는 끊임없이 변하게 되는 것이다.

한편, 문화에는 추상적 요인과 물질적 요인이 동시에 포함되어 있다. 추상적 요인은 가치, 태도, 관념, 성격, 종교, 규범 같은 것으로 한 세대에서 다음 세대로 전승되는 행동양식, 느낌, 반응을 말한다. 물질적 요인이란 우리 생활에 필요로 하는 상품이나 서비스를 일컫는다. 문화의 추상적 요인이 더 지속적인 신념이므로 이는 소비자에게 문화의 물질적 요인의 선호여부에 영향을 미치기도 한다.

광고와 문화는 매우 밀접한 관련을 맺고 있다. 현대 소비대중사회가 도래하면서 광고가 단지 상품판매의 한 가지 수단으로만 기능하기보다는 대중문화의 형성에 영향을 미치는 중요한 사회제도가 되고 있다. 그렇다면 광고는 어떤 방식으로 문화의 형성에 기여할 것인가? 문화를 구성하는 개별 구성요소 역시 다음과 같은 5가지로 구분할 수 있다.

문화의 구성요소

문화적 신념

어떤 사회의 신념체계는 사회구성원 모두에 의해 공유되는 사고, 지식, 특수지식, 미신, 신화, 전설 등을 포함한다. 따라서 어떤 것에 대한 믿음이 극히 과학적이고 합리적이든 미신이나 신화처럼 비합리적이든 간에 소비자들이 그렇다고 믿게 되면 그것이 바로 그 사회의 문화적 신념(*cultural beliefs*)이 된다.

문화적 가치

문화적 가치(*cultural values*)란 바람직한 것이 무엇인지에 대하여 사회구성원이 공유하는 특히 중요한 신념을 말한다. 즉, 구성원이 노력해야 하는 목적과 그 목적을 성취하는데 필요한 행동, 감정, 그리고 적절한 사고에 대한 핵심적 견해가 바로 문화적 가치라고 할 수 있다. 소비자의 모든 생활에는 인간이 중요하게 생각하는 가치가 반영되어 있다. 문화적 가치관은 학습되는 동시에 소비자 행동에 대한 지침이 되며, 영구적이고 역동적인 상태에서 사회구성원에게 폭넓게 수용된다는 점에서 카피 창작시에 깊이 있게 검토해야 한다.

문화적 규범

문화적 규범은 행위의 준칙 또는 절차에 관한 것이다. 사람들은 아무 행동이나 할 수 있는 것이 아니라 사회적으로 용인되는 행동을 하는 것이며, 다른 사람들도 그렇게 행동하기를 기대한다. 이와 같이 사회 또는 집단의 대다수 구성원이 의식적으로든 무의식적으로든 용인하고 기대하는 행동양식을 문화적 규범이라 한다. 이러한 규범은 상품과 브랜드의 선정뿐만 아니라 탐색되는 정보의 종류, 구입장소, 구입방법, 상품사용법을 결정하는 데 있어서 소비자 행동에 영향을 미친다.

언 어

사회집단에서 공통적으로 사용되는 언어나 특정집단에서 은밀하게 통용되는 은어는 어떤 집단의 생활유형을 짐작할 수 있는 좋은 지표가 될 수 있다. 사회집단 내에서 은밀하게 통용되는 은어야말로 그 집단의 생활유형을 짐작게 하는 좋은 지표가 될 수 있다. 은어는 단어의 사전적 의미 외에도 특정집단만이 아는 독특한 코드가 내포되어 있기 때문에 쉽게 공감대를 형성하는 장점이 있는데, 이런 점에서 언어의 문제는 문화구성에 지대한 영향을 미친다.

예를 들어, 박카스는 국민 드링크라 할 만한 장기 브랜드이지만 N세대를 대상으로 박카스의 젊은 이미지를 전달할 필요가 있었다. 〈그림 2-24〉에 제시한 동아제약 박카스의 잡지광고 '이모티콘 시리즈' 편을 보자. N세대의 언어인 이모티콘은 채팅, 이메일, 핸드폰, 그리고 문자메시지의 필수도구가 되었다. 초기에는 웃는 모습(^^)이나 우는 모습(ㅠ.ㅠ) 등 단순한 표정을 나타냈지만, 현재 이모티콘의 조합은 1만여 개를 넘어 "(*^_^*)", "V(^o^)V", "(-_-oo)"와 같이 감정표현 영역이 실로 무궁무진해졌다. 각 광고를 살펴보면, '박카스' 편은 친구에게 힘내라는 메시지를, '별똥별' 편은 별똥별에 소원을 빌자는 메시지를 전하고 있다. '철길' 편에서는 힘들 때 힘이 되어줄 우정이 필요함을, '하얀 눈' 편에서는 눈을 기다리는 연인의 소망을 전달하고 있다. 즉, 이 광고들에서는 '젊은 날의 선택'이라는 캠페인 테마를 바탕으로 목표 소비자에게 친숙한 언어인 이모티콘을 통해 상품메시지를 전달함으로써 동질적 문화의 확산을 시도하고 있다.

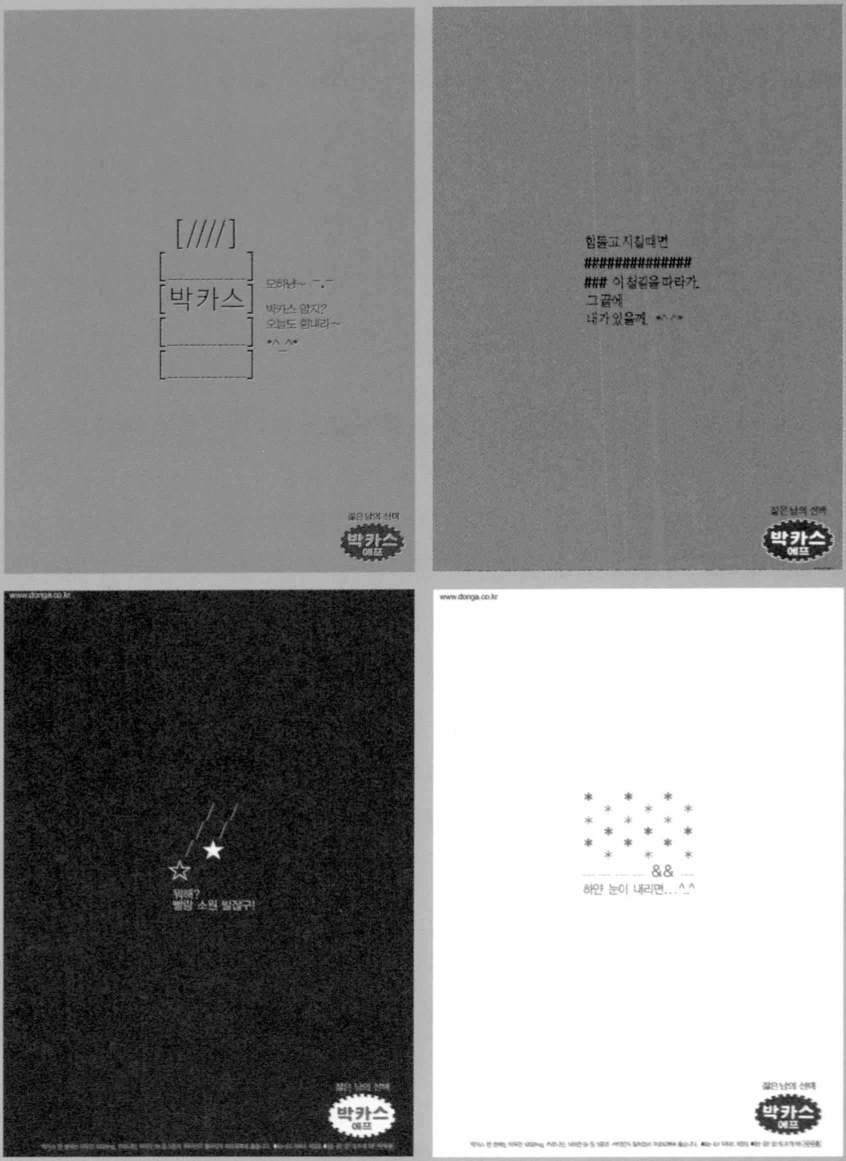

〈그림 2-24〉 박카스 '이모티콘 시리즈'편

사회적 기관

교회, 학교, 절, 화랑, 극장 같은 공간은 인간의 사회생활과 직·간접적으로 관계가 있는 사회적 기관인데 이런 기관들은 문화를 형성하는 데 지대한 영향을 미친다. 신문, 텔레비전, 라디오 같은 대중매체들도 새로운 생활정보를 제공하고 문화를 확산하는 역할을 하는 문화의 사회적 기관에 해당된다. 즉, 인간이 어떻게 살아가며 사람들의 관심사가 어떻게 달라지는지에 대한 정보를 제공하고 교육을 담당하는 문화기관이다. 광고에서는 사회적 기관의 긍정적 역할을 부각시킴으로써 문화의 형성을 매개하는 기능을 수행한다고 하겠다.

심미적 요소

아름다움이나 끌림 같은 미적 요소들 역시 소비자의 선택행위에 영향을 미치는데, 같은 기능을 가진 상품군이라 하더라도 스타일과 색상에 따라 판매량에 차이가 많다. 그러나 이러한 심미적 요소에 대한 기준은 문화에 따라 각각 다르다.

예를 들어, 한국에서는 하얀 이가 아름다움의 기준이 되지만 아프리카에서는 누런 이가 이름다움의 기준이 된다. 따라서 아프리카에서 미백(美白)치약 광고를 할 때는 사전에 문화적 차이를 고려해야 하는 이치와 같다.

물질적 요소

어떤 문화의 소비자에게 특별한 의미를 지니는 유형의 상품을 가리키며, 특히 관습이나 의례에서 특별한 의미를 갖는 경우가 많다. 물질적 요소는 한 사회의 발전속도와 맞물리는 문제로, 선진국에서 인기 있는 상품이 후진국에서는 너무 앞서가 수요창출이 이루어지지 않아 빛을 못 보는 경우가 발생할 수도 있다.

예컨대, 한국에서는 전화, 텔레비전, 자동차, 전철, 패션, 컴퓨터, 택배서비스, 전자상거래 같은 물질적 요소가 한 사회의 문화를 구성하는 주요 요소로 작용하는 데 비해,

발전속도가 더딘 후진국에서는 이런 상품이 인기를 끌지 못할 가능성이 높다. 이러한 물질적 요소들은 결국 사람들의 일상생활에 깊이 침투하여 나중에는 한 사회의 지배적 문화로 부각되는데 광고는 이 과정에서 소비문화의 코드를 확산하는 주요 매체로 작용하게 된다.

이상에서 언급한 문화의 구성요소는 한 사회집단의 문화형성에 여러 가지 영향을 미치며 문화자산(*cultural equity*)을 형성하게 된다. 문화자산이란 비교적 최근에 소개된 개념인데 문화에 대한 경험여부가 인간행동을 결정한다는 맥락에서 문화체험의 중요성을 강조한다. 특정문화를 경험한 사람과 그렇지 못한 사람 간의 행동에는 결국 큰 차이가 있을 수밖에 없다는 것이다. 따라서 문화자산의 개념은 소비자 행동의 이해에도 중요한 시사점을 제공할 것이다.

그렇다면 광고와 문화 그리고 상품의 관계는 어떠할까? 소비자들은 특정상품의 기능을 제대로 알고서 구매하는 경우는 많지 않다. 대개는 특정 브랜드가 지니는 상징성만 믿고 상품을 구매하는 경우가 많다. 예를 들어, 〈그림 2-25〉에서 알 수 있듯이 맥도날드 햄버거 광고 '이어폰' 편에서의 엠('m') 자는 전세계의 거의 모든 소비자들이 공통적으로 이해하는 상징코드이자 먹는 즐거움에 대한 신화적 세계인데, 광고를 통하여 이와 같은 상품 상징주의가 확산된다고 하겠다.

이러한 '상품 상징주의'는 해당 브랜드의 가치를 결정하는 중요한 척도가 된다. 그렇다면 상품 상징주의가 소비자의 구매동기에 미치는 영향을 무엇일까?

첫째, 사회적 지위를 나타내는 기능을 수행한다. 소비자들은 벤츠 자동차나 구찌(Gucci) 스카프, 또는 롤렉스(Rolex) 시계나 몽블랑 만년필 같은 상품을 갖는 것만으로도 고소득층 신분을 은근히 과시하고 자부심을 가지게 된다.

둘째, 자기를 표현하는 수단으로 작용한다. 상품 그 자체가 소비자의 가치관을 반영함으로써 자신을 드러내는 역할을 하는 것이다. 예컨대, 엑스엠아이(XMI) 의상을 X세대와 연결하거나 젊음과 자유와 연계하는 것이다.

셋째, 경험을 공유하는 수단이 된다. 상품의 본질을 행사에 연결하거나 동질적 집단의 사람들에게 특별한 의미를 갖게 하고 뜨거운 상징으로 작용한다. 특별한 행사에

〈그림 2-25〉 맥도날드 햄버거 '이어폰'편

서 쓰이는 장미나 카네이션 같은 상품이 이에 해당된다.

넷째, 쾌락적 동기를 제공하는 역할을 수행한다. 이는 실용주의에 반대되는 개념으로 상품에 쾌락적 가치를 부여하는 것이다. 예컨대, 할리데이비슨(Harley-Davidson) 오토바이 광고에서는 쾌락적 가치를 부여하지만 일본의 오토바이 광고에서는 실용적 가치를 더욱 부각시킨다.

다섯째, 경험의 의미를 누적하는 수단으로 작용한다. 소비자들이 이미 사용해본 상품을 부각시킴으로써 과거의 경험을 회상하게 하고 상품의 경험적 가치관을 투영하려고 시도하는 것이다.

이제, 문화를 이해하지 않고서는 광고를 할 수 없고 해서도 안 되는 시대가 되었다. 국내광고는 물론이고 국제광고 전략의 수행에서도 문화에 대한 이해가 가장 중요한 과제로 떠올랐다. 상징을 재현하는 재현양식인 동시에 문화적 자산을 구성하는 현대 광고는 현실의 일부를 구성하며 우리 삶을 개인적 방식으로부터 공동체의 방식으로 바꾼다. 또한, 현대광고는 소비대중 문화를 형성하는 주요 요인으로 작용하기 때문에 카피라이터는 동시대의 문화현상에 대하여 늘 관심을 집중할 필요가 있다.

하위문화

하위문화는 빈번한 접촉과 상호작용을 유지할 수 있는 사람들 사이에서 새롭게 형성되는데, 대체로 지역, 연령층, 종교, 종족 등을 중심으로 문화의 분화가 진행된다. 그리고 과거에는 가계구조가 다세대로 이루어졌기 때문에 할아버지, 아버지, 자녀 사이의 빈번한 접촉과 상호작용을 통해 문화요소의 동질성이 유지될 수 있었다.

오늘날에는 세대간 접촉이 소원해져 문화요소들의 수직적 동질성이 약화되는 반면 수평적 동직성이 강화되어 세대간 하위문화(세대차)가 두드러지게 되었다. 미국 같은 다인종 국가의 경우 민족적, 인종적, 종교적 하위문화가 다양하나, 한국은 이와 같은 구분에 의한 하위문화보다는 세대별 연령별 가치관 차이에 의한 하위문화의 차이가 크다. 연령에 따른 하위문화의 차이를 살펴보면 다음과 같다.

10대 집단

10대들(*teenagers*)과 X세대는 아이에서 어른이 되는 과정이기 때문에 자아개념이 불안정하다. 이들은 자신을 인정해 주는 상품을 좋아한다. 미국의 경우라면 대부분의 10대들이 돈을 벌지만 한국에서는 재정적 의무감이 없기 때문에 껌, 의류, 음악에서 컴퓨터, 핸드폰에 이르기까지 심미적 상품의 주요 고객이 된다. 또한, 가족역할 구조가 변하고 있기 때문에, 많은 10대들이 가족 생필품과 같은 일상적인 구매결정에 대한 책임이 증가하고 있다.

대학생 집단

이들은 마케팅 전략에서의 주요 시장이지만 전통적 매체로는 이들에게 접근하기 힘들다. 대부분의 경우 이들은 최초로 독자적 생활을 경험하게 되기 때문에 가재도구의 배치에 대한 관심이 지대하다. 마케터나 광고인들은 이벤트 같은 정교한 판촉전략을 활용하여 이들 특정집단에게 접근하고 있다. 예를 들어, 〈그림 2-26〉에 제시한 SK텔레콤 스카이 광고 '게임'편에서는 "게임이 아니라 현실이다"는 카피로 게임을 좋아하는 20대의 문화적 특성을 고려하여 스카이 게임폰에 대한 관심을 유도하고 있다.

〈그림 2-26〉 SK텔레콤 스카이 '게임'편

기혼자 집단

시장크기와 경제력으로 보아 가장 중요한 세분시장이다. 나이가 들어가면서 소비자의 주요 관심사가 변하지만, 주택, 자녀양육, 자동차, 의류 등에 대한 관심은 지속적이라고 할 수 있다.

소득과 사회계급

소비자의 사회계급은 사회 안에서의 위치를 말하며, 사회계급은 교육, 직업, 소득을 포함하는 몇 가지 요인에 의해 결정된다. 소득은 사회계급의 중요 지수인 반면, 사회계급은 거주지, 문화적 관심, 세계관 같은 요인들에 의해 결정되기 때문에 결코 완전하지 않다. 구매결정은 때로 보다 높은 사회계급까지 매점하고자 하거나 과시적 소비과정에 참여하고자 하는 욕구에 의해 영향을 받는다.

예를 들어, 지나친 과소비의 만연은 가문의 배경이나 교육과정보다 갑자기 소득이 늘어난 졸부나 벼락부자의 소비행태이다. 이런 소비행위를 통하여 그들은 사회적 신분상승을 모색하고 이 과정에서 상품은 사회계급을 나타내는 지위상징으로 활용된다. 다른 소비자를 모방하며 과시하는 소비 역시 소득의 상승으로 인하여 나타날 수는 있으나 건전한 소비라고는 할 수 없다.

카피라이터는 여러 가지 문화적 요인들에 대하여 포괄적으로 검토하고 그 안에서 중요한 속성들을 선택해야 한다. 때로 카피라이터들은 중요한 속성을 포착하지 못하는 경우가 있는데, 지속적인 감각훈련을 통하여 문화적 속성과 징후를 포착하도록 노력해야 한다. 광고는 캐나다의 문화인류학자 맥크래캔(G. McCracken)이 지적하였듯이 '문화적으로 구성된 세계' (*culturally constituted world*)[42]라고 할 수 있으므로, 카피라이

42. Grant McCracken(1988). *Culture and Consumption: New Approaches to the Symbolic Character of Consumer Goods and Activities*. Bloomington, IN: Indiana University Press. pp.78~79.

터는 언어적 설득코드를 바탕으로 소비자들이 문화적으로 구성된 세계 속에 보다 쉽게 참여할 수 있는 동기나 단서를 발견하여 이를 광고카피에서 제공해야 한다.

개인적 의사결정

소비자는 일련의 심리적 과정을 거쳐 상품을 구매하며, 심지어 충동구매시에도 순간적으로 일련의 심리적 과정을 경험한다. 대체로 소비자들은 상품을 구매하려고 할 때 다음과 같은 4가지의 구매 의사결정을 경험하게 된다. 첫째, 제한된 예산 범위내에서 언제 어디에 지출할 것인지를 결정해야 하며, 둘째, 다양한 상품과 서비스 중에서 어떤 것을 먼저 구매할지를 결정해야 하며, 셋째, 어디에서 상품을 구매할 것인지를 결정해야 하며, 넷째, 특정 브랜드와 어떤 스타일을 구매할 것인지를 결정해야 한다.

구매의사 결정 유형

관여도에 따른 구분

관여도에 따른 의사결정의 유형에는 고관여 및 저관여 의사결정이 있다. 먼저, 고관여 결정은 소비자가 구매하고자 하는 상품이 소비자에게 중요하고, 잘못 결정을 내리게 되면 입게 될 위험이 일정수준 이상일 때 발생한다. 이에 비해 저관여 의사결정은 고관여 의사결정과는 달리 소비자가 잘못 결정했을 때 겪는 위험이 크지 않으며 소비자들에게 별로 중요하지 않은 품목의 의사결정을 할 때 이루어진다. 저관여 상황에서도 고관여 상황에서와 같이 구매할 브랜드가 결정되지만 브랜드 선택이 결정되는 과정은 고관여 구매결정과 다른 과정을 거치게 된다.

고관여 상황에서는 소비자가 다양한 경로를 거쳐 확보한 정보와 경험 및 지식에 의해 브랜드에 대한 태도를 먼저 형성한 후 브랜드를 평가하고 구매 의사결정을 내린다. 그러나 저관여 상황에서는 대체로 브랜드에 대한 선호여부에 관계없이 특정 브랜드를 선택하여 구매한다. 소비자는 저관여 상품에 대하여 친숙한 브랜드라든가 광고에서 본 적이 있는 브랜드라는 이유로 구매하며 일단 사용 후에 브랜드 태도를 형성한다 해도 그 브랜드에 대한 태도는 그다지 강하지 못하다.

구매빈도에 따른 구분 ✶

구매빈도에 따른 의사결정은 본격적 의사결정, 일상적 의사결정, 그리고 제한적 의사결정이 있다. 첫째, 본격적 의사결정은 이전에 구매한 적이 없는 상품을 구매할 때 소비자가 겪는 문제해결 과정이다. 이때 상품의 어떤 속성이 중요한지, 어떤 브랜드가 있으며 각각 어떻게 다른지, 그 브랜드를 평가하는 기준은 무엇인지를 파악하게 된다. 둘째, 일상적 의사결정은 상품에 대한 선호가 뚜렷한 경우에 나타나며 복잡한 탐색, 정보처리, 평가과정을 거치지 않고 쉽게 이루어진다. 셋째, 제한적 의사결정은 소비자가 상품에 대한 지식은 어느 정도 있으나 브랜드, 스타일, 가격에 대한 지식은 결여되어 있는 경우에 이루어진다. 구매빈도에 따른 의사결정이 마케팅 전략수립에 미치는 시사점은 다음과 같다.[43]

| 일상적 의사결정 | 일상적 의사결정을 하는 소비자는 이미 정해진 브랜드가 있어서 습관적으로 특정 브랜드를 구매한다. 이때 기업의 전략은 판매상품이 시장점유율이 높은 기존 브랜드인지 아니면 시장점유율이 낮은 신규 브랜드인지에 따라 달라진다. 기존 브랜드일 경우 소비자의 후보 브랜드에 포함될 수 있도록 하는 유지전략이 필요하며, 신규 브랜드일 경우 소비자 의식의 결정과정을 변화시키는 혼란전략이 필요하다.

---

43. John C. Mowen(1988). "Beyond Consumer Decision Making." *Journal of consumer Marketing* 5(1), pp.15~25.

| 제한적 의사결정 | 제한적 의사결정 상황에서 소비자는 일상적으로 구매행동을 하지도 않으며 광범위하게 정보를 탐색하지도 않는다. 이때 소비자는 정보의 상당부분을 구매시점 광고나 구매 전에 쉽게 이용 가능한 매체를 통해 얻는다. 소비자가 후보 브랜드로 생각하는 경우에는 브랜드에 대한 태도를 강화할 필요가 있는데 브랜드에 대한 유리한 정보를 계속 제공하여 소비자의 관심을 끄는 포획전략이 필요하다. 반면에 소비자가 브랜드를 중요하게 생각하지 않는 경우에는 자사의 브랜드 인지도를 높이고 타 브랜드를 차단하는 차단전략이 필요하다.

| 본격적 의사결정 | 이때 소비자는 적극적으로 정보탐색 활동을 하므로 소책자나 POP물의 전시 등에 주의를 기울이는 노력이 필요하다. 상품이 후보 브랜드인 경우 여러 브랜드와 다양한 속성이 고려되기 때문에 브랜드 선호에 필요한 여러 가지 정보를 제공하고, 판매원에 대한 충실한 교육훈련을 수행하고, 소비자에게 영향력이 있는 준거집단과 의견 선도자 집단에게 정보를 집중하는 선호전략이 필요하다. 이를 위해 브랜드가 소비자의 후보 브랜드가 되도록 무료 샘플, 쿠폰, 시용의 기회를 제공함으로써 자연스럽게 자사 브랜드가 연상되게 하는 수용전략을 펼칠 필요가 있다.

구매의사 결정과정

본격적 의사 결정과정의 첫 단계는 문제인식 또는 욕구발생 단계이다. 소비자는 여러 브랜드 중에서 특정 브랜드의 구매의사 결정을 하기 전에 먼저 어떤 상품을 구매하겠다는 욕구나 문제를 인식해야 한다. 문제인식이란 소비자가 어떤 욕구를 인지하고 이를 구매를 통하여 해결하고자 하는 동기를 갖게 되는 것이라고 할 수 있다. 문제인식은 현 상황과 이상적 상황 사이의 차이가 어느 정도 이상일 때 일어난다. 구매의사 결정과정에서 나타나는 정보탐색의 유형은 다음과 같다.

내부적 탐색과 외부적 탐색 ✶

소비자가 구매정보를 알고자 의도적으로 노력을 기울일 때 소비자는 먼저 장기 기억장치에 보관된 과거 경험이나 지식을 탐색하는데, 이것이 소비자의 내부적 정보탐색이다. 하지만 현재의 지식이 구매결정에 충분하지 않거나 질적으로 떨어진다면 추가적 정보를 추구하는데 이것이 외부적 정보탐색이다. 소비자가 전에 사용한 브랜드에 대한 만족도가 크면 내부적 탐색으로 충분하며 이때 습관적 의사결정으로 구매가 이루어진다.

구매 전 탐색과 지속적 탐색 ✶

구매 전 탐색은 소비자가 시장에서의 특정상품의 구매의사 결정을 용이하게 하기 위하여 수행하게 되는 정보 탐색활동을 말하며, 지속적 탐색은 특정한 구매욕구나 의사결정과는 관계없이 독립적으로 행해지는 정보탐색 활동을 말한다. 구매 전 탐색은 간헐적으로 이루어지는 반면에 지속적 탐색은 구매의사 없이 상품에 대한 관심으로 인한 정보탐색이므로 상품 관여도를 가지며 지속적으로 수행되는 특징이 있다.

또한, 구매 전 탐색은 구매결과의 질을 높이는 데 목적이 있는 반면에, 지속적 탐색은 미래의 구매의사 결정에 사용될 정보의 비축이나 구매와 무관한 단순한 즐거움 또는 레크리에이션이 그 동기가 될 수 있다. 또한, 구매 전 정보탐색의 결과는 보다 나은 구매결정으로 나타나는 데 비해 지속적 탐색의 결과는 상품지식의 과다로 충동구매를 자극할 가능성이 있다.

적극적 탐색과 소극적 탐색 ✶

적극적 탐색은 소비자가 정보 그 자체를 탐색하는 것으로, 이러한 유형의 소비자는 외부탐색을 즐기고 이웃이나 동료가 사용하는 신상품 정보를 획득하려고 노력하며 다양한 정보원을 통하여 적극적이고 지속적인 탐색활동을 한다. 이에 비해 소극적 탐색은 평소에 상품이나 시장정보의 수집에 많은 노력을 하지 않고 상품구매시 정보가 필요한 경우에만 정보탐색을 하는 것을 말한다. 지속적 탐색활동이 적으며 주로 구매 전 탐색을 하는 경우가 많다. 한편, 탐색의 결정요인에는 내부탐색의 결정요인과 외부탐색의 결정요인이 있다.

내부탐색의 결정요인

내적 정보탐색의 방향은 어떤 정보에 관심을 두고 있느냐에 의해 결정되므로 이는 소비자와 관련된 특별한 목표에 의하여 결정된다. 기억 속에 저장된 정보는 소비자가 선택한 환경의 구조에 의존하는 경향이 있지만 기억을 통한 정보탐색의 방향은 소비자의 현재목표의 통제에 더 많이 영향을 받고, 선택환경 자체에는 직접적 영향을 상대적으로 덜 받는다.

또한, 소비자가 상품에 대한 사전지식과 정보를 많이 가지고 있거나 구매경험이 많을 경우에는 기억 내에 저장된 평가기준인 대안을 활용하게 되지만, 사전지식이나 경험이 부족한 경우에는 대안에 관한 정보뿐만 아니라 각 대안을 평가하기 위한 기준에 관한 정보를 획득하기 위해 추가적으로 외부 정보탐색을 하게 될 것이다.

외부탐색의 결정요인

외부 정보탐색의 방향에 영향을 주는 요인에는 대체로 정보이용의 목적, 기억에 저장된 정보의 형태, 선택환경의 구조 등이 있다. 한편, 외부탐색 정도의 결정요인은 다음과 같다. 먼저, 시장의 특성면에서, 대체안의 수가 많을수록 외부탐색량이 증가하고, 유사한 특성 브랜드의 상품들이 다양한 가격대를 형성할 때 탐색이 증가하며, 점포의 수가 많고 점포간 거리가 짧을수록 탐색이 증가하고, 정보에의 접근방법이 용이할수록 외부정보의 이용량은 증가한다.

또한, 상품의 특성면에서, 가격대가 높을수록 경제적 위험도 증가하여 탐색이 증가하고, 상품의 차별화가 심할수록 탐색이 증가하고, 상품의 혁신속도가 빠르고 가격변화가 빈번할수록 탐색이 증가하고, 소비자의 사전지식과 경험 및 관여도 그리고 인구통계학적 특성에 따라 탐색정도가 달라지고, 시간적-공간적 상황과 개인적 상황에 의해서도 영향을 받는다. 한편, 탐색의 순서면에서는, 먼저 브랜드별로 상품의 속성들을 비교평가하는 브랜드별 탐색이 이루어지고, 그 이후에 각 속성별로 여러 브랜드를 평가하는 속성별 탐색이 이루어진다.

생_각_해_ 볼_ 문_제_

1. 기억의 3가지 유형에 대하여 기술하고, 각각 카피사례를 제시하여 그 의의와 현실적 적용 가능성을 논의해 보자.

2. 맥과이어의 포괄적 동기분류법 중 2가지를 선택하여 그에 알맞은 카피사례를 제시하고, 그 광고를 창작한 카피라이터가 동기의 어떤 측면을 강조하려했는지 분석해 보자.

3. 소비자의 라이프스타일(활동, 관심사, 의견)에 따라 카피창작의 스타일이 어떻게 달라질 것인지 예측해 보자.

4. 래더링(*laddering*)의 개념 및 구조에 대하여 기술하고, 래더링의 의의에 대하여 생각해 보자. 또한, 어떤 상품 하나를 선정한 다음 래더링의 원리와 절차에 따라 핵심적 카피메시지를 추출해 보자.

5. 광고에 나타난 문화적 특성에 대하여 기술한 다음 그것이 카피창작에 어떤 영향을 미치는지 검토해 보자.

제 3 장

카피 아이디어 발상법

“발상이 벽에 부딪칠 때면, 나는 해변이나 강가에 나가 낚시를 한다.
파도와 바람 그리고 햇볕에서도 아이디어를 낚을 수 있기 때문이다.” —토머스 에디슨

“책상을 떠나시오. 크리에이티브 발상의 단서는 책상 위에 있는 것이 아니라
살아 있는 현장에 있습니다.
크리에이티브 맨은 깊은 산 절간에 앉아 명상만 하고 있는 선승이나 학승이 아니라
시정에 나가 중생과 살을 비비고 다니는 탁발승입니다.” —강정문[1]

1. 강정문(2000). “강정문의 대홍 생각(전무 메모 14): 카피라이터를 위한 음모.” 강정문을 사랑하는 사람들의 모임 · 대홍기획 편저(2000). 《뭐가 그리 복잡하노? 짧게 좀 해라》. 서울: 청람문화사. p.249.

- **아이디어의 정의**

- **영의 5단계 아이디어 발상법**
  - 섭취단계
  - 소화단계
  - 부화단계
  - 조명단계
  - 증명단계

- **오스본의 브레인스토밍 기법**
  - 브레인스토밍의 절차
  - 브레인스토밍의 전개
  - 브레인스토밍의 단점과 장애요인
  - 거베이의 브레인스토밍 규칙

- **케이플스의 연상적 발상법**
  - 연상적 발상법
  - 광고 아이디어 발상 12기법

- **호리겔의 브레인라이팅 기법**
  - 준비물과 진행단계
  - 브레인라이팅의 절차
  - 브레인라이팅의 장점과 유의점

- **송치복의 상통일맥풍류도 발상법**

- **베이커의 201가지 발상법**

- **포스터의 발상법**
  - 아이디어 발상과정에서의 마음 조절법
  - 아이디어 발상과정

- **기타 아이디어 발상법**
  - 키워드 기법
  - 아키라 기법
  - 고스톱 기법
  - 비주얼 브레인스토밍 기법
  - 고든법
  - 아이디어라이팅 기법
  - 핀카드 기법
  - 갤러리 기법

카피창작에서 아이디어란 무엇인가? 우리는 일상에서 자주 아이디어가 중요하다는 말을 쓰지만 광고 아이디어는 일반적으로 말하는 아이디어와 전혀 성격이 다르다. 아무리 그럴듯한 아이디어라도 상품과의 상관성(*relevance*)이 없다면 전혀 쓸모가 없다. 어떻게 하면 보다 좋은 아이디어를 얻을 수 있을까? 카피라이터의 개성에 따라 각양각색의 발상법을 활용하고 있을 것이다. 여러 연구결과를 보면, 광고 아이디어가 오로지 영감에서 나온다는 입장이 있는가 하면, 표준화된 접근법이 필요하다는 견해도 있고, 개개인의 끊임없는 노력만이 좋은 아이디어를 창출하는 유일한 비결이라고 단정하기도 한다. 그러나 역시 정답은 없다.

본격적인 아이디어 발상법 공부에 들어가기에 앞서, 카피창작을 위한 아이디어 발상에는 왕도가 없다는 점을 먼저 인식할 필요가 있다. 동일한 상품이라도 카피라이터에 따라 보는 입장이 다르며 동일한 광고 컨셉이라도 개인의 자질과 노력에 따라 최종 결과물이 다르게 나타날 수밖에 없는 것이 광고창작의 생리이다. 다만, 아이디어는 태어나는 것이 아니라 만들어지는 것이라는 점을 명심하고 여러 가지 아이디어 발상법을 숙지한 다음 실제 카피창작에서 다양하게 활용해보는 노력이 중요하다.

한편, 카피라이터가 단순히 뛰어난 글재주만 있고 광고창작 현장에서 좋은 아이디어를 내지 못한다면 일급 광고창작자로서 대성하기 어렵다. 예컨대, 남의 아이디어를 바탕으로 단지 그럴듯한 문구를 쓰기만 하는 일을 하는 사람이 카피라이터라면 광고회사에서 카피라이터를 채용할 필요 없이 프리랜서 카피라이터에게 외주를 맡기면 될 것이다. 따라서 카피라이터는 무엇보다도 좋은 아이디어를 낼 수 있는 사람이어야 하며, 남의 아이디어를 평가할 수 있는 능력도 갖춰야 하고, 타인이 낸 아이디어도 자기 것으로 충분히 소화하고 발전시켜 최종적으로 소비자가 공감할 수 있는 카피를 쓰는 능력이 있어야 한다. 카피라이터의 업무영역이 갈수록 다방면으로 확장되는 상황에서 아이디어 발상력은 효과적인 카피를 창작하는 전제조건이 된다. 이 장에서는 그동안 광고학계와 광고 실무계에서 제시된 아이디어 발상법 중 카피창작에 도움이 되는 내용들을 고찰해 본다.

아이디어의 정의

아이디어의 어원은 고대 그리스 철학자 플라톤(Platon, BC 427~347)이 제시하였다. 그는 사람을 구성하는 마음과 육체 중에서 마음이 더 중요하며 "마음을 구성하는 아이디어야말로 실제를 위한 참다운 기초가 된다"[2]고 보았다. 아이디어에 대한 사전적 정의를 보면, 첫째, 마음속에 잠재하거나 실제로 존재하는 생각이나 지식과 같은 두뇌활동의 산물이며, 둘째, 이성에서 나오는 완전하고 최종적인 산물로써 두뇌활동의 최고영역이며, 셋째, 불완전한 표현의 실제형태로 선험적인 그 무엇이라는 것이다. 현대광고에서 말하는 아이디어의 개념은 이러한 일반적 아이디어의 정의와는 차이가 있다. 광고 아이디어에 대한 여러 가지 정의를 살펴보면 다음과 같다.

- 뜻밖의 발견(*serendipity*)이다 (Blasko & Mokwa)[3]
- 오래된 요소들의 새로운 결합에 지나지 않는다 (Poster)[4]
- 창의적 아이디어는 새로움과 상관성의 품질에 달려 있다 (Marra)[5]
- 그림과 언어의 조합이자 통제된(*controlled*) 창의성이다 (Moriarty & Bergh)[6]
- 사물의 관련성에 따라 낡은 요소를 새롭게 조합하는 것이다(Young)[7]
- 브랜드 위치를 나타내기 위한 흥미로운 방법의 선택이다(Hill & Johnson)[8]

---

2. Gabay J. Jonathan(2000). *Teach Yourself Copywriting*. Lincolnwood, IL: NTC Business Books. p.19. 김동규(2003). p.172에서 재인용.
3. Vincent J. Blasko, & Michael P. Mokwa(1986). "Creativity in Advertising: A Janusian Perspective." *Journal of Advertising* 15(4), pp.43~50, p.72.
4. 포스터, 정상수 역(1999). 《잠자는 아이디어 깨우기》. 서울: 해냄출판사.
5. James L. Marra(1990). *Advertising Creativity: Techniques for Generating Ideas*. Englewood Cliffs, NJ: Prentice-Hall. p.16.
6. Sandra E. Moriarty & Bruce G. Vanden Bergh(1984). "Advertising Creatives Look at Creativity." *Journal of Creative Behaviour* 18(3), pp.162~174.
7. James Webb Young(1975). *A Technique for Producing Ideas*. Lincolnwood, IL: NTC Business Books. p.30.
8. Railton Hill, & Lester W. Johnson(2004). "Understanding Creative Service: A Qualitative Study of the Advertising Problem Delineation, Communication and Response(APDCR) Process." *International Journal of Advertising* 23(3), pp.285~307.

이상에서 제시한 광고 아이디어에 관한 여러 정의는 개념에 따라 크게 세 가지 의미로 구분할 수 있다. 즉, 광고 아이디어란 우연에 의해 발견될 소지가 많으며, 광고심의 제도에 의해 표현을 규제받을 수 있는 속성을 지니고 있으며, 여러 가지 요소를 새롭게 해석하여 상품이나 브랜드와의 상관성을 부여할 때 비로소 광고 아이디어로서의 가치를 발휘한다는 점이다.

특히, 광고 아이디어란 전혀 새로운 그 무엇을 만들어내는 것이 아니라 이미 존재하는 낡은 요소들의 새로운 결합에 지나지 않는다는 것임을 알 수 있다. 다시 말해서 광고 아이디어 발상은 음식을 만들기 위해 여러 가지 식재료를 모아 조합하는 과정과 같으며, 아이디어 발상에 있어서 여러 가지 요소의 '결합과 조합'이 가장 중요하다는 것이다. "하늘 아래 새로운 것은 없다"는 성서의 말씀처럼, 기존에 있는 사물을 조합하되 분석적 사고력과 직관적 상상력을 바탕으로 이야기가 되도록 연결하는 것이 광고 아이디어 발상의 요체라고 하겠다.

카피라이터가 아이디어 발상을 하는 목적은 보다 우수한 광고물을 창작하기 위해서이다. 이를 위하여 카피라이터는 광고 컨셉을 정확히 이해하고 그에 합당한 아이디어 발상을 해야 하는 것이지, 무조건 아이디어를 낸다면 그만큼 시간낭비도 많고 업무를 효율적으로 완수하지 못할 것이다. 크리에이티브도 효율이다. 늘 일상업무에 쫓기게 마련인 카피라이터는 광고창작에서도 효율을 추구해야 한다. 〈그림 3-1〉에 제시한 크리에이티브 면적도를 보면(오창일, 2004: 49), 광고 콘셉트의 공감도와 아이디어의 완성도 간의 상관관계를 알기 쉽게 설명하고 있다.

즉, 컨셉의 공감도와 아이디어의 완성도 간의 관계가 높으면 높을수록 보다 광고효과가 높은 광고물을 창작할 가능성이 높아진다. 즉, 크리에이티브의 면적(수준)은 컨셉과 아이디어를 곱한 면적이며, 광고효과는 크리에이티브(C) 수준의 제곱에 비례한다[9]고 하겠다. 예를 들어, 컨셉의 공감도가 4점이고 아이디어가 3점이면 크리에이티브의 수준은 12점인 데 비해, 컨셉의 공감도가 5점이고 아이디어도 5점이라면 크리에이티브의 수준은 25점이 되어 크리에이티브의 이상점에 도달하는 것이다.

---

9. 오창일(2004). "$E=mC^2$." 《카피 발(發) 비주얼 착(着)》. 서울: 북코리아. pp.48~52.

〈그림 3-1〉 크리에이티브 면적도

C=c×i (C=creative, c=concept, i=idea)

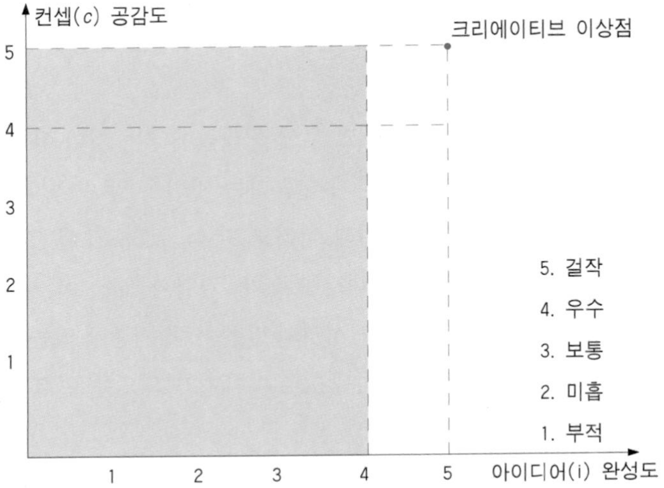

따라서 카피라이터는 여러 가지 요소를 광고상품과 관련시켜 결합하고 조합하되 자신의 아이디어가 크리에이티브의 면적도에서 어느 위치에 있는지 가늠해볼 필요가 있으며, 동시에 타인의 아이디어 역시 어느 지점에 위치하는지 확인해볼 필요가 있다. 그러나 이것만이 능사는 아니다. 평가를 너무 의식하다보면 아이디어 발상에 치명적 장애요인으로 작용하여 아예 아무런 아이디어를 내지 못할 가능성도 있으므로, 일단은 다양한 아이디어를 생각해보는 데 모든 역량을 집중할 필요가 있다. 일단은 앞뒤 가리지 말고 컨셉에 알맞은 많은 아이디어 발상을 하고 나서, 크리에이티브 면적도는 마지막의 검증과 평가단계에서 적용해보는 것이 현명한 방법이다.

한편, 지능(IQ)과 아이디어 발상력 사이에 어느 정도 관련성이 있는지를 알아본 연구들을 보면, 둘 사이에 아무런 상관관계가 없으며 아이디어 발상법을 교육받은 집단이 교육받지 않은 집단보다 더 높은 성과를 보이는 것으로 보고된 바 있다. 대체로 아이디어 발상법에 대한 교육과 훈련이 광고 아이디어의 질을 높이는 데 기여한다는 것이다.[10] 따라서 광고 아이디어가 잘 나오지 않을 경우, 카피라이터는 자신의 지능을 탓하기보다 발상법 공부를 소홀히 한 자신의 게으름을 탓해야 할 것이다.

그동안 여러 광고인들은 나름대로의 경험과 현장에서의 적용효과를 바탕으로 아이디어 발상법을 제안하였다. 스미스(Smith, 1998)는 지금까지 여러 연구자들이 제시한 아이디어 발상법은 172가지가 있으며 이는 전략용, 전술용, 실행용 3가지로 구분할 수 있는데 과제의 목적과 성격에 따라 아이디어 발상법의 평가와 선택기준이 달라져야 한다고 보고하였다.[11] 이는 광고의 모든 문제를 해결하는 절대적 아이디어 발상법은 없으며 카피라이터의 개성에 따라, 주어진 과제의 성격에 따라 그때그때 다른 기법들을 적용해야 한다는 것을 의미한다.

따라서 카피라이터는 아이디어 문제로 머리를 쥐어뜯기보다 전문가들이 제시한 아이디어 발상의 기본원리를 다시 한 번 하나씩 반복해보는 것이 문제를 해결하는 데 도움이 될 것이다. 카피라이터들이 반드시 알아야 할 몇 가지 아이디어 발상법을 소개하면 다음과 같다.

영의 5단계 아이디어 발상법

카피라이터 출신인 영(James Webb Young: 1886~1973)의 아이디어 발상법(*idea-generating approach*)은 여러 가지 맥락에서 주목할 만하다. 일찍이 버넷(Leo Burnett)은 영의 방법이 창의적 광고물을 만드는 최상의 발상법이라고 생각했으며, 오길비(David Ogilvy) 역시 광고카피의 역사상 5대 거인 중의 한 명으로 영을 지칭하였다. 영의 발상법은 1980년대에도 자주 활용되었으며 수많은 광고 창작자들에게 지대한 영향을 미쳤다.[12]

10. 서구원(2003). "광고 아이디어 발상을 위한 신 브레인스토밍 기법." 〈사보 LGAd〉 183, pp.66~69.
11. Gerald F. Smith(1998). "Idea-Generation Techniques: A Formulary of Active Ingredients." *Journal of Creative Behavior* 32(2), pp.107~133.
12. Timothy A. Bengston(1982). "Creativity's Paradoxical Character: A Postscript to James Webb Young's Technique for Producing Ideas." *Journal of Advertising* 11(1), p.3.

영은 좋은 아이디어를 낼 수 있는 세세한 내용을 구체적으로 제시하지는 않았으나 창의적 사고를 통하여 아이디어가 어떻게 떠오르고 어떻게 하면 효과적으로 발상할 수 있는지에 대하여 체계적으로 설명하였다(〈그림 3-2〉 참조). 따라서 영이 제시한 아이디어 발상법은 어떠한 경우에도 적용할 수 있는 일반화 모형이라고 하겠으며, 5단계로 이루어지는 그의 아이디어 발상과정은 다음과 같다.[13]

| 섭취단계 | 관련 정보를 다양하게 수집하고 탐색하는 단계
| 소화단계 | 자료의 내용들을 '마음의 촉수'로 느껴보는 단계
| 부화단계 | 업무에서 벗어나 무의식 상태에서 망각하는 단계
| 조명단계 | 숙성을 거친 후 최종 아이디어를 창출하는 단계
| 증명단계 | 아침 무렵의 차고 음산한 여명처럼 판단하는 단계

영의 아이디어 발상법에 영향을 받은 오길비는 아무것도 하지 않고 여러 가지 음악을 들어보거나 시골길을 무작정 걸어보기도 하는 무의식에 빠져보는 방법을 선호했다. 광고 창작자에게 속삭이는 그 무엇이 '무질서한 생각의 창고'에 있을 때는 아무 생각 없이 자전거를 타고 다니며 내면의 무의식에서 보내는 전보를 쉬지 않고 받는데,[14] 이때 받는 단편적 메시지들이 광고를 만드는 소중한 재료가 된다는 것이다. 영이 제시한 단계별 아이디어 발상법을 보다 구체적으로 살펴보면 다음과 같다.

섭취단계

섭취단계(*ingestion stage*)는 카피창작에 필요한 여러 가지 자료를 수집하여 자기 것으로 만드는 출발단계이다. 영이 제시한 아이디어의 개념이 낡은 요소들간의 새로운 조

13. James Webb Young(1975). *A Technique for Producing Ideas*. Lincolnwood, IL: NTC Business Books.
14. David Ogilvy(1963). *Confessions of an Advertising Man*. New York, NY: Ballantine. p.28.

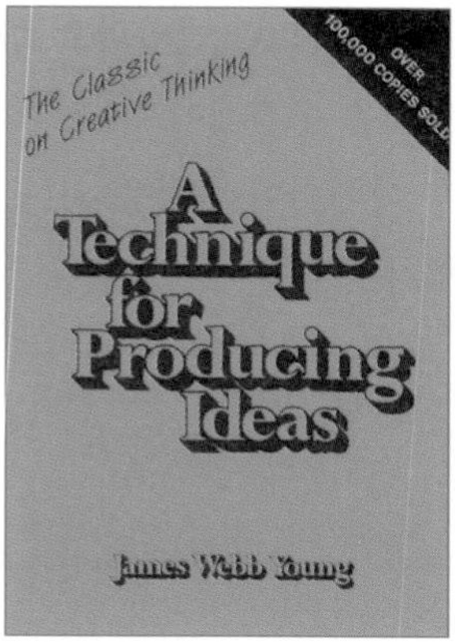

〈그림 3-2〉 영의 아이디어 발상론 책 표지

합이라면 먼저 그 낡은 요소들을 다양하게 수집할 필요가 있다. 여기에서는 광고주가 제시한 상품관련 자료에서부터 광고 컨셉을 연결시킬 만한 다양한 사물들에 이르기까지 여러 가지 요소를 풍부하게 확보하고, 접하고 느낀 다음 자기 생각으로 정리하는 과정이 필요하다. 이 단계에서 수많은 자료더미 때문에 힘들고 지루할 수 있으나 자료를 읽고 보고 분석하는 과정을 소홀히 하면 나중에 낭패를 볼 수도 있다.

이 단계에서 반드시 접해야 하는 자료는 크게 두 가지로 대별되는데, 첫째, 광고상품이나 서비스의 특성이나 소비자 혜택과 직접 관련되는 구체적 자료이며, 둘째, 상품과 직접 관련되지는 않지만 전반적 사회흐름이나 문화적 특성에 관련되는 일반적 자료이다. 이 두 가지 자료는 향후 아이디어의 타당성을 평가할 때 유용한 근거로 작용한다.

광고 아이디어 발상을 위한 자료수집 경로에 대하여 우에조노리오(植條則夫, 1991)는 다음과 같은 9가지 방법을 제시한 바 있다.[15] ①광고주 담당자로부터, ②기업의 기술연구진으로부터, ③공장의 생산관계자로부터, ④기업의 최고경영자로부터, ⑤판매관계자로부터, ⑥소비자로부터, ⑦상품에 관한 연구회나 세미나 및 전시회로부터, ⑧다른 기업의 광고자료와 홍보자료에서, ⑨상품에 대한 직접적 테스트 등이 그것이다.

이밖에도 여러 가지 자료수집 방법이 있을 것이다. 카피라이터는 책상머리에 앉아

15. 植條則夫, 맹명관 역(1991). 《카피교실》. 서울: 들녘. pp.85~87.

서 단지 카피만 쓴다는 생각이 아닌 카피란 발바닥으로 쓴다는 생각으로 여러 경로를 통하여 카피창작에 필요한 자료들을 수집해야 한다. 어쨌든 이 단계에서는 다양하고 풍부한 자료들을 접하면서 향후 아이디어 발상을 위한 정신적 준비운동을 다양한 방법과 관점에서 수행할 필요가 있다.

소화단계

섭취한 자료 그 자체만으로는 아무것도 만들어낼 수 없다. 컴퓨터 정보처리에서 GIGO(*Garbage In Garbage Out*)이라는 말이 있듯이 쓰레기 같은 정보를 입력하면 쓰레기 같은 결과가 나오기 마련이다. 이는 자료의 선별이 그만큼 중요하다는 의미로 받아들여야 한다. 많은 자료를 수집하고 섭취하는 일 못지않게 그것들을 충분히 소화하여 자기 것으로 만드는 소화단계(*digestion stage*)가 필요하다. 처음 제시된 광고목표와 컨셉을 광고가 완성되기까지의 기준점으로 삼아 그 기준에 알맞게 여러 자료들을 분류하고 선별하고 조합하는 노력이 필요하다. 사람에 따라 자료를 소화하는 시간과 발견점이 다르기는 하지만 대개의 경우 이 과정에서 슬쩍슬쩍 아이디어의 단서가 떠오르기도 하고 어떤 경우에는 가공할 만한 빅 아이디어가 나타나기도 한다.

광고 기획자 이용찬은 "프레젠테이션을 위한 광고주의 첫 오리엔테이션 순간에 핵심적 키워드가 정리된다"[16]고 고백한 바 있고, 영은 여러 자료들끼리 교차 비교하는 과정이 곧 아이디어의 광맥을 찾는 비결이라고 하였으니, 아이디어 발현과정이 사람마다 다르다고 하겠다. 처음 오리엔테이션 순간부터 최종 마무리하는 과정에서 단편적 아이디어들이 나타났다가 사라지기를 반복하는데, 카피라이터는 순간순간에 떠오른 생각들을 메모하여 나중에 활용할 필요가 있다. 아무리 사소한 생각의 조각일지라도 그런 단서들이 마지막 순간에 빅 아이디어로 발전되는 경우가 많기 때문이다.

16. 김병희 · 지우학(2004). "크리에이티브의 길을 묻다 26: 이용찬 ①." 〈광고정보〉 8월호, pp.34~41;
김병희 · 지우학(2004). "크리에이티브의 길을 묻다 27: 이용찬 ②." 〈광고정보〉 9월호 , pp.38~45.

부화단계

광고 창작자들은 여러 자료를 소화하고 어떤 아이디어를 '발견' 하면 그것을 최상의 아이디어로 착각하는 경우가 많다. 이는 많은 광고 창작자들에게서 공통적으로 나타나는 속성인데, 자신이 애써 찾은 아이디어에 애착을 느끼는 그런 심리를 굳이 탓할 필요는 없다. 그러나 이 경우 자아도취에 빠져서 객관성을 상실할 가능성이 높다. 따라서 수집한 자료나 시사점 그리고 아이디어 단서들을 완전히 잊어버리고 무의식 상태에 빠지는 부화단계(*incubation stage*)에 들어갈 필요가 있다.

예컨대, 오길비는 이 단계에서 한가롭게 이런저런 음악을 들어보거나 시골길을 무작정 걸으며 무의식에 빠져보는 방법을 선호했다. 그는 광고 창작자에게 귀띔하는 그 무엇이 '무질서한 생각의 창고' 에 있을 때 아무 생각 없이 자전거를 타면서 내면의 무의식에서 보내오는 전보를 쉬지 않고 받는다[17]고 고백하며, 이런 과정이 아이디어 발상에 도움이 된다고 하였다. 다시 말해서, 의도적으로 일에서 벗어나 운동을 하거나 술을 마시거나 하는 식으로 스스로를 방치할 필요가 있는데 이 과정이 곧 부화단계이다. 부화의 기간은 사람마다 다르기 때문에 어떠한 일반적 기간은 있을 수 없고 자신의 스타일에 알맞게 조정할 필요가 있다. 그러나 너무 장기간의 휴지기를 가지면 일에서 완전히 멀어져버릴 가능성도 있으므로 망각의 속도조절이 필요하며, 부화의 마지막 순간에는 그간의 무의식 상태를 의식 상태로 되돌리는 순간적 긴장이 필요하다.

조명단계

조명단계(*illumination stage*)는 그동안 생각해온 아이디어가 서서히 빛을 발하며 떠오르는 단계이다. 조명단계를 거친 아이디어들은 신입사원 면접장에서 선택을 기다리는 예비 신입사원들과 비슷한 처지라고 하겠다. 어떤 아이디어는 아예 광고 컨셉과 맞지

17. David Ogilvy(1963). *Confessions of an Advertising Man*. New York, NY: Ballantine. p.28.

않아 아예 제외되고 어떤 아이디어는 우선순위에서 밀려 후보안으로 선택될 것이다.

이 단계는 논리적인 설명이 조금 어려운데, 예를 들면 마치 아침 해가 바다 속에서 서서히 떠오르듯이 갑자기 아이디어가 선명해지는 순간이 있다. 머릿속에서 뱅뱅 돌던 어떤 생각이 어느 순간 갑자기 '번쩍' (*eureka*) 하면서 대단한 빅 아이디어로 태어나는 것이다. 이 순간은 비몽사몽간에 일어날 수도 있으며 화장실에서 목욕하는 순간에 일어날 수도 있다. 또는, 산책하거나 지하철을 타고 가다 불현듯 떠오를 수도 있다. 그렇지만 이렇게 되기까지 지속적으로 어떤 아이디어 발상을 위해 몰입을 해야 '번쩍하는 순간' 이 나타나는 것이지 저절로 그 순간이 다가오지는 않는다.

증명단계

증명단계(*verification stage*)는 떠오른 아이디어가 광고컨셉을 극적으로 구현한 것인지 아닌지를 입증하는 단계이다. 실제 광고창작은 증명단계에서 확인된 아이디어를 중심으로 이루어지며 이후의 모든 작업은 이 아이디어를 보다 정교화시키는 과정이나 다름없다. 따라서 이때 정해진 아이디어를 다각도로 검토하여 완성도를 더 높여야 한다. 처음에 번쩍 떠올랐던 아이디어를 구체화하는 과정에서 부족한 부분이 발견되기도 하는데 이 단계에서 충분히 보완할 필요가 있다.

또한, 이 단계에서는 다음과 같은 내용을 점검하여 보다 완벽한 광고 아이디어로 발전시켜야 한다. ①최종 아이디어가 소비자의 심리적 속성에 부합되는지, ②최종 아이디어가 광고목표를 달성할 수 있는지, ③최종 아이디어가 표현 컨셉을 제대로 구현하고 있는지, ④최종 아이디어가 매체에 노출하기에 적합한 아이디어인지, ⑤최종 아이디어의 수준이 경쟁사 광고를 능가하는지 등을 확인할 필요가 있다. 이 과정에서 최종 아이디어가 부적절한 것으로 판단되면 이를 과감히 버리고 다시 적합한 아이디어를 결정할 필요가 있다.

오스본의 브레인스토밍 기법

알렉스 오스본(Alex Osborn: 1888~1966)과 그의 동료들은 1939년경 브레인스토밍(*brainstorming*) 기법을 창안했다.[18] 이 방법의 핵심은 그룹별로 아이디어를 생성하고 판단을 보류한다는 점이다. 아이디어의 생성과정은 아이디어의 발전과정과는 엄밀하게 구별된다. 이 방법의 핵심은 그룹별 아이디어 발상과정에서 "좋다" "나쁘다"는 판단을 보류한 채 모든 의견을 종합하는 것이다. 크리에이티브 디렉터는 회의를 주재하면서 광고 창작자들이 가지고 있는 다양한 아이디어의 싹을 발견하는 데 모든 역량을 기울여야 한다. 여러 가지 아이디어의 단서를 발견한 다음, 회의가 끝나면 그 아이디어들을 발전시킨다. 광고계에서 가장 널리 활용되는 아이디어 발상법이 바로 브레인스토밍 기법이다.

이 기법은 보통 5~7명으로 구성된 팀이 기본원칙을 지키며 아이디어를 창출하고 그것을 다시 더 높은 차원의 아이디어로 발전시켜나가는 형태를 취하고 있다. 직장 내 상하관계를 무시한 상태에서 아이디어를 자유롭게 개진함으로써 갑작스런 '두뇌폭풍'(*brain storm*)을 일으킨다. 어원에서 알 수 있듯이 한 사람 한 사람이 용감하게 하나의 목표를 향해 돌진하는 특공대와 같이 독창적 문제에 돌격하는 기법이다. 어떤 발상이 다른 발상과 충돌되고 확산되며 눈덩이 뭉쳐지듯 연쇄적으로 이어지기 때문에 눈굴리기(*snow bowling*) 기법이라고도 한다. 이때, 광고 아이디어의 우열을 따지지 않고 가급적 많은 아이디어를 수집한 다음 그것들을 결합하거나 배제하면서 보다 수준 높은 아이디어로 발전시키는 데 그 묘미가 있다.

브레인스토밍을 하기 위해서는 먼저 진행자 1명, 기록자 1명을 포함한 5~7명으로 팀을 구성해야 한다. 이때 진행자의 역할이 가장 중요한데, 사전에 회의주제를 충분히 숙지해야 하고, 회의를 주재하며 필요한 때마다 적절한 질문을 해서 팀원들의 반응을 부드럽게 유도해야 한다. 진행자는 반드시 조직의 선임자일 필요는 없으나 대체로 선

18. Alex F. Osborn(1948). *Your Creative Power: How to Use Imagination*. New York: Charles Scribner's Sons.

임자가 하는 경우가 많다. 그리고 기록자는 아무리 하찮은 아이디어나 회의주제와 무관한 내용이라도 낱낱이 기록해야 한다.

브레인스토밍을 효과적으로 수행하기 위해서는 다음과 같은 절차가 필요하다. 첫째, 광고창작 관련자들이 모두 한자리에 모인 다음 오리엔테이션을 하면서 해당과제에 필요한 정보와 문제점을 설명하고, 둘째, 각 개인별로 문제점 해결에 필요한 아이디어를 발상하고, 셋째, 집단토론을 거치면서 아이디어를 간추리고 발전시킨 다음, 넷째, 개인적 투표를 통하여 대안을 평가하고 선택하는 순서로 진행된다.[19] 이를 보다 구체적으로 설명하면 다음과 같다.

브레인스토밍의 절차

오리엔테이션 단계

보통 사회자가 진행하며 이 단계에서는 광고목표, 크리에이티브 목표, 상품의 특성, 그리고 소비자의 특성에 대하여 참석한 광고 창작자들에게 자세히 설명한다. 참석자 입장에서는 과제에 필요한 정보를 수집하는 단계이다. 사회자는 참석자 모두에게 "다음 회의 때까지 아이디어 100개 이상 가져오세요"라는 식으로 아이디어의 목표수치를 구체적으로 제시해야 한다. 연구결과에 의하면, 브레인스토밍 과정에서 아이디어의 목표수치가 많으면 많을수록 효과적이라고 알려지고 있다(서구원 · 이두희 · 이인호, 2006; Bergh, Reid, & Schorin, 1983).[20]

19. J. R. Rossiter, & G. L. Lilien(1994). "New Brainstorming Principles." *Australian Journal of Management* 19(1), pp.61~72.

20. Bruce G. Vanden Bergh, Leonard N. Reid, & Gerald A. Schorin(1983). "How Many Creative Alternatives to Generate?" *Journal of Advertising* 12(4), pp.46~49.

개별발상 단계 ✶

각자 자기영역으로 돌아가서 개인적으로 아이디어를 생각하는 단계이다. 이 단계에서는 개인별로 아이디어를 발상하지만 각자 영화를 보러가거나 다른 일을 하면서 아이디어를 낸다는 의미가 아니라, 집단 전체가 모여 있는 상태에서 아이디어를 생각하는 것이 기본원칙이다. 개인적으로 아이디어를 내는 과정은 집단내에서 진행되지만 이 집단은 실제로 타인과의 외형적 상호작용이 이루어지지 않으므로 명목상으로만 집단이라는 점을 강조하기 위해 명목집단(*nominal group*)이라고 부른다.[21] 이 단계에서는 자유롭고 편안한 분위기에서 가능한 많은 아이디어를 내는 것이 중요하며 주어진 시간 내에 아이디어 목표수치를 달성해야 한다.

집단토론 단계 ✶

이 단계에서는 참여하는 개인간의 상호작용이 중요하므로 이때의 집단을 상호작용 집단(*interacting group*)이라고 부른다. 각 개인은 순서대로 같은 수만큼의 아이디어를 제시하며 더 이상 아이디어가 없으면 집단토론에 들어간다. 이때, 남의 아이디어만 듣고 자기의 아이디어는 내놓지 않는 무임승차는 바람직하지 않다. 아이디어를 설명할 때는 아무리 사소한 아이디어라도 자신감을 가지고 참여한 모든 광고 창작자가 이해할 수 있도록 설명해야 한다. 모든 아이디어가 설명되면 비슷한 아이디어끼리 분류하는 작업이 필요하다. 또한, 전혀 이질적인 아이디어라도 둘 이상을 합쳤을 때 이야기가 될 가능성이 있는 것끼리 분류할 필요가 있다. 전혀 이질적인 아이디어를 결합시켜 대단한 아이디어로 발전하는 경우가 많기 때문이다.

---

21. 서구원 · 이두희 · 이인호(2006). "광고 크리에이티비티 향상을 위한 브레인스토밍(*Brainstorming*) 실증연구." 〈광고학연구〉 17(1), pp.77~100.

평가단계

이 단계에서는 개인별 투표를 통하여 최적의 아이디어를 결정해야 한다. 집단토론을 거친 이후 곧바로 평가를 할 수도 있으나 냉정하고 객관적인 평가를 위해 가능하면 하루쯤 지난 다음에 하는 것이 좋다. 브레인스토밍에 참여할 광고 창작자가 5~7명 식으로 홀수로 구성되어야 하는 것은 아이디어 평가단계에서 동점이 나올 가능성을 방지하기 위해서이다(서구원 · 이두희 · 이인호, 2006). 어쨌든 이 단계에서는, 아이디어가 독창적인가, 실현가능성이 있는가, 효과는 어떠할 것인가 등 평가기준에 따라서 각자가 낸 아이디어를 공정하게 평가해야 한다.

그러나 필자의 경험에 의하면, 민주적 절차를 거쳐 최종 선정된 아이디어가 반드시 최적의 아이디어라고 할 수 없는 경우가 많았다. 따라서 최종평가에 앞서 경험이 많은 광고 창작자의 견해를 존중하여 자신의 판단과 경험자의 판단을 비교해보는 여유도 필요하다. 한편, 최종 아이디어를 냉정하게 검토하고 이전의 아이디어들을 서로 결합시켜 보다 창의적인 아이디어로 발전시키는 노력도 필요하다. 대체로 전혀 생각하지 못했던 차별적이고 독창적인 아이디어는 이 단계에서 태어나는 경우가 많다.

브레인스토밍의 전개

브레인스토밍을 아무렇게나 진행하면 그만큼 효과가 반감될 가능성이 있다. 따라서 이 기법을 진행하는 데 필요한 몇 가지 사항을 숙지하고 그 원칙에 따라 회의를 진행할 필요가 있다. 브레인스토밍의 전개에서 고려해야 할 사항은 다음과 같다.

주제의 설정

구체적 주제를 설정해야 한다. 브레인스토밍이 실패할 경우 주제선정을 잘못하여 그런 결과가 나타났을 가능성이 많다. 주제는 가능한 알기 쉽고 구체적이어야 하며 참여한 모든 광고 창작자가 이해할 수 있는 내용이어야 한다.

진행자의 선정 ✶

진행자는 참여한 광고 창작자 중 가장 분위기 조정을 잘 하는 사람으로 정한다. 진행자는 브레인스토밍의 성공과 실패를 좌우하므로, 다양한 의견이 나올 수 있도록 분위기를 조성하고 보조역할을 할 수 있어야 한다. 또한, 진행자는 주제에 대해 사전에 숙지하여 다양한 관점을 고려해야 하며, 실천단계에서는 다양한 맥락에서 아이디어가 나오도록 방향을 설정할 수 있어야 한다.

회의실 확보 ✶

차분한 느낌의 회의실을 확보해야 한다. 차분한 분위기의 회의장에서 책상은 사각형 내지 타원형으로 배치하여 전원이 얼굴을 마주 보도록 한다. 아이디어를 기록할 흑판이나 전자칠판을 준비하며 모든 회의내용을 기록해야 한다.

구성원 조정 ✶

브레인스토밍에 참여할 광고 창작자는 성별 직급별로 비교적 고르게 분포하도록 조정해야 한다. 일반적으로 5~7명이 바람직하며 이 중에서 주제에 대한 전문가는 절반 이하로 나머지는 여러 분야의 사람들로 구성하는 것이 바람직하다. 이때, 평소에 지나치게 권위적인 성향을 보이는 상사는 참여시키지 않는 것이 좋다.

내용의 기록 ✶

참여한 모든 광고 창작자가 자유롭게 발언하도록 하고 모든 내용을 기록한다. 기록용지에 주제와 아이디어 번호를 부여하고 나서 기록하되 가급적 모든 내용을 기록하는 것이 좋다. 그러나 부득이한 경우에는 핵심어(*key word*) 위주로 기록하는 것이 바람직하다.

회의시간 조정 ✶

회의는 1시간 이내에서 끝내고 그 이상이 되면 휴식을 취한다. 1시간 이상의 회의는 비효율적이며 새로운 아이디어가 나오지도 않는다. 따라서 1시간이 넘어가면 10분 정도의 휴식을 취하고 다시 시작하거나 아예 다음날에 회의를 하는 것이 효과적이다. 이렇게 하는 이유는 샌드위치 식의 브레인스토밍이 보다 효과적이기 때문이다. 일찍이 오스본(Osborn)은 브레인스토밍→ 개인작업→ 브레인스토밍→ 개인작업 식으로 잠깐씩 각자의 다른 일을 하다가 다시 모여서 아이이어 발상을 하는 것을 '샌드위치 기법'(*sandwich technique*)이라고 지칭하고 이렇게 하는 것이 보다 효과적이라고 하였다.[22]

한편, 브레인스토밍을 제대로 전개하기 위해서는 참여한 광고 창작자 모두가 반드시 지켜야 할 4가지 규칙이 있다. 이 규칙은 참여자간에 암묵적으로 승인된 약속이므로 반드시 지켜져야 한다. 혹시 잘 모르는 사람이 있을 수 있으므로 진행자는 다음과 같은 4가지 규칙을 참여한 광고 창작자들에게 사전에 설명할 필요가 있다.

아이디어 비판 금지

브레인스토밍에서는 타인의 아이디어를 절대 비판하지 말아야 한다. 세상에는 아이디어를 잘 내는 사람도 있고 못 내는 사람도 있다. 아무리 하찮은 아이디어라도 아이디어 발상자 입장에서는 나름대로의 이유가 있게 마련이다. 아이디어 비판을 받으면 그 분위기가 계속 누적되어 더 이상 아이디어를 내지 않는 경우가 발생할 수 있다.

---

22. Alex F. Osborn(1948). *Your Creative Power: How to Use Imagination*. New York: Charles Scribner's Sons.

자유로운 발표

브레인스토밍에서는 아무리 하찮은 아이디어라도 망설이지 말고 발표해야 한다. 평가받는 두려움은 누구에게나 있을 수 있다. 광고 창작자들은 좋은 아이디어가 떠오르지 않을 때마다 신은 왜 자신에게 재능을 이 정도밖에 주지 않았느냐고 한탄할 것이다. 그러나 자신의 하찮은 아이디어가 다른 사람에게 영감을 주어 놀라운 아이디어로 발전할 수 있음을 명심해야 한다.

다량의 아이디어 창출

브레인스토밍에서는 아이디어의 질보다 아이디어의 개수가 중요하다. 따라서 광고 창작자들은 사고의 영역을 확장하여 아이디어를 많이 내도록 노력해야 한다. 어떤 연구에서는 대안의 숫자가 많을수록 좋은 아이디어가 나올 가능성이 많다는 결과가 나타났는데, 보다 구체적으로 8~15개를 요구할 때가 가장 안정적이며 1인당 25개를 요구할 때는 효과가 반감된다는 것이다(Bergh, Reid, & Schorin, 1983). 그러나 광고 실무계에서는 아이디어는 많을수록 좋다고 본다. 한번 회의에서 최소한 100개 이상의 아이디어가 나와야 그 회의가 효과적이었다고 말할 수 있다. 초보자 입장에서는 너무 많은 숫자라며 겁을 낼 수도 있겠으나 온갖 생각의 다발을 여러 각도에서 엮다보면 100개는 충분히 나올 수 있다.

아이디어의 확장

브레인스토밍에서는 기존의 아이디어를 결합시켜 새로운 아이디어가 나오도록 해야 한다. 광고 아이디어의 정의에서 "아이디어란 낡은 요소들의 새로운 결합"이라고 했듯이(Poster, 1999; Young, 1975), 처음에는 전혀 관계없어 보이는 개별 아이디어들이 이유 있는 기준에 따라 합쳐지면 엄청난 아이디어로 다시 태어나는 경우가 많다. 따라서 기존의 아이디어를 다각도로 검토하여 새로운 의미로 확장하는 노력이 필요하다.

예를 들어, 〈그림 3-3〉에 제시된 서울우유 네버다이칸 광고 '화장실' 편을 보자. 브레인스토밍 과정에서 처음 나온 아이디어는 "아침에 화장실에서 시원하게 일을 본다"는 (카피가 되지 못한) 카피 비슷한 한마디였다. 그러나 이를 유심히 듣던 디자이너가 두

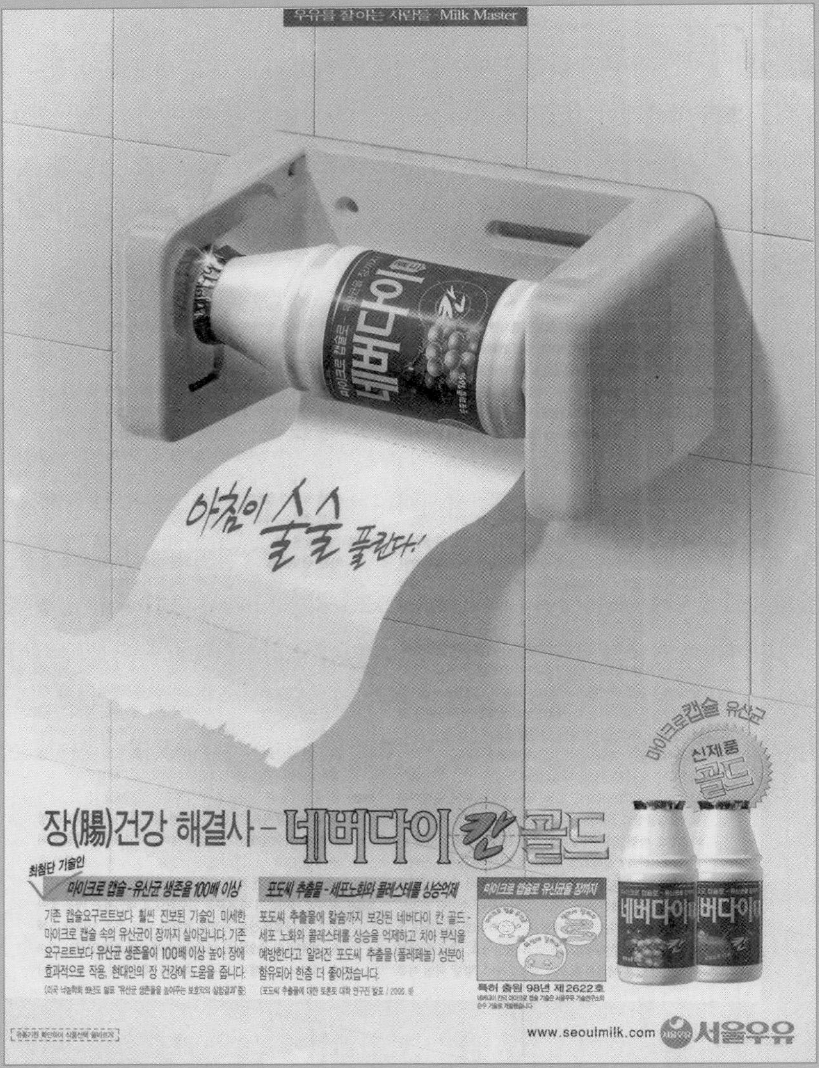

〈그림 3-3〉 서울우유 네버다이칸 '화장실'편

루마리 화장지 대신 그 자리에 네버다이칸 골드의 용기를 넣어보자고 제안했고, 카피라이터는 "아침이 풀린다"는 카피 한 줄을 썼다. 그 다음 회의에서 다시 상품과 화장지 풀리는 모습을 합성시켜 카피를 "아침이 술술 풀린다"로 바꾸고, 화장지에 헤드라인을 쓰자는 아이디어가 최종 결정되었다. 이와 같이 브레인스토밍 기법에서는 단지 아이디어를 내는 데 그치지 않고 그것을 확장시키는 것이 더 중요하다.

브레인스토밍의 단점과 장애요인

일반적으로 이 기법은 광고 아이디어 발상에 효과적이라고 알려져 있으나 그 효과가 의문시되기도 한다. 광고 창작자에 따라 아이디어 발상력의 차이로 인해 시간을 낭비할 수도 있고 때로는 수준이 떨어지는 아이디어에 의존해야 하는 경우도 발생하기 때문이다. 이 기법은 카피라이터에게 결코 만능의 비법이 될 수 없다는 비판도 제기되었다. 김동규(2003)는 이 기법으로 독창적인 카피 아이디어를 찾아내는 데 반드시 성공한 것만은 아니었으며, 마감시간에 쫓기는 바쁜 일정 속에서 브레인스토밍에 들이는 시간과 노력이 때로는 소모적이었다고 보고하였다. 따라서 카피라이터 개인의 개성과 성향에 따라 브레인스토밍 기법을 활용할 필요가 있으며, 어쨌든 이 기법도 많은 아이디어 발상법 중의 하나일 뿐이라는 점을 인식할 필요가 있다.

한편, 브레인스토밍 기법은 집단적 의사결정 기법으로 여러 요인들에 의해 부정적 영향을 받기도 한다. 부정적 영향을 받아 제대로 기능을 발휘하지 못하는 발상법이라면 차라리 활용하지 않는 편이 낫겠으나, 그보다는 사전에 부정적 요인을 파악함으로써 이 기법이 지니는 고유한 특성을 제대로 이해하고 활용하는 노력이 필요하다. 브레인스토밍에 부정적 영향을 미치는 요인으로 다음과 같은 네 가지 사항이 지적되고 있다.[23]

23. P. B. Paulus, & H. Yang(2000). "Idea Generation in Groups: A Basis for Creativity in Organizations." *Organizational Behavior and Human Decision Processes* 82(1), pp.76~87.

창출저지 ✶

아이디어 발상은 연상의 지속이며 연속적 사고의 과정이다. 그런데 떠오른 아이디어를 발표하는 동안이나 남의 아이디어를 듣는 동안에는 지속적인 아이디어 발상이 막히게 된다. 이와 같이 아이디어 발상이 막히게 되는 것을 창출저지(*production blocking*)라고 한다. 광고 실무계에 있는 카피라이터들은 이런 경험을 많이 하게 되는데, 이를 보완하기 위하여 브레인스토밍의 변형기법인 브레인라이팅(*brainwriting*) 기법이 개발되기도 하였다.

무임승차 ✶

광고창작 현장에서 보면 아이디어를 잘 내는 사람들은 계속해서 아이디어를 내고 안 내는 사람들은 아이디어를 내지 않는 경우가 많다. 단지 재능이나 발상력의 차이에 따른 결과라기보다 습관적으로 그런 경우가 발생하는데, 브레인스토밍에서는 이와 같은 태도를 경계해야 한다. 다른 사람들 틈에 끼어서 적당히 넘어가려는 경향을 무임승차(*free riding*) 또는 사회적 태만(*social loafing*)이라고 한다. 일찍이 광고 창작자 잭 포스터(Jack Poster)는 다음과 같은 진리를 소개한 바 있다.[24]

> 일을 더 많이 할수록 일을 더 많이 하게 되고,
> 일을 더 적게 할수록 일을 더 적게 하게 된다.

카피라이터들은 동료의 아이디어에 무임승차하는 경우를 가장 경계해야 한다. 무임승차나 사회적 태만은 다른 동료들의 열심히 하려는 의욕마저 꺾음으로써 자신이 속한 조직에 치명적 피해를 주게 된다. 그리고 그런 행동을 반복하는 카피라이터는 나중에 전혀 아이디어를 내지 못하는 얼치기 카피라이터로 이미지가 고정되고 결국에는 광고

---

24. 포스터, 정상수 역(1999). 《잠자는 아이디어 깨우기》. 서울: 해냄출판사.

회사를 떠나야 한다.

평가에 대한 두려움 ✶

아무리 뛰어난 광고 창작자라도 매번 자신이 낸 아이디어가 최고의 아이디어라고 자부하기는 어렵다. 광고 실무계에서는 "3초 이내에 반응이 없으면 그 아이디어를 버리라"는 농담이 있는데, 이는 남들의 평가가 아이디어의 채택에 그만큼 결정적이라는 반증이다. 이른바 자신의 아이디어를 남들에게 평가받는 두려움(*evaluation apprehension*)은 누구에게나 있을 수 있지만 브레인스토밍 과정에서는 결정적 장애요인이 된다. 특히, 광고회사의 차장급 이하의 카피라이터들은 자신이 낸 아이디어를 남들이 어떻게 평가할 것인지에 너무 신경을 쓴 나머지 주변 동료에게 자기 아이디어를 보여주기를 꺼려하는 경향이 많다. 이런 경향을 방지하기 위하여 자율적이고 개방적인 분위기 조성이 무엇보다 중요하다.

소수에 의한 지배 ✶

아이디어가 뛰어난 몇 사람이 전체 분위기를 지배함으로써 다른 사람은 아예 아이디어를 낼 엄두조차 내기 어렵게 하는 경우이다. 이는 브레인스토밍의 기본 정신에도 위배되며 참여한 광고 창작자의 시너지 창출에도 부정적 영향을 미친다. 따라서 진행자는 너무 나서는 사람에 대해서는 적절히 제어하고 너무 침묵하는 사람에게는 여러 가지 동기부여를 할 필요가 있다.

브레인스토밍 과정에서 무임승차하는 사람이 많다고 느끼는 경우 창의적인 광고 아이디어 발상에 부정적 영향을 미치고, 평가에 대한 두려움 경험이 클수록 파격적인 아이디어를 창출할 가능성이 높기 때문에 브레인스토밍에서 모험적인 시도나 긴장감은 광고 창의성 향상에 긍정적 영향을 미칠 수도 있다(서구원 · 이두희 · 이인호, 2006). 따라서 광고 창작자들은 무임승차하려는 자신의 태도에 대해서는 엄하게 질책하고, 평가에 대한 두려움이 있을 경우 이를 현명하게 극복하되 극복하기 어려운 경우에는 오히려 뛰어난 아이디어 발상만이 유일한 무기라는 생각으로 스스로의 동력을 키울 필요가 있다.

거베이의 브레인스토밍 규칙

오스본 이후 브레인스토밍 기법은 여러 연구자들에 의해 지속적으로 연구되고 발전되었다. 그 중에서 거베이(J. J. Gabay)의 관점이 가장 주목할 만한데, 그는 효과적인 브레인스토밍을 위한 9가지 규칙을 제시하였다.[25] 이는 앞에서 살펴본 4가지 규칙과 내용 면에서는 비슷하지만 브레인스토밍의 원칙을 보다 세분화시켜 다른 관점에서 설명한 점이 인상적이다. 그가 제시한 9가지 브레인스토밍 규칙을 제시하면 다음과 같다.[26]

- 모든 브레인스토밍은 동일하다.
- 다른 참여자의 아이디어를 평가하도록 허락받은 사람은 아무도 없다.
- 엉뚱한 아이디어가 많으면 많을수록 좋다.
- 모든 아이디어는 서로 짝을 이루며 더 좋아질 수 있다.
- 아이디어 수준에 신경쓰지 말고 폭넓게 생각하라. 좋건 나쁘건 많은 아이디어 발상을 해야 한다.
- 모든 아이디어를 최종 목록에 포함시켜 평가하라.
- 참여자에게 유도하거나 위협하는 질문을 하지 말라. 예를 들어, "제 아이디어 좋지 않아요?" 같은 질문을 하지 말라.
- 아이디어가 좋거나 이상하거나에 상관없이 보다 발전되도록 호기심을 부채질하라.

---

25. Jonathan J. Gabay(2000). *Teach Yourself Copywriting*. Lincolnwood, IL: NTC Publishing Group. p.30.
26. Jonathan J. Gabay(2005). *Gabay's Copywriter's Compendium: The Definitive Professional Writer's Guide*. Burlington, MA: Elsevier.

- 광고창작에 관한 가장 정확한 요건에 모두 동의할 경우 본능이나 직관에 따라 최종적 분석을 하라.

케이플스의 연상적 발상법

상품-시장-소비자라는 광고의 삼각형에서 꼭짓점의 위치에 따라 아이디어 발상의 강조점이 달라진다. 보다 효과적인 광고창작을 위해서는 가장 먼저 소비자 심리에 대한 깊이 있는 분석을 바탕으로 상품간의 경쟁상황이나 문제점을 발견하여 이들간의 함수관계를 결정한 후 상품의 소비자 혜택과 결합시켜야 한다. 광고전략이 광고창작에 방향을 제시하는 기준이라면 광고창작은 그 전략을 아이디어로 비약시켜 물주고 꽃피우는 과정이다.

이 과정에서의 아이디어 발상이란 마치 섬과 육지를 연결하는 연륙교처럼 광고전략에서 광고표현으로 넘어가게 하는 다리놓기라 할 것이다. 강하고 튼튼한 다리를 놓아야 태풍에도 해일에도 끄떡없이 버틸 수 있듯이, 광고에서도 설득력이 강한 아이디어가 보다 오래오래 소비자의 동기나 기억을 활성화시킨다. 존 케이플스(John Caples: 1900~1990)의 연상적 발상법은 광고창작 현장에서 금과옥조처럼 활용되고 있다. 그는 1925년경부터 메일오더(*mail-order*) 카피를 쓰면서 본격적으로 광고를 시작했다.

광고계에 입문한 지 두 달만에 그는, 〈그림 3-4〉에 제시한 미국 음악학교 광고를 맡아 "내가 피아노 앞에 앉자 그들은 웃었다. 그러나 내가 연주를 시작하자…" (They laughed when I sat down at the piano. But when I started to play…) 같은 걸작 카피를 써서 일약 광고계의 주목을 받았다. 이후 《효과적 광고기법(*Tested Advertising Methods*)》(1932) 같은 저술을 통하여 과학적 광고창작의 필요성을 강조하였다. 그는 1973년에 '카피라이터 명예의 전당'에, 1977년에 '광고 명예의 전당'에 헌액되고, 1977년부터 광고발전에 대한 그의 업적을 기리기 위해 '존 케이플스 국제광고상'이 제정될 정도로 세계 광고계에 지대한 영향을 미쳤다.

〈그림 3-4〉 미국음악학교 광고 (1925)

연상적 발상법

그는 광고 실무계에서 장기간에 걸쳐 스스로 창작하거나 집행한 수백 가지 광고사례를 분석한 다음, 경험적으로 정리한 아이디어 발상법을 제시하였다. 연상적 발상법이란 머릿속에서 무의식적으로 연상되는 단어와 문장을 연속적으로 써내려가는 방법이다.[27] 이 방법은 실제 카피창작에서 매우 효과적인데, 시각적 아이디어 발상에도 유용하지만 카피 아이디어를 추출하는 데도 유용하다. 케이플스의 연상적 발상법은 키워드법과 유사하게 보이지만, 키워드법이 카피 아이디어를 얻기 위해 여러 명이 함께 행하는 집단적 발상법이라면, 이 방법은 혼자서 행하는 단독적 발상기법이라는 데 중요한 차이가 있다.[28]

한편, 연상적 발상법은 그 원리에서 브레인스토밍과도 유사하다. 다만 브레인스토밍에서 아이디어의 생성과 평가를 여럿이 함께 참여하여 행하는 것이라면, 연상적 발상법은 한 사람이 혼자서 모든 과정을 수행한다. 그러나 각각의 방법 모두 충분한 자료수집과 소화 그리고 부화작용을 거친 아이디어를 생각이 가는 대로 무의식적으로 진행한다는 점은 공통적인 특징이다. 연상적 발상법의 진행방법은 다음과 같다.

① 상품과 테마정보에 대한 자료를 읽거나 보거나 외우거나 숙지하여 충분히 소화시킨다.
② 넓은 종이를 준비하고 펜을 든다.
③ 테마나 상품에 관하여 머릿속에 가장 먼저 떠오르는 단어를 적는다.
④ 잇따라 머릿속에 연상되는 단어나 문장을 계속 써내려간다. 이때 단어나 문장의 연관관계를 논리적으로 분석하거나 스스로 비판하지 않고, 무의식적 직관으로 계속 써내려가는 것이 중요하다. 제대로 할 경우 종이 위에 써내려가는 단어나 문장의 속도가 머릿속에 연속적으로 떠오르는 단어나 문장의

27. John Caples(1957). *Making Ads Pay*. New York: Dover.
28. 김동규(2003). 《카피라이팅론》. 서울: 나남출판. p.224.

속도를 따라가지 못할 수도 있다. 그렇다 하더라도 계속 쉬지 않고 써내려가는 것이 중요하다. 지나간 단어나 문장을 되돌아볼 필요는 없다. 그냥 떠오르는 것들을 충실히 적기만 하는 것이 중요하다. 이렇게 해서 태어나는 단어나 문장이 모두 완벽한 아이디어의 형태를 갖추지는 않지만, 나중에 가서 놀라운 아이디어로 발전될 가능성이 있는 것이다.

⑤ 머릿속에 연상되는 단어나 문장을 계속 써내려감에 따라 머릿속이 점점 뜨거워진다. 대부분의 경우 시간이 흐를수록 연상하기 쉽고 쓰는 속도도 빨라진다. 그러나 시간이 흐를수록 속도가 느려지고 결국에는 아이디어가 고갈되는 상태가 된다.

⑥ 머릿속이 텅 비고 더 이상 아이디어가 떠오르지 않으면 재충전법(*booster technique*)을 사용할 단계이다. 테마를 정리한 자료나 기존 광고의 스크랩 또는 조사보고서 등 관련자료를 다시 확인한다. 이때 이전 광고 가운데 성공작을 유심히 살펴볼 필요가 있는데, 이 과정에서 문제해결의 실마리가 발견되기도 한다. 재충전이 끝나면 다시 처음 단계로 돌아가서 다시 아이디어를 써내려간다. 더 이상 불가능해질 때까지 이 과정을 반복한다. 계속 써내려가다 보면 단어와 단어가 구절로, 구절과 구절이 문장으로, 문장과 문장이 때로는 하나의 단락으로 발전되기도 한다.

⑦ 잠시 머리를 식힌 다음 추출된 아이디어를 결합하고 배제하고 정리한다. 이 단계에 도달하면 넓은 종이에는 매우 많은 단어나 문장이 적혀 있다. 캠페인에서 사용할 것보다 많은 헤드라인 아이디어가 있기도 하며, 그 중 일부는 서브헤드나 바디카피의 첫 문장으로 쓸 만한 것도 있다. 이 결과물들은 카피 창작에 필요한 풍부한 재료가 된다.

광고 아이디어 발상 12기법

한편, 케이플스는 12가지 광고 아이디어 발상기법[29]을 제시하였다. 즉, 이 12가지 기법은 광고실무에 있는 카피라이터들이 활용할 수 있는 유용한 방안이다. 어떤 카피라이터는 광고주가 자신을 인정해주는 경우만을 생각하고 광고주의 입맛에 맞춘 아이디어만을 제안하는데, 이런 자세는 광고 창작자가 가장 경계해야 한다. 자기자랑 늘어놓기식의 아이디어 발상도 해서는 안 되는 일이지만, 이른바 '광고주에게 광고하는' 식의 아이디어 발상은 카피라이터 자신과 광고주 모두를 동시에 기만하는 죄악이나 다름없다.

모든 광고는 소비자에게 하는 약속이므로 훌륭한 약속을 발견하여 이를 구체적인 실체로 제시해야 한다. 이때, 여러 가지 크리에이티브 요소들을 단계적으로 분석하면서 아이디어가 광고컨셉을 구체화시키는지 평가해볼 필요가 있다.[30] 좋은 광고 아이디어는 소비자 한 사람 한 사람에게 개인적으로 속삭이듯이 표현되며 광고상품의 브랜드 개성(*brand personality*)을 구축하는 데 기여한다. 케이플스의 방법은 포괄적 맥락에서 브랜드 개성을 고찰하는 유용한 길잡이로 활용될 수 있다. 그가 제시한 12가지 광고 아이디어 창출기법을 제시하면 다음과 같다.

- 자신의 개인적 경험을 이용하라.
- 자신의 경험을 체계화하라.
- 마음에서 우러나오는 것을 써라.
- 다른 사람들의 경험에서 배워라.
- 제조회사와 상의해 보라.
- 상품에 대해 연구하라.
- 상품의 이전 광고를 검토하라.

29. John Caples(1983). *How to Make Your Advertising Make Money*. Englewood Cliffs, NJ: Prentice-Hall, pp.23~37.

30. Mark A. P. Davies(2000). "Using an Analytic Hierarchy Process in Advertising Creativity." *Creativity and Innovation Management* 9(2), pp.100~108.

- 경쟁사의 광고에 대해 연구하라.
- 고객의 증언에 대하여 연구하라.
- 잠재고객의 문제점을 해결하라.
- 소비자의 잠재의식을 발상에 활용하라.
- 성공한 광고를 여러 가지로 변화시켜 반복적으로 사용해 보라.

호리겔의 브레인라이팅 기법

광고실무에서는 여럿이 모여 브레인스토밍을 할 시간적 여유가 없을 때가 많다. 이때는 혼자서라도 아이디어 발상을 해야 한다. 또한, 어떤 사람은 내성적이거나 소극적이어서 남 앞에서 말하기가 서툴기도 하며 어떤 사람은 체면을 중시해서 브레인스토밍 때 별로 말을 안 하는 경우가 있다. 이때 생각나는 아이디어를 말로 하지 않고 글로 쓰는 방법이 있는데, 이것이 바로 브레인라이팅(*brainwriting*) 기법이다.

브레인라이팅 기법은 형태분석 전문가 호리겔(Horigel)이 1973년경 독일에서 개발한 635법(6명이 둘러앉아 3개의 아이디어를 5분 내에 기입하고 옆으로 돌리는 방법)을 개량한 것이다. 이 기법은 일명 핀 카드(*pin card*)를 이용한 '게시판 세미나' 라고도 불리며, 미국에서 개발한 아이디어 라이팅(*ideawriting*) 기법과 독일 프랑크푸르트의 바텔연구소(Battele Institute)에서 개발한 카드붙이기 기법(*card posting*)의 변형으로도 인식되며,[31] 광고 아이디어 발상은 물론 의견수렴이나 문제해결을 위한 워크숍 등에서 참여자의 의견을 효율적으로 집약하는 데 유용하다.

자기생각을 말이 아니라 글로 표현한다는 점에서, 이 기법을 '침묵의 브레인스토밍' 이라고도 한다. 2명 이상이 모여 말을 하지 않고 종이에 자신의 생각을 쓴 다음, 그것을 다른 사람과 교환하여 검토한 다음 추가로 자기 아이디어를 기록한다. 따라서 이

31. 송창석(2005). 《새로운 민주시민 교육방법: Metaplan을 이용한 토론 · 토의 · 회의 진행법》. 서울: 백산서당.

기법은 남 앞에서 발언하기를 꺼려하는 사람, 소극적인 사람, 체면을 걱정하는 사람, 그리고 이야기 표현에 서투른 사람에게 효과적이다. 보다 자세한 내용은 다음과 같다.

준비물과 진행단계

브레인라이팅은 6명의 광고 창작자가 각각 3개의 아이디어를 5분간 생각한 다음 기록하고 서로 돌려보는 것이 일반적이다. 이를 수행하려면, 핀 보드 2~3개, 전지 종이 5~6장, 기록지(*sheet*) 또는 포스트잇(10×20㎝, 1인당 15매 정도), 타원형 또는 원형 모양의 종이카드(20매), 실핀 또는 딱풀 2~3개, 인원수만큼의 유성 매직펜 등이 필요하다. 이때 핀 보드가 없으면 벽에 전지종이를 붙여서 하기도 한다. 기본 준비물은 이 정도면 충분하나 회의의 성격에 따라 추가로 필요한 것을 그때그때 준비하면 된다.

한편, 진행방법과 진행단계는 다음과 같은 네 가지 단계를 거쳐 이루어진다.

주제제시 단계

발상을 촉진하는 진행자(*facilitator*)는 광고 캠페인이나 개별 광고아이디어 수집을 위해 사전에 연구과제나 토론주제를 준비한 다음 참여한 광고 창작자 모두에게 자세하게 설명한다. 어떤 목적에서 아이디어 발상회의가 필요했는지 결국 그 회의에서 어떤 결과가 나오기를 기대하는지 구체적으로 설명하는 단계이다.

의견작성 단계

진행자는 모든 참가자 책상에 카드와 유성 매직펜을 배부해 둔다. 카드에는 해당과제를 일목요연하게 설명하는 하나의 개념을 간단한 단어나 어구로 최대한 압축해서 쓴다. 참가자 모두가 쉽게 볼 수 있는 정도로 크게 쓴다. 이때 한 사람당 제출할 수 있는 카드매수는 제한을 두지 않는다.

기록지 수집 및 분류단계

기록지 수집방법은 다음과 같다. 첫째, 약 30명의 참가자가 작성한 기록지를 한 사람의 진행자가 수집하는 방법, 둘째, 6명 정도로 구성된 팀별로 수집하는 방법, 셋째, 참가자가 직접 부착하는 방법 등 주어진 과제나 상황에 따라 탄력적으로 활용할 수 있다. 기록지를 분류하는 방법은 풀로 붙이는 방법, 핀으로 고정하는 방법, 자석을 이용한 부착 방법, 참가자가 직접 회의실 바닥에 정리하는 방법 등이 있다.

그룹별 상위개념 명명단계

분류기준에 따라 모든 기록지가 부착되면, 진행자는 매직펜으로 각 주제별 카드그룹을 구름형태의 그림으로 경계를 설정해 묶음으로 표시한 다음 타원형 모양의 상위개념을 붙인다. 이때 보다 중요한 사항은 별 모양이나 번개 모양으로 표시할 수 있다. 이렇게 정리한 다음, 전체 참가자에게 추가로 덧붙일 의견을 묻고, 만약 추가할 의견이 있을 경우 의견을 추가로 기록한다.

브레인라이팅의 절차

이 기법은 일반적으로 6명(그 이상도 가능)이 둥근 테이블에 둘러앉아, 3개의 아이디어를 〈표 3-1〉과 같은 기록지에 써서 5분 이내에 다음 사람에게 넘긴다. 5분마다 옆사람의 기록지를 받게 되므로 30분이면 한 사람이 18가지 아이디어를 내게 되며, 6명 전체의 아이디어를 합치면 모두 108가지 아이디어를 얻을 수 있다. 이 정도의 아이디어 개수라면 30분에 얻을 수 있는 대단한 성과라 할 것이다. 일반적으로 참여한 광고 창작자들은 발상을 촉진하는 진행자의 진행에 맞추어 배부된 종이카드나 메모지(포스트잇) 등에 질문에 대한 각자의 의견을 기록하고 이를 제출해서 분류 · 정리하여 유형화한다. 이 기법을 진행하는 절차는 다음과 같다(송창석, 2005).

〈표 3-1〉 브레인라이팅 기록지

		아이디어 1	아이디어 2	아이디어 3
참여자	1			
	2			
	3			
	4			
	5			
	6			

① 집단 구성을 팀당 4~6명으로 한다.
② 개개인에게 〈표 3-1〉과 같은 브레인라이팅 기록지를 배부하고 여분을 준비한다.
③ 기록지의 가장 윗줄에 해결과제를 기록한다.
④ 첫째 줄에 자기 아이디어를 3개씩 기록한다.
⑤ 자기 아이디어를 적은 기록지를 옆사람에게 넘기고 타인의 기록지를 가져온다.
⑥ 타인의 기록지의 둘째 줄에 타인의 아이디어를 참고하여 자기 아이디어를 3개 정도 기록한다.
⑦ 다시 기록지를 옆사람에게 돌리고 타인의 기록지를 들고 온다.

브레인라이팅의 장점과 유의점

이 기법을 활용하면 여러 가지 면에서 유용하다. 즉, 침묵 속에서 진행되기 때문에 개인의 아이디어를 충분히 나타낼 수 있고, 문제해결에 필요한 참신한 아이디어를 발굴할 가능성이 높다. 또한, 발표를 망설이는 침묵하는 다수의 의견을 이끌어 낼 수 있고,

참여한 광고 창작자의 다양한 견해 모두를 신속하게 게시판에 알릴 수 있다. 따라서 브레인라이팅은 참여자가 많은 경우나 타인의 아이디어를 참고하여 많은 아이디어들을 내고 싶을 때도 유용한 기법이다.

그럼에도 불구하고 이 기법에는 몇 가지 한계가 있다. 즉, 브레인스토밍에 비해 참여한 광고 창작자들의 자발성이 떨어질 수도 있다. 따라서 자발적으로 아이디어를 내도록 진행하는 진행자의 역할이 중요하다. 또한, 글쓰기 자체를 두려워하는 사람이 대다수일 경우에는 효율적이지 못하며 기대 이하의 결과가 나타날 수 있다. 더욱이 참여자들이 제시한 의견들이 엇비슷해질 수 있으므로 최대한 다른 의견을 내려는 노력이 필요하다. 따라서 옆사람에게 브레인라이팅 기록지를 넘길 때는 빈칸으로 넘기지 말아야 하며, 앞사람의 아이디어를 더욱 발전시켜 전체 목표에 타당한 방향으로 아이디어를 향상시켜 나가는 참여자 상호간의 노력과 의지가 무엇보다 중요하다.

송치복의 상통일맥풍류도 발상법

원하는 아이디어가 나오지 않을 경우 광고 창작자들은 하얀 종이를 앞에 놓고 '백지의 공포' 를 느끼게 된다. 카피라이터 송치복은 그 백지의 공포에서 벗어나는 방안의 하나로 자신의 경험을 바탕으로 아이디어 발상법을 개발하였다. 즉, 키워드 한마디를 찾는 순간 아이디어 발상이 끝나버리는 광고창작의 특성에 주목하여 상통일맥풍류도(相通一脈風流圖) 기법을 제시한 것이다.

그 한마디는 〈표 3-2〉에 제시한 바와 같이 광고 창작자가 자신이 맡은 상품을 둘러싼 시대의 흐름을 좌우하는 하늘의 맥[天脈], 상품을 사는 사람들의 마음을 좌우하는 사람의 맥[人脈], 그리고 상품이나 기업 내부에 흐르는 땅의 맥[地脈]을 찾아보고, 그 다음에 그 세 영역을 하나로 꿰뚫는 상통일맥[相通一脈]을 찾아냄으로써 가능하다는 것이다. 또한, 여기에서 상통일맥의 흐름을 조정하는 세 가지 길이 있는데, 바람결[風流], 마

〈표 3-2〉 상통일맥풍류도 모형

하나의 맥 (一脈)		사람의 맥 (人脈)	
한마디 말 (一言)		마음결 (心流)	
하늘의 맥 (天脈)		땅의 맥 (地脈)	
바람결 (風流)		물결 (水流)	

자료원: 송치복(2003). pp.85~86.

음결[心流], 그리고 물결[水流]을 조정함으로써 상통일맥이 한 마디로 바뀌게 된다는 것이다.[32]

아이디어는 분석적 사고와 창조적 사고가 결합되어 태어나는 속성이 있다. 인간의 대뇌는 두 개의 반구(半球)로 나뉘어져 있는데 양쪽 뇌가 수시로 정보를 교환하는 것으로 알려지고 있다. 신경생리학학자 브로카(Paul Broca)는 논리적이고 실제 사실을 분석하는 기능은 오른쪽 뇌에서 이루어지고, 언어나 그림 같은 상징적 표상을 감성적으로 표현하는 기능은 왼쪽뇌에서 담당한다는 연구결과를 제시하였다.[33] 상통일맥풍류도에서 맥을 찾는 일은 오른 쪽 뇌에서 맡고, 결을 조정하는 일은 왼쪽 뇌에서 담당한다고 할 것이다. 따라서 이 기법으로 아이디어 발상을 할 때도 때로는 논리적으로 때로는 감성적으로 접근함으로써 오른쪽 뇌와 왼쪽 뇌가 수시로 정보를 교환하도록 할 필요가 있다. 이러한 과정이 일맥상통하게 이루어지는 순간에 비로소 '번쩍' (*eureka*) 하며 아이디어가 떠오르거나 '뜻밖의 발견' (*serendipity*)이 가능할 것이다.

송치복의 아이디어 발상모형은 카피창작에 임하는 카피라이터의 '생각의 흐름' 면에서 보면 상통일맥풍류도라고 할 수 있고, 발상결과 창작된 광고물 면에서 보면 일맥일언도(一脈一言圖)라고 할 수 있는 독창적 아이디어 발상모형이다. 좀 과장해서 말

32. 송치복(2003). 《생각의 축지법》. 서울: 디자인하우스. pp.62~123.
33. 김현택 외(2004). 《심리학의 이해》. 서울: 학지사. p.70.

하자면, 서구의 문학이론이 판을 치는 가운데 많은 연구자들이 지식의 수입상 역할을 하면서 외국의 문학이론을 잘 맞지도 않는 한국 현실에 억지로 적용했던 상황에서 우리만의 문학이론을 개발한 조동일 교수의 《한국소설의 이론》(1977)이라는 기념비적 저서에 필적할 만한 업적이라고 하겠다.

다시 말해서, 광고이론이나 광고 창의성 영역에 우리가 독자적으로 밝혀낸 '원천지식' 이 거의 없는 상황에서 그가 제시한 아이디어 발상법은 그만큼 가치 있는 성과이다. 다만 상통일맥 하는 방안을 포괄적 개념으로만 제시하고 있다는 점을 한계점으로 지적할 수 있겠다. 즉, 구체적으로 어떻게 아이디어 발상에 접근해야 상통일맥(相通一脈)을 보다 쉽게 찾을 수 있고 생각이 흐르는 세 가지 결을 어떻게 조정하는 것이 효율적인지에 대한 구체적 실천전략이 없다는 것이다. 그러나 이 기법을 익혀 광고창작에 활용하면 카피라이터들에게 매우 유용할 것이라는 점만은 분명하다. 보다 자세한 내용은 송치복(2003)을 참조하기 바란다.

베이커의 201가지 발상법

하나의 캔 음료가 있다고 가정해보자. 예를 들어, '2% 부족할 때' 를 책상의 중간에 놓고 주변을 360° 돌면서 보면 보는 위치와 각도에 따라서 이런저런 아이디어가 나올 것이다. 즉, 하나의 상품이라 하더라도 보는 관점에 따라서 여러 가지 아이디어가 나올 수 있는 것이다. 사람마다 꽃 한 송이를 보고나서 느끼는 감상이 다르듯이, 어떤 상품 광고의 아이디어 발상에서도 광고 창작자마다 접근방법과 생각하는 관점이 다르다. 이러한 맥락에서 대상을 새롭게 보는 201가지 방법을 제시한 스태판 베이커(Stephen Baker, 1979)의 발상법은 주목할 만하다.[34]

34. Stephen Baker(1979). *A Systematic Approach to Advertising Creativity*. New York, NY: McGraw-Hill. pp.199~200.

그가 제시한 201가지 방법을 보면 상상력의 영역이 얼마나 다양한지 확인할 수 있다. 또한, 광고 아이디어 발상이 천재에게 불현듯 떠오르는 행운이 아니라 광고 창작자의 부지런함과 열정의 소산임을 알 수 있다. 극단적인 예를 들면, 하나의 광고 컨셉에서 201개의 아이디어가 나올 수 있으며 최종적인 광고창작에 쓰인 아이디어는 나머지 200개를 물리치고 선택된 것이라고 할 수 있다. 201가지 아이디어 발상법을 하나하나 제시하면 다음과 같다.

1. 뒤집어 보라 (Turn upside down)[35]
2. 늘려 보라 (Stretch it)
3. 줄여 보라 (Shrink it)
4. 색상을 바꿔 보라 (Change it' s color)
5. 더 크게 표현해 보라 (Make it bigger)
6. 더 작게 표현해 보라 (Make it smaller)
7. 둥글게 표현해 보라 (Make it round)
8. 한 칸에 표현해 보라 (Make it square)
9. 더 길게 표현해 보라 (Make it longer)
10. 더 짧게 표현해 보라 (Make it shorter)
11. 시각적으로 표현해 보라 (Make it visual)
12. 여건을 벗어나 보라 (Make the most out of a circumstances)
13. 글로 써 보라 (Put it into the words)
14. 음악으로 표현해 보라 (Put it to music)
15. 말과 음악을 붙여 보라 (Combine words and music)
16. 말과 음악과 그림을 붙여 보라 (Combine words, music, picture)
17. 그림과 음악을 붙여 보라 (Combine picture and music)

35. 레이아웃, 카피(말), 그림, 포장, 상품, 광고 캠페인, 마케팅 전략 등 모든 것을 이전에 한 것과 반대로 시도해 보라는 의미이다(원주).

18. 말을 없애 보라 (Eliminate the words)
19. 그림을 없애 보라 (Eliminate the picture)
20. 소리를 낮춰 보라 (Silence it)
21. 반복해 보라 (Use repetition)
22. 삼차원으로 표현해 보라 (Make it three-dimensional)
23. 이차원으로 표현해 보라 (Make it two-dimensional)
24. 모양을 바꿔 보라 (Change the shape)
25. 일부분을 바꿔 보라 (Change a part)
26. 세트로 표현해 보라 (Make it into set)
27. 수집가의 품목으로 표현해 보라 (Make it a collector' s item)
28. 예약을 받아 판매해 보라 (Sell it by subscription)
29. 예약으로만 판매해 보라 (Sell it by subscription only)
30. 움직임을 주어 보라 (Animate it)
31. 기계처럼 표현해 보라 (Mechanize it)
32. 충격을 주어 보라 (Electrify it)
33. 움직여 보라 (Make it move)
34. 뒤집어 보라 (Reverse it)
35. 뭔가 달리 보이도록 해 보라 (Make it look like something else)
36. 짜임새를 주어 보라 (Give it texture)
37. 낭만적으로 표현해 보라 (Make it romantic)
38. 향수 소구를 추가해 보라 (Add nostalgic appeal)
39. 구식으로 표현해 보라 (Make it look old fashioned)
40. 미래의 것처럼 표현해 보라 (Make it look futuristic)
41. 뭔가 다른 것으로 표현해 보라 (Make it a part of something else)
42. 더 강력하게 표현해 보라 (Make it stronger)
43. 더 오래 쓰는 것으로 표현해 보라 (Make it more durable)
44. 상징주의를 활용해 보라 (Use symbolism)

45. 현실적으로 표현해 보라 (Be realistic)
46. 새로운 예술양식을 활용해 보라 (Use a new art style)
47. 사진으로 바꿔 보라 (Change to photography)
48. 삽화로 바꿔 보라 (Change to illustration)
49. 서체를 바꿔 보라 (Change the typefaces)
50. 사진설명으로 내용을 전달해 보라 (Tell your story by a picture caption)

예를 들어, 〈그림 3-5〉에 제시한 야쿠르트의 하루야채 광고 '한가인' 편을 보자. 이 광고에서는 일반적으로 광고에서 사용하는 서체를 쓰지 않고 서체를 바꿔(49) 새롭게 개발하여 사용하였다. 즉, "몸매야, 몸매야/ 브로콜리처럼 가벼워져라", "피부야, 피부야 / 오이처럼 투명해져라", "하루야채가 부르는 변화/ 피부로, 몸으로 느끼세요!" 라는 헤드라인을 날씬하게 '서체관리' 를 함으로써 여성들이 몸매관리에 도움이 되는 음료라는 점을 강조하였다. 상품의 특성을 카피의 시각화를 통하여 수준높게 구현한 아이디어 발상이라고 하겠다.

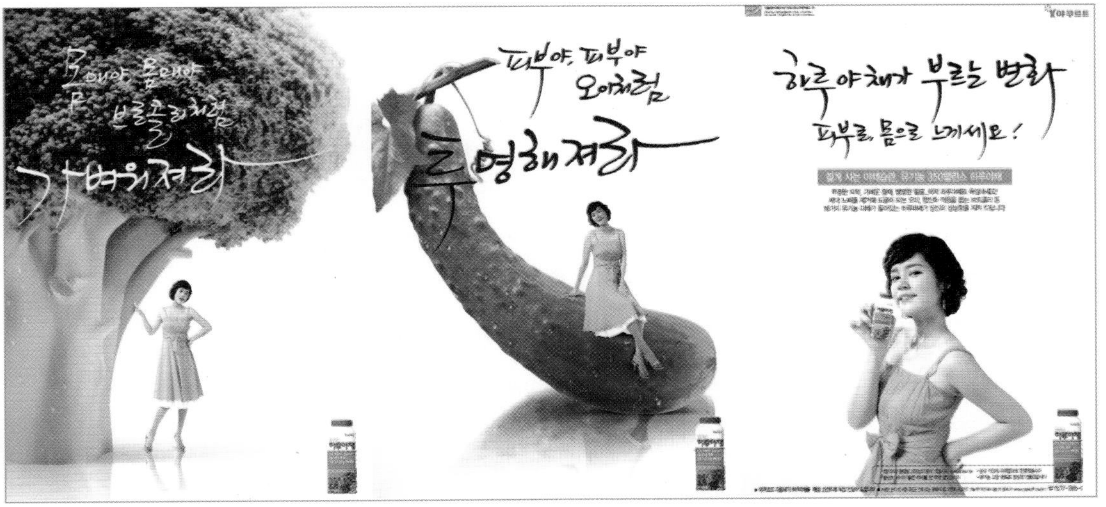

〈그림 3-5〉 야쿠르트 하루야채 '한가인'편

51. 광고를 신문사설처럼 표현해 보라 (Make the ad look like an editorial)
52. 신문사설을 광고처럼 표현해 보라 (Make the editorial look like an ad)
53. 새로운 광고매체를 활용해 보라 (Use a new advertising medium)
54. 새로운 광고매체를 개발해 보라 (Invent a new advertising medium)
55. 더 열렬하게 표현해 보라 (Make it hotter)
56. 더 차분하게 표현해 보라 (Make it cooler)
57. 단서를 추가해 보라 (Add scent)
58. 단서를 바꿔 보라 (Change the scent)
59. 냄새를 없애 보라 (Deodorize it)
60. 어린이에게 소구해 보라 (Make it appeal to children)
61. 여성에게 소구해 보라 (Make it appeal to women)
62. 남성에게 소구해 보라 (Make it appeal to men)
63. 가격을 낮춰 보라 (Lower the price)
64. 가격을 올려 보라 (Raise the price)
65. 성분을 바꿔 보라 (Change the ingredients)
66. 새로운 성분을 추가해 보라 (Add new ingredients)
67. 비틀어 보라 (Twist it)
68. 투명하게 표현해 보라 (Make it transparent)
69. 불투명하게 표현해 보라 (Make it opaque)
70. 다른 배경을 활용해 보라 (Use a different background)
71. 다른 환경을 활용해 보라 (Use a different environment)
72. 매혹적으로 표현해 보라 (Glamorize it)
73. 시각효과를 활용해 보라 (Use optical effects)
74. 다른 요소를 활용해 보라 (Use another material)
75. 인간적 관심사를 추가해 보라 (Add human interest)
76. 농도를 바꿔 보라 (Change consistency)
77. 다른 용기에 담아 보라 (Put it in a different container)

78. 포장을 바꿔 보라 (Change the package)
79. 아담하게 표현해 보라 (Make it compact)
80. 소형화해 보라 (Miniaturize)
81. 대형화해 보라 (Maximize)
82. 제거해 보라 (Eliminate)
83. 휴대용으로 표현해 보라 (Make it portable)
84. 접는 식으로 표현해 보라 (Make it collapsible)
85. 극단적으로 표현해 보라 (Go to the extremes)
86. 요약해 보라 (Summarize it)
87. 방한장치를 해 보라 (Winterize it)
88. 의인화해 보라 (Personalize it)
89. 어둡게 표현해 보라 (Make it darker)
90. 조명을 비춰 보라 (Illuminate it)
91. 붉게 표현해 보라 (Make it glow)
92. 어른거리게 표현해 보라 (Make it flicker)
93. 번쩍거리게 표현해 보라 (Make it sparkle)
94. 환하게 표현해 보라 (Make it light up)
95. 산뜻하게 표현해 보라 (Make it fluorescent)
96. 장중하게 표현해 보라 (Make it heavier)
97. 경쾌하게 표현해 보라 (Make it lighter)
98. 판촉활동과 연계해 보라 (Tie it in with a promotion)
99. 경연대회를 해 보라 (Run a contest)
100. 싹쓸이 경쟁을 해 보라 (Run a sweepstake)

예를 들어, 〈그림 3-6〉에 제시한 가야당근농장 광고 '주부님, 죄송합니다' 편은 여성에게 소구하는(61) 동시에 인간적 관심사까지 추가한(75) 전형적인 아이디어이다. 먼저 "주부님, 죄송합니다"라고 하면서 가족의 건강을 책임지는 주부들을 직접 호명한 다

〈그림 3-6〉 가야당근농장 '주부님, 죄송합니다' 편

음, "제주도산 당근만을 100% 고집하다 보니 한꺼번에 많은 양을 공급할 수가 없습니다"라고 하면서 주부들에게 은근히 다른 당근주스 상품은 왠지 품질이 떨어지는 듯한 인상을 풍기면서 인간적 관심사를 덧붙이고 있다. 이 광고는 어디에서 재배한 당근을 실제 원료로 쓰는지 별 관심이 없던 주부들에게 당근의 원산지에 대하여 새로운 관심을 불러일으키면서, 자연스럽게 가야당근농장이 믿을 수 있는 상품이라는 점을 우회적으로 강조하고 있다.

101. 크기를 작게 해 보라 (Make it 'junior' size)
102. 키워 보라 (Make it grow)
103. 쪼개 보라 (Split it)
104. 말을 줄여 보라 (Understate)
105. 과장해 보라 (Exaggerate)
106. 대체품으로 판매해 보라 (Sell it as a substitute)
107. 다른 용도를 찾아 보라 (Find a new use for it)
108. 빼 보라 (Subtract)
109. 나눠 보라 (Divide)
110. 합쳐 보라 (Combine)
111. 분명하게 해 보라 (Use the obvious)
112. 요소들을 재배치해 보라 (Rearrange the elements)
113. 낮춰 보라 (Lower it)
114. 높여 보라 (Raise it)
115. 분리해 보라 (Divide it)
116. 섞어 보라 (Mix it)
117. 번역해 보라 (Translate it)
118. 박차를 가해 보라 (Speed it up)
119. 점점 낮춰 보라 (Slow it down)
120. 날려 보라 (Make it fly)

121. 띄워 보라 (Make it float)
122. 굴려 보라 (Make it roll)
123. 분쇄해 보라 (Pulverize it)
124. 조각내 보라 (Cut it into pieces)
125. 성적으로 소구해 보라 (Put sex appeal into it)
126. 응축해 보라 (Condense it)
127. 구부려 보라 (Bend it)
128. 맞춰 보라 (Match it)
129. 기울여 보라 (Tilt it)
130. 매달아 보라 (Suspend it)
131. 똑바로 세워 보라 (Make it stand upright)
132. 속을 뒤집어 보라 (Turn it inside out)
133. 옆으로 돌려 보라 (Turn it sideways)
134. 흔들어 보라 (Weave it)
135. 가려 보라 (Mask it)
136. 균형을 맞춰 보라 (Make it symmetrical)
137. 균형을 깨트려 보라 (Make it asymmetrical)
138. 분할해 보라 (Partition it)
139. 서로 경쟁시켜 보라 (Pit one against another)
140. 뾰족하게 해 보라 (Sharpen it)
141. 윤곽선을 바꿔 보라 (Change the contour)
142. 둘러싸 보라 (Encircle it)
143. 테를 씌워 보라 (Frame it)
144. 둘둘 감아 보라 (Coil it)
145. 꽉 채워 보라 (Fill it up)
146. 텅 비워 보라 (Empty it)
147. 열어 보라 (Open it)

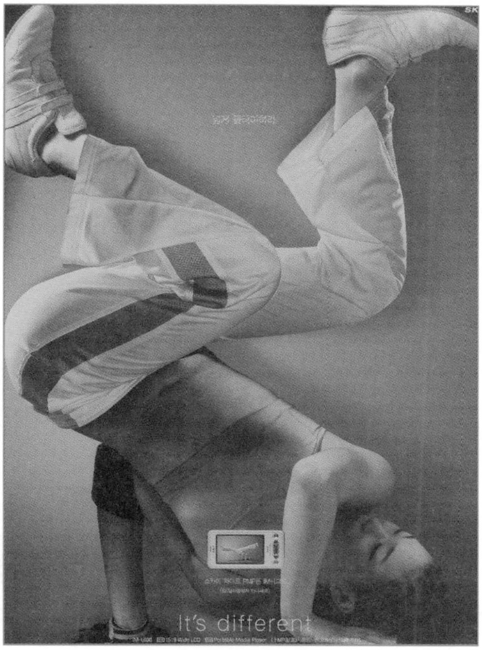

〈그림 3-7〉 스카이 와이드 PMP폰 IM-U100 '넓게 플레이하라'편

148. 철자를 잘못 써 보라 (Misspell it)
149. 별명을 붙여 보라 (Nickname it)
150. 검인해 보라 (Seal it)

예를 들어, 〈그림 3-7〉에 제시한 스카이 와이드 PMP폰 IM-U100 광고 '넓게 플레이하라' 편을 보자. 단말기의 액정화면이 넓다는 점을 강조하기 위해 과장해서 표현하고 있으며(105), 지면 전체를 모델이 꽉 채우고 있다(145). 카피도 최대한 절제하고 "넓게 플레이하라"는 헤드라인 아래 "스카이 와이드 PMP폰 IM-U100"이라는 브랜드 이름만을 카피로 제시하고 나머지는 모두 시각적으로 처리하고 있다. 더욱이 일반적 접근과는 달리 모델의 모습을 거꾸로 제시함으로써 일단 소비자의 주목끌기를 시도한 아이디어라는 점도 인상적이다.

151. 변형시켜 보라 (Transfer it)
152. 포장해 보라 (Pack it)
153. 집중시켜 보라 (Concentrate on it)
154. 펼쳐 보라 (Spread it out)
155. 교체해 보라 (Alternate it)
156. 굳혀 보라 (Solidify it)
157. 녹여 보라 (Liquefy it)
158. 젤리처럼 해 보라 (Jellify it)
159. 부드럽게 해 보라 (Soften it)
160. 딱딱하게 해 보라 (Harden it)
161. 증발시켜 보라 (Vaporize it)
162. 읊어 보아라 (intonate)
163. 좁혀 보라 (Make it narrower)
164. 넓혀 보라 (Make it wider)
165. 웃기게 해 보라 (Make it funny)
166. 풍자해 보라 (Make it satirical)
167. 짧은 카피를 써 보라 (Use short copy)
168. 긴 카피를 써 보라 (Use long copy)
169. 설명서를 덧붙여 보라 (Attach an instruction sheet)
170. 다른 용도를 찾아 보라 (Find a second use)
171. 조립품으로 만들어 보라 (Prefabricate it)
172. 한 벌로 판매해 보라 (Sell it as a kit)
173. 정화해 보라 (Purify it)
174. 소독해 보라 (Sanitize it)
175. 더 풍부하게 해 보라 (Make it more nourishing)
176. 병에 넣어 보라 (Put it in a bottle)
177. 캔에 넣어 보라 (Put it in a can)

178. 상자에 넣어 보라 (Put it in a box)
179. 항아리에 넣어 보라 (Put it in a jar)
180. 단지에 넣어 보라 (Put it in a pot)
181. 감싸 보라 (Wrap it)
182. 접어 보라 (Fold it)
183. 펼쳐 보라 (Unfold it)
184. 외상판매를 연장해 보라 (Extend credit)
185. 공짜로 제공해 보라 (Offer it free)
186. 원가에 제공해 보라 (Offer it at cost)
187. 특가에 제공해 보라 (Make a special offer)
188. 안락감을 더해 보라 (Add comfort)
189. 보호물을 제공해 보라 (Offer protection)
190. 바탕을 바꿔 보라 (Use a different texture)
191. 유쾌하게 해 보라 (Sweeten it)
192. 불쾌하게 해 보라 (Sour it)
193. 젖어있게 해 보라 (Moisten it)
194. 건조하게 해 보라 (Dry it)
195. 볼품없이 해 보라 (Dehydrate it)
196. 오싹하게 해 보라 (Freeze it)
197. 투사해 보라 (Project it)
198. 부드럽게 해 보라 (Make it blander)
199. 더 자극적으로 표현해 보라 (Make it more pungent)
200. 단순화해 보라 (Simplify it)
201. 이상의 무엇이든 결합해 보라 (Combine any of the above)

예를 들어, 〈그림 3-8〉에 제시한 허쉬 초콜릿 광고 '변화는 나쁘다' 편을 보면, 한 남자의 머리가 대머리로 변해가는 과정을 세 컷의 사진 속에 풍자적으로(166) 제시하고 있

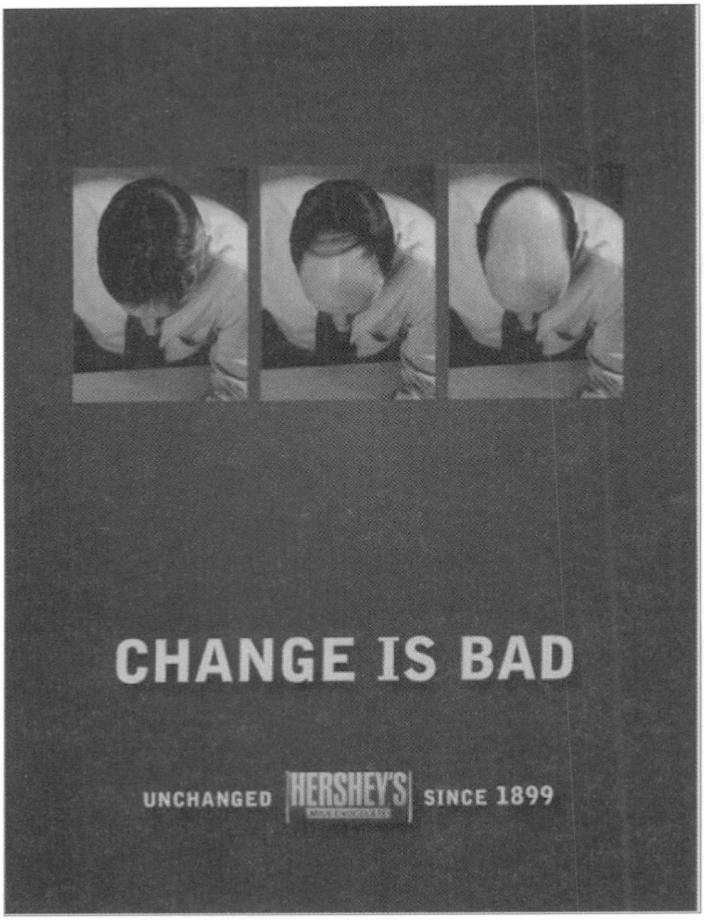

〈그림 3-8〉 허쉬 초콜릿 '변화는 나쁘다'편

다. 이 사진들은 바로 아래에 있는 "변화는 나쁘다"(*Change is bad*)라는 짧은 헤드라인(167)과 만나는 순간 곧바로 상품 메시지로 연결되며 1899년부터 변하지 않고 있는 허쉬 초콜릿의 진가를 더욱 돋보이게 하는 시각적 수단으로 작용하게 된다. 즉, 이 광고에서는 풍자적 사진과 짧은 카피 한 줄을 아이디어로 사용하여 시종일관 같은 맛을 유지해온 허쉬 초콜릿의 가치를 제고하는 한편, 소비자로 하여금 쉽게 다른 초콜릿으로 바꾸지 말라는 메시지도 동시에 전달하고 있다.

포스터의 발상법

잭 포스터(Jack Poster)는 미국 현대광고를 대표하는 광고 창작자 중의 한 사람이다. 그는 40여 년간 카피라이터와 크리에이티브 디렉터로 일한 경험을 바탕으로 아이디어 낼 때의 두려움과 어려움을 떨쳐버리는 방법을 알려준다. 그의 《잠자는 아이디어 깨우기》(1999)에서는 아이디어 발상에 관한 내용을 쉽고 재미있게 풀어내고 있다.

그는 미국 로스앤젤레스 크리에이티브 클럽에서 '올해의 광고인'으로 선정된 것을 비롯하여 여러 광고제에서 수상한 경력이 있다. 그는 카피라이터로 광고계에 입문한 다음, 마쓰다, 썬키스트, 스모키 베어, 바텔, 유니버설 스튜디오, 퍼스트 인터스테이트 은행 등 대형광고 캠페인을 주관하면서 광고 전문가로서의 명성을 쌓았으며, 그후 여러 대학에서 광고창작과 관련된 과목을 강의하기도 하였다.

아이디어 발상과정에서의 마음 조절법

포스터는 아이디어를 내는 동안 마음을 조절하는 여덟 가지 방법을 제시하였다. 아이디어를 얻기 위해 꼭 거쳐야 할 단계에 대해서는 많은 사람들이 똑같이 말했지만, 그 단계에 올라가기 위해 지녀야 할 마음의 준비에 대해서는 아무도 이야기하지 않았다. 그는 마음의 준비가 되어 있지 않다면 여러 가지 아이디어 발상법을 알고 있어도 별 도움이 되지 않는다고 전제하고, 아이디어 발상에 필요한 기본적 능력을 갖고 있지 않으면 아이디어를 얻기 힘들다고 본다.

그는 아이디어 발상은 새로운 음식을 만들기 위해 양념을 개발하는 일과 같다고 보고, 좋은 아이디어 발상을 위해서는 여러 가지를 결합하는 것에 초점을 맞추어야 한다고 보았다. 그는 아이디어 발상에 대한 두려움을 없애려면 다음과 같은 8가지를 마음속으로 준비하라고 권고한다.[36]

36. 포스터, 정상수 역(1999). 《잠자는 아이디어 깨우기》. 서울: 해냄출판사.

인생을 즐겨라 ✶

포스터는 자신의 경험에 비추어 아이디어를 내려면 우선 인생을 즐기라고 충고한다. 사람의 마음은 한 방향으로 가다가 갑자기 방향을 바꾸도록 강요받게 되는데, 지금껏 전혀 생각지 못했던 이 새로운 방향이 사실은 완벽하게 논리적이며, 아이디어 발상 또한 낡은 요소들을 전혀 예상치 못한 방법으로 결합시킬 때 새로운 것이 태어날 가능성이 높다는 것이다. 즐거운 가운데 좋은 아이디어가 나왔다는 자신의 경험을 바탕으로, 그는 즐거워야 창조력의 고삐가 풀리고 즐기다 보면 저절로 아이디어가 떠오른다고 하였다. 과학적으로 검증되지 않은 견해이기는 하지만 늘 초조하게 생활하는 광고 창작자들이 귀담아 들을 필요가 있다.

아이디어 뭉치가 되라 ✶

포스터는 아이디어가 원래부터 이미 존재했다는 사실을 깨달아야 한다고 강조한다. 세상의 모든 문제에는 단 하나의 해결책이나 개념이 있지 않고 다양한 해결책이나 개념이 존재한다. 마찬가지로 광고창작에서도 늘 다양한 아이디어가 있게 마련이고 또 다른 해결책이 있으므로 일단 많은 아이디어를 찾을 필요가 있다. 다시 말해서 주어진 사실보다 광고창작에 임하는 카피라이터의 태도가 더 중요하다고 할 수 있겠다.

마음속에 목표를 정하라 ✶

카피라이터는 목표를 달성하기 위해 어떻게 움직여야 하는지 스스로 느낄 수 있으므로 보다 창의적인 아이디어를 얻겠다는 마음속의 목표를 세운다면 그 목표를 이루는 방법을 저절로 찾으려 할 것이다. 따라서 그는 카피라이터가 아이디어를 '얻게 될' 것이라고는 상상하지 말고 이미 아이디어를 '갖고 있다' 고 상상하면 저절로 아이디어가 떠오를 수 있다는 것이다.

어린이가 되라 ✶

프랑스의 시인 보들레르는 천재란 어린 시절로 마음대로 돌아갈 수 있는 사람이라고 하였다. 누구나 놀라운 어린 시절로 돌아갈 수 있다면 천재성을 다시 한 번 맛보게 된다는 것이다. 창조적인 사람의 내면에는 어른이 아닌 어린이의 마음이 들어 있다. 성인들은 생각이 너무 깊고 복잡하며 쓸데없이 많은 지식에 얽매여 있으나 어린이는 순수하고 자유롭다. 어린이는 세상을 있는 그대로 보기 때문에 어떤 문제에 대해 답을 찾을 때는 스스로의 시각으로 사물을 관찰하고 이해하고 새로운 관계를 찾아낸다. 따라서 창의적 아이디어를 찾기 위해서는 규칙을 깨고 다른 각도에서 사물을 바라보는 어린이의 마음이 필요하다는 것이다.

정보를 더 많이 확보하라 ✶

호기심이 많은 광고 창작자들은 왕성한 탐구욕으로 낡은 요소들과 또 다른 요소들을 결합하여 새로운 것을 만들기를 즐겨한다. 다양한 정보를 확보하여 더 많은 요소끼리 결합시키면 더 새로운 아이디어가 나올 가능성이 높다. 또한, 자신이 가진 기존의 틀을 버리고 광고상품에 대하여 보다 깊이 있게 관찰하고 거기에 몰두하다 보면 보다 효과적인 아이디어를 창출할 가능성이 높다.

배짱을 가져라 ✶

카피라이터가 아이디어를 말하면 비난받게 되는 경우가 있는데, 선천적으로 창의적 아이디어 발상력이 뛰어난 사람들은 이때 두려움을 느끼게 된다. 따라서 두려움과 맞서 싸워서 밀고 나갈 수 있는 배짱을 가져야 한다. 광고창작 과정에서 나쁜 아이디어란 없으며 아이디어를 내지 않는 것보다는 좀 떨어지는 아이디어를 내는 쪽이 더 가치 있다.

생각을 다시 한번 정리해 보라 ✶

포스터는 어떤 문제에 직면할 경우 처음부터 그것을 언어화하기보다 먼저 시각적으로 표현해보는 것이 아이디어 발상에 도움이 된다고 하나 반드시 그런 것만은 아니다. 이보다는 지나치게 논리적인 경로를 따르지 않는 수평적 사고를 하는 것이 필요하다. 또한, 어떤 문제에 대한 아이디어 발상을 하기 전에 미리 사고를 제한하고 아이디어의 경계를 긋지 않는 열린 마음이 필요하다. 이와 관련하여 카피라이터 윤준호는 경계가 없는 아이디어의 세계에 대하여 다음과 같이 흥미롭게 설명하고 있다.

> 아이디어의 세계에도 '블루오션' (*blue ocean*)이 있다면 그곳은 '말도 안 돼' 라는 이름의 바다이거나, '거길 왜 가' 라는 이름의 해협일 것입니다. 천재와 백치(白痴)를 거기서 만납니다. 둘은 코드가 같으니까요. 그들은 '원시' (*primitive*)와 '첨단' 사이에 개설된 직통노선(直通路線)의 단골고객들입니다.[37]

어떻게 결합할 것인지 연구하라 ✶

포스터는 새로운 비유법을 찾는 노력을 하고 행동양식에서 규칙을 파괴하라고 권고한다. 따라서 카피라이터는 "만약 ~이라면 어떻게 될까"라는 생각을 자주 하면서 스스로의 마인드 게임을 해보고 다른 각도에서 아이디어 발상에 접근할 필요가 있다. 실제로 예술이나 과학기술 분야에서의 위대한 진보는 각 분야의 경계를 넘나들며 아이디어를 결합하고 수정하는 과정을 거쳐 이루어졌다.

---

37. 윤준호(2007). "카피 혹은 아이디어를 위한 메타포 11: 스물과 스물하나." 〈광고정보〉 1월호, p.11.

아이디어 발상과정

포스터는 이상의 8가지를 생활화하는 가운데서 아이디어 발상에 대한 두려움이 사라진다고 하였다. 이러한 방법은 카피라이터의 성격에 따라 실행하기 어려운 부분도 있으므로, 스스로 평생을 거쳐 끊임없이 노력함으로써 자신만의 습관으로 고착시켜야 한다. 한편, 그는 더 좋은 아이디어를 창출할 수 있는 아이디어 발상법을 다음과 같이 5가지로 제시하였다.[38]

문제의 정의

모든 문제에는 각기 다른 해결책이 있으므로 문제를 정확하게 정의하기는 어렵다. 만약 문제를 정확하게 정의하지 않으면 문제를 잘 못 풀게 될 수도 있다. 광고창작에서도 문제가 무엇이고 기회가 무엇이며 무엇을 어떻게 해야 하는지 구체적으로 정의해야 보다 효과적인 아이디어 발상이 가능하다.

정보의 수집

카피라이터들이 할 수 있는 정보수집 방법은 다양하다. 아무리 창조적인 사람도 무지한 상태에서 위대한 아이디어를 내기는 어렵다. 따라서 보다 나은 정보를 수집하기 위해 다각도로 노력해야 하며, 특히 일을 시작하기 전에 아이디어 발상에 필요한 모든 정보를 얻을 수 있도록 최선을 다해야 한다.

아이디어의 탐색

좋은 아이디어는 애타게 찾는 사람에게만 나타난다. 실현 불가능한 아이디어 하나를 내는 것보다 아이디어를 많이 내서 그 중에서 하나를 선택하는 것이 낫다. 따라서 너무 성급하게 아이디어를 판단함으로써 아이디어의 흐름과 리듬과 마법을 깨지 않는 것도 중요하다. 아이디어를 비교하고 골라내고 결합하고 종합하는 노력이 지속되어야 한다.

일시적 망각 ✶

새로운 아이디어를 창출하는 것이 너무 고통스럽다면 때로는 그 일을 잠시 잊어버리고 그 일에서 빠져나올 필요가 있다. 일주일 내내 텔레비전을 보거나 운동하며 아이디어 발상 자체를 완전히 망각하라는 뜻이 아니라 그 일은 잠시 잊어버리고 다른 일을 하라는 것이다. 지나친 휴식은 오히려 정신상태에 역효과를 낼 수 있다. 만약 자동차 광고 아이디어가 떠오르지 않으면 잠시 그 일에서 빠져나와 화장품 광고나 식음료 광고 아이디어 발상을 하는 것이 효과적이다. 즉, 아이디어 발상에서의 '기어'를 잠시 바꿀 필요가 있다.

아이디어의 실행 ✶

좋은 아이디어가 떠올랐는데도 아무것도 하지 않는 경우와 아무 아이디어가 없는 경우는 결국 마찬가지다. 좋은 아이디어가 있는데도 무의미하게 아무 일도 하지 않기보다 해야 할 일이라면 당장 시작해야 한다. "구슬이 서 말이라도 꿰어야 보배"라는 우리 속담처럼 광고 아이디어도 꿰어야 진짜 보배가 된다. 카피라이터는 아이디어 발상에 자체에 머무르지 말고 아이디어의 구슬을 본격적으로 꿰는 궤도에 올라가야 한다.

기타 아이디어 발상법

이상에서 언급한 방법 외에도 여러 가지 아이디어 발상기법이 있으나, 세상에 완벽한 발상기법은 없으며 사람마다 적합한 방법들이 따로 있다는 사실을 인지할 필요가 있다. 어떤 사람에게 효과적인 방법이 다른 사람에게는 별 효과가 없으며, 어떤 사람에게는 불편한 기법이 다른 사람에게는 편리하게 활용되기도 한다. 따라서 광고 창작자들은 많은 경험을 통하여 자신에게 가장 어울리는 방법을 찾을 필요가 있다. 기타 추가적인 아이디어 기법들을 제시하면 다음과 같다.

키워드 기법

키워드(*key word*) 기법은 아이디어 발상과정에 참여한 광고 창작자간의 경쟁심이 사라질 수도 있는 브레인스토밍의 단점을 보완하기 위해 미국 포드사의 임원으로 근무했던 조지 뮐러(George H. Muller)가 창안하였다.[39] 브레인스토밍에서는 여러 명의 참여자가 무작위로 아이디어를 내기 때문에 열심히 아이디어를 내는 사람이 있는가 하면 수동적으로 참여하는 사람도 있을 수 있다. 그러나 키워드 기법에서는 모든 참여자가 키워드로 아이디어를 기록하고 그 결과를 돌아가면서 읽게 함으로써 참여도를 공평하게 한다.

진행자는 설정된 회의주제나 광고컨셉을 참여한 광고 창작자에게 숙지시킨 다음, 일정시간 동안 주제나 컨셉에 관련되는 키워드를 명사나 형용사 형태로 카드에 기록하도록 한다. 참여자들은 돌아가며 추출한 키워드를 읽고 주제나 광고컨셉에 적합한 것들을 회의를 통해 결정한다. 몇 차례 반복한 후 최종 아이디어를 결정한다. 이 기법은 브랜드 슬로건, 광고 헤드라인, 상품명, 캠페인 주제 등을 찾아내는 데 유용하게 활용될 수 있다(김동규, 2003).

---

39. George H. Muller(1973). *The Idea Trigger Session Primer*. Ann Arbor, Michigan: A.I.R. Foundation.

아키라 기법

오바타 아키라(Obata Akira)는 광고 아이디어 발상기법을 다음과 같이 제시하였다. 목표를 설정하고 자료를 모으는 준비과정을 거쳐(*preparation*), 수집된 자료를 분석하고(*analysis*), 목표와 연결시켜 내용을 심사숙고하고(*incubation*), 그 내용 중에서 아이디어의 힌트를 찾고(*hint*), 힌트를 통해 영감을 떠올리고(*inspiration*), 창출된 아이디어의 가치를 평가해보고(*assessment*), 그리고 아이디어를 보다 정교화하는(*elaboration*) 노력이 필요하다. 즉, 아이디어는 저절로 태어나지 않고 노력으로 만들어지며, 목표설정을 분명히 한 다음 철저한 자료수집과 분석을 통하여 심사숙고 해야만 가치 있는 광고 아이디어가 태어난다고 하겠다.

고스톱 기법

고스톱(*go/stop*) 기법은 브레인스토밍 과정에서 도출된 아이디어를 1차 평가하여 구체적 실행계획이 있으면 중지(*stop*)하고, 그렇지 못한 아이디어는 다시 아이디어 발상을 계속하는(*go*) 창의적 아이디어 발상기법이다. 이 기법은 브레인스토밍을 통해 도출된 아이디어가 실제 적용될 수 있는 수준까지 발전시킬 수 있다는 장점이 있는 반면에, 실행계획의 기준이 상대적이어서 사전에 기준에 대한 합의가 필요하다는 단점이 있다.

비주얼 브레인스토밍 기법

이 기법은 한 장의 종이에 자신이 생각하는 아이디어를 그림으로 그린 후 옆사람에게 전달하고 그 그림을 본 옆사람은 다시 그림으로 아이디어를 그린다. 이렇게 한 바퀴가 돌아가면 처음에 아이디어를 낸 광고 창작자는 나머지 사람들에게 아이디어를 설명하고 나머지 사람은 그 사람의 아이디어를 적어서 추가적 아이디어로 발전시켜 나간다.

이때 반드시 그림으로만 아이디어를 그려야 하며 언어적으로 표현해서는 안 된다. 이 기법은 그림으로 아이디어를 도출하기 때문에 언어 텍스트가 가지는 한계를 넘는다는 장점이 있는 반면에 발상된 아이디어가 해당과제에 초점을 맞추지 못하는 경우도 생길 수 있다.

고든법

브레인스토밍에서는 문제를 구체적으로 좁혀가며 아이디어 발상을 하지만, 고든법에서는 그 반대로 문제를 추상화시켜 무엇이 진정한 문제인지 모른다는 상태에서 출발한다. 문제가 지나치게 구체적이면 아이디어 발상에 참여하는 광고 창작자가 자칫 현실적 문제에만 생각을 맞추게 되어 아이디어 발상에 제한을 받을 수 있기 때문이다. 주제와 전혀 관계없는 사실로부터 발상을 시작해서 문제해결로 몰입하게 하는 것이 이 기법의 특징이다.

광고 실무계에서는 고든법을 활용하여 기발한 광고 아이디어 발상을 하는 경우가 많다. 추상적 주제에서 출발하므로 결국 버려야 하는 아이디어의 개수가 많다는 한계점이 있지만, 뜻밖에도 광고 아이디어의 대어를 낚을 수도 있다는 장점이 있다. 진행자는 회의도중에 항상 현실적 과제를 망각하지 말고 기발한 상상력과 주어진 과제 사이에서 균형감을 유지하면서 분위기를 유도해야 한다.

아이디어라이팅 기법

아이디어라이팅(*idea writing*) 기법은 브레인라이팅 기법과 유사하다. 먼저, 제시된 문제에 대하여 광고 창작자들이 제출한 의견과 아이디어를 글로 써서 공개적으로 게시한다. 그런 다음 제시된 아이디어에 대하여 다른 광고 창작자들이 한두 마디 평가하는 방식으로 다양한 아이디어를 이끌어내는 집단적 사고방법이다.

핀카드 기법

핀카드(*pin cards*) 기법은 광고 창작자 개인에게 각각 다른 색깔의 카드를 한 묶음씩 나눠준 다음 카드 하나에 한 가지 아이디어를 적어 옆사람에게 건네준다. 옆사람의 카드를 받은 사람은 그 카드를 읽고 본인이 생각지 못했던 아이디어를 생각하는 단서로 활용한다. 이때 새롭게 떠오른 아이디어가 있다면 다시 카드에 새로운 아이디어를 추가로 기록한다. 이와 같은 과정을 20~30분간 반복한 다음 모든 카드를 수집하고 살펴본 다음 게시판에 주제별로 부착한다. 이때 반복되는 카드는 제외시키고 전체 카드를 모아 평가를 한다.

갤러리 기법

플립차트 종이를 벽에 테이프로 붙인 다음 참여한 광고 창작자들이 각자의 아이디어를 한 장의 종이 위에 기록하는 데서 갤러리(*gallery*) 기법이 시작된다. 20~30분간 계속한 다음 15분 정도 휴식을 취하고 나서 모든 참여자들이 회의장을 순회하며 다른 사람이 작성하여 부착한 아이디어를 검색한다. 전체 아이디어를 다 살펴본 다음 각자의 자리로 돌아와서 아이디어를 통합하고 평가한다.

이상에서 여러 가지 광고 아이디어 발상법을 살펴보았다. 광고의 표현컨셉과 아이디어 발상 그리고 매력적인 메시지 개발은 광고창작에서 지식과 정보를 구성하는 핵심부분[40]이라고 하겠다. 아이디어 발상에서 첫째는 원칙(*principles*)이고 둘째는 방법(*method*)이다.[41] 즉, 원칙을 익혀 방법을 제대로 적용하라는 말이다. 독창적 아이디어

40. 이현우 · 김병희(2002). 《광고발상과 전략의 텍스트》. 서울: 북코리아. p.5.

41. James Webb Young(1975). *A Technique for Producing Ideas*. Lincolnwood, IL: NTC Business Books. p.22.

는 분석과 직관의 결합에서 태어난다고 하는데, 이는 천재적 영감에서 나오는 것이 아니라 여러 가지 아이디어 발상법을 배우고 익힘으로써 가능하다.

또한, 앞에서 설명하였듯이, 새로운 아이디어는 낡은 요소들의 새로운 조합에 의해 태어나는 경향이 있다. 따라서 카피라이터들은 이상에서 소개한 여러 가지 아이디어 발상법을 배우고 익혀 잘만 활용한다면 누구나 좋은 아이디어를 낼 수 있을 것이다. 필자 역시 광고 실무계에서 카피라이터로서 일할 때, 선배 광고인들이 제시한 여러 아이디어 발상법을 활용하여 좋은 아이이어를 많이 생각해냈다. 어떤 모형으로 제시할 만큼 숙성되지는 않았으나 필자의 실무경험에서 나온 광고 아이디어 발상의 12가지 기법을 간략히 제안하면 다음과 같다.

| 제안 1 | 가장 중요한 것은 사람연구이므로 인간심리를 연구해 보라.

| 제안 2 | 상품과 시장 및 소비자 요인 중 각각 중요한 포인트를 포착하라.

| 제안 3 | 광고주가 처음에 제시한 광고의 방향성을 다각도로 해석해 보라.

| 제안 4 | 시장에 나가서 소비자들이 하는 말들을 직접 들어 보라.

| 제안 5 | 자신의 경험을 상품에 의미를 주는 메시지로 바꿔 보라.

| 제안 6 | 타인의 경험을 상품에 의미를 주는 메시지로 바꿔 보라.

| 제안 7 | 이미 집행된 자기 브랜드 광고와 경쟁사 광고를 검토하라.

| 제안 8 | 소비자 혜택을 발견한 다음 구체적 약속으로 제시하라.

| 제안 9 | 소비자에게 연애편지 보내듯이 사적인 메시지로 전하라.

| 제안 10 | 컨셉은 유지하되 개별 광고물마다 미묘한 변화를 주라.

| 제안 11 | 카피라이터는 그림으로 디자이너는 카피로 발상해보라.

| 제안 12 | 더 좋은 아이디어가 떠오르면 광고가 나간 후에도 고쳐라.

생_각_해_ 볼_ 문_제_

1. 영(James Webb Young)이 제시한 아이디어 발상의 5단계를 기술하고, 만약 현대 광고의 맥락에서 이 단계를 수정한다면 어떤 부분을 추가해야 할 것인지 생각해보자.

2. 광고물 하나를 골라 창의적인 광고아이디어 발상법 하나를 적용하여 어떤 과정을 거쳐 그 광고물이 창작되었을지 추측해보자.

3. 브레인스토밍에 의한 아이디어 발상법의 과정과 절차 및 의의와 장단점에 대하여 기술해보자.

4. 롯데칠성음료의 '미녀는 석류를 좋아해' 광고는 CM송의 활용이 아이디어의 핵심이다. 이를 스테판 베이커가 제시한 201가지 아이디어 발상법을 적용하여 순서대로 바꿔보자.

5. 카피라이터 송치복이 제시한 상통일맥풍류도 발상법에 따라 삼성전자 '또 하나의 가족' 캠페인의 아이디어 발상과정을 분석해보고, 이에 따라 다음에 이어질 캠페인 아이디어를 생각해보자.

제 4 장

카피창작의 전략과 전술

"현명한 카피라이터는 씨를 뿌리기 전에 잡초를 제거한다." —핼 스티빈스

"무릇 공격이란 바위로 계란을 내리치듯 해야 한다. 적에게 숨 돌릴 시간도 주지 않고, 적의 약점을 찾아 단숨에 제압해야 한다." —손자(孫子)

✱ 광고의 삼각형

✱ 광고전략과 표현전략의 관련 양상

- ✲ 그리드모형
- ✲ 브리프
- ✲ ROI모형

✱ 카피창작 과정

- ✲ 상황분석
- ✲ 목표수용자 선정
- ✲ 광고목표 설정
- ✲ 카피전략 수립
- ✲ 아이디어 전개
- ✲ 카피레토릭 구사

✱ 표현전략의 개념과 모형

- ✲ 프레이저의 모형
- ✲ 고유판매제안 전략
- ✲ 브랜드 이미지 전략
- ✲ 포지셔닝 전략
- ✲ 프렌전의 모형

✱ 카피창작의 전략과 전술

- ✲ 카피 폴리시
- ✲ 카피 플랫폼

올바른 표현전략의 수립은 효과적인 카피창작에 성공하는 지름길이다. 어설픈 표현전략에 따라 카피를 쓰면 나중에 가서 돌이킬 수 없는 이상한 광고물이 만들어진다. 그렇다면 표현전략은 무엇을 바탕으로 수립해야 하는가? 광고전략을 충분히 이해하고 이에 타당한 아이디어 발상을 하는 데서 출발해야 한다. 표현전략과 광고전략은 서로 분리되는 영역이 아니라 동전의 양면처럼 절대로 분리될 수 없으며 분리되어서도 안 된다. 광고회사 내 업무영역간의 경계가 모호해지며 점점 통합적 관점이 요구되는 21세기의 광고환경에서 광고기획과 광고창작을 구분하는 것 자체가 시대착오적 발상이기 때문이다.

광고전략을 망각하고 설정한 표현전략은 광고목표와 유리되어 별도로 진행될 가능성이 높다. 카피라이터가 광고전략과 표현전략을 분리하여 생각한다면 '무엇을 말할 것인지' (*what to say*)는 잊고 '어떻게 말할 것이지' (*how to say*)에만 치중함으로써 아름답고 멋진 카피창작에만 신경 쓸 가능성이 높다. 그렇게 되면 결과는 뻔하다. 상품판매에는 기여하지 못하고 카피 자체로만 멋있어 보이는 예술적 글쓰기가 될 것이다. 분명한 것은 카피창작이 순수한 예술적 글쓰기가 아니며 치밀한 논리와 기획력이 숨어있는 고도의 설득 커뮤니케이션 기제라는 점이다. 따라서 카피라이터는 광고전략과 표현전략의 관련양상에 대하여 상식적 수준 이상으로 이해할 필요가 있다.

카피라이터는 여러 가지 광고전략 모형에 대하여 보다 깊이 있게 이해하고 이를 바탕으로 자신이 맡은 상품과 서비스의 광고창작에 적절하게 적용하고 응용할 수 있어야 한다. 특히, 나중에 크리에이티브 디렉터가 되고자 하는 카피라이터라면 "기발한 아이디어를 창출해야 하고 스스로 많은 고통을 참고 견디며 표현전략에 관련된 모든 문제들을 거의 다 스스로 해결하는"[1] 자세가 필요하다. 이 장에서는 본격적인 카피창작에 들어가기에 앞서 카피창작에 필요한 전략과 전술에 대하여 다각도로 알아보고자 한다. 광고전략과 표현전략의 관련양상을 충분히 숙지한 다음에야 비로소 카피창작이 가능하다고 할 것이다.

---

1. William A. Marsteller(1981). *Creative Management*. Chicago, IL: Crain Books, p.38.

광고의 삼각형

아무리 두툼한 광고학 교과서라 할지라도 결국 '상품'과 '시장'과 '소비자'라는 세 가지 영역에 대하여 자세하게 설명하느라 그렇게 많은 페이지를 할애했을 것이다. 사회 변화와 지식의 발달로 인하여 각 영역에 대하여 설명할 내용이 많아 교과서의 분량이 두꺼워졌다고 할 수 있다. 초창기 광고는 주로 상품과 시장을 강조하는 맥락에서 출발하였으나 현대 소비대중사회에서는 소비자를 강조한다. 광고의 발달사를 보면 광고를 움직이는 3가지 주체가 상품과 시장과 소비자임을 알 수 있다. 상품과 시장과 소비자라는 꼭짓점을 기준으로 삼각형을 그리면 〈그림 4-1〉과 같은 정삼각형이 그려진다.

그런데 광고창작에 있어 어느 꼭짓점을 강조하느냐에 따라 그려지는 삼각형의 모습이 달라진다. 너무 도식적이고 획일적인 구분이기는 하지만 개념에 대한 이해를 돕기 위하여, 한국 광고산업의 변화에 따라 광고표현에 나타난 삼각형의 모습이 어떻게 달라져왔는지 예를 들어 살펴보자. 한국전쟁이 끝나고 경제개발 5개년 계획이 실시되던 1960년대에는 광고표현에서 전반적으로 자기자랑 위주의 '상품'을 강조하였는데 이때의 삼각형은 시장과 소비자는 그대로 두고 상품을 강조하는(MCP′) 이등변삼각형 모양이었다. 또한, 1970년대 이후에서 1988년 서울올림픽 이전까지는 시장에 다양한 브랜드들이 등장하여 시장 점유율 쟁탈전을 벌였는데, 이때의 삼각형은 상품과 소비자는 그대로 두고 시장을 강조하는(PCM′) 이등변삼각형 모양이었다.

서울올림픽 이후 한국사회에 불어닥친 1990년대의 포스트모더니즘과 20세기말, 21세기 초를 거치면서 소비자들은 기본의 획일적 유행에서 탈피하여 각양각색의 개성을 지니게 된다. 이후 최근까지 광고표현에 나타난 삼각형의 모양은 시장과 상품은 그대로 두고 소비자를 강조하는(MPC′) 이등변삼각형이라고 할 수 있다. 즉, 상품력의 차이가 거의 없어지고 브랜드별로 시장점유율 순위가 큰 변동이 없는 상황에서 많은 광고에서 소비자 심리에 눈을 돌리기 시작한 것이다. 우리 카피라이터들이 광고를 창작해야 할 21세기에는 소비자(사람) 영역이 아이디어를 캐는 금광이 되었다. 상품과 시장과 소비자의 개념에 대하여 보다 자세히 알아보자.

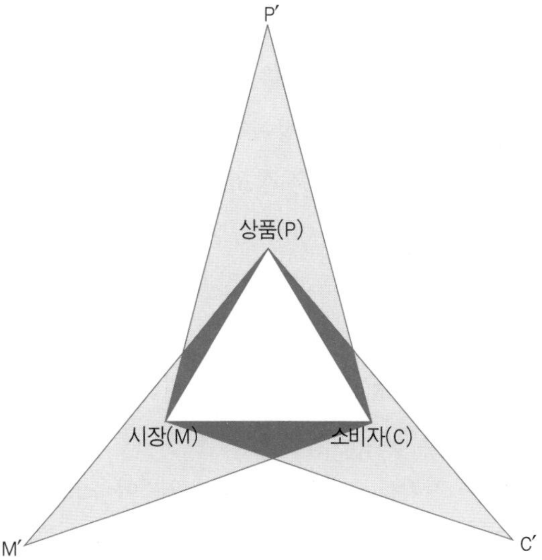

〈그림 4-1〉 광고의 삼각형

첫째, 어떤 물건이 상품(*product*)으로 태어나지 못하고 공장에서 생산된 채 그대로 있다면, 이는 소비자에게 무의미한 물건일 뿐이다. 반면에 매장의 진열대에 전시되어 있다가 소비자로부터 관심 있는 품목으로 선택되어 소비자의 수중에 들어가는 순간에 그 물건은 비로소 상품으로 다시 태어난다고 할 것이다. 같은 물건이라도 공장에서 생산되어 배송과정을 거치고 상점의 진열대에 놓이기 전까지가 제품(製品)이라면, 백화점이나 상점의 매장에 진열되어 소비자의 선택을 기다리는 순간부터는 팔려야 하는 상품(商品)이 된다. 소비자에게 팔리지 못한 물건은 영원히 제품으로 머무르게 된다.

광고인들이 관심을 가지는 물건은 제품이 아닌 상품이다. 즉, 물건에 생명력을 불어넣어 소비자에게 어떻게 팔 것인지에 관심을 가지기 때문에 그들은 상품에만 관심을 가지는 것은 당연하다. 이와 같은 상품의 범위에는 물리적 실체가 있는 물건뿐만 아니라 기업에서 제공하는 서비스까지 포함되며, 때로는 서비스 자체를 상품으로 판매하기도 한다. 따라서 어느 카피라이터가 공들여 쓴 카피 한 줄은 제품이나 서비스를 상품으로 바꿀 수 있는 강력한 설득 메시지가 된다고 할 수 있다.

둘째, 시장(*market place*)은 상품과 관련된 판매(구매) 환경을 의미한다. 음료시장이라 하더라도 콜라시장과 식혜시장은 다르다. 또한, 자동차 시장이라 하더라도 중형차 시장과 소형차 시장의 구매의사 결정과정이 다르며 상품을 구매하는 소비자 심리가 다르다. 광고기획 단계에서부터 철저한 시장조사를 바탕으로 그에 적합한 커뮤니케이션 전략을 수립할 필요가 있다. 카피라이터 입장에서는 광고 기획자나 마케팅 담당자가 제시한 시장에 대한 정보를 바탕으로 그 시장 안에서 광고상품을 더 주목받게 할 수 있는 메시지 개발에 노력을 집중해야 한다.

일찍이 트라우트와 리스(Trout & Ries, 1979)는 최고의 상품이란 존재할 수 없으며 마케팅의 세계에서는 어떤 브랜드가 시장 내에 위치하는 객관적 실체와 상관없이 소비자가 마음속으로 느끼는 지각(*perception*)만 있을 뿐[2]이라고 하였다. 즉, 상품의 시장 점유율과 그 자체보다는 소비자의 마음속에 상품이 어떻게 자리잡고 있는지가 더 중요하며, 마케팅이란 상품력의 싸움이 아니라 인식의 싸움이라는 것이다. 따라서 시장은 소비자의 지각에 따라서 바뀔 가능성이 큰 가변적 영역이라고 하겠다.

셋째, 소비자(*consumer*)는 상품을 소비하는 주체를 의미한다. 시장에는 수많은 상품이 널려있는데 어떤 소비자는 어떤 상품을 선호하고 다른 소비자는 다른 상품을 선호한다. 따라서 카피라이터는 어떤 광고상품의 목표 소비자에 대하여 깊이 있게 이해하고 그들이 어떤 상품을 구매함으로써 어떠한 혜택을 얻을 수 있는지를 사전에 고려해야 한다. 광고창작자나 광고주 입장에서가 아니라 소비자의 관점에서 광고를 창작하라는 말은 그만큼 소비자 혜택의 제공이 중요하다는 의미이다. 카피라이터들은 상품과 시장에 대한 연구보다 소비자 심리에 대하여 더 많이 고민해야 한다. 상품력의 차이가 거의 없어진 21세기 현대 소비대중사회에서 소비자(사람)에 대한 연구야말로 메시지를 차별화할 수 있는 지름길이기 때문이다. 이와 관련하여 카피라이터 이만재는 다음과 같이 충고하고 있다.

---

2. Jack Trout & Al Ries(1979). "The Positioning Era: A View Ten Years Later." *Advertising Age* July 16, pp.39~42.

> 우리나라 카피가 격이 없어지고 가벼워지고 하는 모든 이유가 시장이나 상품 이런 쪽에 우선순위를 두기 때문인데, 이제 순위를 좀 바꾸었으면 좋겠어요. 사람연구를 맨 먼저 했으면 좋겠어요. 상품을 만들어내는 사람연구를 좀 깊이하면 굉장히 재미있는 이야기가 나오고, 상품을 소비하는 사람연구를 심층적으로 하면 거기에서 무궁무진한 아이디어가 나와요. … 사람들은 광고를 보고도 자기 이야기가 아니니까 그냥 통과통과 그래요. 어떤 잡지는 본문보다 광고가 더 재미있게 읽히도록 편집하는데, 거기에는 사람 이야기를 재미있게 다룬 광고가 많아요. 제가 광고를 평가할 때 사람냄새나는 광고에 점수를 더 주는 것은 당연하죠.[3]

따라서 카피라이터는 상품이나 시장요인보다 제2장에서 소개한 소비자 심리에 대한 이해를 바탕으로 다양한 맥락에서 '소비자 통찰력'(*consumer insight*)을 발견하여 소비자의 심리타점(*sweet spot*)을 때릴 수 있는 카피를 창작해야 한다. 소비자 통찰력을 발견하기 위해서는 "왜 사람들은 그렇게 행동할까", "왜 그렇게 느낄까", "그 다음에 사람들은 무엇을 하고 싶어할까", "소비자의 머릿속에 어떤 광고 마케팅 메시지를 전달해야 할까" 같은 지속적인 질문을 카피라이터 스스로 해보아야 한다.

소비자 통찰력을 얻는 과정은 다음과 같다. 소비자에 대한 다양한 자료(*data*)를 수집한 다음 이를 분석하여 다양한 정보(*information*)를 생성하고, 정보를 창조적으로 해석하여 소비자의 심리타점을 때릴 수 있는 통찰력(*insight*)을 발견하고 여기에서 광고 표현에 필요한 영감(*inspiration*)을 얻는다(자료→정보→통찰력→영감).[4] 카피라이터는 이러한 과정을 통하여 카피창작에서 영감을 발견할 수도 있다. 자료수집을 위하여 질문법을 활용하는 경우가 많은데, 여기에는 서베이, 포커스그룹 인터뷰(FGI), 심층면접 등 여러 가지가 있다. 소비자가 무심코 말하는 작은 단서 하나에서도 장기 캠페인을 가능하게 하는 통찰력이 숨어 있을 수 있으므로, 카피라이터는 질문법을 적절히 활용하여 소비자의 마음을 움직일 수 있는 카피를 '발견'해야 한다.

---

3. 김병희(2007). "크리에이티브의 길을 묻다 54: 시야각에서 벗어나기—이만재②." 〈광고정보〉 1월호, pp.87~88.
4. 리사 포르티니 캠벨, 문영숙 역(1999). 《광고전략워크북》. 서울: 커뮤니케이션북스. pp.137~157.

상품특성의 이해, 시장상황에 대한 이해, 그리고 소비자 심리의 이해는 광고전략 수립의 기본토대이다. 마찬가지로 카피창작 역시 광고의 삼각형(상품, 시장, 소비자)에 대한 충분한 이해가 선행되어야 한다. 시장을 강조하면 시장에서의 우위점이 강조되는 뾰족한 이등변삼각형 모양(M′)의 카피가 나올 것이며, 소비자를 강조하면 독특한 소비자 혜택이 강조되는 뾰족한 이등변삼각형 모양(C′)의 카피가 창작될 것이다. 따라서 카피라이터는 막연한 직관과 추측에서 벗어나 자료분석에서 영감을 발견하기까지 긴장감 있게 자신의 창작혼(魂)을 불태워야 한다. 시작이 반이라는 말처럼, 상품과 시장과 소비자의 관계에서 각 꼭짓점의 높이를 정하고 광고 삼각형의 모양을 마음속으로 결정하고 나면 카피창작의 기본설계는 본격적인 궤도에 오르게 된다.

광고전략과 표현전략의 관련 양상

카피라이터는 표현전략을 수립하기에 앞서 광고전략을 이해해야 한다. 광고전략은 다양한 맥락에서 표현전략 수립에 유용한 길잡이가 되기 때문이다. 태어날 때부터 천재로 태어난 사람은 이상의 광고전략을 몰라도 어떤 상품을 맡겨주면 즉흥적으로 카피를 쓸 수도 있겠지만 그런 사람은 많지 않다. 따라서 카피라이터는 광고전략이 광고기획자의 몫이라고 오해하여 이를 도외시하지 말고, 광고전략의 여러 층위를 깊이 있게 이해함으로써 그 전략의 타당성을 평가할 수 있는 안목을 길러야 한다.

엠파스의 론칭 광고에서 정보를 찾느라 "쓸데없이 헤매지 말자"라는 카피를 사용하였는데, 광고전략은 카피라이터들의 쓸데없는 시간낭비를 방지해주는 동시에 표현전략 수립에 필요한 핵심정보를 제공한다. 따라서 잘 짜인 광고전략은 카피라이터들에게 지혜로운 생각의 지도와 같다. 김동규(2003)는 광고전략에 대한 깊이 있는 이해가 카피창작의 나침반이 된다고 하며, 카피라이터에게 다음과 같이 조언하고 있다.

우리말 사전을 펼쳐보십시오. 모래알처럼 수많은 단어 가운데 어떤 것을 골라 카피를 써야 할지 막막할 것입니다. 그럴 때 광고전략을 찾으십시오. 전략은 막막하게 펼쳐진 단어의 사막에서 카피라이팅의 길을 제시하는 나침반입니다.[5]

그동안 광고학계와 광고 실무계에 소개된 광고전략 모형은 여러 가지가 있다. 그러나 그 모든 것을 카피라이터가 다 알아야 할 필요는 없고 반드시 숙지해야 할 것은 광고 실무계에서 가장 많이 활용되는 그리드모형, 브리프, 그리고 ROI모형 정도이다. 각 광고전략 모형이 나오게 된 배경은 각각 다르지만 이 3가지 모두 카피창작에 유익한 시사점을 준다. 세 가지 광고전략 모형에 대하여 간략히 살펴보면 다음과 같다.

그리드모형

그리드(Grid)모형은 광고회사 FCB(Foote, Cone, & Belding)의 부사장을 역임한 보근(Vaughn, 1980)이 이전에 제시된 광고전략 개념들을 종합하여 포괄적 맥락에서 제시하였다. 〈그림 4-2〉에 제시한 이 모형은 소비자의 고관여와 저관여 상황 및 이성과 감성이라는 두 축을 기준으로 상품의 영역을 4가지 상한으로 구분하였다. 즉, 상품구매시에 소비자들이 인지하는 중요도에 따라 상품이 위치하는 자리를 그리드에 4가지 상한으로 나타낸 것이다.[6]

제1상한은 고관여/이성적 사고에 해당되며 정보적 광고표현이 강조된다. 여기에는 많은 정보를 필요로 하는 집, 자동차, 집, 가구 같은 상품이며, 특성, 성능, 가격, 용도에 대한 정보를 제공해야 하는 신상품도 해당된다. 구매의사 결정과정은 위계적 효과모형으로 설명이 가능하며 '인지–느낌–구매' (*learn-feel-do*)의 단계를 거친다.

5. 김동규(2003). 《카피라이팅론》. 서울: 나남출판. p.76.
6. Richard Vaughn(1980). "How Advertising Works: A Planning Model." *Journal of Advertising Research* 20(5), pp.27~33.

〈그림 4-2〉 FCB 그리드모형

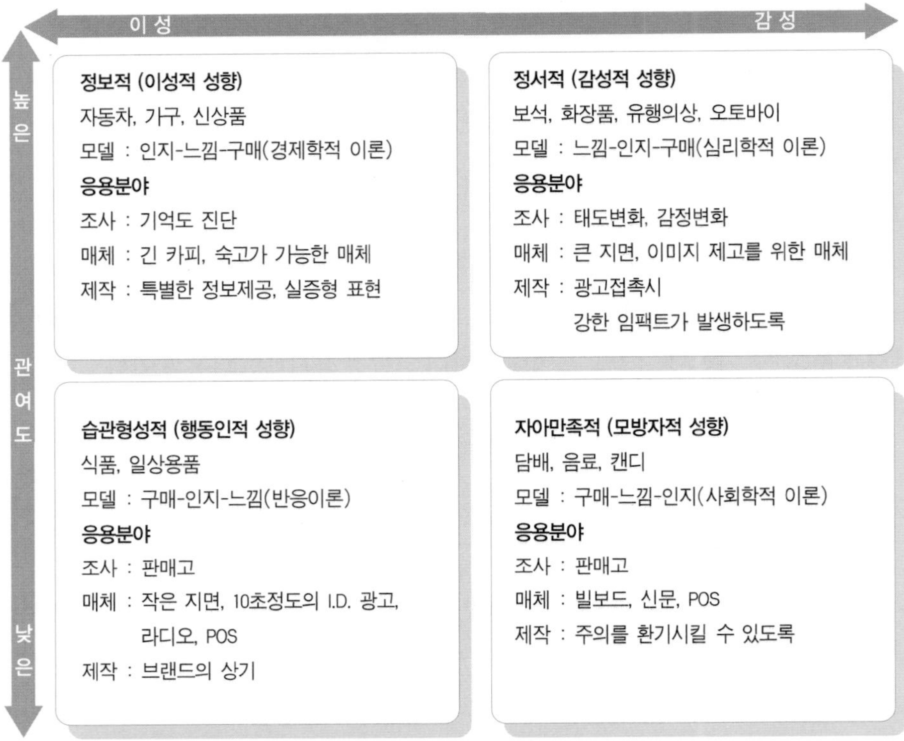
이 성
감 성
높 은
관 여 도
낮 은
정보적 (이성적 성향)
자동차, 가구, 신상품
모델 : 인지-느낌-구매(경제학적 이론)
응용분야
조사 : 기억도 진단
매체 : 긴 카피, 숙고가 가능한 매체
제작 : 특별한 정보제공, 실증형 표현
정서적 (감성적 성향)
보석, 화장품, 유행의상, 오토바이
모델 : 느낌-인지-구매(심리학적 이론)
응용분야
조사 : 태도변화, 감정변화
매체 : 큰 지면, 이미지 제고를 위한 매체
제작 : 광고접촉시
강한 임팩트가 발생하도록
습관형성적 (행동인적 성향)
식품, 일상용품
모델 : 구매-인지-느낌(반응이론)
응용분야
조사 : 판매고
매체 : 작은 지면, 10초정도의 I.D. 광고,
라디오, POS
제작 : 브랜드의 상기
자아만족적 (모방자적 성향)
담배, 음료, 캔디
모델 : 구매-느낌-인지(사회학적 이론)
응용분야
조사 : 판매고
매체 : 빌보드, 신문, POS
제작 : 주의를 환기시킬 수 있도록

제2상한은 고관여/감성적 사고에 해당되며 구매의사 결정시 관여도는 높지만 구체적 정보보다는 태도나 전체적 느낌이 강조된다. 개인의 자존감(*self-esteem*)이 주요 요인으로 작용하며, 보석, 화장품, 의상 등이 여기에 해당된다. 느낌을 중시하는 소비자를 대상으로 하는 감성적 광고전략이 효과적이며, '느낌–인지–구매' (*feel-learn-do*)의 단계를 거친다.

제3상한은 저관여/이성적 사고이며 관여도는 낮지만 의사결정 과정에서 구매가 편하고 습관적으로 이뤄지는 상품들이 여기에 해당된다. 대부분의 식품이 여기에 위치하며, 브랜드 충성도가 습관을 형성하지만 소비자들은 단일상품만의 구매보다는 수용가능한 브랜드를 교차하여 구매한다. 의사결정 과정은 '구매–인지–느낌' (*do-learn-feel*)의 단계를 거친다.

제4상한은 저관여/감성적 사고이며 개인적 기호를 충족시키는 청량음료나 담배같은 상품들이 여기에 해당된다. 소비자는 해당상품에 즉각적으로 반응하기 때문에 논리적으로 설득한다하더라도 오래가지 못한다. 여기에 해당되는 상품은 사회적 혹은 집단적 영향을 받으며 사회학적 이론에 근거를 두고 있다. 의사결정 과정은 '구매-느낌-인지' (*do-feel-learn*)의 단계를 거친다.[7]

각각의 상품은 이상에서 제시한 상한에 각각 위치하며 그에 따라 광고전략 목표를 설정할 수 있다. 또한 표현전략 수립의 출발점이 될 수 있으며 가장 효율적인 매체의 선정에도 유용하다.[8]

제1상한에 위치하는 상품광고의 표현전략은 소비자를 이성적으로 설득할 수 있는 정보제공적(*informative*) 성격을 지녀야 하고, 광고매체는 긴 카피를 쓸 수 있고 많은 정보제공이 가능한 인쇄광고(특히 신문광고)가 적합하다. 예를 들어, 〈그림 4-3〉에 제시한 하이북 광고 '단말기' 편에서는 많은 분량의 카피를 통하여 소비자에게 풍부한 정보를 제공하고 있다.

제2상한에는 관여도가 높으면서도 감성적 판단이 지배하는 특성이 있으므로 감성적 호소력(*affective*)이 있는 광고 메시지가 효과적이며, 광고매체는 지면이 크고 광고노출시 감성적 공감대를 느낄 수 있는 잡지나 포스터가 어울린다. 예를 들어, 〈그림 4-4〉에 제시한 영화 〈결혼은 미친 짓이다〉의 포스터에서는 비교적 큰 지면에 카피량을 줄여 오버라인(*over line*)과 영화제목만을 제시하고 남녀가 껴안고 있는 장면만을 보여줌으로써 관객의 감성적 공감을 유도하고 있다.

제3상한에는 관여도가 낮으면서도 이성적 사고를 통해 상품구매를 결정하는 상품이 해당되므로 습관형성적(*habit formation*) 특성을 지녀야 하며, 적합한 매체는 반복노출을 통해 브랜드 인지도를 형성할 수 있는 라디오나 텔레비전 ID 광고 등이다. 예를 들어, 〈그림 4-5〉에 제시한 청풍 음이온청정기 라디오 광고에서는 공기청정기를 아기

---

7. Richard Vaughn(1986). "How Advertising Works: A Planning Model Revisited." *Journal of Advertising Research* 26(1), pp.57~66.

8. 이명천(1991). "다차원 척도(MDS) 분석에 의한 FCB 그리드모델의 적용가능성 평가연구." 〈광고연구〉 11, pp.247~269.

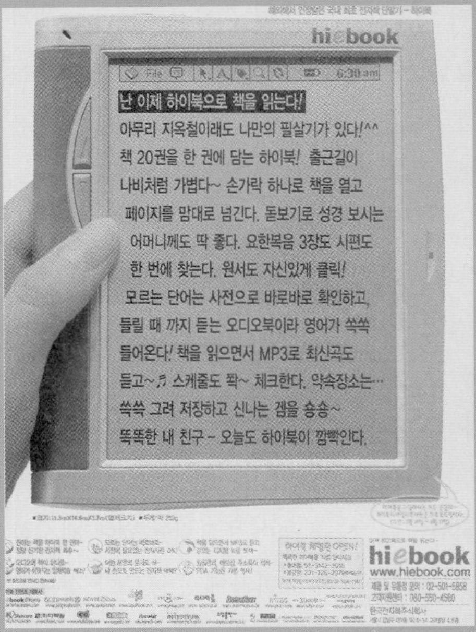

〈그림 4-3〉 하이북 '단말기'편

〈그림 4-4〉 영화 〈결혼은 미친 짓이다〉 포스터

남편 아버님 방에 놓아드리자.
아내 아기 방이 먼저라니까요.
남편 그래도 음이온 공기청정기인데
아내 어휴~ 날 추우면 환기도 어려운데.
남편 그래, 하나 더 산다~

SE 따르릉~ (☏전화벨 소리)

남편 청풍이죠? 청풍기 하나 주세요.
아뇨. 청풍 음이온~
공기청정기 하나 주세요.
NA 대한민국 공기청정기 -청풍

〈그림 4-5〉 청풍 음이온청정기 라디오 광고

〈그림 4-6〉 롱스 초콜릿바 버스광고

방과 시아버지 방에 설치하는 문제로 고민하는 며느리의 심리를 남편과의 대화를 통해 표현하고 있다. 브랜드 인지도를 제고하기 위해 브랜드 이름도 반복적으로 노출하고 있다.

제4상한에는 관여도가 낮으면서도 감성적 판단에 따라 구매결정을 하는 상품들이므로 자아만족감(*self-satisfaction*)을 환기할 수 있는 내용이어야 하며, 광고매체로는 거리의 옥외광고 등이 전형적 형태라고 할 수 있다. 예를 들어, 〈그림 4-6〉에 제시한 크라운제과의 롱스 초콜릿바 버스광고에서는 관여도가 낮은 상태에서 소비자의 구매결정이 이루어진다는 점을 고려하여 "Just in one bite!" 이라는 영어 헤드라인만 제시하고 있다.

브리프

브리프란 광고창작에 참여하는 모든 광고창작자들이 공유하는 광고창작의 지침이라고 할 수 있다. 브리프는 어떤 광고회사의 고유한 광고전략 모형을 종합적으로 정리한 문서를 말하는데, 보통 영국의 다국적 광고회사 사치 앤 사치(Sattchi & Sattchi) 사에서 제시한 광고전략 모형인 '브리프' (*The Brief*)를 지칭하는 경우가 일반적이다. 광고창작자들 사이에서 보통 크리에이티브 브리프(*Creative Brief*)라고도 불리는 브리프는 보통 2가지 목적을 위하여 작성하는데, 첫째, 광고주와 광고회사 간에 광고전략 방향을 협의하기 위한 목적이며, 둘째, 광고회사 내에서 광고기획팀과 광고창작팀 사이에 어떤 광고물 창작의 명확한 지침을 공유하기 위한 목적이 그것이다.

사치 앤 사치의 브리프는 광고의 배경에 대한 브리프(*Background to the adver- tising brief*), 광고창작을 위한 크리에이티브 브리프(*Creative brief*), 매체브리프(*Media brief*) 등 3가지 양식으로 구성되는데 카피라이터 입장에서 가장 눈여겨볼 대목이 〈그림 4-7〉과 같은 크리에이티브 브리프이다. 브리프의 작성과 해석에서 가장 중요한 사항은 광고창작자들 사이에서 단일집약적 제안(SMP: *Single Minded Proposition*)을 작성하고 이를 모두가 공유하는 일이다. 단일집약적 제안이란 로서 리브스가 제시했던 고유판매제안(USP: *Unique Selling Proposition*)의 개념을 광고 메시지의 집약에 초점을 두고 발전시킨

〈그림 4-7〉 사치 앤 사치의 크리에이티브 브리프

광고주 *Client*	브랜드 *Brand*	작업번호 *SWO No.*
		작업일자 *Date*

캠페인 요청사항 *Campaign Requirement* 캠페인, 단발성 광고, 광고번호

목표 수용자 *The Target Audience* 인구통계적 특성, 라이프스타일, 상품사용법 | 태도

광고 목표 *What is this advertising intended to achieve?*

단일집약적 제안 *The Single Minded Proposition*

제안의 근거 *Substantiation for the Proposition*

필수 삽입요소 *Mandatory Inclusions* 상품소유자, 로고, 전화번호 등

원하는 브랜드 이미지 *Desired Brand Image* 친근한, 섬세한, 현대적인 등

작업일정 *Timing of Creative Work*	**창작팀장 서명**
기획팀에게:	**기획팀장 서명**
광고주에게:	

것으로, 광고목표를 달성하기 위하여 표적집단에게 브랜드에 대하여 전달하는 "동기를 유발하고 차별화할 수 있는 단 하나의 제안"[9] 이다.

고유판매제안(USP)이 상품에 내재하는 하나의 혜택을 찾아 제안하는 것이라면, 단일집약적 제안(SMP)은 소비자의 머릿속에 그 혜택이 기억되도록 제안하는 것이다. 카피라이터는 브리프에서 말하는 단일집약적 제안에 대하여, 소비자가 상품이나 서비스에서 얻을 수 있는 여러 혜택 중 하나의 제안점을 선택하여 이를 단일집약적(*single-minded*)으로 표현해야 한다는 개념으로 이해할 필요가 있다. 사치 앤 사치의 브리프는 카피라이터에게 광고창작의 가이드라인을 제시해주는 유용한 광고전략 모형이다. 광고전략의 전체적 개념을 일목요연하게 제시하는 이 모형은 비교적 이해하기 쉬워 광고기획팀과 광고창작팀 사이에서 공감할 수 있는 광고물 창작의 지침이 된다.

ROI모형

현대사회에서 광고가 성공하려면 반드시 상관성(*Relevance*), 독창성(*Originality*), 충격성(*Impact*)의 세 가지 요소를 갖춰야 한다는 것이 ROI모형의 핵심이다. 광고표현이 상품과 관련된 내용이 아니면 예술적 표현이 되기 쉬우며, 아무리 상품과 상관이 있는 메시지라도 독창적이지 않으면 관심을 끌 수 없으며, 충격성이 없으면 공감할 수 없고 광고에 대한 느낌이 오래 지속되지 못한다는 것이다. 여기서 충격성이란 엄청나게 쇼킹한 말이나 그림을 제시해야 한다는 의미가 아니라, 소비자들이 광고 메시지에 공감하는 감동의 파장으로 이해해야 한다. ROI모형은 다음과 같은 5가지 질문에 대한 해답을 구하는 과정에서 완성되는 모형이라고 할 수 있다. 카피라이터가 따져보아야 할 5가지 질문내용은 다음과 같다.

9. 강정문 역(1988). 《세계 광고회사의 광고접근법: Saatchi & Saatchi의 The Brief》. 서울: 대홍기획. pp.23~26.

- 광고목표는 무엇인가?
- 누구에게 메시지를 전달할 것인가?
- 어떠한 혜택을 소비자에게 약속할 것인가? 그리고 어떻게 그 약속을 뒷받침 할 것인가?
- 어떠한 브랜드 개성으로 차별화할 것인가?
- 어떤 매체를 통해 광고메시지를 전달할 것인가? 그리고 어떠한 틈새를 차지 할 것인가?

이 모형은 광고회사 디디비 니드햄(DDB Needham) 시카고의 수석 부사장을 역임한 윌리엄 웰스(William Wells)에 의해 체계화되었다. 광고는 예술이라는 관점을 지향한 윌리엄 번벅이 세운 디디비(DDB)를 모태로 하여 태어난 회사에서 제시한 ROI모형은 광고창작의 필수요소들과 광고물 평가의 준거를 제시하고 있다는 점에서 대단히 주목할 만하다. 디디비 니드햄의 회장을 역임한 라인하드(Keith Reinhard)는 ROI를 자사의 기업철학에 비유하여 '투자에 대한 응분의 대가' (*Return On Investment*)[10]로 재치 있게 풀이하기도 하였다.

이상에서 카피라이터가 반드시 알아야 할 광고전략을 살펴보았다. 이 밖의 다른 광고전략은 몰라도 된다는 뜻이 아니라 여기에서 모두 소개하기에는 어려움이 있으므로 필요에 따라 추가로 공부할 필요가 있다. 어쨌든 광고전략과 표현전략은 동전의 양면과 같다. 광고전략을 제대로 알지 못하는 카피라이터는 적확하고 타당한 표현전략을 수립하는 데 한계가 있을 수밖에 없으며, 마찬가지로 표현전략을 직관적으로 나타나는 그 무엇이라고 생각하는 카피라이터에게 광고전략은 전략 자체를 위해 전략을 세우는 겉치레 용도로 제한된 의미로밖에 쓰이지 않을 것이다.

일반적인 광고 기획서는 ①상황분석, ②소비자 분석, ③광고목표 설정, ④광고 컨셉 제시, ⑤광고표현물 제시, ⑥매체계획 순으로 구성되어 있다. 대체로 ①~④는 광

---

10. 강정문 역(1989). 《광고전략 모델의 소개와 평가》. 서울: 대홍기획. p.109.

고 기획자의 몫이고, ⑤만이 광고창작자의 몫으로 생각하며 실제로 업무가 그렇게 이루어지는 경우가 많다. 그러나 카피라이터가 ①~④의 과정을 모르면 결코 광고전략에 충실한 카피를 쓸 수 없으며, 나아가 ⑥의 매체계획을 도외시하면 매체별 카피창작에 어려움에 직면하게 된다. 또한, 광고표현물 창작이 카피라이터의 주요 업무이기는 하지만 다른 부분에 문외한이면 광고캠페인 전체를 관장하지 못하는 부분적 직능인에 머무르기 쉽다. 따라서 카피라이터는 자기영역에서 전문가적 능력을 발휘하는 것은 기본이고 다른 영역에 대한 관심과 공부도 게을리하지 말아야 한다.

전설적 카피라이터 케이플스(John Caples)는 광고창작에 필요한 세 가지 지침을 다음과 같이 제시한 바 있었다.[11] 첫째, 어디에 광고할 것인가? 둘째, 언제 광고할 것인가? 셋째, 광고에서 무엇을 전달할 것인가? 이를 보다 세분화하여 카피라이터가 표현전략을 수립할 때 수없이 스스로 반문해야 하는 질문내용은 다음과 같다.

- 표현전략이 광고를 본 소비자의 기대반응과 일치하는가?
- 핵심 메시지와 크리에이티브 목표를 분명하고 정확히 언급했는가?
- 표현전략에 표적시장과 상품의 특성을 구체적으로 제시했는가?
- 표현전략이 전반적인 매체 운용전략과 조화를 이루고 있는가?
- 광고메시지 전개에 대한 구체적 지침을 제시했는가?

카피라이터는 구체적 작업에 앞서서 이상의 5가지 질문을 스스로에게 던지고 나서 카피를 창작하면 보다 좋은 결과를 기대할 수 있다. 표현전략과 광고전략이 서로 조화를 이루지 못하고 엇나간 상태에서 광고물이 창작되는 경우가 있는데, 이는 카피라이터들이 표현에만 골몰한 나머지 광고전략의 출발점을 망각한 데서 비롯된 결과이다.

광고전략은 표현전략의 수립에 영향을 미치며 표현전략은 광고전략의 방향에 따라 결정된다. 따라서 카피라이터는 〈그림 4-8〉에 제시한 바와 같이, 카피를 쓰는 도중에 현재 자신이 쓰고 있는 카피가 광고전략과 표현전략에서 이탈한 것인지 아니면 제

11. 케이플스, 송도익 역(1992). 《광고, 이렇게 하면 성공한다》. 서울: 서해문집, p.17.

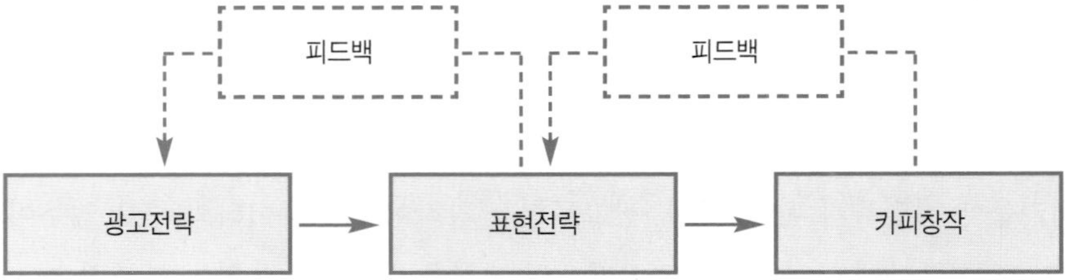

〈그림 4-8〉 카피창작의 점검과정

대로 가고 있는지 수시로 점검할 필요가 있다. 정해진 크리에이티브 컨셉을 바탕으로 광고전략과 표현전략을 수시로 점검하는 자세야말로 전략에 충실한 카피를 쓰는 요체이자 전략을 넘어서는 카피를 쓰는 지름길이다.

카피창작 과정

그동안 광고 실무자들과 연구자들은 광고 카피창작 과정에 대해 여러 가지 맥락에서 설명해왔다. 대체로 각자의 경험에 따라 설명하는 것이 보통이었고 나름대로 의의가 있었다. 특히, 김동규(2003)는 오랜 현장경험과 연구경력을 바탕으로 광고카피의 창작과정을 포괄적으로 설명하는 깔때기 모형(*funnel model*)을 제안하였다. 이는 카피창작에 필요한 광고전략을 보다 쉽게 이해시키고, 각 단계에 걸쳐 카피라이터가 수행할 과업을 체계적으로 정리한 유익한 모형이다.

이 모형에서는 광고창작 현장에서 카피라이터들이 경험하는 다양한 관여상황을 분석하고 이를 카피창작과 관련지어 단계별로 요약했다는 점이 가장 인상적이다. 카피 깔때기 모형은 "상품과 서비스에 대한 방대한 일차자료가 어떤 처리과정을 거쳐 최종적 정보상품(*completed information product*), 즉 카피로 태어나는가를 이론화시킨 일종의 카피라이팅 단계모형[12]이라고 할 수 있으며, 그 구체적 내용은 〈그림 4-9〉에 제시한 바와 같다(김동규, 2003: 99).

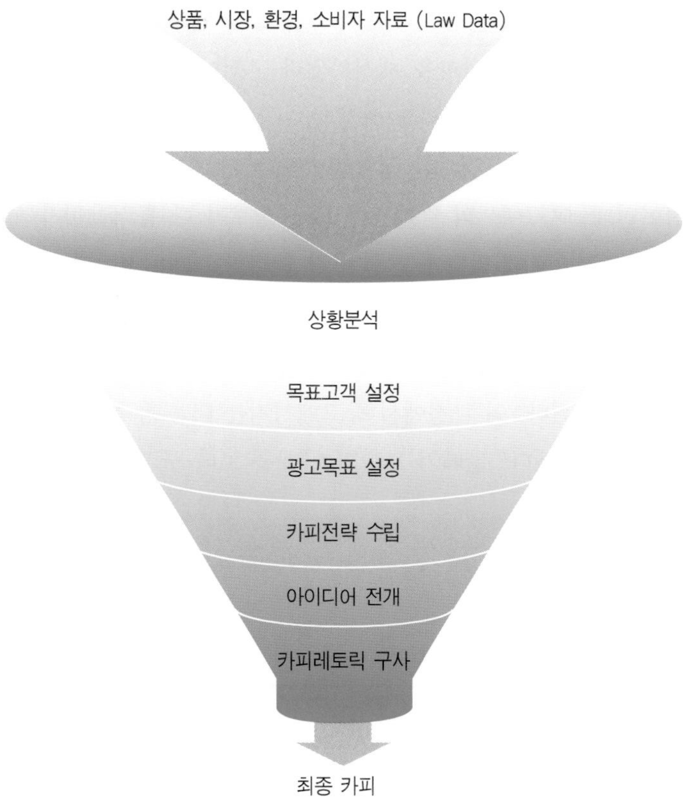

〈그림 4-9〉 카피깔때기 모형

깔때기 모형에 의하면 카피창작 과정은 다음과 같은 6가지 세부단계로 구분된다. ①상황분석, ②목표고객 선정, ③광고목표 설정, ④카피전략 수립, ⑤아이디어 전개, ⑥카피레토릭(*rhetoric*, 수사학) 구사가 그것이다.[13] 깔때기 모형의 각 세부단계는 협의의 광고전략 단계와 상당히 유사하나 다섯 번째의 카피전략 수립단계가 다를 뿐이다. 깔때기 모형은 구조가 간단하기 때문에 기존의 일반적 광고전략 모형과 유사하게 볼

12. 김동규(2003). 《카피라이팅론》. 서울: 나남출판. pp.98~99.
13. 김동규(2003). 《카피라이팅론》. 서울: 나남출판. pp.97~123.

수 있으나, 기존의 광고전략을 단순 반복하지 않고 각 단계마다 카피라이터가 해야 하는 구체적 일과 전략적 고려사항을 제시하였다는 점에서 독창적이고 포괄적인(*comprehensive*) 카피창작 과정 모형이라고 하겠다.

깔때기 모형의 핵심은 불필요한 정보를 단계적으로 제거하면서 광고메시지를 응축한다는 점이인데, 여기에서의 깔때기는 모든 정보가 다 흘러들어가는 보통의 깔때기와 다르다. 구조적으로 긴밀하게 연결된 각 단계의 경계지점마다 보이지 않는 관문(----)이 설치되어 있어서 광고의 삼각형(상품, 시장, 소비자)에 대한 수많은 정보가 넓은 입구로 투입되면 깔때기의 단계를 거치면서 불필요한 것은 제거되고 카피창작에 필요한 핵심정보만 남게 된다. 이 과정에서 광고메시지는 더욱 응축되고 정교화되어 최종 카피가 창작된다고 하겠다. 깔때기 모형의 단계를 보다 구체적으로 알아보면 다음과 같다.

상황분석

첫 번째 단계인 상황분석(*circumstance analysis*) 단계는 깔때기의 가장 넓은 입구에 해당된다. 이곳으로 상품과 시장 및 경쟁상황, 그리고 소비자 특성에 대한 수많은 정보가 투입된다. 상황분석은 관련된 자료를 수집하고 정리하는 카피창작의 출발점이다. 복잡하고 방대한 정보를 처리하는 단계지만 이 단계를 건너뛰면 카피창작이 불가능하다. 상황분석은 상품과 시장 및 소비자에 관련된 이런저런 사항을 기초자료를 중심으로 분석하는 단계이다.

상품분석에서는 광고상품에 관한 다양한 정보를 충실히 수집하여, 상품의 물리적 심리적 특성과 브랜드 이미지 등을 알아볼 필요가 있다. 시장분석에서는 자신이 맡은 광고상품과 경쟁상품을 비교하여 시장에서의 위치를 파악하는 단계이며, 상품의 시장 점유율, 전체 시장의 성장률, 유통구조의 특성 등 여러 경로를 통하여 수집한 자료를 분석해야 한다.

목표수용자 선정

목표수용자(*target audience*)란 현재 광고상품을 주로 사용하고 있거나 앞으로 사용하기를 기대하는 핵심소비자를 의미한다. 이 단계에서는 단지 인구통계적 기준에 따라 목표수용자를 선정하는 것만이 아니라 제2장에서 소개한 여러 심리학적 개념을 적용하여 소비자의 사회경제적 특성과 소비자 심리를 분석하여 카피창작에 적극적으로 반영해야 한다.

광고기획팀에서 나름대로 분석한 소비자 정보를 제공하겠지만, 카피라이터는 주어진 정보를 책상에 앉아서 읽고 분석하는 것과는 별도로 매장이나 백화점에 나가 그들이 왜 어떤 브랜드를 선택하는지 현장 소비자의 생생한 언어를 들을 필요가 있다. 국내 CM 플래너 1호인 이강우는 책상머리에 앉아 카피를 쓰지 않고, 현장의 소비자 언어에서 카피를 찾았다는 자신의 경험을 다음과 같이 고백한다.

> 제가 남들보다 뛰어난 재능이 있었다고 생각한 적은 없어요. 억지로라도 제 장점을 말하면 분석적 태도가 아니었을까 해요. 세종문화에 다니던 시절 식품이나 생활용품 광고를 맡으면 압구정동 슈퍼마켓에 갔어요. 주부들 뒤를 졸졸 쫓아다녀 오해받은 적도 있지만, 주부들 대화 속에 정말 훌륭한 카피가 다 있어요. 그러니까 소비자의 마음속에 존재하는 언어를 상품에 딱 맞아떨어지게 가져다붙이는 맞춤법을 찾아야 해요. 그것을 찾아내는 눈썰미를 길러야 해요.[14]

그가 쓴 카피를 가리켜 '발바닥으로' 쓴 카피라고 해야 할 것이다. 카피라이터는 카피를 쓰기 전에 길거리나 시장으로 달려가서 목표수용자의 라이프스타일과 그들의 심리적 특성을 이해하는 철저하게 소비자 지향적 관점을 유지해야 한다. 이를 바탕으로 카피라이터는 목표수용자의 프로필(*target profile*)을 구체적으로 작성해볼 필요가 있다.

14. 김병희(2004). "숨어있는 설득의 심리학자—이강우." 《크리에이티브의 길을 묻다》. 서울: 살림출판. p.158.

즉, 목표 수용자가 대학생 집단일 경우 그냥 막연하게 20대 초반의 대학생이라고 할 것이 아니라, 대학생 한 사람이 아침부터 저녁까지의 일상생활에서부터 취미나 패션감각 등의 시시콜콜한 모든 내용을 담아 표준이 되는 라이프스타일을 묘사해보면 목표 수용자의 심리적 특성을 모든 광고창작자들이 같은 맥락에서 이해할 수 있다.

광고목표 설정

광고목표(*advertising objective*)란 과제로 수행하는 광고가 매체에 일정기간 노출된 다음에 얻게 되는 기대효과이다. 광고목표가 설정되면 광고의 기획, 창작, 집행과정에 통일된 원칙을 유지하며 광고집행 후 광고효과를 과학적으로 검증할 수 있다는 장점이 있다. 광고목표는 상품, 시장, 소비자 등 광고의 삼각형에 관련된 여러 맥락을 종합하여 설정하는데 광고목표를 기술한 예를 제시하면 다음과 같다.

- 신규 브랜드를 3개월 이내에 목표고객의 20%에게 알린다. (O)
- 광고하는 브랜드의 선호도를 6개월 동안에 1% 이상 높인다. (O)
- 행사기간중 브랜드의 판매 신장률을 이전보다 5% 높인다. (X)

이상에서 제시한 광고목표의 기술 예를 보면, 위의 두 가지는 올바른 서술이고 맨 마지막 것은 잘못된 서술이다. 그 이유는 위의 두 가지가 커뮤니케이션 관점에서 서술한 것이라면 마지막 것은 마케팅 관점에서 서술한 마케팅 목표이기 때문이다. 광고목표는 상품판매율의 신장이나 시장점유율(*market share*)의 확대 같은 마케팅적 과제와는 다르다. 광고의 효과과정을 보면, 상품의 품질, 유통, 가격정책, 판촉 등 마케팅 믹스 요소의 영향을 배제할 수 없기 때문에 어디까지가 순수한 광고효과인지 늘 쟁점이 되어왔기 때문이다.

일찍이 콜리(Russel. H. Colley)는 목표에 따른 관리(*management by objectives*) 개념을 적용하여 DARGMAR(*Defining Advertising Goals for Measured Advertising Results*) 이론[15]

을 제시했다. 즉, 측정할 수 있는 광고결과를 위한 광고목표를 설정해야 한다는 것인데, 여기에서의 광고목표는 판매신장 같은 마케팅 과제의 달성이 아니라 커뮤니케이션 과제를 기준으로 설정되어야 한다는 것이다. 따라서 광고캠페인의 성공이나 실패 여부도 판매효과가 아닌 커뮤니케이션 효과를 기준으로 평가해야 한다고 했다. DARGMAR 이론에서 말하는 광고목표의 설정기준을 제시하면 다음과 같다.

- 구체적(*concrete*)이며 측정가능한(*measurable*) 커뮤니케이션 과업을
- 명확히 규정된 목표수용자(*target audience*)를 대상으로
- 광고캠페인 실시 전의 기준지표(*benchmark*)와 캠페인으로 달성하려는 변화량을 구체적 숫자로 명시하고
- 목표달성에 걸리는 기간(*time period*)을 구체적으로 제시해야 한다.

여기에서 광고목표는 외적인 여러 변인의 영향을 받는 판매목표와 동일시되어서는 안 되며, 소비자의 인지형성, 상품정보의 전달, 상품에 대한 태도형성, 그리고 구매행동의 유발 같은 커뮤니케이션 과제를 광고목표로 설정해야 한다는 것이다. 광고효과를 측정할 수 있는 가시적이고 구체적인 광고목표를 설정할 것을 권고한 DARGMAR 이론에서는 광고의 효과과정 역시 인지(*awareness*)→이해(*comprehension*)→확신(*conviction*)→행동(*action*)으로 이어지는 단계적 효과모형(*Hierarchy of Effects Model*)을 제시했다는 점이 가장 인상적이라고 하겠다. 이후 여러 연구를 통하여 광고효과가 꼭 이런 순서대로 발생하지 않을 수도 있다는 여러 반론이 제기되기도 하였으나, 어쨌든 광고학계와 광고 실무계에 측정가능한 광고목표를 설정할 것을 촉구했다는 점에서 이 이론의 의의를 찾을 수 있다.

15. 콜리, 윤선길 · 조한웅 역(1998). 《DARGMAR 광고이론》. 서울: 커뮤니케이션북스.

카피전략 수립

카피창작에 필요한 카피전략(*copy strategy*)이 따로 있다기보다 일반적으로 카피전략과 표현전략은 같은 의미로 사용된다. 표현전략이란 개별 광고메시지의 일반적 본질과 특성을 규정하는 지도원리나 기법으로 광고소구의 일종이다.[16] 카피의 전반적 스타일이 결정되는 단계이므로 광고의 삼각형에서 과제광고의 현단계 상황에 가장 적합한 전략을 결정해야 한다.

이 단계에서는 상품에 대한 소비자 혜택을 바탕으로 카피 메시지의 표현컨셉을 추출해야 하기 때문에 카피라이터에게 실질적으로 가장 중요한 단계이다. 김동규(2003) 역시 자신의 카피깔때기 모형을 설명하면서 카피전략이 그 모형의 핵심이라고 하였다. 카피전략 수립방법은 다음에서 보다 자세히 설명하고자 한다.

아이디어 전개

본격적인 카피 아이디어 발상(*copy idea generation*)을 하는 단계이다. 이미 제3장에서 설명한 이런저런 아이디어 발상기법을 참조하여 표현컨셉을 극대화시킬 수 있는 본격적 아이디어 발상을 시작해야 한다.

카피레토릭 구사

앞의 단계에서 도출된 아이디어를 바탕으로 말을 다듬고 표현의 수준을 비약시키는 단계이다. 전략적인 크리에이티브 브리프의 내용을 표현만 살짝 바꾸고 다듬은 글을

16. Charles F. Frazer(1983). "Creative Strategy: A Management Perspective." *Journal of Advertising* 12(4), pp.36~41.

카피라고 할 수는 없다. "'전략과 일치하면 된다'가 아니라 전략을 바탕으로 (광고를) 보는 이의 흥미와 관심의 세계로 뛰어올라야 크리에이티브한 카피"[17] 가 된다. 이 단계에서 카피라이터는 카피를 비약시킬 다양한 글쓰기를 시도해야 하며, 이와 관련된 카피 수사학(*copy rhetoric*)에 대해서는 제 6장에서 별도로 설명하고자 한다.

한편, 카피창작 과정에서 명심해야 할 것은 카피창작의 결과물이 한 개인의 능력에 의해 결정된다기보다 그가 몸담고 있는 광고회사 내외의 여러 환경적 요인에 따라 상당히 달라질 수 있다는 점이다. 카피라이터의 카피창작 경험을 분석한 김동규(2006)의 연구결과, 카피창작 주체로서의 카피라이터의 과업성과는 광고창작에 참여한 광고창작자들간의 쌍방향적 상호작용을 통해 실현되는 것으로 나타났다.[18] 〈그림 4-10〉에 제시한 카피창작 과정에 대한 패러다임에서 알 수 있듯이(김동규, 2006: 140), 카피창작 과정은 개인요인에서 환경요인에 이르기까지 카피라이터를 둘러싼 다양한 요인에 따라 영향과 간섭을 받게 된다고 하겠다.

지금까지 카피창작은 카피라이터 개인의 아이디어 발상의 결과로 이루어진다는 것이 일반적 관점이었다. 그러나 이 연구결과에 따라 카피창작의 성과가 개인적 아이디어 발상의 산물만이 아니며, 카피라이터를 둘러싼 조직 내외의 광고창작자간에 역동적으로 이루어지는 쌍방향 커뮤니케이션의 결과물이라는 점이 밝혀졌다. 이는 아무리 카피라이터의 능력이 뛰어나더라도 타인과의 상호작용 과정에서 갈등이 많거나 마찰이 심하면 결코 효과적인 카피를 창작하기 어렵다는 점을 반증한다. 또한, 이러한 연구결과에서 카피창작 과정이 문학예술 같은 예술영역에서의 콘텐츠 창작과정과 다르다는 점을 확인할 수 있다.

17. 강정문(2000). "강정문의 대홍생각(전무메모 19): 카피는 또 하나의 원본이 아니다." 강정문을 사랑하는 사람들의 모임·대홍기획 편저. 《뭐가 그리 복잡하노? 짧게 좀 해라》. 서울: 청람문화사. pp.263~264.

18. 김동규(2006). "광고카피의 산출과정에 관한 근거이론 연구." 〈한국광고홍보학보〉 8(2), 106~157.

〈그림 4-10〉
카피창작의 패러다임

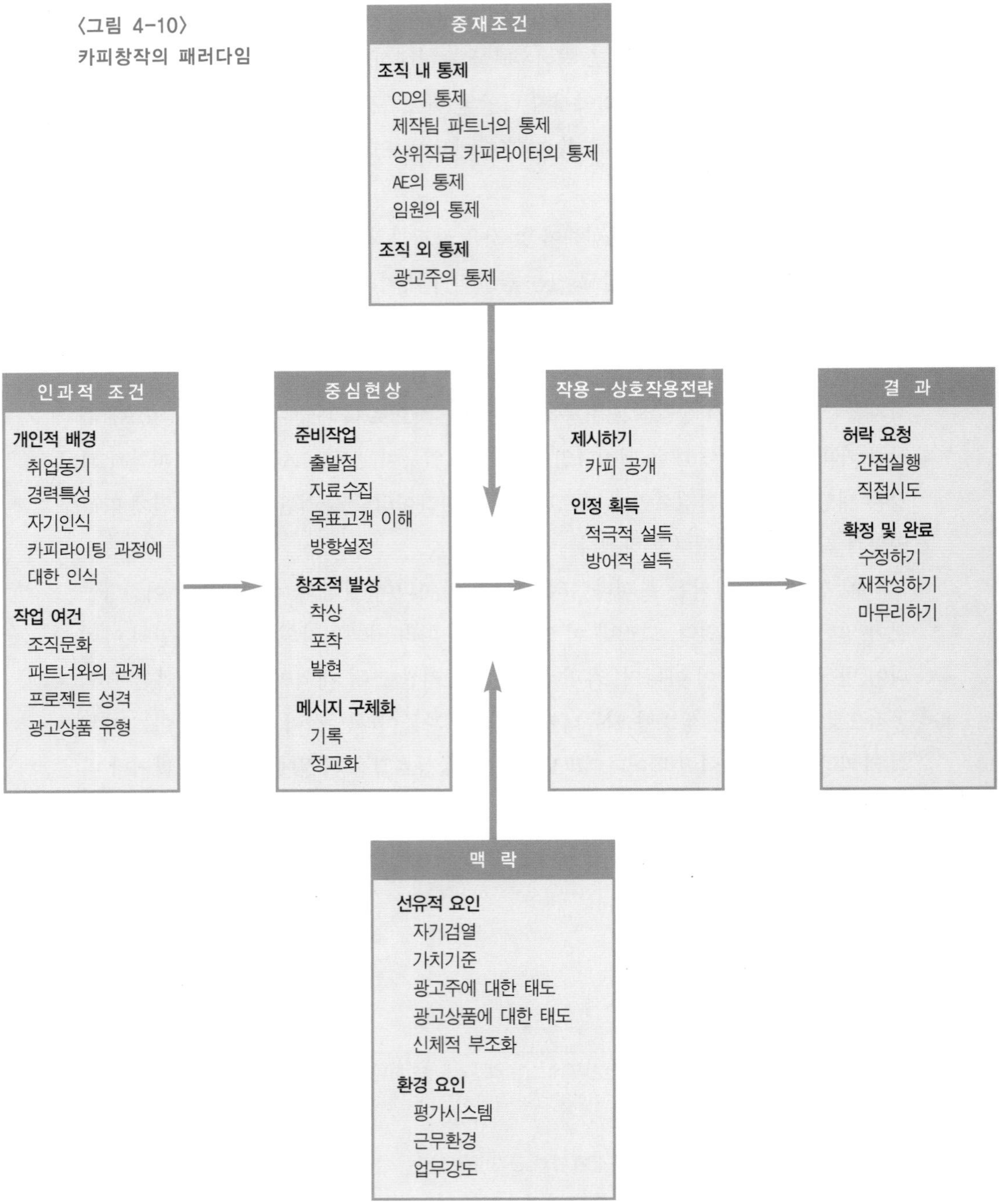

따라서 광고카피란 창조적 발상을 위한 카피라이터의 심리적 집중과 카피창작에 영향을 미치는 다양한 요인과의 교차점에서 탄생하는 커뮤니케이션 콘텐츠라고 하겠다. 아이디어 발상을 하고 그것을 최종카피로 완성시키는 사람은 카피라이터이지만, 매체에 나가는 카피 그 자체는 크리에이티브 디렉터, 아트디렉터, AE, 광고회사 임원, 광고주로 구성되는 다양한 파트너들과 상호작용의 소산이므로(김동규, 2006), 카피라이터는 자신의 재능과 직관만을 너무 고집하기보다 카피창작의 여러 중재조건을 고려하면서 주변 관계자들과 작용 및 상호작용 전략을 원활하게 구사할 필요가 있다.

특히, 스스로 영감이 뛰어나고 아이디어 발상력이 뛰어나다고 자부하는 카피라이터일수록 보다 겸손한 자세를 유지하며 자기를 낮출 필요가 있다. 자기능력에 대한 과신보다는 주위사람들을 배려하면서 주변의 광고창작자들과 보다 역동적인 쌍방향 커뮤니케이션을 해야 할 것이다. 그래야 파트너들이 그 자신과 그의 아이디어를 오랫동안 사랑해줄 것이며 스스로도 주변 사람들과의 상호작용을 통하여 보다 유능한 카피라이터로 거듭 날 수 있겠기 때문이다.

표현전략의 개념과 모형

모든 일을 하는 데에는 전략이 필요하다. 건축가에게는 집을 짓는 데 필요한 설계도가 필요할 것이고, 화가에게는 그림에 대한 전반적 구상이 필요할 것이다. 이와 같이 어떤 일을 보다 효율적으로 수행하기 위한 아이디어의 정수를 전략이라고 하는데, 광고에서는 마케팅 목표에 따라 어떤 상품이나 서비스를 활성화시키기 위한 광고 집행계획을 의미하며 광고전략은 흔히 말하는 광고기획서로 구체화된다. 광고기획서는 광고기획자(AE)가 작성하는 것이 일반적이지만 최근에는 카피라이터가 처음부터 전략수립에 참여하는 경우가 많다.

따라서 카피라이터는 광고기획을 광고기획자의 몫으로 생각하고 기획서가 나온 다음부터 일을 시작하겠다는 생각을 처음부터 버려야 한다. 카피라이터는 남이 쓴 광고기획서를 이해할 수 있어야 하며, 타당한 전략인지 아닌지 평가할 수 있어야 하며, 그 전략이 타당하지 않을 경우 광고창작자의 입장에서 대안을 제시할 수 있어야 한다. 카피라이터에게 전방위의 능력이 요구됨으로써 갈수록 업무부하가 늘고 있으나 이는 시대적 추세이다. 따라서 기획자의 영역과 창작자의 영역을 구분하며 업무를 줄이려고 논쟁하기보다 광고의 여러 분야에 대한 지식을 풍부하게 쌓아 광고창작자로서의 전투력을 향상시키는 것이 중요하다.

효과적인 카피창작을 위해서는 반드시 광고창작에 필요한 일반적 전략과 전술을 이해할 필요가 있다. 전략과 전술에 대한 개념을 줄줄 외우고 있다고 해서 카피를 잘 쓰는 것은 아니지만 기본개념을 풍부하게 이해하면 연차가 올라갈수록 지식의 진가를 발휘하게 되므로, 그것은 그러하다. 그동안 연구자에 따라서 다양한 관점에서 광고창작에서의 표현전략을 제시하였다.

표현전략이란 앞에서 설명했듯이 개별 광고메시지의 일반적 본질과 특성을 규정하는 지도원리나 기법으로 광고소구(*ad appeal*) 방법의 일종이다. 광고에서 소구방법은 소비자의 가치와 문화를 반영하는 경향[19]이 많은데, 여러 가지 소구방법 중 광고의 표현전략은 크리에이티브 요소를 좌우하며 카피창작 스타일을 결정짓는 데에도 상당한 영향을 미친다고 하겠다.

광고표현전략은 연구자에 따라 전환(*transformation*)광고와 정보(*information*)광고의 2가지로 분류하거나, 기분이나 분위기창출 위주의 연성판매(*soft-sell*) 기법, 상품특성에 초점을 맞춘 상품의 장점(*product merit*)기법, 그리고 경쟁상품과의 차별성에 중점을 둔 경성판매(*hard-sell*) 기법 같은 3가지로 분류[20]하기도 하며, 광고모델의 간접대화 방식인 드라마, 모델의 직접대화 방식인 강의, 그리고 이 두 가지를 혼용한 강의-드라마 기법 등 3가지 유형으로 분류[21]하기도 한다.

---

19. Hong Cheng & John C. Schweitzer(1996). "Cultural Values Reflected in Chinese and U. S. Television Commercials." *Journal of Advertising Research* 36(3), pp.27~45.

20. Barbara Mueller(1992). "Standardization vs. Specification: An Examination of Westernization in Japanese Advertising." *Journal of Advertising Research* 32(1), pp.15~24.

21. William D. Wells(1989). "Lecture and Drama." in Patricia Cafferata & Alice M. Tybout (Eds.). *Cognitive and Affective Response to Advertising*. Massachusetts: Lexington Books.

또한, 비교적 최근에 이르러 테일러(Taylor, 1999)의 6분할 메시지 전략모형(*six-segment message strategy wheel*)이 제시되었다. 이 연구에서는 기존의 광고메시지 연구성과를 종합한 다음 커뮤니케이션의 문화적 맥락과 광고심리학(소비자행동론)의 맥락에 주목하여, 광고메시지 전략을 커뮤니케이션의 확산을 강조하는 전달의 관점(*transmission view*)과 소비자의 집단 내 의미와 경험의 공유를 강조하는 의례의 관점(*ritual view*)으로 양분하고 이를 바탕으로 6가지 크리에이티브 전략유형을 제시하였다.

즉, 상투적(*routine*) 전략, 시급한 욕구(*acute need*)전략, 할당(*ration*)전략 3가지를 전달의 관점 아래 분류하고, 자아(*ego*)전략, 사회적(*social*) 전략, 감각적(*sensory*) 전략 3가지를 의례의 관점 아래 분류하였다.[22] 이와 같은 6가지 메시지 전략모형을 한국 광고물 분석에 적용한 결과, 전달의 관점과 의례의 관점이 비슷한 비율로 나타났으며, 이 모형이 한국 광고물 분석에도 유용한 기준이 될 수 있다는 사실이 발견되었으나 한국 광고물을 분류하는 데는 부분적 한계점도 있음이 동시에 지적되었다.[23] 이 모형이 광고의 표현전략을 설명하는 데 유익하기는 하지만, 아직 광고학계의 포괄적 동의를 얻지 않은 관계로 보다 구체적인 설명은 다음 기회로 미루고자 한다.

또한, 사이몬(Simon, 1971)은 광고의 표현전략을 소비자에게 메시지를 전달하기 위하여 카피와 일러스트레이션을 이용하는 명시적 또는 암시적 표현의 틀로 규정한 다음, 그 전략을 다시 10가지 하위기법으로 구분하였다. 즉, ①정보(*information*)전략, ②논증(*argument*)전략, ③심리적 소구(*psychological appeals*)전략, ④반복주장(*repeated assertion*)전략, ⑤명령(*command*)전략, ⑥브랜드 친숙성(*brand familiarization*)전략, ⑦상징적 연상(*symbolic association*)전략, ⑧모방(*imitation*)전략, ⑨사은(*obligation*)전략, ⑩습관 시작(*habit-starting*)전략이 그것이다.[24]

---

22. Ronald E. Taylor(1999). "A Six-Segment Message Strategy Wheel." *Journal of Advertising Research* 39(6), pp.7~17.

23. 이귀옥 · 남경태 · 황장선(2003). "한국 텔레비전 광고의 메시지 전략에 관한 연구: 6분할 메시지 전략 모델의 적용." 〈광고학연구〉 14(5), pp.285~307.

24. Julian L. Simon(1971). *The Management of Advertising*. Englewood Cliffs, NJ: Prentice-Hall.

여러 가지 광고메시지(표현) 전략 중 프레이저(Frazer, 1983)와 프렌전(Franzen, 1994)이 제시한 표현전략 모형은 비교적 오래 전에 나왔지만 아직까지도 광고학계의 포괄적 동의를 얻고 있다. 이 2가지 모형은 그 타당성이 입증되어 국제간 광고표현물을 비교하는 내용분석 연구에서도 유용한 광고물 분류기준으로 자주 활용되고 있다. 이 2가지 표현전략 유형을 보다 구체적으로 살펴보면 다음과 같다.

프레이저의 모형

일찍이 프레이저는 경쟁상황을 고려한 여러 가지 광고전략을 종합하여, ①본원적 전략, ②선점전략, ③고유판매제안 전략, ④브랜드 이미지 전략, ⑤포지셔닝 전략, ⑥공명 전략, ⑦정서 전략 등 7가지 표현전략 모형을 제시하였다.[25] 이 모형은 여러 후속연구에서 광고 메시지 전략의 주요 유형으로 지지를 받았으며 광고표현전략의 일반적 가이드라인으로 평가되었다.[26] 그가 제시한 7가지 표현전략 내용을 각각 살펴보면 다음과 같다.

본원적 전략

같은 상품 범주에 있는 어떠한 브랜드라도 할 수 있는 일반적 메시지를 구사하는 경우를 본원적(*generic*) 전략이라고 한다. 여기에서는 상품의 차별적 특성을 강조하기보다 일반적 속성을 전달하는 경향이 있으며, 광고주는 자사 브랜드를 경쟁사 브랜드와 차별화시키려 하지 않으며 자사 브랜드가 더 우월하다는 주장도 하지 않는다.

---

25. Charles F. Frazer(1983). "Creative Strategy: A Management Perspective." *Journal of Advertising* 12(4), pp.36~41.

26. Henry A. Laskey, Ellen Day & Melvin R. Crask(1989). "Typology of Main Message Strategies for Television Commercials." *Journal of Advertising* 18(1), pp.36~41.

이 전략은 주로 어떤 상품군에서 선도하는 브랜드의 광고에서 자주 쓰이고 있으나 후발 브랜드의 광고라고 해서 쓰이지 않는 것은 아니다. 다만 후발 브랜드에서 이 전략을 사용할 경우에는 본원적 주장(*generic claims*)이 선발브랜드의 메시지로 인식되어 오히려 선발브랜드를 도와줄 가능성이 많기 때문에 메시지 구성에 있어서 세심한 주의를 기울일 필요가 있다.

예를 들어, 〈그림 4-11〉에 제시한 대웅제약 우루사 광고 '평소에 관리' 편에서는 우루사가 다른 브랜드보다 우월하다는 메시지를 전달하기보다 평소에 간관리를 잘하라는 간관리 상식을 제시하고 있다. 이 광고는 "간이 철렁 내려앉을 때도 있고", "간이 콩알만 해질 때도 있고", "간을 빼줘야 할 때도 있다"는 카피와 광고모델 손창민의 코

〈그림 4-11〉 대웅제약 우루사 '평소에 관리'편

믹연기가 자연스럽게 어우러진 재미있는 간장약 광고이다. 카피의 핵심주장은 스트레스에 찌든 현대인의 간을 평소에 관리하라는 선도 브랜드의 입장천명일 뿐이다. 다시 말해서, 광고의 끝부분에 우루사가 아닌 어떤 브랜드 이름을 붙여도 말이 되는 광고인데, 따라서 이와 같은 본원적 전략을 후발 브랜드에서 자주 활용하면 선도 브랜드로의 메시지 전이현상이 발생한다고 하겠다.

선점 전략 ✶

어떤 상품 범주에서 경쟁 브랜드간에 기능적 차이가 거의 없을 경우, 본원적인 주장을 하는 동시에 상품(서비스)의 우월성을 먼저 강조함으로써 이미지를 먼저 차지하려는 경우를 선점(*preemptive*)전략이라고 한다. 이 전략을 활용하면 경쟁 브랜드에서 동일한 주장을 먼저 시도하려 할 때 사전에 그것을 효율적으로 차단할 수 있다.

이 전략은 기능면에서 서로 대체할 수 있는 상품이나 서비스 광고에서 효율적으로 활용될 수 있으며, 상품이나 서비스의 혜택이 유사한 경우에는 광고메시지를 먼저 노출시켜 이미지를 선점하는 쪽에게 유리한 방안이다. 그러나 광고의 노출량이 너무 미미하면 후발 브랜드에서 쉽게 모방할 수 있기 때문에(*me too* 전략), 선점전략을 적용할 경우에는 핵심광고 주장을 결정한 다음 이를 일정수준 이상의 광고노출을 고려해야 한다. 선점전략을 사용한 카피의 예를 들면 다음과 같다.

"감자가 잘 자라야 포카칩" (포카칩)
"라면도 먹고 칼슘도 먹고" (오뚜기라면)

고유판매제안 전략

고유판매제안(USP: *Unique Selling Proposition*) 전략은 앞에서 언급하였듯이 리브스(Reeves, 1961)가 《광고의 실체》에서 체계화시킨 광고전략이다.[27] 이 전략은 자사상품과 경쟁상품 간의 물리적이고 기능적인 차이를 바탕으로 메시지 구성을 모색한다. 1960년대 미국 광고계를 풍미한 이 전략은 상품특성에서 출발하여 세 가지 원칙에 따라 상품의 고유한 특성을 강조하는 전형적 경성판매(*hard selling*) 전략인데, 이를 나중의 여러 광고인들은 리브스 스타일이라고 하였다(제1장의 리브스의 광고철학 참조).

이 전략의 핵심은 상품의 고유한 특성을 광고에서 소비자 혜택으로 제시한 다음 지속적으로 반복하고 강조해야 한다는 점이다. 경쟁사의 상품이나 브랜드에서 제안하기 어려운 비교 우위점(*comparative advantage*)을 자사상품의 핵심 메시지로 전달함으로써 장기적으로 메시지의 비교우위를 확보하는 전략이다. 고유판매제안 전략은 소비자에게 광고상품과 서비스를 구매해야할 차별화된 이유를 제공하기 때문에 다양한 맥락의 카피창작에 적용할 수 있다. 예를 들어, "아기 옷은 빨아먹을 수 있어야 합니다"라는 카피가 인상적인 해피랜드 광고를 보자. 이 광고를 창작한 카피라이터는 아기들이 늘 옷을 빨고 있다는 점에 주목하여, 그렇다면 아이들이 아무렇게나 '빨아먹어도 안전한' 고유판매 제안을 찾아내 아기 엄마들에게 순면으로 만든 옷을 입힐 것을 권고하고 있다.

브랜드 이미지 전략

고유판매제안(USP) 전략이 자사상품과 경쟁상품 간의 물리적이고 기능적인 차이를 기초로 하는 데 비해 브랜드 이미지(*brand image*) 전략은 심리적 차별화를 강조한다는 점이 특징이다. 고유판매제안 전략이 경성판매(*hard selling*) 전략이라면, 1960년대에 오길비(David Ogilvy)가 주창하고 나선 이미지 전략은 연성판매(*soft selling*) 전략이다. 이

27. Rosser Reeves(1961). *Reality in Advertising*. New York: Alfred Knopf. pp.46~69.

The man in the Hathaway shirt
AMERICAN MEN are beginning to realize that it is ridiculous to buy good suits and then spoil the effect by wearing an ordinary, mass-produced shirt. Hence the growing popularity of HATHAWAY shirts, which are in a class by themselves.
HATHAWAY shirts *wear* infinitely longer—a matter of years. They make you look younger and more distinguished, because of the subtle way HATHAWAY cut collars. The whole shirt is tailored more *generously*, and is therefore more *comfortable*. The tails are longer, and stay in your trousers. The buttons are mother-of-pearl. Even the stitching has an ante-bellum elegance about it.
Above all, HATHAWAY make their shirts of remarkable *fabrics*, collected from the four corners of the earth—Viyella and Aertex from England, woolen taffeta from Scotland, Sea Island cotton from the West Indies, hand-woven madras from India, broadcloth from Manchester, linen batiste from Paris, hand-blocked silks from England, exclusive cottons from the best weavers in America. You will get a great deal of quiet satisfaction out of wearing shirts which are in such impeccable taste.
HATHAWAY shirts are made by a small company of dedicated craftsmen in the little town of Waterville, Maine. They have been at it, man and boy, for one hundred and twenty years.
At better stores everywhere, or write C. F. HATHAWAY, Waterville, Maine, for the name of your nearest store. In New York, telephone OX 7-5566. Prices from $5.95 to $20.00.

〈그림 4-12〉 해서웨이 셔츠 '게오르크 랑겔' 편

전략은 1960년대 이후 여러 상품들이 품질, 가격, 디자인, 포장 등에서 경쟁상품과의 차별적 우위점이 거의 나타나지 않게 되면서부터 주목을 받았다. 특정 브랜드에 대하여 소비자가 느끼는 인상을 의미하는 브랜드 이미지는 광고란 장기간에 걸친 이미지의 투자라는 전제하에 장기적 이미지의 누적을 강조하며, 자사상품과 경쟁사 상품의 차별점을 물리적 특성이 아닌 심리적 특성에 두며 사실보다는 감정에 전략적 강조점을 두고 광고창작을 시도한다.

예를 들어, 〈그림 4-12〉에 제시한 해서웨이 셔츠 광고 '게오르크 랑겔' 편을 보자. 오길비는 해서웨이 셔츠의 이미지 제고를 위하여 검은 안대를 한 독일 태생의 게오르크 랑겔(George Wrangel) 남작을 활용하였다. 그는 광고에 품격 있는 신사가 등장하면 셔츠를 입는 소비자 역시 품격 있는 유명인으로 자기를 동일시한다고 보았다. 이 광고는 게재된 즉시 미국의 주요 매체에 소개되고 세계 각국에서 '해서웨이 셔츠를 입은 남자' 의 모방작을 낳을 정도로 공전의 히트를 하였다. 현대광고전략에서 브랜드 이미지는 가장 보편적이고 주목할 만한 전략이 되었다. 맥크레켄(McCracken, 1986)이 보고한 바와 같이, 광고는 어떤 브랜드에 상징적 연상을 제공함으로써 브랜드에 의미를 스며들게 하는데 이때 소비자에게 익숙한 문화구성물의 특성이 광고 브랜드의 생소한 특성에 전이되게 함으로써[28] 브랜드 개성(*brand personality*)을 부여하게 된다.

현대광고에서 브랜드 자산(*brand equity*)이 갈수록 중요해지는 상황에서 브랜드 이미지 전략 역시 더 중요해질 수밖에 없다. 이 전략은 물리적 특성에 있어 경쟁상품과 차별화되기 어렵거나 차별점이 있다고 하더라도 경쟁사에서 쉽게 모방할 수 있는 상품광고에 적합하지만, 본질적으로 우수한 상품력이 뒷받침되어야 긍정적 이미지 형성이 가능하다. 예를 들어, 오랫동안 동일한 컨셉을 바탕으로 브랜드 자산을 관리해온 다시다의 "고향의 맛", 삼성전자의 "또 하나의 가족" 같은 캠페인이 브랜드 이미지 전략을 적용한 대표적 사례이다.

포지셔닝 전략

자사의 브랜드를 경쟁 브랜드의 강약점과 비교한 다음 상대적으로 틈새가 보이는 위치에 자리매김하는 포지셔닝(*positioning*) 전략은 일찍이 트라우트와 리스(Trout & Ries,

28. Grant McCracken(1986). "Culture and Consumption: A Theoretical Account of the Structure and Movement of the Cultural Meaning of Consumer Goods." *Journal of Consumer Research* 13(1), pp.71 ~84.

〈그림 4-13〉 리스와 트라우트

1979)가 그 개념을 제시한 이후,[29] 광고 실무계에서 다양한 맥락에서 활용되고 있다(〈그림 4-13〉 참조). 이들은 마케팅 관련자들이 시장 점유율을 경쟁 브랜드와의 싸움으로 확장할 수 있다는 잘못된 가정하에 광고마케팅 전략을 운용하고 있다는 점을 지적한다.

포지셔닝 전략에 의하면 마케팅이란 현장의 실체적 시장구도가 아니며 실제 시장 점유율에 관계없이 소비자들이 어떤 브랜드에 대하여 머릿속으로 어떻게 느끼는가 하는 인식의 싸움이다.[30] 소비자의 인식의 영역을 확장시키기 위한 포지셔닝 전략의 수립방법은 여러 가지가 있다. 따라서 카피라이터는 자신이 맡고 있는 상품에 가장 적합한 전략을 채택하여 이에 합당한 카피를 써야 한다. 몇 가지 방법을 소개하면 다음과 같다.

상품특성에 의한 포지셔닝

일반적으로 가장 많이 사용되는 방법으로 경쟁사에서 모방하기 어려운 상품의 한 가

29. Jack Trout, & Al Ries(1979). "The Positioning Era: A View Ten Years Later." *Advertising Age*, July 16, pp.39~42.

30. Al Ries & Jack Trout(1981). *Positioning: The Battle for Your Mind.* New York, NY: McGraw-Hill.

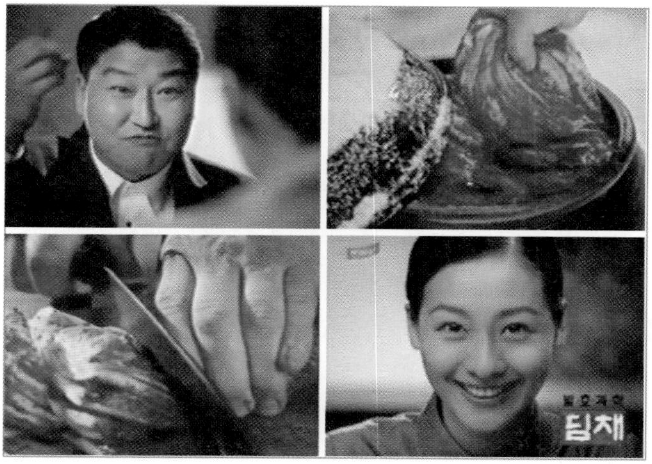

〈그림 4-14〉 위니아 딤채 '김장 김치맛' 편

지 특성을 강조함으로써 소비자의 머릿속에 그 브랜드를 강력하게 자리잡도록 하는 방법이다. 이 방법은 주로 언어의 조합에 의해 이루어지므로 카피라이터의 능력을 평가하는 지렛대가 되기도 한다. 도브(Dove)의 '보습화장' 비누, 볼보(Volvo)의 '튼튼한' 자동차, 하이트의 '천연암반수' 맥주, 풀무원의 '옹고집' 콩나물 같은 카피는 카피라이터가 그 상품의 한 가지 특성을 찾아내 상품에 새로운 생명력을 불어넣은 것이라 할 수 있다.

예를 들어, 〈그림 4-14〉와 같은 위니아 딤채 광고 '김장 김치맛' 편에서는 상품특성에 의한 포지셔닝을 위하여 "발효과학"이라는 카피가 쓰이고 있다. '발효' 라는 단어는 원래 과학의 세계에 가깝기보다 토속음식 제조에 적합한 개념인데도 이질적 단어인 '과학' 과 합쳐지자 김치가 과학적 기술력으로 발효될 것 같은 느낌을 준다. 이 광고 이후 딤채의 판매고가 급신장한 것을 보면 '발효과학' 이라는 카피가 주부들에게 호소력 있게 다가감으로써 딤채의 포지셔닝 정립에 기여한 듯하다. 이와 같이 전혀 이질적 단어끼리의 절묘한 만남을 통하여 상품특성에 의한 포지셔닝을 가능하게 하는 새롭고 놀라운 개념이 태어날 가능성이 많다.

전속모델에 의한 포지셔닝 ✶

유명인이나 전형적인 소비자를 광고의 전속모델로 기용함으로써 모델의 이미지를 브랜드 이미지로 전이하고자 할 때 사용된다. 모델의 이미지가 브랜드 이미지로 전이되는 근거는 제2장에서 설명한 조건화 이론으로 설명이 가능하다. 예를 들어, 밀러(Miller) 맥주의 노동자, 나이키(Nike)의 마이클 조던, 그리고 다시다 광고에서 항상 "그래, 이 맛이야!" 라고 말하는 김혜자 같은 경우가 전속 모델에 의한 포지셔닝의 사례이다.

가격과 품질 비교에 의한 포지셔닝 ✶

소비자는 대개 가격이 비싸면 품질이 좋고 가격이 낮으면 품질도 나쁘다고 생각하는 경향이 있다. 이런 소비자를 대상으로 가격이 저렴해도 품질은 좋다는 내용의 가격정보를 이용하거나 경쟁 브랜드와의 품질을 비교함으로써 소비자의 머릿속에 자사 브랜드를 포지셔닝할 수도 있다. 예를 들어, 남성복 시장에서 "옷값의 거품을 뺐습니다" 라는 카피로 잘 알려진 파크랜드의 포지셔닝 전략이 대표적이다.

용도제시에 의한 포지셔닝 ✶

광고상품의 쓰이는 용도와 사용되는 상황을 카피에서 제시함으로써 소비자의 머릿속에 '~할 때는 어떤 브랜드' 라는 식으로 자리매김을 시도하는 방법이다. 이 방법은 주로 제약광고에서 자주 발견할 수 있다. 예를 들어, 할머니의 뼈마디가 쑤시고 아픈 상황을 제시한 다음 "캐요 캐—케토톱" 이라고 말하는 케토톱 광고, 〈그림 4-15〉에서와 같이 "자기 전에 씹는 껌" 이라는 자일리톨껌 광고가 용도제시에 의한 포지셔닝 방법으로 창작된 광고이다.

〈그림 4-15〉 자일리톨껌 '자기 전에 씹는 껌'편

상징을 활용한 포지셔닝

캐릭터나 기호 그리고 동물같은 상징체계를 활용하여 장기간에 걸쳐 어떤 브랜드 이미지를 포지셔닝할 수 있다. 말보로 담배의 카우보이 상징에서 알 수 있듯이, 광고에서 상징을 잘만 활용하면 상품의 유한한 사용가치는 무한한 상징가치를 확보하게 된다. 광고에서 상징은 독자적 준거체계와 주관적 경험에 따라 해석이 달라지기 때문에 목표수용자의 준거체계와 소망과 경험 그리고 환상에 적절하게 일치하지 않으면 의미를 제대로 전달하지 못하게 된다.[31] 따라서 상징을 활용한 포지셔닝을 하려면 광고창

31. 양웅(2004). "상징의 의미와 광고 속의 상징." 《광고와 상징》. 서울: 한국방송광고공사. pp.11~21.

작자와 광고수용자 간에 의미가 일치하도록 적절한 상징을 활용하는 동시에 브랜드의 상징가치를 제고할 수 있는 카피를 써야 한다.

예를 들어, 앱설루트 보드카 캠페인 중의 하나인 도시 시리즈를 보자. 〈그림 4-16〉의 '마드리드' 편에서는 기타로 유명한 세고비아를 연상하도록 하며 기타 중앙에 앱설루트 병 모양으로 홈을 냈으며, 〈그림 4-17〉의 '암스테르담' 편에서는 네덜란드 암스테르담이 관광도시임에 착안하여 박물관 정면을 병 모양으로 형상화했다. 그리고 〈그림 4-18〉의 '비엔나' 편에서는 오스트리아 비엔나가 음악의 도시라는 점에 착안하여 음표들을 합쳐 병 모양을 만들고, 〈그림 4-19〉의 '서울' 편에서는 태극무늬가 새겨진 한국의 방패연 중앙을 뚫어 병 모양을 형상화하였다. 이와 같은 도시 이미지 시리즈는 앱설루트 브랜드를 도시의 특성과 연결시켜 그 도시 사람들에게 특별한 무엇이 있다는 식으로 의미를 정박시키고 있다.[32] 똑같은 형식과 내용을 한결같이 유지함으로써 독창적 세계를 창조한 이 시리즈 광고는 각 도시의 대표적 특성을 앱설루트 상징으로 활용한 포지셔닝 방법이라고 하겠다.

경쟁자의 위상을 이용하는 포지셔닝 ✶

이미 확립되어 있는 경쟁자를 이용하여 그 경쟁자의 위상과 비슷하게 동화시키거나 혹은 다른 점을 대조함으로써 쉽게 위상을 정립하는 방법이다. 예를 들어, 렌터카가 업계에서 에이비스(Avis)가 1위브랜드 허츠(Hertz)를 상대로 펼친 No.2 캠페인 사례가 대표적이다. "에이비스는 렌터카 업계에서 단지 2등일 뿐입니다", "당신이 만약 2등에 불과하다면 열심히 노력하는 것 외에 달리 무슨 수가 있겠습니까?" 라는 카피들이 경쟁사의 위상을 이용하는 포지셔닝 방법이다.

32. 김병희(2006). "앱설루트 캠페인에서 배우자." 《광고 오디세이》. 서울: 연암사. pp.102~107.

〈그림 4-16〉 앱설루트 '마드리드'편

〈그림 4-17〉 앱설루트 '암스테르담'편

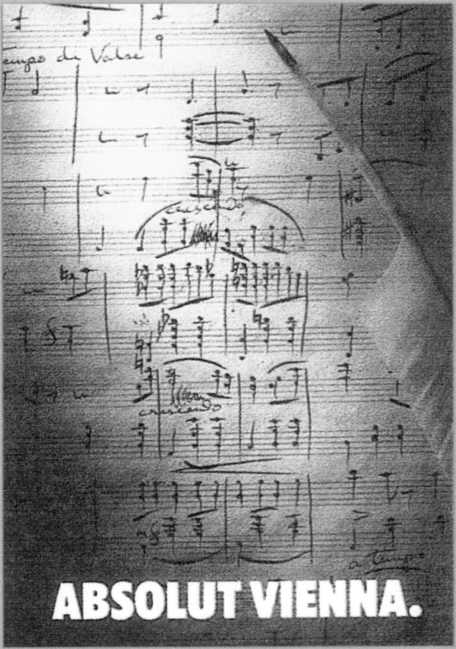

〈그림 4-18〉 앱설루트 '비엔나'편

〈그림 4-19〉 앱설루트 '서울'편

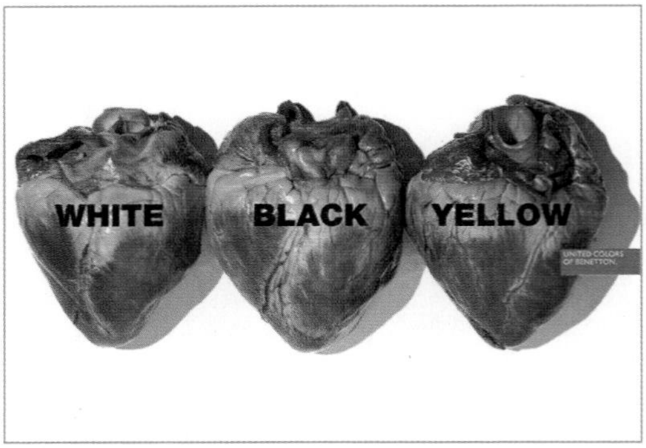

〈그림 4-20〉 베네통 '삼색인종 심장'편

〈그림 4-21〉 베네통 '백마 흑마 교미'편

상품군 활용에 의한 포지셔닝 ✶

광고상품이 어떤 상품군에 속하거나 제외된다는 식의 접근법으로 그 상품의 이미지를 포지셔닝하는 방법이다. 예를 들어, 게토레이의 '갈증해소 음료'나 세븐업(7-up)의 '콜라 아님'(*un-cola*) 캠페인이 대표적이다. 게토레이는 기존의 스포츠음료나 이온 청량음료라는 개념과는 달리 "갈증해소 음료"라는 새로운 상품군의 개념을 제시하였고, 세븐업은 소비자들이 세븐업을 콜라와 유사한 청량음료로 인식하는 것을 막기 위하여 '콜라 아님' 같은 상품군 활용에 의한 포지셔닝을 함으로써 자사 상품의 차별화에 성공하였다.

사회적 쟁점 제시에 의한 포지셔닝 ✶

사회적으로 논쟁거리가 될 만한 주제를 제시함으로써 어떤 상품이나 브랜드를 포지셔닝하는 방법이다. 예를 들어, 〈그림 4-20〉에 제시한 베네통(Benetton) 광고 '삼색인종 심장' 편과 〈그림 4-21〉에 제시한 '백마 흑마 교미' 편과 같이 사회적으로 물의를 일으킬 수 있는 메시지를 제시한 경우가 이에 해당된다. 국내 광고에서는 프로스펙스 정신대

---

33. 리스 · 트라우트, 박길부 역(1994). 《마케팅 불변의 법칙》. 서울: 십일월출판사.

광고에서 "정복당할 것인가? 정복할 것인가?"라는 카피로 국산 브랜드를 지키자는 메시지를 전달한 경우가 사회적 쟁점제시에 의한 포지셔닝 방법의 사례라고 할 수 있다.

한편, 포지셔닝 개념을 제시한 리스와 트라우트는 22가지 마케팅 불변의 법칙을 제시함으로써[33] 광고기획자는 물론 카피라이터에게 카피창작에 유용한 전략적 포인트를 제시하였다. 이 법칙들은 효과적이고 유연한 마케팅을 전략수립을 위한 지침이 된다는 점에서 현장 광고인들에게 참으로 유용한 마케팅 원리라고 할 수 있다. 카피라이터들은 다음과 같은 마케팅 법칙을 이해하고 자신이 맡은 광고물 창작시에 이를 고려해 본다면 표현전략의 수립에 유용한 가이드라인을 얻게 될 것이다. 22가지 마케팅 불변의 법칙을 제시하면 〈표 4-1〉과 같다.

〈표 4-1〉 22가지 마케팅 불변의 법칙

법 칙	내 용
선도자*leadership*의 법칙	더 좋은 것보다 맨 처음이 더 낫다
영역*category*의 법칙	최초로 뛰어들 수 있는 새로운 영역을 개척해야 한다
기억*mind*의 법칙	시장보다는 고객의 마음(기억) 속에 맨 먼저 들어가는 것이 중요하다
인식*perception*의 법칙	마케팅은 상품력이 아니라 인식의 싸움이다
집중*focus*의 법칙	마케팅에서 가장 강력한 개념은 잠재고객의 기억 속에 '한 단어'를 심는 것이다
독점*exclusivity*의 법칙	두 회사가 같은 단어를 고객의 기억 속에 심을 수는 없다
사다리*ladder*의 법칙	각 영역별로 어느 가로대를 차지하느냐에 따라 채택할 전략이 달라진다
이원성*duality*의 법칙	모든 시장은 두 마리의 말만이 달리는 경주가 된다
정반대*opposite*의 법칙	더 좋은 것보다는 다른 것이 되려고 노력해야 한다
분할*division*의 법칙	시간이 지나면 하나의 영역은 둘 이상으로 분할된다
원근*perception*의 법칙	마케팅 효과는 상당히 장기간에 걸쳐 나타난다
계열확장*extension*의 법칙	기업은 성공한 브랜드의 유혹에 쉽사리 빠진다
희생*sacrifice*의 법칙	얻기 위해서는 포기할 줄도 알아야 한다
속성*attributes*의 법칙	어느 속성이든 효과적인 것이 단 하나라도 있게 마련이다

법 칙	내 용
솔직성*candor*의 법칙	스스로 부정적인 면을 솔직하게 드러낼 때 오히려 잠재고객의 신임을 얻게 된다
단독*singularity*의 법칙	각각의 여건에서 오직 하나의 행동만이 실질적인 성과를 올린다.
예측불능*predictability*의 법칙	경쟁자의 계획을 작성해보지 않으면 미래를 예측할 수 없다
성공*success*의 법칙	성공은 오만으로 이끌고 오만은 실패로 이끌어간다
실패*failure*의 법칙	실패는 예상되고 받아들여져야 한다
과장*hype*의 법칙	기업의 상황이 언론에 보도된 것과 정반대인 경우가 종종 있다
가속*acceleration*의 법칙	성공은 일시적 유행이 아니라 장기적인 추세에 따라 계획되어야 한다
자원*resources*의 법칙	자금이 뒷받침되지 않는 아이디어는 소용이 없다

공명전략

공명(울림)이란 물리학에서 주로 사용되는 용어로 대상에 부딪혀 되돌아오는 소리를 말한다. 광고에서의 공명(*resonance*)전략이란 상품관련 메시지나 브랜드 이미지 제고에 초점을 맞추기보다 소비자가 모방할 수 있는 상황을 제시하여 소비자 스스로 그 상황을 경험하도록 하는 전략이다. 공명전략을 활용할 경우에는 광고에서 묘사하는 내용과 소비자의 경험을 조화시키는 데 초점을 맞춘다.[34]

일반적 광고전략으로서의 공명은 소비자와 광고물 사이의 정서적 울림과 공감을 의미하며, 수사학적 광고표현으로서의 공명은 카피와 비주얼 사이의 울림이자 상호유희(*interplay*)를 의미한다. 대체로 어떤 광고에서 카피와 비주얼이 절묘하게 만나 독특

34. Charles F. Frazer(1983). "Creative Strategy: A Management Perspective." *Journal of Advertising* 12(4), p.39.

35. Edward F. McQuarrie & David Glen Mick(1996). "Figures of Rhetoric in Advertising Language." *Journal of Consumer Research* 22(4), pp.424~438.

36. 이희복(2005). "광고의 수사적 비유로서 공명의 커뮤니케이션 효과." 〈커뮤니케이션학연구〉 13(2), pp.54~79.

〈그림 4-22〉 삼성화재 센스 '남부럽지 않아'편

한 의미를 만들어낼 때 공명이 일어날 가능성이 높다.[35] 이희복(2005)은 공명에 대하여 "광고 커뮤니케이션에서 카피와 비주얼 사이에 사용된, 동음이의어에 의한 상호유희로 커뮤니케이션 효과를 높이기 위해 쓰이는 광고표현 방법의 하나"로 정의하고, 어떤 광고에서 공명이 일어나려면 동음이의어(同音異義語)의 익살을 활용한 카피가 음운론적 의미론적 작용을 일으켜야 가능하다는 연구결과를 제시하였다.[36]

이 방법을 적용할 경우에는 광고창작자가 소비자의 마음속에 간직된 정보나 경험을 깊이 있게 이해하여 소비자들이 광고를 본 다음 기억 속에서 긍정적 연상작용을 일으키는 상황을 제시해야 효과적이다. 또한, 상품간의 차별점이 거의 없을 때 광고를 본 소비자들이 광고내용에 공명을 일으킴으로써 광고 브랜드에 긍정적으로 반응하고 다른 브랜드와 차이를 느끼도록 하는 데 유용한 방법이다.

광고내용과 소비자의 상호공명 과정(*interactive resonance process*)이 중요한 이 전략을 사용한 카피의 예는 〈그림 4-22〉에 제시한 삼성화재 센스 광고 '남부럽지 않아' 편에서 확인할 수 있다. 이 광고에서는 여성전용 운전자 보험인 센스 탄생을 설명하기 위하여 늘씬한 다리를 운전대 위에 올리고 있는 여성의 모습을 보여주고 "남부럽지 않아!"라는 일상어를 헤드라인으로 쓰고 있다. 재미있게도 이 광고에서는 "남부럽지 않아"에서 '남'을 한자 '男'으로 표시함으로써 카피와 비주얼의 공명을 시도하고 있다.

정서전략

정서전략(*affective strategy*)은 다양한 인간감정에 소구하는 전략이다. 인간의 감정은 사랑, 향수, 동정심, 우정, 흥분, 기쁨, 공포, 후회, 혐오 등 긍정적 정서에서 부정적 정서에 이르기까지 다양하게 전개되며 때때로 불규칙한(*anomalous*) 경향을 띠기도 한다. 따라서 이 전략에서는 복잡한 인간감정을 두루 포괄하여 광고메시지로 구성한다. 정서전략은 조사결과보다는 광고창작자의 직감과 언어감각이 전략전개의 원동력이 되는 경우가 많다.

이 전략은 식음료, 패션, 보석, 화장품 등 인간의 감정에 호소하는 상품에 적용할 경우 유용한 전략이나, 상품(서비스)에 관계없이 두루 사용할 수 있다. 그러나 메시지의 전개에서 막연히 정서적이고 서정적인 내용을 담는다고 해서 광고가 되는 것은 아니며 반드시 상품과의 상관성을 고려해야 한다. 예를 들어, 참이슬 프레쉬 광고에서는 인간의 감정과 정서에 호소하며 도수가 19.8도로 낮아진 소주의 특성을 설명하고 있다. 〈그림 4-23〉의 '기울이면' 편, 〈그림 4-24〉의 '지켜준다면' 편, 〈그림 4-25〉의 '선수' 편, 그리고 〈그림 4-26〉의 '공주' 편을 보면 상품의 경쟁우위를 강조하기보다 19.8도라는 낮아진 술의 도수에 초점을 맞춰 남녀간의 심리게임으로 설명한다. 정서적인 방법을 활용한 각 광고의 헤드라인을 살펴보면 다음과 같다.

〈그림 4-23〉 참이슬 프레쉬 '기울이면'편

〈그림 4-24〉 참이슬 프레쉬 '지켜준다면'편

〈그림 4-25〉 참이슬 프레쉬 '선수'편

〈그림 4-26〉 참이슬 프레쉬 '공주'편

"19.8도만 기울이면 그녀 마음을 얻을 수 있을 것 같다."
"19.8도만 지켜준다면 마음을 허락할 수 있을 것 같다."
"나는 선수다 그러나 19.8도는 넘지 않는다."
"나는 공주다 그래서 19.8도를 넘으면 안 된다."

여러 가지 광고표현전략 중 프렌전(Franzen, 1994)이 제시한 표현전략 모형[37]은 특수 문화권에만 적용되는 특별한 접근법이 아닌 여러 문화권에 공통적으로 적용할 수 있는 보편적 접근법으로 평가받고 있다. 비교문화연구자 드 무이(de Mooij, 1998)는 20개국 이상의 인쇄광고와 13개국에서 만든 5천여 편의 텔레비전 광고를 이 기준에 따라 분석한 다음 이 기준이 지역에 따라 달라져도 모든 문화에 여전히 존재하고 있음을 발견하였다.[38]

국내에서도 김유경(1999)은 프렌전의 분석유목을 바탕으로 한국, 일본, 미국의 잡지광고에 나타난 다국적 브랜드를 내용분석하여 이 기준이 광고의 표현전략을 분류하는데 효과적이라는 연구결과를 제시하였다.[39] 또한, 김병희(2006) 역시 이 기준을 적용하여 한국과 미국의 텔레비전 광고에 나타난 표현전략을 비교했는데, 한국 광고에서는 공개기법, 드라마기법이 더 자주 나타난 반면, 미국 광고에서는 수업기법, 오락기법, 상상기법, 특수효과 기법이 더 자주 나타났으며, 이 기준이 국가간 광고물 비교에 유의하다고 보고하였다.[40]

나아가 드 무이는 후속연구에서도 이 분류기준을 적용하여 각각 문화적 특성이 상이한 11개국의 광고표현 경향을 분석한 다음 이 모형이 세계 여러 문화권에서 공통적으로 통용될 수 있는 일반적 기준이 될 수 있다[41]고 하였다. 즉, 프렌전이 제시한 광고의 표현전략 분류기준은 특수 문화권에만 적용되는 특수문화적(*emic*) 접근법이 아닌

37. G. Franzen(1994). *Advertising Effectiveness*. Henley-on-thames, Oxfordshire, UK: NTC Business Publication.
38. Marieke de Mooij(1998). *Global Marketing and Advertising: Understanding Cultural Paradoxes*. Thousand Oaks, CA: Sage.
39. 김유경(1999). "호프스테드의 문화차원에 나타난 광고거리에 관한 연구: 크리에이티브 전략을 중심으로." 〈한국언론학보〉 43(4), pp.42~78.
40. 김병희(2006). "가치관의 차이가 국제광고표현에 미치는 영향: 한미간 비교문화연구." 〈한국광고홍보학보〉 8(3), pp.179~209.
41. Marieke de Mooij(2004). *Consumer Behavior and Culture: Consequences for Global Marketing and Advertising*. Thousand Oaks, CA: Sage.

세계 여러 문화권에 공통적으로 적용할 수 있는 보편문화적(*etic*) 접근법이라고 하겠다.

프렌전이 제시한 광고의 표현전략은 ①공개(*announcement*), ②진열(*display*), ③연상전이(*association transfer*), ④수업(*lesson*), ⑤드라마, ⑥오락, ⑦상상, ⑧특수효과(*special effect*) 등 8가지로 분류되며 각 전략에는 여러 보조기법이 있다. 광고의 표현전략과 그에 따른 보조기법의 자세한 내용은 〈표 4-2〉에 제시하였으며, 각 표현전략의 개념을 설명하면 다음과 같다.[42]

공개기법 ✶

공개(*announcement*)기법은 사람의 설명에 의지하지 않고 사실을 발표하여 사실이나 모양 그 자체가 상품을 대변하는 가장 기본적인 광고기법으로 상품이용에 관한 정보를 제공한다. 이에 대한 보조기법에는, ①순수하게 상품에 관련된 사실을 발표하는 순수제시, ②상품의 실체를 사실적으로 설명하는 사실적 설명, ③할인, 위치, 구성요소, 효용 등 상품에 대한 내용을 공개하는 상품 메시지, ④기업이나 상품에 대하여 시각적으로 표현하며 기업과 관련된 인물이나 상품의 기능에 대하여 상세히 안내하는 기업설명/다큐멘터리가 있다.

진열기법 ✶

진열(*display*)기법은 진열대에 상품을 진열하는 것처럼 상품의 주체나 사용법을 사실적으로 제시하는 방식이다. 즉, 광고 안에서 상품이나 상품을 사용하는 방법을 나열함으로써 단순한 사실의 전달에 치중하는 기법이다. 광고창작자들 입장에서는 아이디어가 빈약한 일차원적인 표현으로 평가할 수 있으나, 의외로 이 기법을 선호하는 광고주들이 많다.

42. 드 무이, 김유경 · 전성률 역(1999). 《글로벌시대의 국제광고론》. 서울: 나남출판.

〈표 4-2〉 프렌전의 표현전략과 보조기법

표현전략	보조기법
공개기법 *announcement*	제시 *pure presentation* 사실적 설명 *actual explanation* 상품 메시지 *product message* 기업설명/다큐멘터리 *corporate presentation/documentary*
진열기법 *display*	진열 *display*
연상전이기법 *association transfer*	생활유형제시 *lifestyle* 은유법 *metaphor* 환유법 *metonymy* 유명인 전이 *celebrity transfer*
수업기법 *lesson*	추천인 *presenter* 증언/보증 *testimonial/endorsement* 실증 *demonstration* 비교 *comparison* 유추 *analogy* 사용법 제시 *how to* 극화된 수업 *dramatized lesson*
드라마기법 *drama*	일상의 단면 *slice of life* 문제해결 *problem-solution* 비네트 *vignettes* 연극 *theater*
오락기법 *entertainment*	유머 *humor* 상품 중심의 연기 *play or act around product*
상상기법 *imaginatio*	만화 *cartoons* 영화 동작 소도구 *film properties in action* 기타 비현실적 연기 *other, unrealistic*
특수효과기법 *special effect*	상품의 움직임/애니메이션 *product in action, animation* 영화·비디오 기법/예술적 자극 *film, video techniques, artistic stimuli*

자료원: Franzen(1994) 및 김유경 · 전성률 공역(1999)을 바탕으로 필자가 조정.

연상전이기법

연상전이(*association transfer*) 기법은 상품의 주체, 대상, 행위를 다른 사물이나 사람 또는 상황 및 환경과 연결하여 브랜드로 전환하는 것을 의미한다. 이에 대한 보조기법에는, ①이상적 사람들의 생활을 제시함으로써 사람들의 라이프스타일의 전환을 유도하는 생활유형 제시, ②비유를 통하여 상품이나 브랜드의 의미를 사물이나 사상으로 전이하는 은유법, ③원재료의 의미를 브랜드의 의미로 전이하는 환유법, ④유명인사의 단순출연이나 추천 또는 증언은 하지 않더라도 타인들과의 연기를 통하여 브랜드의 의미를 전이하는 유명인 전이가 있다.

수업기법

수업(*lesson*) 기법은 광고 메시지를 직접 전달하며 쟁점을 제시하거나 소비자를 교육시키는 방식이다. 이에 대한 보조기법에는, ①광고모델이 카메라 중앙에서 상품특성을 설명하거나 소비자에게 한번 써보라고 권유하는 추천인, ②광고모델 스스로 해당상품을 써보니까 좋다는 식으로 증언하거나 보증하는 증언/보증, ③상품의 효과를 직접 제시함으로써 상품의 특성과 장점을 소개하는 실증, ④특정 브랜드나 불특정 경쟁 브랜드와의 비교를 통하여 자사 브랜드의 우위를 제시하는 비교, ⑤어떤 물건이나 사건의 유사한 점을 이용하여 묘사하는 유추, ⑥상품을 쓰는 방법이나 결과를 설명하는 사용법 제시, ⑦사실적 연기를 통하여 교훈적 메시지를 드라마 형태로 전달하는 극화된 수업이 있다.

드라마기법

드라마(*drama*) 기법은 두 사람 이상의 상호작용 메시지를 통하여 행동의 연속성, 시작, 중간, 해피엔딩으로 구성되는 방식이다. 이에 대한 보조기법에는, ①드라마 스타일의 대화를 통하여 일반인의 일상 속의 한 장면으로 구성되는 일상의 단면, ②문제점의 제시와 해당상품을 사용함으로써 그 문제를 해결하는 과정을 제시하는 문제해결, ③행동의 연속성이 없는 각각의 독립적 스케치나 상황을 제시하는 비네트, ④실제생활이 아닌 이야기를 한 편의 연극처럼 제시하는 연극기법이 있다.

오락기법

오락(*entertainment*) 기법은 직접적 상품판매보다 광고 수용자에게 즐거움을 제공하는 데 중점을 두는 방식이다. 이에 대한 보조기법에는, ①유머가 있는 장면을 제시하여 수용자의 웃음을 유발하는 데 중점을 두는 유머, ②유머는 없지만 재미있는 오락을 제시하는 상품중심의 연기가 있다. 오락기법 역시 최근 들어 갈수록 선호되는 표현전략이다. 다만 여기에서는 유머의 제시 그 자체에만 지나치게 신경쓰면 상품의 판매 메시지가 실종될 수 있음을 명심해야 한다.

예를 들어, 〈그림 4-27〉에 제시한 롯데삼강 돼지바 광고 '심판의 경고' 편에서는 탤런트 임채무가 등장하여 코믹한 몸짓과 표정으로 2002년 한일 월드컵 당시 한국과 이탈리아전의 심판인 모레노를 흉내낸다. 닮은 외모는 물론 선수들에게 레드카드 대신 돼지바를 꺼내들고 단호한 표정을 짓는 장면은 모레노 심판과 너무 흡사하여 광고 수용자에게 즐거움을 준다. 경기 해설자들 역시 진짜 축구해설을 한다는 듯이 열성적으로 해설하며, 임채무 주변에 선수들이 모여든 장면에서 "먹고 싶으면 나가서 사먹으라는 거죠!" 라며 진지하게 말한다.

이 광고는 장면과 해설이 골고루 잘 맞아 떨어지고, 특히 광고모델 임채무가 진지한 표정을 짓다가 익살스런 표정으로 돼지바를 먹는 장면으로 바꿈으로써 소비자들에게 광고보는 즐거움을 준다. 이런 맥락에서 즐거움을 제공하는 광고에 소비자들이 정서적으로 호감을 나타낸다는 고든(Wendy Gordon, 2006)의 연구결과는 참고할 만하다.[43]

볼수록 재미있는 이 광고가 돼지바의 구매동기 유발에 어느 정도 영향을 미쳤는지

43. Wendy Gordon(2006). "What Do Consumers Do Emotionally with Advertising?" *Journal of Advertising Research* 46(1), pp.2~10.

〈그림 4-27〉 롯데삼강 돼지바 '심판의 경고'편

단정할 수는 없지만 상품의 인지도를 제고한 것만은 분명해 보인다. 이와 같은 오락기법을 활용하면 광고 자체가 화제를 유발할 가능성이 높다는 점도 이 기법이 지닌 부가적 장점이라고 하겠다.

상상기법 ✶

상상(*imagination*)기법은 만화, 영화, 비디오 기법처럼 비현실적 상상세계를 묘사하는 방식이다. 이에 대한 보조기법에는, ①만화를 통하여 상품 메시지를 전달하는 만화, ②영화적 소재를 활용하여 초현실적 상황을 제공하는 영화동작 소도구, ③만화와 영화 이외의 소재를 활용하는 기타 비현실적 연기가 있다. 광고물 창작이 상상력의 산물이라는 속성이 많지만, 여기에서의 상상기법이란 현실세계를 넘어 환상적 판타지의 세계를 제시하는 경우를 의미한다.

특수효과기법 ✶

특수효과(*special effect*) 기법은 카메라 효과, 녹음효과, 비디오기법, 음악효과 등을 활용하는 방식으로 소비자 심리를 자극하는 현대적 테크닉을 활용한다. 이에 대한 보조기법에는, ①특수효과로 상품 자체가 살아있는 것처럼 움직이게 하는 상품의 움직임/애니메이션, ②영화나 비디오 촬영에서 사용되는 특수효과들을 차용하는 영화 · 비디오 기법/예술적 자극이 있다.

카피창작의 전략과 전술

전쟁에서 승리하려면 좋은 전략과 전술이 있어야 하듯이 카피창작에서도 마찬가지다. 광고가 마케팅 전쟁에서의 승리를 좌우하는 메시지의 포탄이라면 카피는 메시지의 포탄 중에서도 대포에 해당할 것이다. 카피전략은 위에서 설명한 표현전략을 바탕으로 표현컨셉을 추출하고 카피창작에 필요한 구체적 메시지를 구성하는 청사진이다. 한편, 카피전술은 실제로 카피를 쓰는 구체적 방법이자 설정된 카피전략을 바탕으로 표현을 행하는 실무적 원칙을 의미한다.

카피창작의 전략과 전술은 여러 가지가 있을 수 있다. 카피라이터에 따라 자신의 경험에서 우러나온 전략과 전술이 있을 수 있는데, 사람마다 달라서 일반화하기는 쉽지 않다. 예컨대, 20여년 이상 광고창작을 해온 베테랑 카피라이터는 전략과 전술을 따로 기술하지 않아도 머릿속으로 헤아려 직감적으로 카피를 쓸 것이다. 이는 마치 백전노장의 야구감독이 경기 때마다 따로 전략기술서를 쓰지 않고서도 머릿속으로 게임의 구상을 마치는 이치와 같다. 그러나 이들 역시 처음에는 야구에서의 전략과 전술을 달달달 외울 정도로 열심이었을 터이다. 따라서 지금 막 시작한 카피라이터나 중견 카피라이터 모두는 카피창작에서의 전략과 전술을 숙지할 필요가 있다.

광고업계에서 대표적 카피전략으로 알려진 카피 폴리시(*copy policy*)와 카피 플랫폼(*copy platform*)에 대하여 알아보자.

카피 폴리시

카피창작에서 광고창작과 관련된 용어를 많이 안다고 해서 카피를 잘 쓰는 것은 아니다. 다만 창작에 관련된 용어는 개념을 명확히 제시함으로써 보다 효율적인 카피창작에 도움이 된다는 점에서 알아둘 필요가 있다. 카피 폴리시와 카피 플랫폼이라는 말을 몰라도 카피를 쓸 수 있겠지만, 이 두 가지 전략적 개념이 카피창작에서 유용하게 활용된다는 점에서 반드시 알아둘 필요가 있다.

카피 폴리시(*copy policy*)는 카피를 어떻게 쓸 것인지 사전에 결정하는 카피정책이다. 이 용어는 일본 광고인들이 처음 만들어낸 조어인데, 카피창작에 앞서 카피라이터가 자신이 맡은 상품이나 서비스의 카피를 어떻게 쓸 것인지를 포괄적으로 제시하는 청사진이라고 할 수 있다. 이는 카피창작을 하기 전에 광고카피에 대한 전반적 청사진을 그리는 데 활용되며 단순히 머릿속으로 생각하는 카피라이터에게 카피창작의 전체 윤곽을 일목요연하게 정리해주는 장점이 있다.

따라서 카피 폴리시를 결정할 때는 머릿속으로만 생각하기보다 구체적 문장으로 표현하는 것이 중요하다. 머릿속으로 생각하는 것과 전체적 카피윤곽을 실제로 기술해보는 것은 엄청난 차이가 있기 때문이다. 머릿속으로 생각하는 생각이나 개념은 수시로 변하기 쉽고 때로는 카피라이터 스스로도 자신이 쓰려고 하는 카피의 방향에 혼선을 느끼는 경우가 많으므로, 카피 폴리시를 작성하여 참여하는 모든 광고창작자들이 공유하는 것이 중요하다. 카피 폴리시를 작성할 때는 대체로 다음과 같은 5가지 사항이 명시되어야 한다.[44]

- 이 카피는 누구를 대상으로 하며 그 이유는 무엇인가?
- 이 카피는 어떤 매체에 나갈 예정이며 그 이유는 무엇인가?
- 단일카피나 일련의 시리즈카피는 어떤 목적을 띠고 있는가?
- 강조점은 무엇인가? 광고내용이나 연결관계에서 가장 바람직한 방법은?
- 카피를 읽고 듣고 시청한 다음 소비자가 어떻게 반응하기를 바라는가?

이상의 내용은 결국 A4 용지 한 장에 요약되겠지만, 그 안에 광고의 목표수용자와 노출매체, 카피창작의 목적과 핵심포인트, 그리고 광고에 대한 소비자의 기대반응까지 포괄하는 카피창작의 길라잡이라고 할 수 있다. 즉, 카피 폴리시는 광고의 삼각형에서 상품과 시장과 소비자에 관한 핵심정보만을 간추린 다음 카피창작에서의 통찰력을 제공한다. 따라서 카피라이터는 카피가 잘 풀리지 않을 경우에는 언제든지 다시 작성된

44. 이낙운(1988). 《광고제작의 실제》. 서울: 나남출판. p.29.

카피 폴리시로 되돌아와 내용을 정리해야 하며, 최종 카피가 완성될 때까지 이상의 5가지 질문내용을 생각하며 카피창작의 지침으로 삼아야 한다.

카피 플랫폼

카피 플랫폼의 개념

카피 플랫폼(*copy platform*)은 크리에이티브 전략에 대한 진술(*creative strategy statement*) 등 몇 가지 다른 이름으로 성명되기도 하지만 카피 플랫폼이 가장 일반적인 명칭이다. 카피 플랫폼에 대하여 니시오타다히사(西尾忠久, 1983)는 "소비자를 설득할 수 있는 단어를 빠짐없이 일목요연하게 적어놓은 표"[45] 라고 설명하였으며, 앨트스틸과 그라우(Altstiel & Grow, 2006)는 "광고에서의 핵심적 진실, 고유판매제안, 빅 아이디어, 또는 포지셔닝에 대한 진술"[46]이라고 설명하였다.

두 가지 정의 모두 카피 플랫폼에 대한 그럴듯한 설명이지만, 필자는 문자 그대로 기차역의 플랫폼이 없다면 기차가 손님을 싣고 떠날 수 없듯이 실제 카피창작을 위해 카피라이터(기차)가 반드시 싣고 떠나야 하는 핵심정보(승차권을 가진 손님)들의 집합이라고 생각한다. 훌륭하게 작성된 카피 플랫폼은 상품의 특성과 소비자 혜택, 경쟁구도에서의 강점과 약점, 표적수용자에 대한 구체적 정보, 메시지의 느낌, 그리고 상품에 대해 설명하는 가장 중요한 그 한마디(*one thing*)를 포괄해야 한다. 상품이나 브랜드와 연결되는 가장 중요한 한 마디는 예를 들어 "이 상품(브랜드)에 대하여 한마디로 말한다면 ——이다" 와 같은 문장형태를 띠게 된다.

카피 플랫폼을 작성하려면 먼저 상품의 특성을 발견하여 이를 소비자 혜택으로 연결하는 분석과정이 필요하다. 이때 고유판매제안 전략에서 포지셔닝 전략에 이르기까지 여러 광고전략을 검토한 다음 가장 타당한 전략을 활용하는 것이 유익할 것이다.

46. Tom Altstiel & Jean Grow(2006). *Advertising Strategy: Creative Tactics From the Outside/In*. Thousand Oaks, CA: Sage. p.41.

45. 西尾忠久, 안준근 역(1986). 《효과적인 광고카피》. 서울: 오리콤 마케팅커뮤니케이션 연구소.

이때 중요한 것은 카피창작과 관련성이 낮아 보이는 전략 자체를 위한 전략을 검토하지 말고, 카피라이터의 언어감각을 통하여 소비자 혜택을 극대화시키는 실질적으로 유용한 표현전략을 선택해야 한다는 점이다.

또한, 카피라이터는 상품의 물리적 특성과 감성적 특성을 분석한 다음 카피 플랫폼에 반영해야 한다. 물리적 특성(*physical characteristics*)이란 상품의 크기, 모양, 색깔, 디자인 같은 가시적 속성을 말하며, 감성적 특성(*emotional characteristics*)이란 상품 사용자가 느낄 수 있는 독특한 내면심리를 의미한다. 이와 같은 상품의 특성에 대한 이해를 바탕으로 카피 플랫폼을 작성하면 실제 카피창작 단계에서 놀라운 아이디어들이 쏟아지는 경우가 많다.

카피 플랫폼 작성순서 ✶

카피 플랫폼은 광고의 삼각형인 상품(서비스)과 시장과 소비자의 3가지 영역을 먼저 설명한 다음 마지막으로 크리에이티브 전략에 필요한 '한마디 말'을 제시하는 것으로 마무리된다. 하지만 광고창작에 통찰력을 제시하는 카피 플랫폼을 작성하는 것은 그렇게 간단하지 않다. 효과적인 카피 플랫폼을 작성하기 위해서는 수용자 정보, 브랜드 메시지 및 상품 포지셔닝, 캠페인 주제, 스타일과 톤, 제약요소, 평가준거 등을 사전에 검토해야 하며,[47] 이상의 요소들이 종합적으로 조화를 이루도록 해야 한다. 카피 플랫폼 작성순서를 단계별로 제시하면 다음과 같다.

| 상품 영역 | 상품(서비스) 영역에서는 특성이나 혜택을 중요한 순서대로 나열하며 이때 "그래서?"라는 질문을 반복함으로써 상품의 소비자 혜택을 추출하는데 주안점을 두어야 한다. 그 다음에 상품(서비스)의 고유한 속성을 찾아내고 그러한 상품관련 주장을 입증할 수 있는지를 알아본다. 이때 만약 기업명이 중요하다면 왜 그런가 하는 이유를 찾아내고 현재의 브랜드 가치를 추정하여 카

47. Janice M. King(2006). *Copywriting That Sells High Tech*. United States: WriteSpark Press. p.33.

피창작시 고려할 필요가 있다.

| 소비자 영역 | 소비자 영역에서는 소비자의 인구통계적 특성, 심리적 특성(라이프스타일, 태도, 개성, 구매행태 등), 상품(서비스)을 구매함으로써 충족되는 욕구 등을 차분하게 분석할 필요가 있다. 단순한 인구통계적 특성은 별다른 통찰력을 제공하지 못하므로 소비자의 심리학적 특성(*psychographics*)을 보다 구체적으로 분석해야 하며, 소비자 중에서 가장 전형적인 특성을 지닌 사람의 라이프스타일을 묘사해 보아야 한다.

| 시장 영역 | 시장 및 시장 점유율에서의 주요 경쟁자, 상품(서비스)의 비교우위 및 비교열위 분석, 시장에서의 상품(서비스)의 위치, 경쟁상품과 비교한 가격의 위치 등을 분석하여 기술한다. 이때 어떤 브랜드의 시장점유율(*market share*)보다 포지셔닝 전략에서 말하는 브랜드에 대한 인식의 정도, 다시 말해서 소비자의 머릿속에서 그 브랜드가 자리잡고 있는 마음 점유율(*mind share*)도 생각해 볼 필요가 있다.

| 크리에이티브 영역 | 크리에이티브 전략부분에서는 상품(서비스)에 대해 설명하는 한마디 말(*key word*)을 제시하는 것이 가장 중요하다. 즉, 어떤 상품(서비스)에 대하여 "한마디로 말한다면 ______이다"라는 구체적이고 차별적인 내용을 기술해야 한다. 그런 다음에 상품과 시장과 소비자에 대한 사실적 내용이나 각종 통계치를 제시하면 대체로 카피 플랫폼이 완성된다.

이상에서 설명한 카피 플랫폼(크리에이티브 전략 진술)의 작성양식을 앨트스틸과 그라우(Altstiel & Grow, 2006)의 연구결과[48]를 바탕으로 제시하면 다음과 같다.

---

48. Tom Altstiel & Jean Grow(2006). *Advertising Strategy: Creative Tactics From the Outside/In*. Thousand Oaks, CA: Sage. pp.365~366.

상 품(서비스) ______

상 품(서비스)

1. 특성이나 혜택을 중요한 순서대로 나열하기 ("그래서?"라는 질문 반복)

특성	혜택

2. 상품(서비스)의 고유한 속성

3. 상품관련 주장을 입증할 수 있는가?

4. 기업명이 중요한가? 만약 그렇다면 왜?

5. 브랜드 가치

높다 ______ 낮다 ______ 없음 ______

소비자

1. 인구통계적 특성 (나이, 성별, 교육수준, 소득수준, 직업, 지리적 분포 등)

2. 심리적 특성 (라이프스타일, 태도, 개성, 구매 행태 등)

3. 상품(서비스)을 구매함으로써 충족되는 욕구

시 장

1. 시장 및 시장 점유율에서의 주요 경쟁자

2. 상품(서비스)의 비교우위와 비교열위

경쟁사	우위점	불리점

3. 시장에서의 상품(서비스)의 위치

유사상품 (지각된 비교우위 없음)

신상품 범주

유사상품보다 현저한 향상

4. 경쟁상품과 비교한 가격의 위치

높다　　비슷하다　　없음

크리에이티브 전략

1. 한마디 말: "이 상품(서비스)에 대하여 한마디로 말한다면…"

2. 상품, 소비자, 시장에 대한 주요 사실이나 통계치

이상의 카피 플랫폼은 작성하기가 번거롭지만 한번 작성하고 나면 카피창작 과정에서 유용하게 활용된다. 사람은 망각의 동물이다. 카피라이터 역시 동시다발적으로 여러 가지 상품의 광고카피를 써야 할 경우가 많은데, 이때 카피 플랫폼은 망망대해를 항해할 때 길을 알려주는 항해도처럼 카피창작의 지도가 되기도 하고 방향을 제시하는 나침반이 되기도 한다.

광고창작 과정에서 매체에 따라 표현기법에 따라 카피가 약간씩 달라질 수 있는데 카피 플랫폼에 따라 작업하면 전체적 흐름이 흔들리지 않고 통일성을 유지하는 카피를 쓸 수 있다. 필자의 경험을 바탕으로 훌륭한 카피 플랫폼 작성에 필요한 몇 가지 고려사항을 간략히 제안하면 다음과 같다.

| 제안 1 | 상품의 일반적 특성을 소비자 혜택으로 전환한다.

| 제안 2 | 직접 소비자가 되어 상품이 주는 가치를 기술해본다.

| 제안 3 | 시장에서의 상품의 포지셔닝 위치를 좌표로 그려본다.

| 제안 4 | 두세 가지의 '한마디 말'을 써서 주변의 평가를 받아본다.

| 제안 5 | 애매하지 설명하지 말고 분명한 '한마디 말'을 써야 한다.

| 제안 6 | 한국인 대상의 광고이므로 영어로 된 '한마디 말'은 자제한다.

| 제안 7 | 시간 장소 경우(TPO: *Time*, *Place*, *Occasion*)에 알맞게
상품 특성을 소비자 혜택으로 전환한다.

이상의 카피 플랫폼을 잘만 활용하면 개별 광고의 카피창작이 끝난 다음 후속광고의 크리에이티브 테마를 찾는 데도 유용한 지침이 된다. 또한, 장기적으로 개별광고를 캠페인성 광고로 발전시키는 데도 카피 플랫폼은 중요한 가이드라인이 된다. 따라서 카피라이터는 작성의 번거로움 때문에 회피하기보다 향후의 쓰임새를 생각하여 보다 오랜 시간 동안 고민하여 카피 플랫폼을 작성할 필요가 있겠다. 카피라이터들이여! 실제 카피창작에 들어가기를 너무 서두르지 말자. 실제 카피 쓰기는 그 다음 문제이다.

생_각_해_ 볼_ 문_제_

1. 광고의 삼각형에서 소비자 영역이 갈수록 중요해지고 있다. 상품과 시장보다 소비자의 꼭짓점을 강조한 카피사례를 5가지 제시하고, 각 광고의 카피라이터들이 소비자에게 원하는 기대 반응은 무엇이었을지 기술해보자.

2. 다음은 남양유업의 17茶 신문광고이다. 이 광고에서는 "몸에 좋은 17茶! 마시는 것 하나도 건강하게 드세요"라는 헤드라인을 써서 FCB 그리드 모형에서의 제4상한 '저관여/감성적 사고' 영역에 소구하고 있다. 만약 이 상품을 '저관여/이성적 사고' 영역에 광고한다고 가정한다면 카피를 어떻게 쓰는 것이 좋을까? 논리적 근거를 제시한 다음 실제 카피를 써보자.

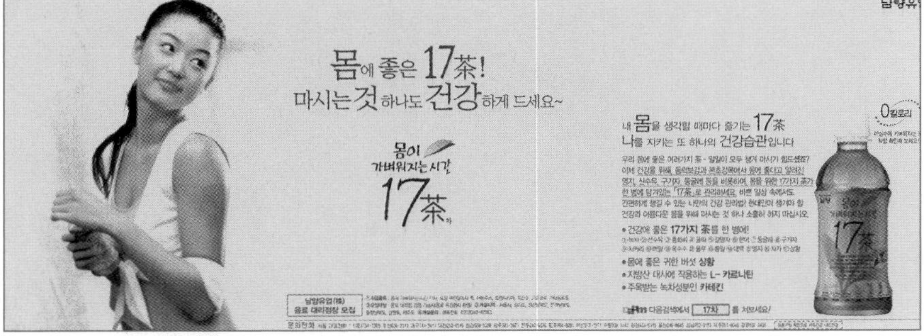

3. 카피깔때기 모형에서 말하는 카피추출의 6단계 과정에 대하여 설명해보자. 또한, 여러 단계 중에서 '카피전략 수립' 단계가 특히 중요한 까닭에 대하여 매체에 노출된 실제 광고사례를 들어 자신의 생각을 서술해보자.

4. 프레이저가 제시한 7가지 표현전략 모형을 잠시 생각해보자. 자신이 좋아하는 광고 하나를 골라 그 광고가 7가지 전략 중 어디에 해당되는지 이론적 근거를 바탕으로 설명해보자. 또한, 이 광고의 다음 광고에서 표현전략을 바꾼다고 가정하고 광고의 헤드라인을 나머지 6가지 전략에 알맞게 바꿔보자.

5. 자신이 좋아하는 광고 하나를 골라 그 광고가 나오게 된 논리적 근거를 추론하여 가상적인 카피 플랫폼을 작성해보자. 또한, "이 상품(브랜드)에 대하여 한마디로 말한다면 __________이다"라는 한마디 말'을 찾은 다음, 이어지는 후속광고를 창작해보자.

제 5 장

카피의 구성요소

"좋은 카피는 자유의 여신상과 같다: 그것은 언제나 홀로 서 있지만 뭔가 말하고 있다."[1] —핼 스티빈스

"광고는 어디까지 치밀하게 계산된 '주장'이어야 한다. 주장이 애매할 때, 주장의 일관성이 없을 때 그 광고는 신뢰성을 잃게 마련이다."[2] —이인구

1. 핼 스티빈스, 송도익 역(1991). 《카피캡슐》. 서울: 서해문집. p.9.
2. 이인구(1995). "브랜드 이미지." 《카피라이터 이인구가 본 세상》. 서울: 한국광고연구원. p.262.

- **카피의 개념과 범위**

- **헤드라인**
  - 헤드라인의 기능
  - 헤드라인 유형
  - 케이플스의 29가지 헤드라인 쓰는 법
  - 오길비의 10가지 헤드라인 쓰는 법

- **바디카피**
  - 바디카피의 강조점
  - 바디카피의 유형
  - 바디카피의 구조

- **슬로건**
  - 슬로건의 개념
  - 슬로건의 유형과 종류

카피에 관한 정의는 좁은 의미에서 헤드라인과 바디카피를 가리키기도 하고, 넓은 의미에서 시각적 표현을 포함한 광고물을 구성하는 모든 것을 가리키기도 한다. 카피는 광고 메시지를 지탱하고 유지하는 메시지의 등뼈(*back-bone of message*)인데, 카피를 어떻게 창작하느냐에 따라서 설득효과가 달라진다. 카피라이터들은 보다 나은 카피 한 줄을 찾기 위하여 밤늦도록 퇴근도 하지 못하고 숱한 불면(不眠)의 밤을 새울 것이다.

도대체 창의적 광고카피란 무엇일까? 광고전략과 정확히 일치하는 내용을 썼다고 해서 그것을 창의적 카피라고 할 수 없을 것이다. 만약 그런 것이 창의적 카피라고 한다면 컴퓨터 프로그램을 만들어서 상품의 특성을 고려한 최적인 단어를 조합하면 될 것이다. 그러나 그렇게 될 수 없는 것이, 카피는 소비자의 공감대 형성이 중요하기 때문에 기계적 조합으로는 불가능하다.

현대광고에서는 글이나 말로 표현된 것을 카피로 보는 협의의 개념보다 광고 메시지를 구성하는 전체적 구성요소로 보는 광의의 개념으로 카피를 이해하려는 관점이 우세하다. 이 장에서는 카피의 여러 구성요소에 대하여 다각도로 고찰하고자 한다. 헤드라인, 오버라인, 서브헤드, 바디카피, 슬로건, 캐치프레이즈, 그리고 캡션 등 제반 구성요소의 개념에 대하여 알아보고, 각 구성요소들이 광고의 효과과정에서 구체적으로 어떠한 기능을 수행하는지 광고 현장론의 맥락에서 규명하고자 한다.

카피의 개념과 범위

새삼스러운 말이지만 카피란 무엇인가? 이에 대한 정의는 다양하다. 국어사전을 찾아보면, 카피는 베낀 것, 사본, 등사, 모사의 뜻이다. 광고관련 용어로는 광고문장 또는 광고문안으로 쓰인다. 광고용어로서의 카피는 대략 다음과 같은 세 가지 의미를 담고 있다.

① 좁은 의미의 카피는 헤드라인과 본문(*body copy*)을 의미한다.

② 본문 이외의 오버 헤드라인, 서브 헤드라인, 슬로건(브랜드 슬로건, 기업 슬로건, 캠페인 슬로건), 리드, 소제목을 의미한다.

③ 브랜드명, 기업명, 가격표시, 상품의 사양(*speck*: 사용기간, 사용법, 기타), 광고주 요구사항 등

④ 넓은의미의 카피는 광고물을 구성하는 모든 것(시각적 표현 포함)을 말한다.

일반적으로 사용되는 카피의 의미는 첫째 둘째 셋째의 의미를 합한 것을 가리키며, 넷째는 광고효과 측정에서의 카피 테스팅(*copy testing*)에서 사용하는 개념이다. 따라서 광고의 등뼈인 카피는 광고의 여러 가지 구성요소 중 글이나 말로 표현되는 모든 것을 의미한다고 하겠다. 이와 같은 카피를 쓰는 과정을 카피라이팅(*copywriting*)이라고 하며, 카피를 쓰는 사람을 카피라이터(*copywriter*, 카피 창작자)라고 한다.

그렇다면 이와 같은 사전적 의미 말고 카피란 무엇일까? 광고 기획서나 크리에이티브 브리프에 기술된 광고 컨셉을 그럴듯한 말로 풀어쓰면 창의적 카피가 되는 것일까? 이에 대하여 실무경험이 풍부한 연구자들은 다음과 같이 설명하고 있다(강정문, 2000; 김정우, 2006; 최병광, 2006).

크리에이티브 브리프에 써놓은 내용을 언어표현만 살짝 다듬어 내놓은 것이 카피일 수는 없다. '전략과 일치하면 된다' 가 아니라 전략을 발판으로 하여 (광고를) 보는 이의 흥미와 관심의 세계로 뛰어올라야 크리에이티브한 카피이다.[3]

카피란 광고주의 생각을 모사(模寫)해내고, 소비자들의 마음을 모사해낸 다음 그것을 절묘하게 결합시킨 것이다.[4]

---

3. 강정문(2000). "강정문의 대홍 생각(전무 메모 19): 카피는 또 하나의 원본이 아니다." 강정문을 사랑하는 사람들의 모임 · 대홍기획 편저. 《뭐가 그리 복잡하노? 짧게 좀 해라》. 서울: 청람문화사. p.263.

4. 김정우(2006). 《카피연습장1: 아이디어와 인쇄광고 편》. 서울: 커뮤니케이션북스. p.40.

카피는 글로 쓴 것만이 아니다. 카피가 녹아들어간 비주얼이 있고, 말없이 응시하는 모델의 표정에도 카피는 있다. 아트디렉터가 선택한 레이아웃이나 컬러에도 카피는 녹아들어 있다. 한 곡의 음악 혹은 한마디의 효과음에도 카피는 존재한다. 인텔 인사이드의 '디디디딩' 이라는 소리는 얼마나 많은 카피를 담고 있는가. 맥도날드의 노란색 M자에는 또 얼마나 많은 카피가 숨어 있는가.[5]

즉, 광고전략과 일치하고 그것을 제대로 표현했다고 해서 창의적 카피일 수 없다는 것이다. 논문제목 같은 죽은 언어로 쓴 카피에 관심을 가질 소비자는 없다. 카피창작의 핵심은 광고전략을 바탕으로 소비자가 집중하도록 메시지 수준을 점프시키는 데 있을 것이다. 또한, 카피 속에 광고주가 하고 싶어하는 메시지를 충분히 담아 소비자의 공감대를 충분히 이끌어내야 한다는 점에서, 카피는 양쪽의 생각을 모사(模寫, 베끼기)해야 하는 측면도 있다.

한편, 오로지 광고에서 글로 표현된 것만을 카피로 볼 필요가 없고 광고의 모든 구성요소가 카피에 관련된다는 견해도 주목할 만하다. 카피에 어울리지 않는 비주얼이라면 그것이 광고에 쓰일 까닭이 없으며 카피와 어울리지 않는 모델이라면 처음부터 고려대상이 되지 못했을 것이다. 따라서 카피를 단지 글로 쓰인 언어적인 것만으로 해석하지 않고, 광고의 전체 구성요소로 보다 넓은 의미에서 해석한 이상의 견해는 타당하다. 따라서 넓은 의미에서의 카피는 광고 메시지를 표현하는 아이디어 전체를 지칭한다고 하겠다.

여기서는 넓은 의미의 카피에 대하여 설명하지 않고 글이나 말에 관련되는 협의의 카피 구성요소에 대하여 설명하고자 한다. 보다 구체적으로, 인쇄 광고에서는 헤드라인(*headline*), 오버라인(*overline*), 서브헤드(*subhead*), 바디카피(*body copy*), 슬로건(*slogan*), 캐치프레이즈(*catch phrase*), 캡션(*caption*) 등이 카피에 해당된다. 또한, 전파광고에서는 동영상을 제외한 자막부분과 소리로 전달하는 모든 메시지를 카피라고 할 수 있다. 〈그림 5-1〉에 제시한 여러 가지 카피의 구성요소들을 개략적으로 설명하면 다음과 같다.

5. 최병광(2006). "카피는 카피가 아니다." 〈사보 LG Ad〉 11/12월호, p.8.

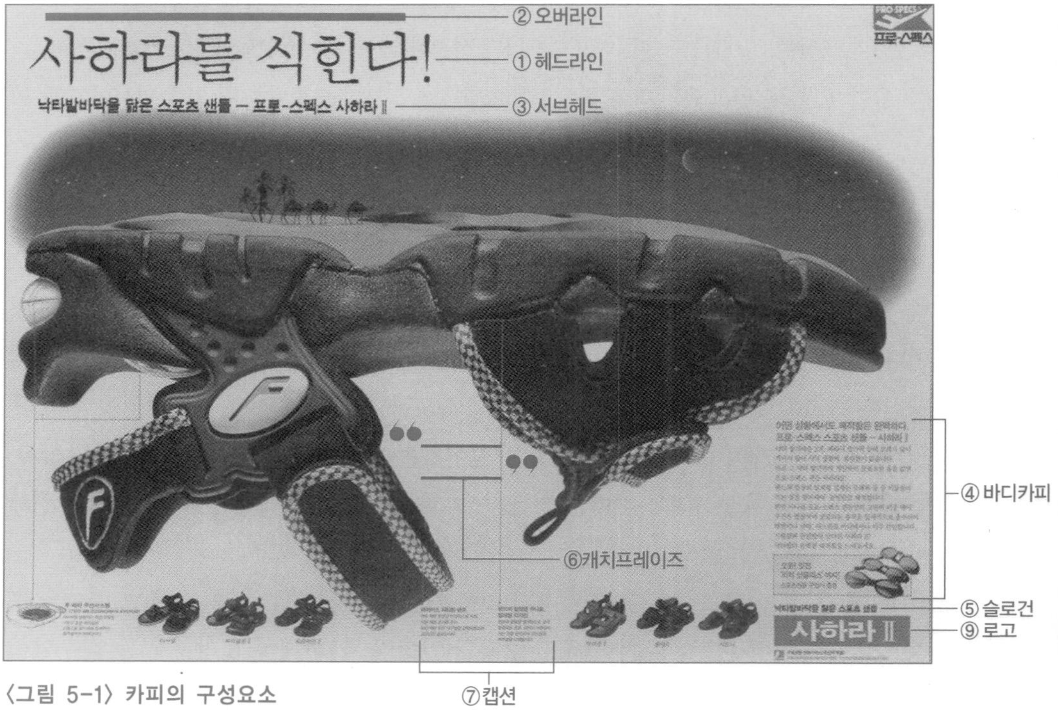

〈그림 5-1〉 카피의 구성요소

① 헤드라인*Headlines*

헤드라인이란 아이디어에 알맞게 크리에이티브 컨셉을 비약시켜 표현하는 광고의 핵심 메시지이다. 특히, 수용자로 하여금 바디카피나 비주얼 같은 광고의 여러 구성요소에 주목하게 함으로써 기억을 활성화시키기 때문에,[6] 헤드라인은 시속 100킬로미터로 달리는 고속도로변에 설치된 빌보드와 같은 성격을 지닌다.[7] 헤드라인에 대한 여러 가지 정의를 종합하면, 헤드라인은 광고 아이디어에 알맞게 크리에이티브 컨셉을 소비자가 이해하기 쉽게 전달하는 광고의 핵심 메시지

6. 김병희 · 한상필(2001). "광고 Headline의 담론구성에 관한 연구." 〈한국언론학보〉 45(특별호), pp.41~69.

7. 김동규(2003). 《카피라이팅론》. 서울: 나남출판. p.427.

라고 할 수 있다. 인쇄광고에서의 헤드라인은 대체로 가장 큰 글씨체로, 전파광고에서는 가장 강조하여 표현하는 것이 일반적이다. 바디카피를 읽거나 듣도록 유도하고 한 번 보거나 들어서 오래 기억할 수 있는 것이 좋은 헤드라인이다.

② 오버라인*Overlines*

오버라인이란 헤드라인 위에 배치되어 헤드라인만으로 메시지 전달이 미흡할 경우 헤드라인으로 유도하는 문구이다. 광고 실무계에서는 오버헤드(*Overhead*)라는 용어가 일반적으로 통용되나, 버튼(Burton, 1996)은 오버라인이 보다 정확한 용어라고 지적한 바 있다.[8] 광고에서 오버라인이 꼭 필요하지는 않으며 헤드라인으로는 부족한 느낌이어서 헤드라인을 유도하는 문구가 필요할 때 사용한다. 그러나 오버라인 없이 헤드라인만으로 메시지를 충분히 전달할 수 있으면 헤드라인만 쓰는 것이 바람직하다.

③ 서브헤드*Subheads*

서브헤드는 헤드라인 바로 아래에 배치되어 헤드라인을 보완하는 문구이다. 헤드라인만으로 핵심 광고 메시지를 전달하는 것이 바람직하지만, 헤드라인만으로 부족할 경우에는 서브헤드를 써서 헤드라인을 뒷받침한다.

④ 바디카피*Body copy*

바디카피는 헤드라인을 읽고 난 독자에게 보다 구체적 정보를 전달하기 위해 덧붙이는 광고 메시지의 몸체 부분이다. 소비자의 구매욕을 높이기 위해서는 흥미성, 통일성, 단순성, 강조성, 그리고 설득성의 요소가 조화를 이루어야 한다.[9]

8. Philip Ward Burton(1996). *Advertising Copywriting* (7th Ed.). Lincolnwood, IL: NTC Business Books. p.13.
9. 강승구 · 신용삼(1999). 《광고카피론》. 서울: 참미디어, pp.22~23.

⑤ 슬로건*Slogan*

슬로건은 상품의 소비자 혜택이나 기업철학 등을 짧고 기억하기 쉬운 소비자 언어로 표현하여 장기간 반복적으로 사용하는 문구이다. 원래는 위급한 때를 알리는 소리에서 파생되었으나, 오늘날에는 기업철학이나 상품의 특성을 일정 기간이나 장기간 반복적으로 사용하여 기업이나 상품이 추구하는 바를 나타내는 지향점이기도 하다.

⑥ 캐치프레이즈*Catchphrases*

캐치프레이즈는 슬로건에 비해 단기간 사용하기 위한 목적에서 창작되며, 소비자의 구체적 구매행동을 촉구하는 문구이다.

⑦ 캡션*Captions*

캡션은 광고에 제시된 상품, 일러스트레이션, 쿠폰, 광고그림, 그리고 광고사진 주변에서 제시된 내용을 설명하는 문구이다. 캡션은 바디카피와는 별도로 광고에서의 일러스트레이션이나 사진 주위에 작은 활자로 된 짧은 글로 주제를 서술하거나 설명하며, 사진과 언어를 이상적으로 결합하고 소비자의 사진에 대한 자의적 해석을 배제하는 역할을 수행한다.

⑧ 자막*Subtitles*

자막은 텔레비전 광고에서 영상메시지를 보완하거나 독자적 기능을 발휘할 목적으로 화면에 문자형태로 처리한 문구이다.

⑨ 기타

기업이나 브랜드의 로고(*Logotypes*), 상품이나 브랜드의 즉각적 이용을 권유하는 추천문(*Blurbs*), 만화에서 대화를 나타내듯이 메시지를 전달하는 말풍선(*Balloon*), 그리고 서명(*Signatures*) 등이 있다.

헤드라인

헤드라인의 기능

헤드라인은 대부분의 광고에서 가장 중요한 요소이다.[10] 헤드라인은 바디 카피나 비주얼 등 광고의 여러 구성요소 중에서 소비자의 기억을 활성화시킬 가능성이 가장 높은데, 그럼에도 불구하고 소비자의 주목을 끌지 못하고 일회용으로 사용되고 나서 사라져버리는 헤드라인이 너무 많다. 심지어 어떤 카피라이터는 헤드라인의 개념과 의미를 잘못 이해하여 크리에이티브 컨셉(*creative concept*)을 그대로 헤드라인으로 쓰는 일도 빈번하다. 뜻밖에도 크리에이티브 컨셉과 헤드라인을 구분하지 못하는 카피라이터들이 많다.[11] 오길비는 헤드라인 하나가 광고효과 유발에 상당한 영향을 미칠 수 있음을 다음과 같이 강조하였다.

> 헤드라인은 광고에서 가장 중요한 요소이다. 그것은 독자들이 카피를 읽느냐 읽지 않느냐를 결정하게 하는 전보(電報)이다. 평균적으로 바디카피를 읽는 사람의 5배가 헤드라인을 읽는다: 만약 헤드라인에서 뭔가를 팔지 못하면 당신은 광고주의 돈을 80%나 낭비하는 셈이다.[12]

10. John Caples(1975). "Fifty Things I Have Learned in Fifty Years in Advertising." *Advertising Age*, September 22, p.47.

11. 크리에이티브 컨셉이 광고표현의 방향을 제시하는 표현의 구심점이라면, 헤드라인은 그 구심점에 근거하여 '어떻게 말할 것인지' 다양한 글쓰기를 시도한 다음 최종적으로 선택되는 카피이다. 예를 들어, 대우자동차 레간자 광고에서 '소리 없는 파워' 가 크리에이티브 컨셉이라면, 실제 광고물에 쓰인 "쉿!" 은 헤드라인이 된다. 크리에이티브 컨셉을 거의 그대로 헤드라인으로 쓰느냐, 아니면 이를 한 차원 비약시켜 소비자의 마음을 사로잡는 '언어의 성감대' 를 건드려주는 헤드라인을 쓰느냐에 따라 카피라이터의 자질을 엿볼 수 있을 것이다.

12. David Ogilvy(1963). *Confessions of an Advertising Man*. New York, NY: Ballantine. p.104.

광고학계와 광고업계에서는 대체로 블라이(Bly, 1985)가 제시한 헤드라인의 4가지 기능을 지지하고 있다. 즉, 헤드라인이 소비자의 주목을 끌고, 광고의 목표수용자를 선택하게 하며, 헤드라인 자체로써 전체 메시지를 전달하고, 소비자를 바디카피로 유인해야 한다는 것이다.[13] 이를 보다 구체적으로 알아보면 다음과 같다.

| 수용자의 주목유발 기능 | 헤드라인은 광고효과 과정의 고전적 모형인 AIDMA(*Attention→Interest→Desire→Memory→Action*) 법칙에서 가장 첫 번째 단계인 수용자의 주목을 유발하게 하는(*getting attention*) 기능을 수행한다.

| 수용자의 선택 기능 | 광고의 목표집단을 선정하는 데 있어서 정부광고가 아닌 이상 전 국민을 대상으로 할 필요가 없다. 따라서 헤드라인은 많은 소비자 중에서 광고의 표적 수용자를 선택하게 하며(*selecting the audience*) 호명하는 기능을 수행한다.

| 전체 메시지 전달 기능 | 헤드라인 그 자체로서 소비자에게 구매행동을 유발시켜야 한다. 오길비가 광고를 보는 독자의 80%가 헤드라인을 읽는다고 했듯이, 수용자들은 바디카피는 읽지 않아도 헤드라인은 읽을 가능성이 높다. 따라서 자세한 내용은 바디카피를 참고하라는 식으로 여지를 남기기보다 헤드라인 자체로써 전체 메시지를 전달(*delivering a complete message*)할 수 있어야 한다. 바디카피에서 추가로 보완하는 것은 또 다른 과제이다.

| 바디카피로의 유인 기능 | 헤드라인은 그 자체로써 전체 메시지를 전달해야 하지만 수용자에게 바디카피를 읽고 싶은 마음이 일어나도록 유인(*drawing the reader into body copy*)할 수 있어야 한다. 그렇게 되면 수용자에게 바디카피의 내용까지 전달하게 되어 보다 효과적일 수 있다.

---

13. Robert W. Bly(1985). *The Copywriter's Handbook*. New York, NY: Dodd, Mead & Company. pp.13~18.

국내에서도 이만재(1990)는 헤드라인의 기능에 대하여, 독자의 주목을 끌 수 있어야 하고, 불특정 다수 가운데 상품과 관련이 있는 목표고객을 바로 골라낼 수 있어야 하며, 독자를 바디카피까지 읽도록 유인하는 힘을 발휘하여야 하고, 헤드라인 그 자체로서 즉각적 행동을 촉발시켜야 함을 강조하였다.[14]

한편, 현대광고는 소비자와 브랜드의 관계설정을 시도하는 경우가 많다.[15] 정보의 혼잡현상으로 광고효과가 갈수록 약화되는 상황에서 직접적 상품판매보다 장기적으로 브랜드에 대한 호의적 관계형성을 모색하는 광고들이 늘고 있다. 이와 같이 브랜드 관리가 중요해진 현대광고의 맥락에서 오귄과 알렌 및 시메니크(O'Guinn, Allen, & Semenik, 2003)가 제시한 헤드라인의 기능[16] 역시 참고할 만하다. 그들이 제시한 7가지 헤드라인의 기능은 다음과 같다.

- 브랜드에 대한 뉴스를 제공: 헤드라인 유형에서 뉴스형 헤드라인이 따로 분류되기는 하지만 모든 헤드라인은 본질적으로 브랜드에 대한 뉴스 제공의 성격을 가질 수밖에 없다. 따라서 카피라이터는 수용자의 주목을 끌고 구매욕구를 자극하는 헤드라인을 써야 한다.

- 브랜드의 주장을 강조: 헤드라인은 브랜드의 주장(*claim*)을 강조하기 위해 인쇄광고에서는 가장 눈에 잘 띄게 배치하고 바디카피보다 큰 활자를 쓰며, 방송광고에서는 가장 잘 들리고 주목할 수 있도록 녹음한다.

- 수용자에게 권고: 헤드라인은 많은 수용자 중에서 목표소비자에게 광고상품을 사용해보라고 권유할 수 있어야 한다. 직접판매 광고가 아닌 이미지 광고에서도 상품 메시지와 정교하게 연결시키는 헤드라인을 써야 한다.

---

14. 이만재(1990). 《카피라이터 입문》. 서울: 고려원. pp.76~78.
15. 김병희(2000). "메시지의 탄생과 관계설정의 지도 그리기." 〈광고정보〉 10월호, pp.61~67.
16. Thomas C. O'Guinn, Chris T. Allen, & Richard J. Semenik(2003). *Advertising and Integrated Brand Promotion* (3rd Ed.). Mason, OH: Thomson South-Western. pp.409~410.

- 잠재고객(*prospect*)을 선별한다.
- 수용자의 호기심을 자극한다.
- 광고의 분위기나 느낌을 확정한다.
- 브랜드의 성격을 규정한다.

헤드라인은 브랜드의 주장을 강조하기 위해 인쇄광고에서는 가장 눈에 잘 띄게 배치하고 바디카피보다 큰 활자로 표현하는 것이 일반적이다. 또한, 방송광고에서는 핵심비주얼(*key visual*)과 연결시켜 가장 잘 들리고 주목할 수 있게 녹음하는 것이 일반적이다. 그러나 항상 그렇지는 않고 아이디어에 따라 헤드라인을 내레이션이나 별도의 자막으로 처리한다.

소비자 입장에서는 광고를 보지 않아도 살아가는 데 아무 문제가 되지 않으므로 헤드라인의 기능에 대하여 반드시 알아야 할 필요가 없다. 그러나 카피라이터의 입장에서는 광고인으로서의 생명이 걸린 문제이다. 따라서 카피라이터들은 광고에서 가장 중요한 요소인 헤드라인의 기능에 대하여 충분히 숙지하고 카피 창작시에 이를 적극적으로 고려할 필요가 있다.

헤드라인 유형

이와 같은 기능을 수행하는 광고 헤드라인은 카피라이터가 작성한 여러 대안 중에서 채택된 하나의 메시지 유형인데, 연구자에 따라 각기 다른 기준을 적용하여 헤드라인 유형을 분류하고 있다. 헤드라인 유형(*type of headline*)은 광고 메시지의 구성원리와 직결되지만, 대개의 분류가 연구자 개인의 직관에 의한 분류이므로, 일반적으로 적용하기에 무리가 있다.

〈표 5-1〉 연구자별 헤드라인 유형 분류

연구자	범주	분류 유형	분류기준
Cohen (1981)[17]	8	식별형, 혜택형, 정보형, 선택형, 질문형, 명령형, 호기심형, 자랑형	제시방법
Dunn (1982)	5	뉴스형식, 호기심형식, 감성형식, 지시형식, 헤드라인 없는 형식	소구유형
Bly (1985)[18]	8	직접형, 간접형, 뉴스형, 방안형, 질문형, 명령형, 이유제시형, 증언형	설득기법
Dunn & Barban (1986)[19]	3	직접소구형, 간접소구형, 혼합소구형	제시방법
Moriarty (1991)[20]	4	뉴스형, 감정형, 방안형, 말장난형	
植條則夫 (1991)[21]	9	뉴스・고지형식, 단정형식, 실증형식, 주장・제안형식, 암시・경고형식, 의뢰・호소형식, 질문형식, 정서형식, 효용・이익형식	표현방식
Arens (1996)[22]	5	혜택형, 뉴스・정보형, 감정유발형, 질문형, 명령형	정보유형
Burton (1996)[23]	8	뉴스형, 정서형, 직접혜택형, 지시형, 이색형, 호기심형, 허풍형, 슬로건 레이블 로고형	창작방법
이화자 (1998)[24]	10	뉴스고지・정보형식, 단정형식, 실증형식, 주장・제안형식, 암시・경고형식, 의뢰・호소형식, 질문형식, 정서형식, 효용・실리형식, 자극형식	표현방식
강승구・신용삼 (1999)[25]	10	뉴스・고지형식, 효용・편익형식, 증언・실증형식, 주장・제안형식, 질문형식, 암시・경고형식, 단정형식, 정서위주 형식, 역설형식, 헤드라인 없는 형식	표현방식
김광수 (1999)[26]	8	모방형, 이중 의미형, 혜택약속형, 뉴스형, 질문형, 명령형, 자극형, 대조형	사용빈도
김완석・정미광 (1999)[27]	7	평서형, 의문형, 감탄형, 명령형, 청유형, 정지형, 축약형	문장작성
김동규 (2003)[28]	10	뉴스형, 편익제시형, 정서형, 호기심 유발형, 문제해결형, 입증형, 지시형, 주장・제안형, 목표고객 선정형, 타이틀형	표현방식
Altstiel & Grow (2006)[29]	8	뉴스형, 직접혜택형, 호기심형, 감정형, 지시형, 허풍형, 비교형, 레이블형	창작방법
King (2006)[30]	7	기술선도형, 시장선도형, 적용・이용형, 가격・가치형, 특징・혜택형, 서비스・지원형, 회사강점형	표현주제

17. Dorothy Cohen(1981). *Advertising* (2nd Ed.). New York, NY: John Wiley & Sons, Inc. pp.185~188.
18. Robert W. Bly(1985). *The Copywriter's Handbook*. New York, NY: Dodd, Mead & Company. pp.19~23.

국내 광고현장에서는 일본 카피라이터 우에조노리오(植條則夫, 1991)가 분류한 9가지 유형이 가장 널리 통용되는 듯하다. 또한, 여러 광고학 교과서에서도 그의 헤드라인 분류기준을 보편적으로 채택하고 있다. 그러나 우에조노리오 역시 경험과 직관에 따라 광고 헤드라인 유형을 분류하였다.

한번 정해진 광고컨셉은 바뀌면 안 되는 불변의 지침이지만 헤드라인의 표현유형은 상상력에 따라 달라진다. 매체에 따라, 말하는 시점에 따라, 아이디어의 전개방식에 따라, 경쟁 브랜드의 표현전략에 따라, 여러 광고환경에 따라, 광고 창작자의 성향에 따라 천차만별의 헤드라인이 나오게 된다. 이렇듯 광고 헤드라인 유형은 광고메시지의 주요 결정요인이다. 여러 연구자들은 〈표 5-1〉과 같이 헤드라인의 유형분류를 시도하였으며 나름대로의 의의를 가지고 광고카피 창작에 기여하였다. 그러나 이 분류는 실증적으로 검증하기보다 연구자의 경험이나 직관에 따라 분류한 측면이 강하다.

이상에서 제시한 헤드라인 유형들을 유사한 항목끼리 통합한 결과,[31] 〈표 5-2〉에 제시한 바와 같이 뉴스형이 19회로 가장 공통적으로 언급된 헤드라인 유형으로 나타났다. 그 다음으로 호기심형(15회), 혜택형(12회), 정서형(10회), 지시형(9회), 실증형 및 질문형(8회), 제안형(7회), 단정형 및 과장형(4회), 경고형 및 방안형(3회) 순이었으며, 나머지 기타 유형이 8가지로 나타났다.

---

19. Samuel Watson Dunn & Arnold M. Barban(1986). *Advertising: Its Role in Modern Marketing* (6th Ed.). New York, NY: The Dryden Press. pp.459~464.
20. Sandra E. Moriarty(1991). *Creative Advertising: Theory and Practice* (2nd Ed.). Englewood Cliffs, NJ: Prentice-Hall. pp.197~200.
21. 植條則夫, 맹명관 역(1991). 《카피교실》. 서울: 들녘. pp.31~36.
22. William F. Arens(1996). *Contemporary Advertising* (6th Ed.). Chicago, IL: Richard D. Irwin.
23. Philip Ward Burton(1996). *Advertising Copywriting* (7th Ed.). Lincolnwood, IL: NTC Business Books. pp.63~73.
24. 이화자(1998). 《광고표현론》. 서울: 나남출판. pp.248~249.
25. 강승구 · 신용삼(1999). 《광고카피론》. 서울: 참미디어. pp.22~23.
26. 김광수(1999). 《광고학》. 서울: 한나래. p.281.
27. 김완석 · 정미광(1999). "헤드카피의 문장형식에 따른 광고효과: 기억도, 브랜드태도, 광고태도의 차이." 《한국광고학회 1999년 연차학술발표회 발표 논문집》. pp.48~58.
28. 김동규(2003). 《카피라이팅론》. 서울: 나남출판. pp.435~447.

〈표 5-2〉 헤드라인 유형의 분류기준 종합

	뉴스형 ①	호기심형 ②	혜택형 ③	정서형 ④	지시형 ⑤	실증형 ⑥	질문형 ⑦	제안형 ⑧	단정형 ⑨	과장형 ⑩	경고형 ⑪	방안형 ⑫	기타형 ⑬
Cohen (1981)	●●	●	●		●		●			●			●
Dunn (1982)	●	●		●	●								●
Bly (1985)	●●	●	●		●	●	●					●	
Dunn & Barban (1986)	●	●											●
Moriarty (1991)	●	●		●								●	
植條則夫 (1991)	●		●	●		●	●	●●	●		●		
Arens (1996)	●		●	●	●		●						
Burton (1996)	●●	●●	●	●	●					●			
이화자 (1998)	●	●	●	●		●	●	●●	●		●		
강승구 · 신용삼 (1999)	●		●	●		●	●	●	●●		●		●
김광수 (1999)	●	●●	●	●	●		●						●
김완석 · 정미광 (1999)		●●			●		●	●					●●
김동규 (2003)	●	●●	●	●	●	●		●				●	●
Altstiel & Grow (2006)	●	●	●	●	●	●				●			
King (2006)	●●		●●			●●				●			
합 계	19	15	12	10	9	8	8	7	4	4	3	3	8

29. Tom Altstiel & Jean Grow(2006). *Advertising Strategy: Creative Tactics From the Outside/In*. Thousand Oaks, CA: Sage. pp.178~179.

30. Janice M. King(2006). *Copywriting That Sells High Tech*. USA: WriteSpark Press. p.65.

31. 헤드라인 유형의 분류 근거를 제시하면 다음과 같다. ①선행연구에서 명명된 '뉴스형' 외에 유사개념인 '뉴스 · 고지형' (강승구 · 신용삼, 1999; 植條則夫, 1991), '뉴스고지 · 정보형식' (이화자, 1998), '레이블형' (Altstiel & Grow, 2006), '뉴스 · 정보형' (Arens, 1996), '직접형식' (Bly, 1985), '슬로건 · 레이블 · 로고형' (Burton, 1996), '식별형' 및 '정보형' (Cohen, 1981), '직접소구형' (Dunn & Barban, 1986), '시장선도형' 및 '서비스 · 지원형' (King, 2006)을 포함. ②유사개념인 '자극형' 및 '이중의미형' (김광수, 1999), '호기심유발형' 및 '타이틀형' (김동규, 2003), '감탄형' 및 '축약형' (김완석 · 정미광, 1999), '자극형식' (이화자, 1998), '간접형' (Bly, 1985), '이색형' (Burton, 1996), '간접소구형' (Dunn & Barban, 1986), '말장난형' (Moriarty, 1991)을 포함. ③유사개념인 '효용 · 편익형식'

이상에서 제시한 광고 헤드라인의 유형분류는 주로 연구자의 직관이나 경험에 의한 자의적 분류라는 한계점을 지니고 있다. 광고 헤드라인은 광고물의 창의성을 결정하는 주요 요인의 하나이며 소비자의 상기도나 개인의 향상에 영향을 미친다. 카피라이터들이 헤드라인 유형을 알지 못해도 카피를 쓸 수는 있겠지만 객관적으로 분류된 헤드라인 유형을 알고서 광고창작에 임하는 경우와 그렇지 않은 경우는 물론 우리나라 카피라이터들이 선호하는 헤드라인 유형과 회피하는 헤드라인 유형을 알고서 카피를 쓸 때는 분명 그 결과에 차이가 있을 것이다.

김병희(2006)는 그동안의 헤드라인 유형분류가 연구자의 경험에나 직관에 의지한 단순분류라는 점에 주목하여 우리나라 광고인이 인식하는 헤드라인 유형을 실증적으로 규명하였다. 연구결과, 우리나라 광고인들이 인식하는 헤드라인 유형은 9가지로 분류되는 것으로 나타났다. 보다 구체적으로 설명하면 다음과 같다.[32]

(강승구 · 신용삼, 1999), '혜택약속형' (김광수, 1999), '편익제시형' (김동규, 2003), '효용 · 실리형식' (이화자, 1998), '효용 · 이익형식' (植條則夫, 1991), '직접혜택형' (Altstiel & Grow, 2006; Burton, 1996), '적용 · 이용형' 및 '특징 · 혜택형' (King, 2006)을 포함. ④유사개념인 '감성형식' (Dunn, 1982), '대조형' (김광수, 1999), '감정형' (Altstiel & Grow, 2006; Moriarty, 1991), '정서위주' (강승구 · 신용삼, 1999), '감정유발형' (Arens, 1996)을 포함. ⑤유사개념인 '명령형' (김광수, 1999; 김완석 · 정미광, 1999; Arens, 1996; Bly, 1985; Cohen, 1981)을 포함. ⑥유사개념인 '증언 · 실증형식' (강승구 · 신용삼, 1999), '입증형' (김동규, 2003), '이유제시형' (Bly, 1985), '가격 · 가치형' 및 '회사강점형' (King, 2006)을 포함. ⑦유사개념인 '의문형' (김완석 · 정미광, 1999)을 포함. ⑧유사개념인 '주장 · 제안형식' (강승구 · 신용삼, 1999; 김동규, 2003; 이화자, 1998; 植條則夫, 1991), '청유형' (김완석 · 정미광, 1999), '의뢰 · 호소형식' (이화자, 1998; 植條則夫, 1991)을 포함. ⑨유사개념인 '역설형식' (강승구 · 신용삼, 1999)을 포함. ⑩유사개념인 '허풍형' (Altstiel & Grow, 2006; Burton, 1996), '자랑형' (Cohen, 1981), '기술선도형' (King, 2006)을 포함. ⑪유사개념인 '암시 · 경고형식' (강승구 · 신용삼, 1999; 이화자, 1998; 植條則夫, 1991)을 포함. ⑫유사개념인 '문제해결형' (김동규, 2003)을 포함. ⑬그밖에 '헤드라인 없는 형식' (강승구 · 신용삼, 1999; Dunn, 1982), '모방형' (김광수, 1999), '목표고객 선정형' (김동규, 2003), '평서형' 및 '정지형' (김완석 · 정미광, 1999), '선택형' (Cohen, 1981), '혼합소구형' (Dunn & Barban, 1986)이 기타형으로 분류되었음.

32. 김병희(2006). "광고 헤드라인의 유형 분류." 《2006년 연차학술대회 논문집》. 서울: 한국광고학회. pp.716~729.

설명형

소비자가 상품을 쓰고 있는 상황을 제시하고, 상품사용시 나타날 수 있는 문제점에 대한 대처방법을 단계별로 설명하거나, 일상의 단면을 있는 그대로 묘사하고, 상품을 어떻게 쓰는지를 친절하게 알려주며, 상품 사용법이 어려운 경우에는 쉬운 예를 들어 설명하기도 하는 헤드라인이다. 예를 들어, 남양 17차의 "내 몸을 생각하면 손에서 놓을 수 없다. 몸이 가벼워지는 시간 17차(茶)" 같은 헤드라인이 설명형에 해당된다.

혜택형

상품의 유익함을 강력히 주장하고, 상품사용의 혜택을 제시하거나, 소비자에게 효용을 약속하는 헤드라인이다. 이는 상품을 사용하여 얻을 수 있는 효용이나 혜택을 제시하여 보다 즉각적 반응을 유도하는 유형이라고 하겠다. 이때, 효능이나 효과 같은 상품의 물리적 혜택보다 어떤 상품을 사용하고 난 후에 오랫동안 만족할 수 있는 심리적 혜택을 제시하는 것이 효과적이다. 예를 들어, 〈그림 5-2〉에 제시한 KB카드 광고 '꺼내라' 편에서는 "꺼내라"라는 헤드라인과 "가둬두기엔 할인의 기회가 너무 많다"라는 서브헤드를 통하여 카드가 제공하는 소비자 혜택을 제시하고 있다. 카드가 제공하는 혜택이 많다는 점과 할인의 기회가 아깝다는 점을 통하여 소비자의 구매욕을 자극하는 혜택형 헤드라인이다.

실증형

상품의 기능을 실제 증명해 보이거나, 서비스 이용시의 보상을 제시하고, 상품의 특성을 구체적으로 입증하고, 소비자 스스로 답변하도록 유도하는 헤드라인이다. 이 유형은 소비자 혜택을 실제로 증명함으로써 수용자의 관심을 끌어들여 태도변화를 시도하는 형식이며, 이때 추상적 표현보다는 구체적이고 실증적인 헤드라인을 선택해야 한다. 상품에 대한 소비자 혜택을 실제로 증명함으로써 수용자의 관심을 끄는 유형으로,

〈그림 5-2〉 KB카드 '꺼내라'편

이때 추상적 표현을 삼가고 구체적이고 실증적인 헤드라인을 써야만 효과를 기대할 수 있다. 예를 들어, 에스원의 "우리집 안전 세콤이 지켜줘요" 같은 헤드라인이 실증형에 해당된다.

경고형

광고상품을 쓰지 않으면 시대감각에 뒤처질 수 있다고 경고하거나, 비구매 소비자의 열등감을 부채질하고, 기업의 작은 성과를 크게 부풀리거나, 생활습관을 바꾸라고 주장하는 헤드라인이다. 이는 어떤 상품을 쓰지 않으면 남보다 뒤떨어진다는 식으로 소구함으로써 인간심리의 약점을 찌르는 유형인데, 이처럼 인간심리에 암시를 주거나 경고함으로써 강한 인상을 주려는 시도이지만 자칫 잘못하면 수용자의 반발을 사기가 쉽다. 왜냐하면 그 암시나 경고내용이 진정으로 수긍하기 어렵고 오직 상품판매를 위한 수단으로만 작용하면 지나친 의도성에 반발하기 쉽기 때문이다. 따라서 이 유형은 카피에서나 디자인에서나 매우 조심스럽게 접근해야 한다.[33] 예를 들어, 동아제약 서큐란의 "혈액순환 장애, 몸이 알면 늦습니다" 같은 헤드라인이 경고형에 해당된다.

유머형 ✶

같은 내용이라도 유머러스하게 전달하거나, 소비자를 웃게 만들고, 상황을 재미있게 제시하는 헤드라인이다. 유머감각이 있는 사람은 다른 사람에게 호감을 주듯이 유머형 헤드라인은 광고 브랜드에 대한 호감을 유발할 가능성이 높다. 이때는 광고에 재미있는 장면을 제시하기도 하고 대중매체에서 유행하는 소재를 차용하기도 하면서 재미있는 에피소드를 광고 헤드라인과 연결시킨다. 예를 들어, 롯데리아 크랩버거의 "니들이 게 맛을 알아?" 같은 헤드라인이 유머형에 해당된다.

정서형 ✶

멋있고 감각적으로 표현하고, 상품정보를 감성적으로 표현하고, 때로는 시적으로 표현하는 헤드라인이다. 이 헤드라인 유형은 인간의 감정에 호소하는 감성소구 방법이며, 여러 가지 감성소구 광고에서 감각적 정서적 카피창작에 자주 활용된다. 자칫하면 시 같은 예술적 글쓰기의 매력에 빠져 상품과의 상관성(*relevance*)을 망각할 가능성이 있으므로 특히 주의할 필요가 있다. 예를 들어, 롯데칠성음료 2% 부족할 때의 "사랑은 언제나 목마르다", 롯데 가나초콜릿의 "가나와 함께라면 고독마저도 감미롭다", 그리

---

33. 植條則夫, 맹명관 역(1991). 《카피교실》. 서울: 들녘. pp.34~35.

고 크리넥스의 "크리넥스로도 닦을 수 없는 그리움이 있다" 같은 헤드라인이 정서형에 해당된다.

뉴스형 ✶

언론의 보도기사처럼 표현하고, 상품정보를 뉴스처럼 전달하고, 상품의 장점을 직접 알리는 헤드라인이다. 이는 카피가 상품의 소비자 혜택과 서비스를 전달하는 커뮤니케이션 메시지라는 전제하에 광고의 소구점을 뉴스 스타일로 전달하는 유형인데, 일찍이 케이플스도 최고의 헤드라인은 독자의 홍미에 호소하거나 뉴스를 전달한다고 하였다. 광고는 베스트 뉴스라는 말은 이 유형을 설명하는 적절한 표현일 것이다. 예를 들어, 스피드 011의 "스피드 011, 멀티미디어 시대를 열어갑니다" 같은 헤드라인이 뉴스형에 해당된다.

호기심형 ✶

소비자의 궁금증을 유발하고, 소비자의 호기심을 자극하는 헤드라인이다. 이는 소비자들이 공감할 수 있는 메시지를 제시하고 나서 소비자가 광고에 참여해서 함께 생각하고 함께 문제를 해결해보자고 유도하는 형식이다. 전혀 생소한 질문이 아닌 소비자들이 충분히 공감할 수 있는 내용을 질문하기도 하고 소비자의 상상을 유도하기도 하는 이 유형은 소비자에게 헤드라인에 대한 긍정적 동의를 유도하며 광고에 참여해서 함께 생각해보자는 의도가 있다. 예를 들어, 〈그림 5-3〉에 제시하는 네이버 광고 '야한 생각' 편에서는 지식검색 기능을 강조하기 위해 " '야한 생각' 하면 정말 머리가 빨리 자랄까?" 하는 재미있는 헤드라인을 쓰고 있는데, 이는 소비자의 궁금증을 유발하는 호기심형 헤드라인이다.

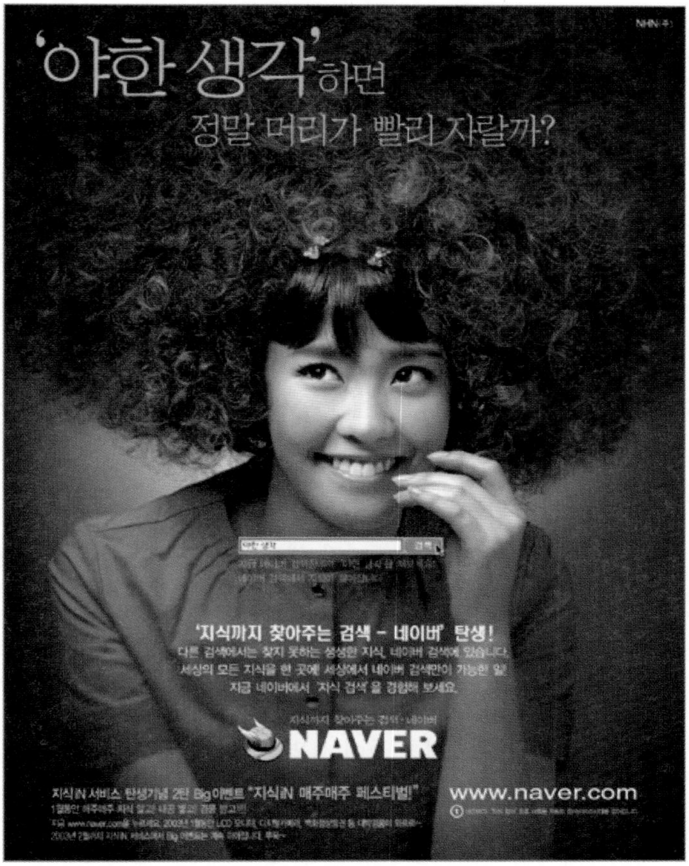

〈그림 5-3〉 네이버 '야한 생각'편

제안형

새로운 라이프스타일을 제안하고, 소비자의 증언을 있는 그대로 표현하는 헤드라인이다. 이 유형에서는 소비자들에게 생활습관을 바꾸라고 주장하거나 상품혜택이나 기업철학에 직접적으로 동의하기를 유도하는 유형이다. 카피라이터 김태형이 광고에 '생활의 제안'이 있어야 한다고 하였듯이, 이 유형에서는 극적인 제안을 통하여 소비자의 태도변화를 시도하므로 제안하는 내용은 소비자들이 수용할 수 있는 수준이어야 하며 타당한 내용이어야 한다. 예를 들어, 참존화장품의 "여자들이여, 잠꾸러기가 되자!", 산토리와인의 "금요일은 와인을 사는 날" 같은 헤드라인이 제안형에 해당된다.

이상에서 소개한 김병희(2006)의 연구결과는 선행연구들과 차이가 있다. 즉, 이 연구에서는 선행연구에서는 나타나지 않은 '설명형'이 우리나라 광고 헤드라인에 가장 많이 나타나는 주요 요인이었으며, 혜택형 역시 선행연구에서 세 번째로 빈도수가 높았으나 이 연구에서는 두 번째로 중요한 요인으로, 실증형은 선행연구에서 여섯 번째로 빈도수가 높았으나 이 연구에서는 세 번째로 중요한 요인으로 나타났다. 가장 중요한 차이점은 뉴스형과 호기심형이다. 뉴스형은 선행연구에서 가장 빈도수가 높았으나 이 연구에서는 일곱 번째 요인으로, 호기심형은 선행연구에서 두 번째로 빈도수가 높았으나 이 연구에서는 여덟 번째 요인으로 나타나는 데 그쳤다.

이러한 연구결과는 경험이나 직관에 따라 헤드라인 유형을 분류한 선행연구 결과와 광고인들이 실제로 인식하는 정도에서 상당한 차이가 있음을 의미한다. 즉, 그동안의 광고 헤드라인의 유형분류가 현실적 유용성을 고려하지 않은 채 무비판적으로 답습되어 왔음을 알 수 있다.

이상에서 헤드라인 유형을 사례를 들어 설명하였으나, 어떤 카피라이터가 헤드라인 유형을 잘 분류하고 이를 완전히 이해했다고 해서 헤드라인을 잘 쓰는 것은 아니다. 카피라이터들이 주먹구구식의 영감에 따라 카피를 쓸 수도 있겠지만, 헤드라인의 기본유형에 대하여 충분히 이해하고 이를 바탕으로 자기스타일로 변용하면 광고창작 시 보다 효율적으로 업무를 수행할 수 있을 것이다. 이는 직관적 분류가 아니라 우리나라 광고인이 인식하는 헤드라인 유형을 실증적으로 분류한 것이라 카피창작에서 실질적으로 유용한 가이드라인이 되기를 기대해 본다.

동일한 크리에이티브 컨셉에서 각각 다른 수많은 헤드라인이 나올 수 있다. 헤드라인은 상품과 시장과 소비자의 함수관계에 의해 그려지는 광고의 삼각형에 따라 변화무쌍하게 달라지는데, 최종적으로 광고물에 사용되는 헤드라인은 치열한 경쟁을 뚫고 선택된 것이나 마찬가지다. 실제 광고물에 쓰이는 헤드라인은 아이디어 발상과정에서 나오는 수십 가지 후보안 중에서 선택된 하나의 헤드라인이다. 카피라이터의 취향, 크리에이티브 디렉터(CD)의 선입견, 광고회사 중역들의 리뷰과정에서의 평가, 그리고 광고주의 수정요청에 따라 달라지기 때문에 그것이 반드시 최적의 헤드라인이라고 단정하기는 어렵다.

따라서 카피라이터는 이미 매체에 노출된 헤드라인을 비판적 관점에서 바라보고 그것을 바꿔볼 필요가 있다. 아이디어 발상결과를 바탕으로 이상의 9가지 기본유형에 따라 헤드라인을 바꿔보는 공부를 카피라이터 스스로 해야 하는 것이다. 예컨대, 롯데칠성음료 2% 부족할 때 광고에서 "날 물로 보지마!"는 제안형 헤드라인인데, 이 역시 최적의 헤드라인이라고 단정하기 어렵다. 예를 들어, "날 물로 보지마!"(제안형)를 나머지 8가지 유형으로 변화시켜 보자.

| 설명형 | "물이 아닙니다. 미과수 음료입니다."
| 혜택형 | "기분까지 2% 가벼워져요."
| 실증형 | "물과 2%의 차이, 직접 확인해보세요."
| 경고형 | "물은 가라, 큰코다칠라!"
| 유머형 | "이제, 물 먹지 마세요."
| 정서형 | "사랑의 목마름은 왜 2% 부족한 걸까…"
| 뉴스형 | "요즘 2% 부족하신 분들이 늘고 있습니다."
| 호기심형 | "아직도 2% 부족하세요?"

광고 컨셉은 흔들리지 않는 불변의 지침이지만 실제 헤드라인은 유형에 따라 얼마든지 달라질 수 있다. 즉, 언제 말할 것인가에 따라서, 영상 아이디어가 어떻게 전개되느냐에 따라서, 경쟁 브랜드의 표현전략에 따라서, 사회적 쟁점에 따라서, 수용자의 광고기호에 대한 해독방식에 따라서 천차만별의 헤드라인이 나올 수 있다. 김정우(2006) 역시 비주얼에서 보여주는 상황을 요약하기(상황요약형), 비주얼에서 제시하는 상황에 의미를 부여하기(의미부여형), 그리고 비주얼과 헤드라인의 시너지를 창출하기(시너지 창출형) 등 3가지 접근방법으로 기존의 헤드라인을 바꿔보는 연습을 하라고 권고한다.[34]

따라서 카피라이터들은 끊임없이 노력해야 좋은 카피를 쓸 수 있다는 점을 명심하고 다양한 헤드라인 유형의 창작을 시도해볼 필요가 있다. 다만, 헤드라인의 표현유형을 숙지하되 거기에 꼭 맞춰 쓰려고 지나치게 얽매일 필요는 없을 것이다. 카피라이터 스스로 자신의 마음가는 대로 변화무쌍하게 써보되, 그에 앞서 9가지 헤드라인 유형에 대한 기본기를 충실히 다지기를 바란다.

케이플스의 29가지 헤드라인 쓰는 법

일찍이 케이플스(John Caples)는 29가지 헤드라인 쓰는 법을 제시하였다. 헤드라인에서의 작은 변화가 유인력의 차이를 만들 수 있다고 확신한 그는 헤드라인 유형을 크게 뉴스성 헤드라인, 가격을 이용한 헤드라인, 키워드를 이용한 헤드라인으로 나누고 각각의 헤드라인 작성법을 제시한 것이다.[35] 퍽 오래 전에 제시된 고전적 내용이지만 현대광고의 맥락에서 보아도 손색이 없으며 앞으로 세월이 흐른 다음에도 공감할 수 있는 내용이라 여기에 소개하고자 한다.

뉴스형 헤드라인

광고에서 신상품을 보여주고 그 상품의 새로운 용도나 개선점을 제시하는 정보제공의 기능을 갖는다. 따라서 뉴스성 헤드라인은 가장 일반적으로 사용되는 헤드라인 유형으로써 보다 손쉽게 소비자의 주목을 끌 수 있다. 그러나 21세기의 현명한 소비자들에게 단순고지(告知)는 식상함을 줄 수도 있으므로 주의할 필요가 있다. 케이플스가 제시한 뉴스성 헤드라인의 7가지 법칙은 다음과 같다.

34. 김정우(2006). 《카피연습장1: 아이디어와 인쇄광고 편》. 서울: 커뮤니케이션북스. pp.174~199.
35. 존 케이플스, 송도익 역(1992). 《광고, 이렇게 하면 성공한다》. 서울: 서해문집. pp.71~95. 이상을 참고하여 부분적으로 번역을 다시 하고 국내 사례를 제시하였음.

| 법칙 1 | '알림' 이라는 의미의 단어로 헤드라인을 시작하라.
"안녕하세요! 해리 달리 별리에요." (삼성생명 캐릭터)
"멘소래담 스프레이가 새로 나왔습니다." (멘소래담 스프레이)

| 법칙 2 | '알림' 과 유사한 의미의 단어로 헤드라인을 시작하라.
"지는 IBM이 있으면 뜨는 컴팩도 있다." (컴팩)
"판실이 이사오던 날, 냄새는 이사를 갔습니다." (피죤 판실)

| 법칙 3 | '새로운' 이라는 단어로 헤드라인을 시작하라.
"새로운 세상" (신세계백화점)
"새로운 것만이 세상을 바꾼다." (쿨 사이다)

| 법칙 4 | '이제' '지금' '막' 이라는 단어로 헤드라인을 시작하라.
"이제, 비타민C로 샤워해봐!" (인트로비즈 비타샤워)
"이제 은나노 기술이 세탁과 동시에 살균까지 합니다." (하우젠 드럼세탁기)

| 법칙 5 | '마침내' '드디어' 라는 단어로 헤드라인을 시작하라.
"마침내 패션 유통의 신세계가 열립니다." (신세계백화점)
"드디어, 물 걱정 돈 걱정 끝!" (웅진코웨이 정수기)

| 법칙 6 | 헤드라인에 시간개념을 넣어 보라.
"하루 15분이면 40년 후엔 1,000권을 읽게 됩니다." (공익광고협의회)
"몇 초 만에 느껴지는 실크 같은 피부." (니베아크림)

| 법칙 7 | 뉴스식으로 헤드라인을 써 보라.
"대한민국 영어 학습지는 봉이었다." (랭귀지뱅크)
"오늘, 전국에 하이트가 한 병도 없습니다. 오늘은 만우절입니다." (하이트 맥주)

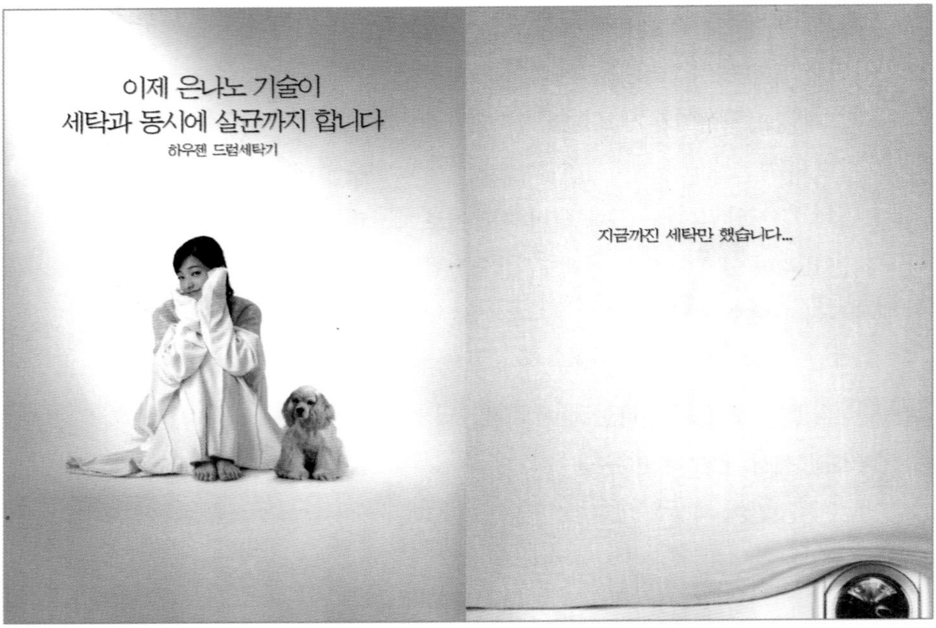

〈그림 5-4〉 하우젠 드럼세탁기 '살균까지'편

예를 들어, 〈그림 5-4〉에 제시한 하우젠 드럼세탁기 광고 '살균까지' 편을 보자. 이 광고에서는 〈법칙 4〉에서 말한 '이제' 라는 말을 헤드라인에 넣어 지금까지 세탁만 하던 세탁기가 앞으로는 살균까지 할 수 있게 되었음을 강조하고 있다. 여기에서 '이제' 는 헤드라인을 읽는 소비자의 호흡을 잠시 멈추게 하면서 새로운 기술의 시작을 보다 강조하는 언어장치로 활용되고 있다.

가격소구형 헤드라인

소비자는 가격에 민감하다. 소비자는 크게 쓴 헤드라인보다 광고하단에 조그맣게 써 있는 가격을 먼저 보는 경우가 많으므로, 아예 처음부터 헤드라인에서 가격에 소구하는 내용을 쓸 필요가 있다. 그러나 가격에 소구하는 광고가 많아질수록 브랜드 이미지가 나빠질 수 있음도 생각하여 너무 자주 가격소구를 할 필요는 없다.

| 법칙 8 | 헤드라인에서 가격을 언급해 보라.

"1만 5천 원으로 호출만 받을 것인가? 1만 7천 원으로 원샷에 통할 것인가?" (원샷 018)

"월 34,000원으로 가볍게 시작해서 갈수록 든든해지는 보험이 있습니다." (ING다이렉트보험)

| 법칙 9 | 가격할인을 이야기해 보라.

"수업 끝, 할인시작." (TTL 스쿨요금제)

"주유소에서 난 특별한 고객. 리터당 40원이나 할인받는다." (현대카드)

| 법칙 10 | (상품 시험구매에 한정해서) 특별가를 제시해 보라.

"화끈하게 깎았다." (데이콤 00300)

"색깔은 컬러, 비용은 흑백." (HP 비즈니스잉크젯)

| 법칙 11 | (후불제, 분납제 등) 지불방법의 편리함을 제시해 보라.

"하루 750원으로 남편을, 아내를 지켜주세요." (아메리카생명보험)

"자동차는 먼저 가져가시고, 대금은 천천히 나눠 내세요." (GM대우 자동차)

| 법칙 12 | 무료로 준다는 내용을 제시해 보라.

"일요일엔 002가 추가 10분간 무료래요, 무료!" (데이콤 국제전화002)

"맛있어서 모자랄까봐 1판 더 드립니다!" (피자에땅)

| 법칙 13 | 가치 있는 정보를 제공해 보라.

"만원사례" (KT 네스팟)

"반갑다 대출금리 하한가! 이제 내 기분은 상한가를 친다." (시티은행)

| 법칙 14 | 이야기거리를 제시해 보라.

"가격은 낮을수록 좋다. 품질은 높을수록 좋다." (헌트)

"이보다 싼 휴대폰 국제전화 보셨습니까?" (하나로통신 국제전화 00766)

예를 들어, 〈그림 5-5〉에 제시한 KT 네스팟 광고 '만원사례' 편을 보자. 이 광고에서는 "만원사례"라는 헤드라인으로 '법칙 13'의 가치 있는 정보를 제공하라는 권고에 따르고 있다. 즉, 이 헤드라인을 사용하여 소비자의 주목을 끈 다음 바로 아래에 "대한민국 초고속인터넷 고객여러분, 단돈 만 원에 유선에 무선 megapass를 하나 더 드립니다"라는 서브 헤드를 통하여 가치의 근거를 덧붙이고 있다.

〈그림 5-5〉 KT 네스팟 '만원사례'편

핵심어형 헤드라인

| 법칙 15 | 헤드라인에 '방법' 이라는 단어를 써 보라.
"놀면서 저절로 공부가 되는 방법!" (MC 스퀘어)
"런던 정통 진을 입는 방법 두 가지. 비행기를 타고 런던에 간다.
진을 사 입는다. 미치코런던 매장에 간다. 진을 사 입는다." (미치코런던)

| 법칙 16 | 헤드라인에 '어떻게' 라는 단어를 써 보라.
"김 부장은 그 IT정보를 어떻게 알았을까?" (디지털 타임스)
"물론 시바스 리갈 없이도 살 수 있죠.
문제는 어떻게 사느냐는 것 아니겠습니까?" (시바스리갈)

| 법칙 17 | 헤드라인에 '왜' '어째서' '이유' 라는 단어를 써보라.
"왜 미국의 어린이들은 어려서부터 펀드를 할까요?" (한국투자증권)
"보일러를 싸게만 만들어서는 안 되는 10가지 이유." (린나이 가스보일러)

| 법칙 18 | 헤드라인에 '어떤' '어느' 라는 단어를 써보라.
"어떤 남편이 되시렵니까?" (코오롱스포츠)
"어느 시인의 안주가 되어도 좋다. 어느 학형의 노래가 되어도 좋다." (청하)

| 법칙 19 | 헤드라인에 '~하지 않는' '~이 아니라면' 이라는 단어를 써보라.
"최저가격이 아니라면 까르푸 제품이 아닙니다." (한국 까르푸)
"꽃미남은 태어나지 않는다. 여자친구에 의해 키워지는 것이다." (CJ몰)

| 법칙 20 | 헤드라인에 '찾음' '뽑음' 이라는 단어를 써보라.
"찌릿찌릿한 마케터 일곱 명만 뽑습니다." (TBWA/KOREA)
"전화로 가수 뽑네? 전화로 노래 뽐내!" (700-5007 전화 신인가수공모)

| 법칙 21 | 헤드라인에 '이' '이것' 이라는 단어를 써보라.
"이만큼 커지고 이만큼 싸지고" (KFC)
"이보다 앞서갈 수는 없습니다. 이보다 새로울 수는 없습니다." (현대 그렌저XG)

| 법칙 22 | 헤드라인에 '권고' 라는 단어를 써보라.
"부자 되세요." (BC카드)
"엄마, 오래 사세요." (유한양행 삐콤C)

| 법칙 23 | 증언형식의 헤드라인을 써보라.
"바다 한가운데서 서울행 비행기표를 샀다." (파워디지털 017)
"우리 가족은 균사체가 들어있는 영비천 S예요." (영비천 S)

| 법칙 20 | 소비자 스스로 해보도록 하라.
"더욱 까다로워지십시오. 당신은 011이니까요." (스피드011 레인보우)
"아직 가보지 못한 길이 있다. 아직 먹어보지 못한 크래커가 있다."
(해태 아이비크래커)

| 법칙 25 | 법칙 25: 한 단어로 헤드라인을 써보라.
"누구시길래…" (르노삼성 SM5)
"뽀드득~" (부광 브렌닥스치약)

| 법칙 26 | 두 단어로 헤드라인을 써보라.
"빨래 끝!" (옥시크린)
"대한민국 1%" (렉스턴)

| 법칙 20 | 소비자가 심사숙고하도록 경고해보라.
"이 타이어는 비쌉니다." (한국타이어 옵티모)

"화장은 피부 음식이에요. 아무거나 먹지 마세요." (ICIS 화장품)

| 법칙 28 | 광고주가 직접 소비자에게 말하듯이 써 보라.

"이 기준을 넘지 못하면 무선노트북이 아닙니다." (LG-IBM ThinkPad)

"소형차도 준중형차도 4기통인데 2000CC 중형차가 4기통이어야 되겠습니까?" (매그너스)

| 법칙 29 | 특정인이나 특정집단에게만 말하듯이 써 보라.

"여성들이여, 잠꾸러기가 되자." (에바스화장품 타임)

"무모한 분들, 유모있게 삽시다." (가발 스펠라707)

예를 들어, 〈그림 5-6〉에 제시한 에바스 타임 '잠꾸러기' 편은 '법칙 29'를 준수하고 있다. 이 광고의 헤드라인에서는 '여성들'을 먼저 호명한 다음 "잠꾸러기가 되자"라는 제안형 헤드라인으로 이어가고 있다. 즉, 새로운 라이프스타일을 제안하면서 특정 집단을 구체적으로 거론하면 화장품의 주요 고객인 여성 소비자들이 무슨 내용인지 궁금해 하며 그만큼 더 관심을 가질 가능성이 높다.

오길비의 10가지 헤드라인 쓰는 법

오길비 역시 《어느 광고인의 고백》(1963)의 제6장 "강력한 카피를 쓰려면"에서 헤드라인 작성법을 제시하였다. 앞에서도 설명했듯이, 그는 헤드라인을 광고에서 가장 중요한 핵심요소이자, 광고 전체의 첫인상으로 소비자의 머릿속에 오래도록 남아 있는 강력한 단서로 보았다.

오길비는 인쇄광고를 대상으로 '독자'라는 용어를 사용하였으나 여러 매체에 적용해도 무리가 없으므로 여기에서는 모두 '소비자'로 바꾸었다. 케이플스가 제시한 내용과 중복되는 내용도 있으나 오랜 조사결과를 바탕으로 도출한 금과옥조와 같은

〈그림 5-6〉 에바스 타임 '잠꾸러기'편

법칙이므로 모두 그대로 소개하고자 한다. 그가 제시한 헤드라인 쓰는 법 10가지를 요약하여 제시하면 다음과 같다.[36]

| 법칙 1 | 헤드라인이 잠재고객에게 신호를 보내도록 써 보라.

"원샷 018에 예약 가입하신 분, 지금 가입하시면 무려 20만 원이 이익입니다." (원샷 018)

"당신의 차고에 포르셰가 없어도 마음속에는 한 대 있을 겁니다." (포르셰)

36. David Ogilvy(1963). *Confessions of an Advertising Man*. New York, NY: Ballantine. pp.105~107.

| 법칙 2 | 어떤 헤드라인에서도 소비자의 관심사가 중요하므로 소비자의 관심사에 호소하는 헤드라인을 써 보라.

"바르는 순간, 피부는 빛이 됩니다." (아모레 마몽드)

"당신이 잠들 때 에이스는 깨어납니다." (에이스 침대)

| 법칙 3 | 늘 헤드라인에 뉴스거리가 들어가도록 시도해 보라.

"껍데기만 조금 바꾼다고 신차입니까?" (GM대우 라세티)

"해외여행 가격파괴는 십중팔구 여행파괴." (범한여행 투어어게인)

| 법칙4 | 놀라운 효과를 발휘하는 다음과 같은 단어나 구절을 헤드라인에서 사용해 보라. 즉, '어떻게', '갑자기', '지금', '알림', '소개', '여기에', '방금 나온', '중요한 발전', '개선', '굉장한', '경이로운', '주목할 만한', '혁명적인', '놀라운', '기적', '마술', '권해요', '빠른', '쉬운', '구함', '도전', '~에 대한 조언', '비교해보세요', '특가판매', '서두르세요', 그리고 '마지막 기회' 등이다.

"놀랍다, 핌!" (KTF 핌)

"상상은 또 다른 마술이다." (KT&G)

| 법칙 5 | 바디카피를 읽는 사람의 5배가 헤드라인을 읽기 때문에 잠깐 스치는 사람도 알 수 있도록 헤드라인에 반드시 브랜드 이름을 포함시켜 보라.

"복잡한 감기, 화콜로 확~ 통일" (화콜 골드)

"진도모피와 비교할 수 있는 모피는 오직 진도모피 뿐입니다." (진도모피)

| 법칙 6 | 헤드라인에 소비자에 대한 약속이 들어있어야 한다. 따라서 필요할 경우 긴 헤드라인을 써 보라.

"모두가 자일리톨껌을 만들기 시작했을 때, 롯데는 자일리톨껌 +2를 만들었습니다!" (롯데 자일리톨껌)

"어느 아침, 나폴레옹은 침대에서 일어나지 않았다. 천하를 얻고도 한 잔의 커피가

없으면 하루를 시작하려 하지 않았던 나폴레옹." (동서식품 맥심)

| 법칙 7 | 헤드라인에서 소비자의 호기심을 유발한다면 바디카피를 더 많이 읽을 가능성이 높기 때문에, 헤드라인의 끝부분에 바디카피를 읽도록 소비자를 유도하는 그 무엇이 있어야 한다.

"혼자 아껴두고 싶은 생각이 절반. 모두 불러 모으고 싶은 생각이 절반." (딤플)

"세상일에 쫓기다 보면 고향 어머니 잊어버리고, 내 자식 사랑하다 보면 어머니 얼굴 잊어버리고." (에바스화장품)

| 법칙 8 | 카피라이터들이 익살, 문학적 암시, 그리고 모호함 같은 솜씨부리는(*tricky*) 헤드라인을 쓰는 것은 죄악이다.[37] 소비자들은 모호한 헤드라인의 뜻을 알려고 광고에 오래 머무르지 않는다. 따라서 헤드라인을 어렵게 쓰지 말고 쉽게 써 보라.

"좋은 아침, 좋은 아파트." (동문아파트 굿모닝빌)

"척~하면 삼천리, 책~하면 Yes24!" (Yes24)

| 법칙 9 | 부정적인 헤드라인을 쓰면 위험하다는 조사결과가 있으므로, 가급적 긍정적인 헤드라인을 써 보라.

"동화처럼 살고 싶다." (동화자연마루)

"아이스크림은 차가운 것이 아니라 사랑처럼 따뜻한 것입니다." (빙그레 아이스크림)

---

37. 이와 관련하여 김동규(2003: 453)는 오길비와 정반대의 관점을 나타내고 있다. 그는 문채를 통한 카피레토릭 구사를 카피창작의 핵심적 테크닉으로 보고, 오히려 광고수사학의 다양한 표현기법을 활용하는 것이 메시지에 대한 주목효과를 높인다고 주장한다. 각각의 메시지 효과를 검증해 보아야 결론을 내릴 수 있는 문제이지만, 시대가 달라졌다는 점에서 필자 역시 심정적으로는 김동규의 관점에 동의한다.

| 법칙 10 | 바디카피를 읽지 않으면 무슨 말인지 알 수 없는 분별없는(*blind*) 헤드라인은 쓰지 말라. 즉, 구체적인 헤드라인을 써보라.

"나는 싸워야 한다." (대한생명)

"지금까지의 세상, 당신과 잘 맞습니까?" (KT 원츠)

예를 들어, 〈그림 5-7〉의 대한생명 광고 '싸움' 편의 헤드라인과 〈그림 5-8〉의 상성생명 광고 '남편' 편의 헤드라인을 비교해보자. 광고의 삼각형에서 두 회사의 위치와 광고 목표가 다를 수 있다는 점을 전제하더라도, "나는 싸워야 한다"라는 대한생명의 헤드라인은 바디카피를 읽어보기 전까지는 무슨 말인지 알 수 없다. 바디카피는 "길들여지려는 나와… 타협하려는 나와… 포기하려는 나와… 싸워야 한다/ 나는 인생에서 가장 중요한 30대 후반에 서있기 때문이다./ Change the Life!" 이다. 즉, 이 광고에서는 인생에서 가장 중요한 30대 후반에서 스스로 자신의 인생과 정면으로 대결하며 자신의 인생을 바꾸라는 뜻으로 읽힌다. 그러나 이것이 보험회사의 특성과 무슨 상관이 있는지 바디카피를 읽고 나서도 애매할 뿐이다.

이에 비해 삼성생명 광고에서는 "남편의 인생은 길다"라는 헤드라인만 읽어봐도 남편의 긴 인생이 오래오래 행복하도록 남편 앞으로 보험을 들어줘야겠다는 아내의 마음을 알 수 있다. 바디카피는 "남편은 멋있었다./ 대학 때 기타를 치던/ 그의 옆얼굴은 날렵했다./ (…) 남편으로, 아버지로, 시대의 허리로/ 40대 그의 후반전은 더 뜨거울 것이다./ 요즘 부쩍 몇 살로 보이느냐고 묻는다./ 대답 대신 운동을 시작하라고 했다./ 그는 여전히 멋있지만/ 남편의 인생은 길기에./ 긴 인생 아름답도록—Bravo your Life!" 이다. 이 광고에서는 남편의 인생을 아내의 입장에서 극적으로 서술하면서 남편의 인생이 기니까 여전히 멋있는 남편을 위해 뭔가 해줘야겠다는 아내의 마음이 고스란히 전해온다. 따라서 카피라이터들은 무슨 말인지 알 수 없는 분별없는(*blind*) 헤드라인을 쓰지 말고 사실에 근거한 구체적 헤드라인을 쓸 필요가 있다.

이상에서 오길비가 제시한 헤드라인 창작의 10가지 법칙을 살펴보았다. 물론 오래전에 미국광고를 바탕으로 제시한 것이지만 오늘날 한국광고의 창작에도 유용한 지침

〈그림 5-7〉 대한생명 '싸움'편

〈그림 5-8〉 상성생명 '남편'편

이 된다. 특히, 헤드라인의 길이가 짧을수록 좋다는 것이 카피라이터들의 경험에서 나온 일반적 인식이나, 상품의 스토리를 충분히 전달하는 데 필요하다면 헤드라인이 길어도 전혀 문제가 안 된다고 본 오길비의 지적은 인상적이다.

오길비는 제1장의 〈그림 1-3〉에서 소개한 롤스로이스 광고 '시속 60마일' 편에서 "시속 60마일로 가는 이 신형 롤스로이스 안에서 가장 큰 소음은 전자시계에서 나는 소리(At 60 miles an hour the loudest noise in this new Rolls-Royce comes from the electric clock)"라는 헤드라인을 썼던 과정을 다음과 같이 회고했다.

> 나는 이 롤스로이스 카피를 쓸 때 26가지의 각각 다른 헤드라인을 썼다. 그리고 광고회사의 카피라이터 6명에게 면밀히 검토한 다음 가장 좋은 것을 고르도록 하였다. 그런 다음에 3,500단어에 이르는 카피를 썼다. 나는 다시 한 번 서너 명의 다른 카피라이터에게 넘겨 지루하고 모호한 부분을 제거하도록 하여 줄여나갔다.[38]

케이플스 역시 "의미 없는 짧은 헤드라인보다 할 말 다하는 긴 헤드라인이 더 효과적"[39] 이라는 입장을 나타냈는데, 공교롭게도 두 사람 생각이 일치하고 있다. 그러나 헤드라인이 길어야 한다거나 짧아야 바람직하다거나 하는 일반화된 원칙은 없다. 다만 소비자에게 카피를 기억시키는 데에는 아무래도 긴 헤드라인보다는 짧은 헤드라인이 더 효과적으로 작용할 것이다.

더욱이 광고 실무계에서 리뷰하는 과정에서 헤드라인을 더 짧게 줄이라는 상사의 요구에 직면하는 경우가 많다. 그러나 리뷰하는 상사의 조언이 언제나 옳은 것만은 아니므로 그 지시에 항상 순응할 필요는 없다. 카피라이터는 길게 쓸 것인지 짧게 쓸 것인지를 고민하기보다 아이디어를 비약시킬 수 있는 적절한 헤드라인을 고르는 안목을 기르는 것이 더 중요하다. 필자의 경험을 바탕으로 효과적인 헤드라인 창작에 필요한 몇 가지 고려사항을 간략히 제안하면 다음과 같다.

| 제안 1 | 소비자의 참여를 유도하는 호기심형 헤드라인을 써보라.

| 제안 2 | 소비자의 행동을 촉구하는 동사를 활용한 헤드라인을 써보라.

| 제안 3 | 비주얼과의 상승(*synergy*) 효과를 일으킬 헤드라인을 써보라.

| 제안 4 | 장기 캠페인으로의 확장을 생각하며 주제별 메시지를 전개해보라.

| 제안 5 | 헤드라인 자체로 완벽한 메시지가 전달되도록 분명하게 써보라.

| 제안 6 | 크리에이티브 컨셉을 쉽고 흥미진진하게 표현해보라.

| 제안 7 | 광고 수사학에서 제시하는 다양한 표현기법으로 변화시켜보라.

---

38. Samuel Watson Dunn & Arnold M. Barban(1986). *Advertising: Its Role in Modern Marketing* (6th Ed.). New York, NY: The Dryden Press. pp.459~464.

39. John Caples(1975). "Fifty Things I Have Learned in Fifty Years in Advertising." *Advertising Age*, September 22, p.47.

바디카피

많은 카피라이터들은 헤드라인 작성과 컨셉 도출에 많은 시간을 쓰는 데 비해 바디카피를 쓰는 데는 별로 공을 들이지 않는다. 그러나 이는 대단히 잘못된 관행으로 극단적으로 말해서 바디카피를 쓰지 못하는 카피라이터는 카피창작에서 손을 떼야 한다. 헤드라인만으로 광고가 완성되는 것은 아니며, 많은 경우 바디카피는 광고의 완성도에 상당한 영향을 미친다. 따라서 카피라이터는 바디카피 작성에 보다 많은 시간과 열정을 투자해야 한다.

바디카피는 헤드라인에서 제시한 핵심 광고메시지를 보완하며, 상품과 서비스에 대한 보다 구체적인 정보를 제공함으로써 수용자가 광고메시지를 확신하도록 한다. 바디카피가 제기능을 다하기 위해서는 설명하는 내용이 이해하기 쉽고 체계적으로 제시될 필요가 있다. 광고 메시지 분할의 3—4—3 모델에 의하면, 비주얼이 30%, 헤드라인이 40%, 그리고 바디카피가 30% 정도로 광고 메시지의 구성에 영향을 미친다.

바디카피 역시 헤드라인에 못지않게 광고효과에 상당한 영향을 미치기 때문에 첫 문장을 강하고 직접적으로 쓸 필요가 있다. 한 문장에 하나의 내용만 제시하는 것이 좋으며, 필요할 경우 강조점별로 따로따로 쓸 필요가 있다. 어떤 카피라이터는 바디카피의 첫줄을 그림(*visual*)에 대한 설명으로 시작하는 경우가 있는데 이는 바람직하지 못하다.

특히, 바디카피는 상품과 서비스에 대한 구체적 정보를 친절하게 안내한다는 점에서 중학생 수준에서 이해할 수 있는 일상적 언어로 써야 한다. 필자의 경험에 의하면, 바디카피는 재빨리 쓰고 나중에 다시 그럴듯하게 다듬는(*Write hot, Polish cool*) 과정을 반복하는 것이 효율적이다. 바디가피의 창작에서 강조해야 할 사항을 살펴보면 다음과 같다.

바디카피의 강조점

우에조노리오는 바디카피 창작에서 반드시 고려해야 할 5가지 강조점을 제시하였다. 즉, 모든 바디카피는 소비자에게 흥미를 제공해야 하고, 모든 카피내용이 통일성을 유지해야 하며, 가급적 단순하고 일목요연하게 읽혀야 하며, 강조할 부분에서는 강조표시를 해야 하며, 그리고 광고에 제시된 카피내용이 설득력이 있어야 한다는 것이다.[40] 이를 보다 구체적으로 설명하면 다음과 같다.

카피의 흥미성

바디카피의 첫줄에서는 헤드라인의 여운을 이어받아 소비자의 흥미를 집중시키고 광고에서 호소하는 내용을 더욱 강조할 필요가 있다. 흥미롭게 시작하지 않으면 이어지는 내용에 대해서도 소비자는 주목하지 않을 것이기 때문이다. 따라서 도입부에서 종결부에 이르기까지 계속해서 흥미로운 내용을 제공하는 구성이 좋은 바디카피의 요체라고 할 수 있다.

카피의 통일성

카피의 모든 구성요소를 통일시키는 맥락에서 바디카피를 써야 한다. 광고에서 느끼는 인상이 한 가지로 집약되지 않으면 광고에 대한 소비자의 태도나 메시지의 전달력도 약해질 수밖에 없다. 따라서 카피라이터는 헤드라인, 오버라인, 서브 헤드라인, 슬로건 등 카피의 제반 구성요소들을 질서정연하게 하나로 모은다는 생각을 하며 바디카피를 써야 한다.

40. 우에조노리오, 맹명관 역(1991). 《카피 교실》. 서울: 들녘. pp.39~45.

카피의 단순성

광고메시지는 단순 명쾌해야 한다. 정보의 혼잡현상으로 인하여 소비자 입장에서는 알아야 할 정보가 주변에 널려 있기 때문에 핵심내용을 정확히 전달하는 선에서 바디카피를 단순화시킬 필요가 있다. 그러나 항상 단순화시켜 써야 하는 것은 아니다. 바디카피의 분량 역시 제한이 없어, 메릴 린치(Merrill Lynch) 사에서는 무려 6,450 단어를 사용한 광고를 〈뉴욕 타임스〉에 1회 게재하여 소비자로부터 1만여 통의 회신을 받기도 하였다.[41]

카피의 강조성

카피창작은 글쓰기이되 소비자를 설득하는 기술적 글쓰기이다. 따라서 바디카피에서 특별히 강조하는 부분이 없다면 그만큼 효과가 떨어질 수밖에 없다. 필요할 경우에는 바디카피에서 고딕체나 이탤릭체 또는 새로운 서체를 사용하여 중요한 부분을 시각적으로 강조해야 한다. 소비자가 꼭 알았으면 하는 중요한 내용이라면 아래쪽에 선을 긋고 글씨를 키우거나 여백을 주어 강조해야 한다. 또한, 바디카피의 중간중간에 소제목을 달거나 강조하는 내용을 되풀이할 필요가 있다.

카피의 설득성

인쇄광고 카피가 '글다운 글' 이어야 한다면 전파광고는 역시 '말다운 말' 이어야 한다. 말과 글은 활용하는 매체에 따라서 표현하는 방법이 달라지기 때문에 매체의 특성에 적합한 바디카피를 써야 한다. 즉, 인쇄매체 광고에서의 바디카피와 전파매체 광고에서의 바디카피는 다를 수밖에 없다. 예컨대 텔레비전에서는 말과 음향의 조화가 중요하다는 점에서, 카피라이터는 TV-CM이 '소리의 칵테일' 이라는 정의를 음미해볼 필요

---

41. 최덕수 편역(1987). 《광고의 체크리스트》. 서울: 대광기획. pp.388~390.

가 있는 것이다.[42] 바디카피는 무엇보다 소비자의 공감을 유발해야 하는데 이는 카피 내용이 그 만큼 설득력이 있어야 하다는 뜻이다.

예를 들어, 〈그림 5-9〉에 제시한 스피드메이트 광고 '렌치' 편은 일반 소비자를 대상으로 하는 광고가 아니라 대리점 모집광고이다. 오길비가 제시한 '법칙 7'에 따라 "에이, 도둑놈들!"이라는 호기심을 유발하는 헤드라인을 채택하였다. 이 광고를 본 카센터 사장이나 정비사들은 '도대체 누가 무엇 때문에 도둑놈 소리를 듣는 것일까' 하는 생각을 하며 아래에 이어지는 바디카피를 읽을 가능성이 높다. 한편으로는 일반 소비자들에게 기존 카센터의 정비 서비스가 좋지 않았는데도 그동안 가격이 높지 않았나 하는 궁금증을 유발함으로써 소비자를 바디카피로 유인하는 효과도 얻고 있다. 바디카피를 보면 다음과 같다.

> 사시사철 기름 범벅이 된 채 수고하시는 전국의 카센타 사장님, 정비사 여러분! 여러분들의 수고에도 불구하고 정비 서비스에 대한 고객들의 반응은 부정적인 것 같습니다. 그러나 여러분들이 부도덕해서 생긴 문제는 아니지요. 그보다는, 부품별 표준가격의 부재, 통일된 서비스 매뉴얼 부재, 전문 정비사를 기르는 체계적 교육 시스템의 부재 등 자동차 관련산업 중 가장 낙후되고 영세한 산업인 데 원인이 있다고 저희 SK는 생각합니다.
>
> SK가 시작하겠습니다.
>
> 전국 네트워크를 갖추고 서비스 체계를 ON/OFF 통합 등 디지털시대에 맞는 업그레이드 하겠습니다. 자동차 천만 대의 자동차 大國, 대한민국의 정비 산업을 선진국 수준으로 끌어 올려 놓겠습니다. 여러분께서 SK의 든든한 파트너가 되어 주십시오. 믿을 수 있는 바른 정비문화를 SK 스피드메이트와 함께 만들어 주십시오.

---

42. 이인구(1995). "읽는 카피, 듣는 카피." 《카피라이터 이인구가 본 세상》. 서울: 한국광고연구원. pp.270~275.

고객이 행복할 때까지 ~ OK! SK
에이, 도둑놈들!
사시사철 기름 범벅이 된 채 수고하시는 전국의 카센타 사장님, 정비사 여러분!
여러분들의 수고에도 불구하고 정비 서비스에 대한 고객들의 반응은 부정적인 것 같습니다. 그러나 여러분들이 부도덕해서 생긴 문제는 아니지요. 그보다는, 부품별 표준 가격의 부재, 통일된 서비스 매뉴얼 부재, 전문 정비사를 기르는 체계적인 교육 시스템의 부재 등 자동차 관련 산업 중 가장 낙후되고 영세한 산업인데 원인이 있다고 저희 SK는 생각합니다.
SK가 시작하겠습니다
전국 네트워크를 갖추고 서비스체계를 ON/OFF 통합 등 디지털시대에 맞는 업그레이드 하겠습니다. 자동차 천만 대의 자동차大國, 대한민국의 정비 산업을 선진국 수준으로 끌어 올려 놓겠습니다. 여러분께서 SK의 든든한 파트너가 되어 주십시오. 믿을 수 있는 바른 정비문화를 SK 스피드메이트와 함께 만들어 주십시오.
SK SPEED MATE
SK 스피드메이트가 대한민국 정비문화를 바로 세우겠습니다
대한민국 정비의 표준 ~
SK SPEED MATE
011 성공세상 회원이라면 지금 스피드메이트의 고품질 서비스를 체험하세요!
스피드메이트 가족을 찾습니다.
· 가맹점 및 정비 전문가 모집
· 문의 : 02) 2000-0814, 0833

〈그림 5-9〉 스피드메이트 '렌치'편

이 광고에서는 바디카피의 첫줄을 "사시사철 기름 범벅이 된 채 수고하시는…"으로 시작하면서 목표집단의 흥미를 집중시키고 있다(흥미성).

계속해서 이 광고의 카피요소들을 분석해보자. 광고의 맨 상단에 있는 "고객이 행복할 때까지—OK! SK"라는 기업 슬로건, "에이, 도둑놈들!"이라는 헤드라인, 바디카피, 그리고 광고의 맨 하단에 있는 "대한민국 정비의 표준"이라는 브랜드 슬로건에 이르기까지 모든 요소들이 약간씩 표현만 다를 뿐 통일된 한목소리를 내고 있다(통일성).

그리고 바디카피의 길이는 상당히 길지만 구구절절 옳은 내용이라, 카센터 사장이나 정비사 입장에서는 전달하는 메시지 내용을 생각보다 단순 명쾌하게 받아들일 것이다(단순성).

또한, 바디카피의 중간부분에 있는 "SK가 시작하겠습니다."라는 카피를 다른 카피의 2배 정도로 키워 중요한 정보를 시각적으로 강조하는 동시에 바디카피 중앙부분에 세로로 여백을 두고 그 안에 스패너를 배치하여 새로운 자동차 정비서비스의 탄생을 강조하고 있다(강조성).

더욱이 정비서비스에 대한 고객들의 반응이 부정적인 원인을 카센터 사장이나 정비사의 불친절한 서비스에서 찾지 않고, "부품별 표준가격의 부재, 통일된 서비스 매뉴얼 부재, 전문 정비사를 기르는 체계적인 교육 시스템의 부재 등" 산업의 영세성 탓으로 돌림으로써 수용자들에게 설득력 있는 메시지로 다가간다(설득성).

카피라이터는 이상에서 설명한 바디카피의 5가지 강조점에 유념하면서 한 줄 한 줄 정성들여 바디카피를 써야 할 것이다.

바디카피의 유형

바디카피를 어떻게 쓸 것인가? 먼저, 바디카피는 좋은 글의 요건을 갖춰야 한다. 광고카피에서의 좋은 글이란 미사여구를 많이 늘어놓거나 무조건 아름답게 쓰는 글이 아니라, 상품이나 서비스 정보를 바탕으로 소비자들이 감동하도록 쓰는 것이다. 일반적 글쓰기든 카피창작에서의 글쓰기든, "어떠한 경우라 하더라도 좋은 글은 한마디로 글 쓰는 이의 의도와 뜻을 정확하게 표현하면서 동시에 독자에게 감동을 주는 글"[43]이라 할 것이다.

더욱이 카피창작에서 훌륭한 카피라이터는 "단순히 글을 잘 쓰는 사람이 아니다. 그는 인간행동에 대해서는 따뜻한 마음으로 연구하는 학생이며, 금전등록기의 전략에 대해서는 빈틈없이 연구하는 학생"[44] 이어야 한다. 모든 카피라이터는 광고의 삼각형에 따라 그에 합당한 바디카피를 써야 하겠지만, 일반적으로 통용되는 바디카피의 유형을 제시하면 다음과 같은 3가지가 있다.[45]

이야기*story*형

이야기형은 전통적으로 가장 많이 활용되는 유형으로 도입부, 중간부, 종결부의 구조를 갖는다. 도입부에서는 먼저 광고의 주제나 소비자 혜택을 제시하고, 중간부에서는 소비자가 반드시 어떤 상품이나 서비스를 구매해야 하는 이유를 제시한다. 마지막으로 종결부에서는 도입부와 중간부에서 제시한 전체 내용을 요약하는 동시에 소비자의 구매행동을 촉구한다. 여기에서 상품에 대한 이야기 내용이 잘 정리될 경우에는 굳이 바디카피를 길게 쓸 이유가 없다.

탄착점*bullet point*형

많은 광고주는 바쁜 소비자들이 바디카피를 읽을 시간이 없을 것으로 판단하고 전달할 내용의 핵심 포인트만을 제시하라고 하는 경우가 많다. 따라서 이때는 사격에서 탄착점을 겨냥하듯이 핵심 메시지만을 바디카피로 쓰게 된다. 이와 같이 신문이나 잡지

---

43. 백운복(2006). 《글쓰기 이렇게 하면 된다》. 서울: 새문사. p.21.
44. 핼 스티빈스, 송도익 역(1991). "카피캡슐 512." 《카피캡슐》. 서울: 서해문집. pp.138~139.
45. Tom Altstiel, & Jean Grow(2006). *Advertising Strategy: Creative Tactics From the Outside/In*. Thousand Oaks, CA: Sage. pp.178~179.

광고 또는 DM광고에서 자주 나타나는 탄착점형은 중요한 핵심 포인트 하나를 집중적으로 소개하는 유형이다. 그러나 가장 중요한 한마디를 결정하기는 쉽지 않다. 또한, 광고주는 동시에 여러 메시지를 반영하라고 주문하는 경우가 많아 탄착점 결정이 어렵다. 따라서 이 유형에 따라 바디카피를 쓸 때는 전통적인 이야기형과 탄착점형을 혼용하여 메시지의 균형을 조절해볼 필요가 있다.

경구*one-liner*형

광고를 보다 보면 아예 바디카피가 없고 헤드라인만이 유일한 카피인 광고가 종종 눈에 띈다. 예를 들어, 패션광고에서 자주 볼 수 있는 현상인데 이와 같은 광고 스타일은 계속 늘고 있는 추세이다. 이와 같이 바디카피 없이 헤드라인과 비주얼만으로 시너지를 일으켜 핵심 메시지를 전달하고자 하는 유형을 경구(警句)형이라고 한다. 어떤 광고에서 자세하게 상품을 설명할 필요가 없을 때나 자세한 정보는 웹사이트에서 찾으라고 유도할 경우에는, 촌철살인(寸鐵殺人)의 경구형 카피나 아예 카피가 없는 무카피 형태가 효과적일 수 있다.

예를 들어, 〈그림 5-10〉에서는 이야기형 바디카피를 사용하고 있고, 〈그림 5-11〉에서는 경구형 바디카피를 사용하고 있다. 〈그림 5-10〉의 건강한 생활을 위한 단체광고 '남편' 편에서는 "내 남편을 어떻게 죽였나(How I Killed my husband)" 라는 헤드라인 아래 지면의 한가운데에 섬뜩한 식칼을 꽂아놓고 있다. "팀이 죽었을 때 나는 그의 옆에 있었었다" 로 시작되는 바디카피는 지방, 설탕, 커피 등을 너무 좋아한 남편을 막지 못해 결국 남편을 심장병에 걸려 죽게 했다는 것이다. 건강한 생활을 위한 단체에 알맞은 광고인데 바디카피를 이야기형으로 구성하고 극적인 내용으로 전개하였다.

한편, 〈그림 5-11〉의 회계 전문회사 광고 '백지광고' 편에서는 "누가 이 광고를 읽을까요(Who would read this ad)?" 라는 헤드라인 아래 응당 있어야 할 바디카피를 통째로 생략하고 있다. 궁금증을 유발하는 무카피 광고 또는 백지광고인 셈이다. 다만, 맨 하단에 조그맣게 "아, 읽으셨네요. 저희에게 관심을 가지셨네요. 비밀 하나를 알려드

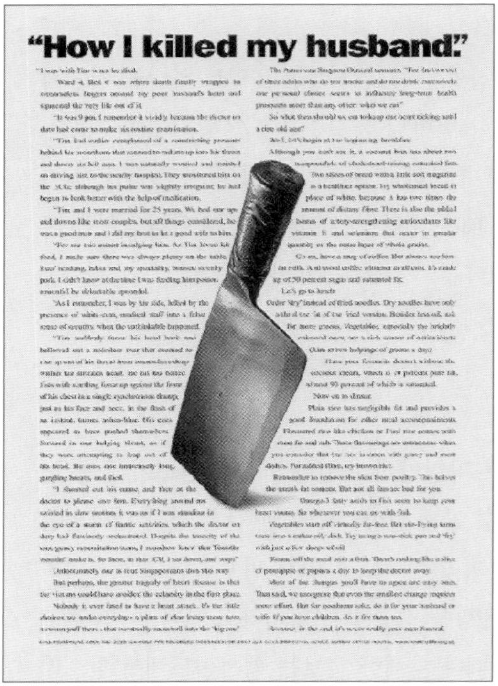

〈그림 5-10〉 건강한 생활을 위한 단체 '남편'편

〈그림 5-11〉 회계 전문회사 '백지 광고'편

리죠. 사실 저희는 절묘한 카피는 못 씁니다. 그냥 돈만 운용합니다. 기업회계, 펀드 관리, 자산조사와 중개, 인수합병 전문. 팩스는 265-3179. 광고 끝. 감사합니다."라는 3줄짜리 카피를 마치 캡션처럼 제시하고 있다. 이 광고에서는 상담장면 같은 그림이나 업무내용을 소개하는 바디카피 없이 경구형 바디카피 스타일로 접근함으로써 소비자의 주목을 유도하고 있는 셈이다.

이와 같은 3가지 유형으로 바디카피를 쓸 수 있지만 바디카피를 잘 쓰기란 생각보다 쉽지 않다. 뜻밖에도 헤드라인을 잘 쓰는 카피라이터들도 바디카피 창작에서 고전을 면치 못하는 경우가 많다. 그들이 쓴 바디카피를 보면 띄어쓰기나 맞춤법은 물론 문장의 기본도 갖추지 못한 경우가 많다. 이는 카피라이터들이 헤드라인 창작에만 지나치게 신경을 쓰고 바디카피 창작은 소홀히 한 탓이다. 따라서 바디카피를 잘 쓰려면 그만큼 시간과 노력을 많이 투자해야 가능하다고 하겠다.

바디카피를 잘 쓰려면 무엇보다 소비자에게 강요하기보다 설득하는 글쓰기의 관점이 필요하다. 아무리 전문적 내용을 전달해야 하는 카피라도 목표소비자가 이해할 수 있는 일상적 단어를 사용해야 한다. 오길비는 평소 회사내에서 사람들에게 메모 건네기를 즐겨했는데, 그가 남긴 이런 저런 메모들을 통해 카피창작의 어려움을 느꼈던 일단을 유추할 수 있다.

예를 들어, 어느 광고회사 사장인 레이 캘트(Ray Calt)에게 보낸 그의 편지내용을 보자. 그는 헤드라인이나 바디카피를 쓰면서 단 한 번도 손쉽게 쓴 적이 없고 몇 번이고 수정하면서 최종카피를 완성했음을 이 편지에서도 알 수 있다.

친애하는 캘트에게. 3월 22일에 보내온 자네 편지에서 말한 카피라이터로서의 내 습관에 대해 적은 것이네.

1. 나는 카피를 회사에서 써본 적이 없어. 항상 집에서 쓰지.
2. 항상 광고의 사례연구에 많은 시간을 할애하지. 최소한 나는 광고할 상품의 경쟁사 광고 20년치를 살펴본다네.
3. 내 조사분석 자료들을 빼놓을 수 없지.
4. 내가 맡은 광고 캠페인에 대해 스스로 결정한 다음, 광고주의 승인을 받기 전까지는 아무 일도 하지 않아.
5. 카피를 쓰기 전에 내가 상품판매에 대해 생각하는 모든 가능성을 기록한 다음, 조사자료를 활용하여 카피의 구조에 맞추고 있어.
6. 그 다음에 헤드라인을 써. 헤드라인 20여개를 쓴 다음 광고인들의 의견을 들어봐.
7. 이때부터 실제로 카피를 쓰기 시작해. 항상 집안 서재의 책상에 앉아 쓰기 시작하는데 아주 신경이 예민해져. 최근 담배를 끊고부터 더 심해진 것 같아.
8. 복잡하고 어지러운 광고는 질색이야. 대략 카피 20개 정도를 쓰레기통에 버리네.
9. 이때까지 그럴듯한 카피가 하나도 없으면 축음기에 헨델의 오라토리오를 틀어놓고 럼주를 반 병 정도 마시네. 이 무렵 좋은 카피가 나오기 시작해.
10. 다음날 아침 일찍 일어나 카피들을 수정하지.
11. 그런 다음 기차를 타고 가며 뉴욕 사무실의 비서에게 카피 초안을 타이핑시키네. (난 타이핑 할 줄 몰라. 아주 불편한 일이야.)

12. 난 형편없는 카피라이터지만 편집능력이 있어. 내 카피들을 스스로 수정해. 보통 4~5번 정도 수정하면 광고주에게 보여줘도 괜찮을 정도의 카피가 나오네. 하지만 내가 정성들여 쓴 카피를 광고주가 수정하라고 하면 굉장히 화가 나.

이 모든 과정이 지난하고 어려운 업무들이야. 아마 다른 카피라이터들을 더 훌륭한 기술을 가지고 있겠지. –1955년 4월 19일. 친구 오길비(D. O.)[46]

이와 유사한 맥락에서, 오길비는 히긴스(Higgins)와 대담하는 과정에서 "나는 문법의 규칙을 잘 모른다.… 만약 당신이 사람들에게 뭔가를 사게 하려면… 당신은 그들의 언어, 그들이 매일 쓰는 말, 그들의 생각 속에 있는 말을 사용해야 할 것"[47] 이라고 말했다. 초보 카피라이터의 경우 자꾸 유식한 말이나 관념적 단어를 사용하려고 하는데, 이 역시 잘못된 카피창작 태도이다. 쾨닉(Julian Koenig) 이 적절히 지적하듯이, 카피라이터의 임무는 "카피라이터 자신이 얼마나 뛰어난지를 보여주는 것이 아닌 광고상품이 얼마나 좋은지를 드러내는 일"[48]이기 때문이다.

바디카피의 구조

그렇다면 어떻게 해야 보다 효과적인 바디카피를 쓸 수 있을까? 이 질문에 대한 정답 역시 없다. 다만 카피창작은 상세하고 구체적이며 상업적 글쓰기라는 점만은 분명하다. 상업적 글쓰기에서 구체적 내용은 모호한 주장보다 설득력이 강할 것이다. 그리고 상품에 대해 인상적으로 설명하는 단어는 그렇지 못한 단어에 비해 소비자의 머릿속에 더 오랫동안 기억될 것이다.

따라서 바디카피 창작에서 분명하고 생생한 어휘를 사용하는 것이 가장 중요하다

46. Raphaelson, Ed.(1988). *The Unpublished David Ogilvy*. Bloomsbury Way, London: Sidgwick and Jackson Limited. pp.54~55.

47. Denis Higgins(1965). *The Art of Writing Advertising:Conversations with Masters of Craft*. Lincolnwood, IL: NTC Business Books. p.93.

48. the CLIO Awards Web site(http://www.clioawards.com/html/wsj/riney.html). 2007년 1월 4일 접속.

고 하겠다. 표현을 멋있게 하기 위해 억지로 만들어낸 지나친 기교나 미사여구는 오히려 역효과를 나타낼 수 있다. 대신 전달하고자 하는 내용을 정확히 전달하되 바디카피의 모든 내용이 구조적으로 연결되는 것이 바람직하다. 바디카피는 대체로 다음과 같이 발단, 전개, 그리고 종결의 구조를 갖는다.

| 발단 | 바디카피의 첫문장(첫마디)은 헤드라인과 자연스럽게 연결될 수 있는 편안한 문장으로 시작하는 것이 바람직하다. 일반적으로 소비자의 시선(청각)은 헤드라인에서 시작되어 바디카피로 흘러간다. 따라서 바디카피의 문장(첫마디)도 앞서의 헤드라인과 자연스럽게 연결되어야 한다.

| 전개 | 발단에 이어 상품과 서비스에 대한 정보나 특성을 상세히 설명한다. 이 과정에서 마치 상품 설명서처럼 단순하게 나열하면 소비자들이 쉽게 지루함을 느낄 수 있다. 따라서 광고 아이디어와 자연스럽게 어우러지도록 바디카피를 전개해야 한다.

| 종결 | 앞부분에서 제시한 내용 중 가장 핵심적인 메시지를 마지막에서 다시 한번 강조할 필요가 있다. 여기에서는 앞서의 내용을 반복하기보다 소비자의 구매욕을 자극할 수 있는 마무리 카피(*closing copy*)로 정리하는 것이 중요하다. 그리고 마무리 카피에서는 정서적 내용보다 구매행동을 촉구하는 직접적 카피가 효과적이다.

카피라이터는 이러한 구조를 숙지한 다음 그 구조를 바탕으로 바디카피를 자유자재로 변화시키는 상상력을 발휘해야 한다. 오길비는 《어느 광고인의 고백》(1963)의 제6장 "강력한 카피를 쓰려면"에서 바디카피를 쓰는 요령에 대해서도 다음과 같은 9가지 사항을 고려하여 바디카피를 창작할 것을 권고하였다.[49]

---

49. David Ogilvy(1963). *Confessions of an Advertising Man*. New York, NY: Ballantine.

- 멀리 돌려서 말하지 말고 직접적으로 써 보라.
- 최고급 또는 일반적 단어나 평범한 말을 피하고 써 보라.
- 바디카피에 추천하는 내용을 삽입하여 써 보라.
- 수용자에게 도움이 되는 조언이나 서비스를 제공해 보라.
- 순수 문학파의 광고가 좋다고 생각한 적이 단 한 번도 없다.
- 회사가 자신의 성실함을 자랑하는 내용은 자랑할 것이 없음을 고백하는 것과 마찬가지이므로 자랑을 삼가며 써 보라.
- 엄숙하고 고상하게 쓸 필요가 없을 때는 고객이 매일 쓰는 구어체 카피를 써 보라.
- 상 받는 카피를 쓰고 싶은 유혹을 물리치고 광고의 목적이 상품판매임을 명심하고 써 보라.
- 훌륭한 카피라이터의 능력은 신상품을 얼마나 많이 성공시켰느냐에 따라 결정되므로 신상품을 성공시킬 만한 카피를 써 보라.

그러기 위해서는 진실에 호소하고, 처음에는 생각나는 대로 길게 썼다가 점차 불필요한 부분을 삭제하면서 소비자 설득에 초점을 맞춰야 한다. 또한, 되도록 많은 분량의 카피를 써서 주변에 보여주며 타인의 반응을 보면서 설득력이 높은 카피를 최종 선정해야 한다. 필자의 경험을 바탕으로 효과적인 바디카피 창작에 필요한 몇 가지 고려사항을 간략히 제안하면 다음과 같다.

| 제안 1 | 광고주나 상품이 아닌 소비자와 관련지어 첫문장을 시작하라. 초보자가 쓴 카피를 보면 사실적 정보를 자세히 나열하는데, 이렇게 되면 소비자는 흥미를 잃기 쉽다. 만약 첫문장을 상품으로 시작했다면 즉시 다시 써야 한다. 소비자와 관련지어 첫문장을 시작하면 일단 소비자들이 더 관심을 끌 것이다.

| 제안 2 | 한 사람을 호명하듯이 카피를 쓰라. 예를 들어, "독자 여러분" 이나 "학생 여러분" 처럼 대규모의 사람들을 지칭하기보다 한 사람 한 사람에게 말하

듯이 개인화(*personification*)시켜 호명하는 것이 효과적이다.[50]

| 제안 3 | 변화를 주면서 쓰라. 일급 카피라이터들은 카피를 쓰면서 단어와 단어, 문장과 문장, 문단과 문단이 자연스럽게 연결되면서 내용에 변화를 준다. 그러나 이 과정에서 "그리고" "그러나" "또한" "또는" "결국" 같은 연결어(*bridging words*)를 꼭 필요한 경우에는 써야겠지만 지나치게 남용하면 곤란하다. 이런 맥락은 다음과 같은 이어령의 진술에서도 확인할 수 있다.

> 상 목수는 못질을 하지 않아요. 참으로 기량이 뛰어난 상 목수는 억지로 못질을 하여 나무를 잇는 것이 아니라 서로 아귀를 맞추어 균형과 조화로 집을 지어요. 문장과 문장을 이어가는 기술도 마찬가지인데, 서툰 글일수록 '그리고' '그래서' '그러나' 같은 접속사의 못으로 글을 이어가고 '것이다' 로 끝맺는 일이 많아요.…[51]

상 목수는 못질을 하지 않는다는 이어령의 비유에서 바디카피 작성에서 자연스럽게 이어지는 글쓰기가 얼마나 중요한지 알 수 있다. 인쇄광고의 바디카피들을 보면 글이 되려다 만 비문(非文)의 진열장이고 도무지 무슨 말인지 알 수 없는 악문(惡文)의 연속인 경우가 많다. 따라서 접속사의 남용을 피하고 변화를 주면서 쓰는 훈련이 필요하다.

| 제안 4 | 필요할 경우에는 축약어(*contractions*)를 사용하라. 바디카피는 대체로 비공식적 언어를 쓰기도 하고 대화하는 느낌을 전달하기도 한다. 축약어는 대화에서 자유롭게 사용되는데 바디카피에서도 축약어를 사용해도 무리가 없다. 그러나 축약어가 모든 사람들이 두루 알고 있는 내용이어야 하며, 한 광고에 축약어를 너무 많이 사용하면 광고 메시지를 혼란스럽게 할 수 있다. 예를

---

50. Philip Ward Burton(1996). *Advertising Copywriting* (7th Ed.). Lincolnwood, IL: NTC Business Books. p.113.

51. 김병희(2006). "크리에이티브의 길을 묻다 46: 남다르게 접근하기—이어령 ②." 〈광고정보〉. 5월호, pp.66~70

들어, 필요에 따라서는 “즐감하세요”(즐겁게 감상하세요)라는 스타일의 카피를 써도 무방하다.

| 제안 5 | 첫문장은 짧고 쉽게 시작한다. 바디카피 첫줄은 헤드라인의 끝부분과 자연스럽게 이어지는 것이 좋다. 또한, 너무 무겁게 시작하면 부담을 줄 수도 있으므로 읽기 쉽고 이해하기 쉬운 문체로 짧게 시작할 필요가 있다.

| 제안 6 | 처음에는 길게 썼다가 소리 내어 읽어보며 줄여나간다. 카피창작에서 단어들을 낭비하면 오히려 소비자를 혼란스럽게 한다. 따라서 일단 처음에는 생각나는 내용을 다 쓰고 나서 나중에 자주 읽어보면서 불필요한 군더더기와 중복된 말들은 제거하고 간결하게 정리해야 한다.

| 제안 7 | 리듬감이 생기면 읽기 쉬우므로 대구법(對句法)과 대조법(對照法)을 활용한다. 바디카피는 어디까지나 헤드라인을 보완하는 것이 가장 중요한 가능이므로 상품내용을 보다 자세히 설명하는 방법은 많다. 그 중에서 대구법과 대조법은 문장에 리듬감을 준다는 점에서 효과적이다.

| 제안 8 | 광고 전체의 분위기를 생각하며 적절한 어휘를 쓴다. 우리 국어처럼 다양한 어휘가 있는 말은 그리 많지 않다. 영어에서는 “새가 노래한다(Birds sing)”고 하지만 우리말에서는 “새가 운다”라고 하듯이 국가간에 단어의 의미차가 크다. 또한, 우리말은 새들의 지저귐을 다양하게 묘사한다. 우리말 사전은 카피라이터들이 언어적 아이디어를 캘 수 있는 아이디어 광산이다. 카피라이터들은 다음과 같은 지적에 특히 주목할 필요가 있다.

라디오나 텔레비전의 기상예보는 바람이 불었다 하면 “강한 바람”이 불겠다고 한다. 그것이 어제오늘 일이 아니다. 바람이 어떻게 불면 ‘강하게’ 부는 것인가? 토박이말이라면 바람이 ‘잔잔하게’, ‘산들산들’, ‘선들선들’, ‘간들간들’, ‘건들건들’, ‘세게’, ‘세

차게', '거세게', '거칠게', '매섭게', '모질게' 불겠다고 예보할 수 있다.

바람은 불어오는 쪽에 따라 '샛바람 · 가새바람 · 된새바람 · 강쇠바람' 이 있고, '마파람 · 갈마파람 · 된마파람' 도 있고, '가수알바람 · 하늬바람 · 높하늬바람' 도 있고, '높새바람 · 뒤바람 · 막새바람' 도 있고, '앞바람 · 옆바람 · 윗바람 · 아랫바람 · 산바람 · 골바람 · 들바람 · 벌바람 · 왜바람' 도 있다.

불어오는 모습에 따라 '산들바람 · 선들바람 · 간들바람 · 건들바람 · 비바람 · 고추바람 · 꽃바람 · 꽃샘바람 · 눈바람 · 늦바람 · 된바람 · 매운바람 · 실바람 · 서릿바람 · 소소리바람 · 손돌바람 · 황소바람' 이 있고, '용수바람 · 회오리바람 · 돌개바람' 까지 있다.

'강한 바람' 이라는 소리는 한자말 '강풍' 이 있으니 그렇다고 하자. 그러나 "강한 비가 내리겠다", "강한 구름이 몰려온다" 하다가 지난 겨울에는 "강한 눈이 오겠다" 까지 했다. 우리말 씀씀이가 어쩌다 이처럼 무뎌지고 말았을까? 말이 무뎌진 것은 느낌과 생각과 뜻이 무뎌진 것이다. '아해' 다르고 '어해' 다른 우리 토박이말을 살려서 우리의 느낌과 생각과 뜻을 살려야 한다." [52]

| 제안 9 | 형용사나 최상급 표현의 사용을 최대한 절제한다. 문학작품에서는 형용사나 부사의 활용이 감동의 깊이를 더해주는 경우가 많으나 광고카피에서는 그렇지 못하다. 따라서 상품을 수식하는 형용사나 부사를 함부로 남발하지 말고 명사와 동사 위주로 바디카피를 써야 문장을 단순화하고 의미를 정확하게 전달할 수 있다.

| 제안 10 | 광고상품을 구매하도록 행동을 유발하는 말로 끝맺는다. 바디카피의 마무리는 "한번 써 보세요" "방문해 주세요" 같은 직설적 문장을 사용하여 즉각적 구매행동을 유발하는 내용으로 마무리하는 것이 좋다. 자유롭게 쓰되 동사를 활용하면 더욱 효과적이다.

---

52. 김수업(2006). "말뜻 말맛: '강한 바람' 만인가?" 〈한겨레〉. 7월 11일자, 30면.

슬로건

슬로건의 개념

좋은 슬로건(*Slogan*)은 마치 원금에서 이자가 불어나가듯 시간이 지날수록 브랜드 가치를 높여준다는 점에서 은행에 맡기는 메시지의 원금과 같다고 할 수 있다. 따라서 좋은 슬로건을 개발하여 물과 거름을 주고 튼실하게 가꾸어나가는 일 역시 카피라이터의 몫이다. 슬로건은 1회용으로만 쓰이면 의미가 없고 비교적 오랜기간 동안 사용되면서 브랜드 자신을 구축하는 데 기여해야만 의미가 있다.

슬로건은 스코틀랜드 지방의 고원민족이나 변경민족이 위급한 상황이 닥쳐올 때 다급하게 외친 함성에서 시작되었다. 갤릭어로 함성의 의미를 갖는 'Slaughgaimm' 에 슬로건의 어원이 있으며, 여기에는 '군인의 복창소리'(*army yell*)라는 뜻이 내포되어 있다.[53] 다시 말해서 슬로건은 짧은 어휘로 상황을 전달하는 일발필도의 메시지라고 할 수 있는데, 광고적 맥락에서 볼 때 브랜드 개성을 설명하는 짧고 강력한 카피라고 할 수 있다.

전략적 차원에서의 좋은 광고 슬로건은 시(詩)의 원리를 응용하여 환기효과를 창출하기도 한다. 시인은 개인적 사건을 있는 그대로 서술하기보다 원형성 원리에 기초하여 일반화 및 보편화하는 과정을 거쳐 시의 세계를 표상한다. 따라서 시인 개인의 목소리는 희석되고 일반인의 목소리가 강화된 다성성 효과(*effect of polyphony*)가 나타나기도 한다.[54] 카피라이터가 쓰는 광고 슬로건 역시 시적 운율을 중시한다는 점에서 대중의 환기효과를 창출한다고 하겠다.

그렇다면 슬로건과 헤드라인의 기능적 차이점은 무엇일까? 〈표 5-3〉에서 알 수 있

---

53. 박영준(2001). "기업 슬로건의 언어적 기법에 대한 분석." 〈이중언어학〉 19, pp.273~297.

54. 최인령(2005). "광고 메모리, 시적 메모리: 인지적 환기시학의 접근방법에 의한 시와 광고 슬로건의 관련성 연구." 〈불어불문학연구〉 64, pp.613~646.

〈표 5-3〉 슬로건과 헤드라인의 비교

	슬로건	헤드라인
성 격	독립성	종속성
빈 도	다회성	일회성
형 태	완전성	불완전성
임 무	의미전달	주목, 유도, 창의

듯이, 이희복(2006: 71)은 슬로건이 독립성, 다회성, 완전성, 의미전달에 치중하는 데 비해, 헤드라인은 종속성, 일회성, 불완전성, 주목 · 유도 · 창의의 특성을 갖는다고 설명한다.[55] 즉, 슬로건은 비주얼이 없어도 독자적으로 기능을 발휘하며, 일정기간 동안 반복해서 노출되고, 장기간 사용이 가능하며, 그 자체로 의미가 충분하기 때문에 사용하는 동안 완전함을 추구하고, 메시지 중심의 의미전달에 한정하여 활용된다. 이에 비해 헤드라인은 광고에 사용되는 슬로건에 종속적이며, 지속적으로 사용되지 않고 단발성 광고에 사용되며, 광고가 달라지면 바뀌기 때문에 불완전하며, 개별광고의 주목효과나 창의적 표현에 치중한다는 것이다.

그러나 이상의 구분이 의미는 있으나 슬로건과 헤드라인을 지나치게 이분법적으로 구분하였고 슬로건과 헤드라인의 상호변환 가능성을 간과한 측면이 있다. 예를 들어, 광고현장에서는 처음에 슬로건이 없는 상태에서 헤드라인으로 먼저 사용했다가 반응이 좋게 나타나자 이를 슬로건으로 사용하는 경우가 자주 발생하므로 양자를 대립적 개념으로 이해하기보다 상호보완적 관계로 이해할 필요가 있겠다.

55. 이희복(2006). "도시 브랜드의 슬로건 분석: 수사적 기법을 중심으로." 〈스피치와 커뮤니케이션〉 5, pp.69~102.

슬로건의 유형과 종류

슬로건 창작이란 '어떻게' 말하는가에 따라 '무엇을' 인상깊게 남게하는 고도의 테크닉이라고 할 수 있다.[56] 그동안 이루어진 슬로건에 관한 연구를 보면 주로 언어학적 맥락에서 접근하였다.[57] 특히, 수사학적 접근이 주류를 이르고 있는데 박영준(2001)의 슬로건 분석이 대표적이다. 그는 기업의 슬로건을 언어적 기법으로 분석하였는데, 슬로건의 특성을 브랜드 표현, 표기문자, 구성형식, 대구와 대조, 두운과 각운, 직유와 은유, 대상표현, 전달의미, 메시지 성격, 그리고 정보제공으로 분류하였다.[58] 각 슬로건 유형을 설명하면 다음과 같다.

| 브랜드 표현 | 슬로건 안에 기업의 이름이 함께 표현되어 있는지 그렇지 않은지를 나타내는 형태이다. 대부분의 슬로건에는 브랜드 이름이 포함되는 경우가 많다. 예를 들어, 다음과 같은 슬로건에서는 슬로건에 브랜드 이름을 포함하고 있다.

"OK! SK!" (SK)

"사랑해요 LG" (LG)

"하이마트로 가요~" (하이마트)

| 표기문자 | 슬로건에 사용된 문자가 어떤 언어인지를 나타낸다. 즉, 한글, 한자와 한글, 한자와 영문, 한자, 영문과 한글, 영문 등의 형태가 있을 수 있다. 예를 들어, 다음과 같은 표기문자에 따른 슬로건 유형을 살펴보자.

"길을 아는 사람들 - 대우증권" (대우증권, 한글)

"Korea는 당신을 사랑합니다." (Korea.com, 영어+한글)

"Change the morning!" (에이스침대, 영어)

56. 김병희(2002). "광고 창의성에 관한 현상학적 연구." 〈광고연구〉 55, pp.183~207.
57. 이현우(1998). "광고 슬로건 및 브랜드 네임에 대한 언어학적 접근 연구." 〈광고연구〉 40, pp.125~145.
58. 박영준(2001). "기업 슬로건의 언어적 기법에 대한 분석." 〈이중언어학〉 19, pp.273~297.

| 구성형식 | 슬로건의 문장 구성형태에 따라 단어형, 단독구형, 생략구형, 연결구형, 문장형, 복합 문장형으로 구분할 수 있다. 예를 들어, 다음과 같은 구성형식에 따른 슬로건 유형을 살펴보자.
"행복정장" (LG패션 마에스트로, 단어형)
"당신을 감탄합니다." (오피러스, 문장형)
"헌혈, 사랑의 실천입니다." (대한적십자사, 단어+문장 형태의 복합문장형)

| 대구와 대조 | 소비자의 강한 기억유발을 위해 규칙성을 적용하는 대구와 대조기법이 활용된다. 예를 들어, 다음과 같은 대구와 대조유형의 슬로건을 살펴보자.
"보이는 것은 기술, 느끼는 것은 미래" (현대오토넷, 대구)
"준에서 선수 치면 TV에선 히트 친다." (SK텔레콤 June, 대구)
"작은 차, 큰 기쁨" (대우자동차 티코, 대조)

| 두운과 각운 | 운율을 고려한 슬로건은 읽기 쉽고 기억하기 쉽다는 장점이 있다. 슬로건 안에서 두운과 각운이 반복되면 기억효과도 그만큼 증가한다. 예를 들어, 두운과 각운을 활용한 다음과 같은 슬로건 유형을 살펴보자.
"좋은 사람들의 좋은 옷" (언더우드, 두운)
"같은 품질 같은 자부심" (스피드 011 스피드 010, 두운)
"하늘만큼 땅만큼" (교보생명, 각운)

| 직유와 은유 | 슬로건이 대상을 수식할 때 '같이', '처럼'을 사용하여 우회적으로 비유하는 직유와 'A = B' 식으로 은유를 활용하여 비유하는 슬로건이 있다. 예를 들어, 직유와 은유를 활용한 다음과 같은 슬로건 유형을 살펴보자.
"산소 같은 여자" (마몽드, 직유)
"피부맞춤법" (이니스프리, 은유)
"초코파이는 情입니다." (오리온 초코파이, 은유)

| 대상표현 | 소구의 대상이 되는 소비자를 어떻게 표현했는지를 살펴 인칭에 따라 슬로건을 구분하는 것이다. 예를 들어, 인칭을 활용한 다음과 같은 슬로건 유형을 살펴보자.
"나를 알아주는 커피가 있다." (맥스웰 하우스, 1인칭)
"당신과 하나" (하나은행, 2인칭)
"그녀의 프리미엄" (푸르지오, 3인칭)

| 전달의미 | 슬로건이 전달하는 의미에 따라 우위적 표현내용을 '단순우위', '비교우위', '최상우위'로 구분할 수 있다. 예를 들어, 전달의미의 우위법을 활용한 다음과 같은 슬로건 유형을 살펴보자.
"개운하게 맵다." (해찬들 집고추장, 단순우위)
"고객을 위해 한 번 더" (대한생명, 비교우위)
"세상에서 가장 맛있는 미소" (오리온 하얀미소, 최상우위)

| 메시지 성격 | 슬로건을 메시지의 성격에 따라 배타적 차별성, 우호적 차별성, 미래적 차별성, 그리고 이미지 제고 표현으로 유형을 구분할 수 있다. 예를 들어, 메시지 성격에 따른 다음과 같은 슬로건 유형을 살펴보자.
"라면은 농심이 맛있습니다." (농심라면, 배타적 차별성)
"당신은 패션을 몰고 다니는군요!" (크라이슬러PT크루저, 우호적 차별성)
"미친 속도를 즐겨라!" (하나로통신 하나포스V, 미래적 차별성)

| 정보제공 | 슬로건에서 기업의 정보를 제공하는 경우 전문성, 장점, 특이정보, 그리고 단순정보를 제공하는 유형이 있다. 예를 들어, 정보제공의 강도에 따른 다음과 같은 슬로건 유형을 살펴보자.
"급할수록, 귀할수록" (DHL, 전문성)
"가그린의 상쾌함 그대로" (가그린치약, 장점)
"라면이 아니라 뉴면입니다." (빙그레라면, 단순정보)

〈그림 5-12〉 풀무원 '하늘 아래'편

〈그림 5-13〉 풀무원 '세상엔'편

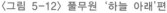

예를 들어, 〈그림 5-12〉의 풀무원 기업광고 '하늘 아래' 편과 〈그림 5-13〉의 풀무원 기업광고 '세상엔' 편에서는 "생명을 하늘처럼" 이라는 슬로건을 쓰고 있다. 이 슬로건은 우회적으로 비유하는 직유법을 활용하고 있으며 기업 슬로건에 해당된다. 이 슬로건은 "하늘 아래, 생명아닌 것이 어디 있소", "세상엔 사람만 사는 게 아니오" 같은 광고 헤드라인과 자연스럽게 어우러지며 풀무원을 자연친화적 기업으로 이미지 제고를 하고 있다.

한편, 슬로건은 용도에 따라 기업 슬로건, 캠페인 슬로건, 그리고 브랜드 슬로건의 세 종류로 구분할 수 있다. 기업철학을 나타내기 위하여 기업이름 앞에 나가는 것이 기업 슬로건이고, 어떤 캠페인을 이끌어가는 주제를 제시하는 것이 캠페인 슬로건이다. 그리고 어떤 브랜드의 특성이나 소비자 혜택을 제시하기 위하여 사용하는 것이 브랜드 슬로건이다. 그 구체적 사례를 살펴보면 다음과 같다.

기업 슬로건
"또 하나의 가족" (삼성전자)
"착한 사람들이 만듭니다." (해찬들)
"대우가 있습니다." (대우가족)
"우리 강산 푸르게 푸르게" (유한 킴벌리)
"하늘만큼 좋은 방송" (한국디지털위성방송 스카이라이프)

캠페인 슬로건
"함께 가요, 희망으로" (삼성)
"사람을 향합니다." (SK텔레콤)
"가슴이 따뜻한 사람과 만나고 싶다." (맥심 커피)
"소리 없이 세상을 움직입니다." (포스코 기업PR)
"가치를 아는 사람, 당신은 다릅니다!" (르노삼성 SM5)

브랜드 슬로건
"고향의 맛" (다시다)
"지식까지 찾아주는 검색" (네이버)
"Everyday new face" (라네즈 화장품)
"그 여자의 드라마" (한국통신프리텔 드라마)
"눈높이 사랑, 눈높이 교육" (대교 눈높이 학습지)

슬로건을 언어표현이라는 측면에서 보면, 효율적 언어사용을 통해 간결하면서도 힘있게 메시지를 전달할 수 있어야 한다.[59] 그래야 슬로건이 기업 이미지의 구축이나 상품 이미지의 형성에 큰 영향을 미칠 수 있다. 오래오래 기억되는 슬로건은 언어유희(*wordplay*)의 양과 질 그리고 사용되는 기간과 매체예산에 따라 차이가 나타나는 것으

59. 박영준 · 김정우 · 안병섭 · 송민규(2006). 《광고언어론》. 서울: 커뮤니케이션북스. pp.100~101.

로 알려지고 있다. 즉, 어떤 슬로건이 오래 기억되기 위해서는 그만큼 인상적 구성도 중요하지만 매체예산을 감안하여 작성할 필요가 있다는 것이다.[60] 우리 기업들이 슬로건을 너무 자주 바꾸는 상황에서 깊이 생각해야 할 대목이다.

어쩌면 슬로건을 자꾸 바꾸기보다 새로운 슬로건을 만들지 않는 것이 오히려 더 다행스러운 현상일 수 있다. 슬로건의 교체는 그만큼 낭비적 요소가 크기 때문이다. 핼 스티빈스는 "좋은 슬로건이 희박한 공기 속에서 나오는 일은 극히 드물다. 그것은 마치 영웅이나 대통령처럼 전장의 포연 속에서 홀연히 나타난다"[61] 고 하였다. 오래오래 기억되는 슬로건 창작이 고뇌와 노력의 산물이라는 점을 강조한 말이다. 필자의 경험을 바탕으로 효과적인 바디카피 창작에 필요한 몇 가지 고려 사항을 간략히 제안하면 다음과 같다.

| 제안 1 | 기억하기 쉬워야 한다. 아무리 멋지고 독창적인 슬로건이라 하더라도 쉽게 기억할 수 없고 단지 멋있는 단어의 조합과 나열에 그친다면 무용지물이 되기 쉽다. 기억하기 쉬운 슬로건 창작을 위해서는 리듬감을 살려 표현하고 호기심을 끄는 내용으로 구성해보는 노력이 필요하다.

| 제안 2 | 명확하게 의미를 전달해야 한다. 기업 슬로건이건 캠페인 슬로건이건 브랜드 슬로건이건 각각의 목적에 알맞게 작성하여 전하고자 하는 메시지를 명확히 전달해야 한다.

| 제안 3 | 장기간 사용할 수 있어야 한다. 하나의 슬로건이 결정되기까지는 수많은 시안들이 있을 수 있겠지만 결국 장기적으로 쓸 수 있는 강력하고 포괄적인 슬로건 선택이 무엇보다 중요하다.

---

60. Bonnie B. Reece, Bruce G. Vanden Bergh, & Hairong Li(1994). "What Makes a Slogan Memorable and Who Remember It." *Journal of Current Issues and Research in Advertising* 16(2), pp.41~57.

61. 핼 스티빈스, 송도익 역(1991). "카피캡슐 658." 《카피캡슐》. 서울: 서해문집. pp.184~185.

| 제안 4 | 가급적 짧아야 한다. 소비자들은 슬로건이 길고 지루하면 금방 싫증내기 때문에 한순간에 소비자의 주목을 끌 수 있도록 짧게 써야 한다.

| 제안 5 | 브랜드자산 구축에 기여해야 한다. 아무리 멋지고 독창적인 슬로건이라 하더라도 브랜드자산을 구축하지 못하면 그저 그런 말장난에 그치기 쉽다. 브랜드자산의 구축에 기여할 수 있는 슬로건을 개발해야 한다.

생_각_해_ 볼_ 문_제_

1. 헤드라인, 오버라인, 서브헤드, 바디카피, 슬로건, 캐치프레이즈, 캡션 등 카피의 구성요소의 개념에 대하여 기술해보자.

2. 다음은 "네모난 계란 나왔다"라는 제목의 신문기사이다. 기사내용을 참조하여 '네모난 계란'이라는 신상품의 텔레비전 광고와 신문 광고의 카피를 구상해보자. 자신이 생각하는 크리에이티브 컨셉을 먼저 기술하고, 아이디어의 핵심을 제시한 다음, 차례로 텔레비전 광고와 신문 광고 순으로 헤드라인과 바디카피를 써보자.

주부 신지연 씨(32)는 계란을 살 때면 네모난 계란을 구입한다. 네모난 계란은 껍질을 제거해 팩에 계란 내용물만 들어 있다. 껍질을 깨지 않아도 되는 편리함 때문에 신 씨는 계란을 살 때면 네모난 계란을 찾는다. 최근 네모난 계란이 나와 주부들의 눈길을 끌고 있다.

현대백화점 압구정 본점 식품매장에서는 지난 8일부터 가공처리한 액상계란을 우유팩에 담은 '네모난 계란'을 판매하고 있다. '네모난 계란'의 가장 큰 특징은 계란을 깨거나 섞는 번거로움 없이 개봉 후 곧바로 사용할 수 있다는 점. 네모난 계란은 위생에 신경을 써서 만들어진다. 우선 신선한 계란을 세척수에 넣어 계란껍질의 살모넬라균을 제거한다. 그 다음 할란기를 통해 계란껍질을 자동으로 깐다. 균질기를 통해 계란 노른자와 흰자를 골고루 섞은 후 살균과정을 거쳐 우유모양 팩에 포장돼 매장으로 나오게 된다.

특히 네모난 계란은 노른자와 흰자가 섞여 있어 국이나 라면 등을 조리할 때 사용이 편리한 장점이 있다. 또 계란껍질 제거시 여과장치를 통해 필터링하기 때문에 껍질이 음식물에 혼입될 염려가 없다. 이 밖에도 네모난 계란이 일반 계란보다 편리한 점은 보관이 간편하다는 것이다. 일반적인 달걀은 면적이 넓어 보관이 불편하지만 네모난 계란은 우유팩에 담아 보관하기 때문에 보관이 편리하다. 또 우유팩에 담겨 있기 때문에 사용후 쓰레기 처리도 깔끔하다.

네모난 계란은 계란 8개 분량의 400g 1팩(2,500원), 4개 분량 200g 1팩(1,300원) 단위로 판매된다. 특히 계란 흰자의 단백질만을 섭취하기를 원하는 소비자를 위해 노른자와 흰자를 섞은 '전란' 제품과 흰자로만 된 '난백' 상품으로 구분해 시판하고 있다. 현대백화점 상품본부 한경호 생식품 바이어는 "네모난 달걀은 미국과 유럽 등에서는 이미 판매되고 있다"고 말했다.[62]

3. 우리나라 광고인들이 인식하는 헤드라인 유형은 9가지로 분류할 수 있다. 아래에 제시하는 동서식품 맥심커피 광고의 헤드라인 "당신의 향기를 사랑합니다"는 9가지 헤드라인 유형 중 정서형에 해당된다. 그렇다면 크리에이티브 컨셉은 동일하다고 가정하고 나머지 8가지 유형으로 헤드라인을 바꿔보자.

- 설명형
- 혜택형
- 실증형
- 경고형

62. 정승환(2006). "네모난 계란 나왔다." 〈매일경제〉 4월 16일자.

- 유머형
- 뉴스형
- 호기심형
- 제안형

4. 예를 들어, 다음과 같은 SK텔레콤 신문광고를 살펴보자. 이 광고의 헤드라인은 "나의 천사들아!"이며, 바디카피는 다음과 같이 '이야기형'으로 전개되고 있다. 헤드라인을 그대로 유지한 상태에서, 바디카피를 또 다른 '이야기형'으로 드라마틱하게 바꿔보자.

왕따! 난 그저 딴 학교의 얘기로만 알았단다. 우리 학교, 아니 적어도 우리 반만은 예외인 줄 알았단다. 그런데 그토록 천사 같았던 너희들이 한 아이를, 그것도 같은 반 친구를 따돌리고 있을 줄이야…. 너희들 볼 면목이 없구나. 한 아이의 인격이 파괴되던 것도 모르던 내가, 너희에게 인격을 가르치고 있었다니…. 정말 미안하고 부끄럽다. 얼마나 무서운 일을 저지르고 있는지조차 모르는 너희를 보며, 소리 없는 폭력에 하루하루 생기를 잃어가는 한 아이를 보며, 진정 내가 해야 할 일을 되새겨본다. 나의 행동이 더 심한 따돌림을 부를지도 모른다는 생각에 몇 번을 망설이고 주저하기도 했단다. 하지만, 결국 나의 용기와 충고 없이는 그 어떤 것도 해결될 수 없다는 걸 알았다. 내가 앞장서마. 내가 너희를 하나로 만들어 보마. 너희들도 도우리라 믿는다. 힘을 주리라 믿는다. 더 이상은 한 아이의 고통을 지켜볼 수도 없기에… 아직도 너희들의 천사 같은 눈망울을 믿기에… 내게 주어진 힘과 권한은 작을지라도, 이제는 내가 먼저 시작하련다. 어떤 따돌림도 없는 천사들의 교실에서… 우리 모두 하나 되자꾸나. 내 아이들아, 내 천사들아!

마음이 통하면 세상은 더 따뜻해집니다. SK Telecom.

5. 헤드라인과 슬로건의 기능적 차이를 설명하고, 단독광고에서 사용된 헤드라인이 나중에 가서 슬로건으로 채택된 사례를 찾아보자.

제 6 장

카피창작의 수사학적 원리

"언어는 존재의 집이다." —하이데거

"내 언어의 한계가 곧 내 세계의 한계이다." —비트겐슈타인

✱ **언어게임에 의한 의미의 교환**

✱ **광고 수사학의 개념**

✱ **광고 수사법의 분류**

✱ **광고 수사학에 의한 카피창작의 실제**
- ✲ 비유의 수사법
- ✲ 변화의 수사법
- ✲ 강조의 수사법
- ✲ 소리의 수사법

✱ **카피창작의 길 없는 길**
- ✲ 어느 카피라이터의 '일과 후에 쓴 글'

헤드라인이나 바디카피 등 카피의 구성요소는 결국 언어를 어떻게 구성하느냐의 문제로 귀결된다. 카피라이터들은 그동안 체득한 언어적 지식을 바탕으로 카피의 구성요소들을 어떻게 조합하는 것이 광고효과를 높이게 될 것인지에 관심을 갖는 동시에 자신이 쓴 카피가 모든 소비자들에게 충분히 이해되기를 바라며 카피를 쓸 것이다. 이때, 카피를 통하여 '전달한 것' (what is said)보다 '의미하는 것' (what is meant)이 소비자에게 정확히 도달하도록 카피의 구성요소를 조합하는 것이 중요하다.

카피와 언어는 불가분의 관계에 있고 광고카피가 언어표현의 일종이라는 점에서, 언어학에서 말하는 수사학적 원리의 이해는 카피창작에 유익한 길잡이가 된다고 하겠다. 카피를 수사학적 맥락에서 고찰하는 까닭은 광고카피를 수사학적으로 분석하기 위해서가 아니라, 수사학적 개념과 원리를 이해함으로써 보다 효과적이고 감동적인 카피를 창작하기 위해서이다. 카피라이터들은 다양한 수사법을 이해함으로써 카피파워를 높일 수 있을 것이다.

이 장에서는 다양한 수사법들이 카피창작에 어떻게 활용될 수 있는지 이론과 실제의 맥락에서 다각도로 검토하고자 한다. 99℃까지 데워져도 물이 증발되지 않지만 100℃가 되면 물이 끓으며 증발되기 시작한다. 즉, 물의 성질을 액체에서 기체로 바꾸는 에너지는 그 1℃이다. 카피창작에서도 이 1℃의 차이에 따라 소비자의 마음을 설레게 하기도 하고 그저 그런 상태로 머무르게 하기도 한다. 따라서 광고 수사학은 카피창작에서 그 1℃의 차이를 만드는 충분조건은 아닐지라도 필요조건은 된다고 하겠다.

현장의 카피라이터들이 자주 말하는 '말맛' 의 구사능력에 따라 어쩌면 백지 한 장 차이에 불과한 카피라이터의 능력이 절대적으로 평가되기도 한다는 점에서, 광고 수사학은 카피라이터에게 날개를 달아주는 글쓰기의 바느질 솜씨라고 하겠다. 이 장에서는 수사학의 개념과 분류기준 그리고 광고현장에서 자주 사용되는 다양한 수사법들을 고찰한다. 그동안 연구된 수많은 수사적 기법들을 모두 고찰하기보다 광고현장에서 자주 활용되고 현실적 적용가능성이 높은 수사법 위주로 소개하고자 한다.

언어게임에 의한 의미의 교환

광고카피를 매개체로 카피라이터와 소비자가 주고받는 언어적 의미교환은 언어규칙을 준수하는 준법행위가 아니라 언어를 임의로 고르는 선택행위이다. 이때, 광고카피는 카피라이터와 소비자(수용자) 사이에서 커뮤니케이션이 가능하도록 연결해주는 게임의 매개체라고 할 수 있다. 대체로 게임의 규칙은 처벌과 규제를 위하여 존재하기보다 게임의 목적과 효과를 배가시키고 게임 그 자체를 완벽하게 구성하기 위하여 존재한다. 선수들은 게임의 규칙을 준수하기 위하여 게임에 참여하는 것이 아니라 게임의 규칙을 활용하여 자신의 목적을 달성하려고 한다. 즉, '게임의 규칙을 준수하였느냐'보다 '게임을 통하여 무엇을 얻었느냐'를 더 중요시한다는 것이다.[1]

예를 들어, 축구게임에 비유하자면 카피의 구성요소란 경기를 주도하는 선수들이라고 할 수 있다. 축구선수가 규칙을 잘 지킨다고 해서 경기를 승리로 이끄는 것이 아니듯이, 카피의 구성요소 역시 카피창작에서 구성원칙을 얼마나 정확히 준수했느냐보다 창작된 카피가 수용자와의 관심을 어떻게 유발하고 나아가 브랜드와의 관계를 어떻게 설정할 것인지가 더 중요하다.

헤드라인이나 바디카피 작성법 같은 카피창작 원리를 숙지할 필요는 있겠지만, 게임규칙을 정확히 준수하는 것보다 게임규칙을 활용하여 효과를 높이는 것이 더 중요하듯이, 카피의 구성요소와 기능을 이해하되 이를 자기 것으로 만들어 소비자와의 언어게임에서 이기는 것이 카피라이터에게 더 중요한 과제이다. 따라서 카피창작에 왕도란 없으며, 전통적 언어규칙을 무시해서라도 소비자의 기호에 알맞게 카피를 쓰는 것이 더 중요하다는 결론에 이르게 된다.

전통적으로 언어 사용자는 수동적으로 파악되었으나 최근에는 관점이 변화되었다. 즉, 문법이나 의미체계는 독자적으로 존재하지 않고 언어 사용자들의 언어생활 속에 존재하며, 언어 사용자를 고려하지 않고서는 문법이나 언어의 의미를 논의하는 것 자체가 무의미하다는 것이다. 따라서 커뮤니케이션의 효과측정에서 언어 사용자(소비

---

1. 임태섭 · 김광수(1993). "광고 메시지의 질적 접근: 담론분석을 중심으로." 〈광고연구〉 21, pp.327~366.

자)의 반응이 가장 중요하다고 하겠으며, 그렇기 때문에 언어 생산자(카피라이터)가 전달하는 표면적 내용보다 내적 의도가 더 중요해지는 것이다.

언어게임 이론에 기대어 카피창작(*creation*)과 노출(*exposure*) 과정을 설명하면 카피라이터와 소비자 사이에서 벌어지는 '담론의 게임' (*game of discourse*)이라고 할 수 있다. 수용자의 참여를 중시하는 관점에서 보면 카피창작이란 담론의 규칙을 만들어가는 구성적(*constructive*) 과정이라고 할 수 있는데, 이는 언어를 사회구성원간에 벌이는 게임으로 간주하는 생성 언어학(*generative linguistics*)의 전통과 일맥상통한다.[2] 따라서 카피라이터는 소비자가 좋아하는 동시대의 언어감각을 포착하여 그에 알맞게 카피의 구성요소를 조합할 필요가 있다.

담론의 가장 기본적인 형태는 일찍이 플라톤이 제시한 수사학적 삼분법(*rhetorical trichotomy*)이다.[3] 〈표 6-1〉에 제시한 바와 같이, 수사학적 삼분법에 의하면 모든 담론은 과학적, 시적, 종교적 범주에 포함될 수 있으며 각각 그 기능과 용도가 달라진다. 현대적 맥락에서 볼 때, 각각의 담론의 기능과 용도가 과학적 시적 종교적 범주로 정확히 구분되지 않고 중복되는 경우도 많다. 광고는 현대 사회에서 가장 두드러진 담론유형의 하나라는 점에서, 광고 텍스트와 그것이 노출되는 맥락 그리고 소비자와의 상호작용 속에서 그 의미를 형성해가며 담론의 기능과 용도 역시 중복된다고 하겠다.[4] 예를 들어, 광고카피는 시적 담론으로 분류될 수 있지만 소비자의 인지적, 정서적, 행동적 태도변화를 동시에 의도하며 기능과 용도면에서도 거의 모든 영역에 걸쳐 중복된다고 하겠다. 다만 플라톤의 삼분법은 수사학 또는 광고 수사학의 모색에 필요한 포괄적 가이드라인을 제공한다.

한편, 일찍이 카츠(Katz, 1959)는 기존의 커뮤니케이션 연구에서 주요 연구주제의 하나인 '이용과 충족' (*Usage and Gratification*) 이론의 연구전통과는 달리 수용자 연구

2. 김병희 · 한상필(2001). "광고 Headline의 담론구성에 관한 연구." 〈한국언론학보〉 45(특별호). pp.41~69.
3. Morris B. Holbrook(1987). "The Study of Signs in Consumer Esthetics: An Egocentric Review." in Jean Umiker-Sebeok(Ed.). *Marketing and Semiotics: New Directions in the Study of Signs for Sale*. Amsterdam: Mouton de Gruyter. pp.72~122.
4. Guy Cook(1992). *The Discourse of Advertising*. New York, NY: Routledge. pp.1~9.

〈표 6-1〉 플라톤의 수사학적 삼분법

담론	삼분법	기능	용도
과학적(scientific)	인지적(cognitive)	기술적(descriptive)	정보적(informative)
시적(poetic)	정서적(affective)	평가적(appraisive)	가치적(valuative)
종교적(religious)	행동적(conative)	규범적(prescriptive)	고무적(incitive)

의 새로운 관점을 제시했다. 즉, "미디어가 사람들에게 무엇을 해주는가"에 초점을 맞춘 선형적 연구경향에서 탈피하여, "사람들이 미디어를 가지고 무엇을 하는가"에 초점을 맞춰 수용자의 미디어 경험을 이해하도록 촉구하는 능동적 수용자 개념을 제고하였다.[5]

이러한 관점을 광고카피를 언어게임으로 보는 맥락과 연결하면 광고 수사학의 정립에 중요한 시사점을 얻을 수 있다. 즉, 카츠의 표현을 패러디하여 현대 소비대중 사회의 미디어의 하나인 광고에 적용하면, "광고가 사람들에게 무엇을 해주는가"(What do the advertisement do to people?)라는 효과론적 관점에서 "사람들이 광고를 가지고 무엇을 하는가"(What do people do with the advertisement?)라는 도구적 관점으로 바뀌게 된다.

광고카피가 소비자에게 영향을 미쳐 구매욕을 자극하기도 하겠지만, 한편으로 현대의 소비자들은 카피를 가지고 언어게임을 하거나 말놀이(*word play*)를 즐길 수 있다는 추정이 가능하다. 예컨대, 조재영(1994)은 광고의 기능에 대한 소비자의 인식을 조사하여, 광고의 본래 기능인 정보제공에만 관심을 갖는 소비자와는 다른 별도로 광고에 즐거움과 유희가 있다고 생각하는 소비자 집단을 발견하고, 그런 사람들을 '호모 애드버티스투스'(*homo advertistus*)로 부르자고 제안하였다.[6]

광고에서 즐거움과 유희를 느끼는 소비자들이 늘어날수록 광고 수사학은 소비자

5. E. Katz(1959). "Mass Communication Research and the Study of Popular Culture: An Editorial Note on A Possible Future for This Journal." *Studies in Public Communication* 2, pp.1~6. 일찍이 카츠는 "What do the media do to people?"에서 "What do people do with the media?"로 수용자 연구의 관점 변화를 촉구하였다.
6. 조재영(1994). "소비자의 관점에서 본 광고의 기능에 관한 연구: 소비자 유형을 중심으로." 〈광고연구〉 22, pp.255~286.

들이 카피를 가지고 무엇을 하는가 하는 도구적 관점과 언어게임에서 소비자와 카피라이터가 상호작용을 할 수 있는 방향으로 발전할 가능성이 높다. 광고 수사학이란 카피라이터 혼자서 말의 꾸밈새를 궁리하는 글쓰기 기법의 탐구가 아니라, 소비자의 적극적 반응을 유도함으로써 그들에게 즐거움을 제공하는 공감 유발방안의 모색이기 때문이다.

광고 수사학의 개념

수사학(修辭學, *rhetoric*)의 역사는 고대 그리스의 민주주의 제도로 거슬러 올라간다. 당시 재판정에서는 판사의 판결에 배심원의 의견을 중시했는데, 200명에서 5천여 명에 이르는 배심원들을 설득하는 말솜씨로 수사학이 연구되고 발달되었다고 한다. 수사학의 그리스어 어원은 웅변을 뜻하는 레토리케(*rhetorike*)였으며, 여기에서 알 수 있듯이 민주의식과 자유로운 의사표현이 융성하던 이 시대에 수사학이란 '웅변술' 또는 '변론술' 을 의미하였다.[7] 아리스토텔레스 이래로 현대에 이르기까지 수사학의 근본목표는 어떤 대상에 대한 설득을 위하여 말을 잘하는 기술을 터득하는 데 있었으며, 이것이 오늘날의 스피치 커뮤니케이션(*speech communication*)의 근간을 이룬다고 하겠다.

한편, 동양에서는 수사학을 서양과는 다른 개념에서 이해하였다. 중국 문헌에서 '수사' 라는 단어는 《주역》(周易)의 〈건괘문언전〉(乾卦文言傳)에 나타나는데, 말과 글을 닦거나 꾸미는 행위를 의미하였다. 원대(元代)의 《수사감형》(修辭鑒衡)의 서문에는 "글과 시를 짓는 기술을 교육하기 위한 목적(所以敎爲文與詩之術也)" 에서 책을 쓴다고 되어 있다.[8] 18세기 한국 수사학의 단면을 보여주는 안석경의 《삽교예학록》(霅橋藝學錄)과

7. 김욱동(2002). 《수사학이란 무엇인가》. 서울: 민음사.
8. 김헌(2004). "아리스토텔레스의 구분: 시(詩)의 언어표현(*lexis poietike*)과 연설(演說)의 언어표현(*lexis rhetorike*)." 〈서양고전학연구〉 22, pp.1~31.

《삽교지문》(霅橋識文)에서도 수사를 자(字)와 구(句)를 표현하는 운용방법으로 설명하였다.[9] 즉, 동양에서의 수사학이란 작시(作詩)와 작문(作文)의 기술과 방법이었던 셈이다.

그렇다면 현대 광고에서 말하는 광고 수사학은 동양과 서양의 정의 중에서 어느 쪽에 가까운 것일까? 광고창작이란 본질적으로 말과 그림의 꾸밈과 관련된다는 점에서 일단 광고 수사학은 동양의 수사학에서 말하는 작시와 작문의 기술에 가깝다. 그러나 광고가 상품에 대한 정보를 제공함으로써 소비자를 설득해야 한다는 목적에서 보면, 광고(카피)창작은 예술적 글쓰기가 아닌 상업적 글쓰기 작업에 해당된다. 상업적 목적을 위한 광고창작에서 상품에 대한 정보제공과 소비자에 대한 설득은 창작행위의 가장 중요한 목적이다. 이렇게 보면 광고 수사학이란 서양의 수사학에서 말하는 웅변술과 변론술에 가깝다. 광고학의 개념에 대하여 일반적으로 학제간 학문이라고 정의하듯이, 광고 수사학의 개념 역시 동양적 관점과 서양적 관점이 결합되어야 비로소 온전한 의미를 확보하는 듯하다. 그렇다면 광고 수사학의 개념을 다음과 같이 정의할 수 있을 것이다.

- 광고 수사학이란 보다 효과적으로 소비자를 설득하기 위하여 언어적 · 시각적 메시지를 궁리하는 광고창작의 기술과 방법이다.

수사학의 목표가 설득과 논리와 미학이었듯이 광고 수사학에서도 소비자를 설득하여 상품을 구매하도록 요구할 필요가 있다.[10] 이런 맥락에서 소비자를 설득하기 위해 궁리하는 언어적(카피) · 시각적(비주얼) 메시지를 어떻게 조합하고 배치하느냐 하는 문제의식에서 광고 수사학의 실마리를 찾을 수 있을 것이다.

아리스토텔레스 이후 문체(*style*)의 원칙으로 간주된 표현의 덕목은, 적합성(*aptum*), 명확성(*perspicuitas*), 장식성(*ornatus*), 그리고 정확성(*puritas*)의 4가지를 꼽는다. 적합성은 표현하는 대상인 물체가 각각 화자, 수용자, 텍스트 상황, 소재와 적절히

9. 정우봉(2004). "18세기 중반 한국 수사학사의 한 국면: 안석경의 《삽교예학록》과 《삽교지문》을 중심으로." 〈수사학〉 1, pp.164~179.
10. 오창일(2006). 《광고 창작실》. 서울: 북코리아. p.148.

일치해야 한다는 개념이고, 명확성은 텍스트가 오직 하나의 해석 가능성만을 허용할 때 도달할 수 있는 경지이다. 그리고 장식성은 멋을 부리는 동시에 각종 수사적 일탈을 통하여 표현에 무미건조함을 피해야 한다는 의미이고, 정확성은 해당언어가 당대의 문법체계와 일치해야 한다는 원칙이다.[11]

이와 같은 전통적 표현의 덕목을 광고 수사학의 맥락에 적용해보아도 큰 무리 없이 들어맞는다. 광고에서 표현해야 하는 대상인 상품이 광고컨셉이나 소비자의 욕구와 필요에 적절히 일치해야 한다는 점에서 적합성은 광고 수사학에서도 중요한 표현의 덕목이라 하겠다. 한편, 최근에 이르러서도 적합성(*appropriateness*) 개념은 광고표현이 얼마나 상품과 어울리며 적절하며 만족스럽고 정교한가를 나타내는 것으로[12] 광고 창의성을 평가하는 주요 요인으로 나타난 바 있었다.

한편, 상품판매를 위한 상업적 메시지 개발에 광고창작의 목적이 있기는 하지만, 표현에 멋을 부리고 무미건조함을 회피함으로써 예술성을 추구한다는 점에서 장식성 역시 광고 수사학에 필요한 표현의 덕목이다. 최근 광고와 예술의 관계를 '뫼비우스의 띠'로 비유하며 광고와 예술의 접목양상을 고찰한 연구에서도[13] 광고 메시지의 예술적 속성 혹은 장식성에 주목한 바 있었다.

해당언어가 당대의 문법체계와 일치해야 한다는 정확성 역시 광고 수사학에서 추구해야 할 표현의 덕목이다. 광고가 동시대 소비자들의 일상을 반영하는 동시에 그들에게 새로운 생활과 가치를 제공해야 한다는 점에서, 광고표현에서 동시대의 트렌드와 일치하는 문법체계를 반영해야 하는 것은 너무도 당연하다. 인터넷의 발달로 새롭게 등장한 채팅어들을 광고카피로 활용하는 사례[14] 역시 당대의 소비자들이 느끼는 감각적 문법을 광고에 적극적으로 반영한 결과라고 하겠다.

---

11. 박성철(2004). "설득전략으로서의 텍스트문체 분석: 표현영역(*elocutio*)을 중심으로." 〈텍스트언어학〉 17, pp.511~541.

12. 김병희 · 한상필(2006). "광고 창의성 측정을 위한 척도개발과 타당성 검증." 〈광고학연구〉 17(2), pp.7~41.

13. 윤태일(2006). "방송광고 비평의 미학적 기초: 광고와 예술의 접목을 위한 시론." 김병희 외. 《방송광고와 광고비평》. 파주: 나남출판. pp.21~54.

14. 황휘(2004). 〈외계어 헤드라인의 유사언어적 역할과 광고효과에 미치는 영향 연구〉. 연세대학교 언론홍보대학원 석사학위 논문.

다만, 4가지 표현의 덕목 중에서 텍스트의 의미를 오직 하나의 메시지로 해석되도록 구성해야 한다는 명확성 개념은 광고 수사학과 반드시 들어맞지는 않는다. 물론 광고창작 과정에서 하나의 컨셉을 바탕으로 광고물을 창작한다는 점에서는 명확성 개념이 존재한다. 그러나 매체에 노출된 다음부터는 소비자가 어떻게 해석하느냐에 따라 메시지 효과가 달라지기 때문에 이때부터 명확성 개념의 존재여부는 가변적이다. 따라서 광고 수사학에서 명확성은 소비자의 반응에 따라 결정되는 맥락의존적 개념이라고 하겠다.

광고 수사학에서는 광고에서 '무엇을 말할 것인지' 보다 '어떻게 말할 것인지' 를 추구하고 모색한다는 점에서, 언어를 표현의 도구로 활용하는 카피라이터의 장기가 가장 잘 드러날 수 있는 영역이다. 언어의 적합성, 언어의 명확성, 언어의 장식성, 그리고 언어의 정확성 역시 카피라이터의 능력에 따라 그 효과가 달라진다. 이런 점에서 광고카피와 일상언어는 불가분의 관계라고 할 수 있다.

광고카피 역시 언어표현의 일종이라는 점에서 언어학에서 논의되는 언어에 관한 여러 가지 관점을 이해하는 것은 카피창작에 유익한 길잡이가 될 것이다. 이때, 카피라이터들은 "광고언어는 광고에 종속된 개념"[15]이라는 점을 인식할 필요가 있다. 즉, 카피라이터에게 광고언어란 '광고 언어'도 아니요 '광고언어'도 아닌 '광고 언어'인 것이다. 우리가 광고카피를 언어학적 맥락에서 고찰하는 까닭은 광고카피를 언어학적 개념으로 분석하는 데 머무르기 위해서가 아니라, 언어학적 지식인 음운론, 의미론, 구조론 같은 이론들을 카피창작에 활용함으로써 광고 수사학의 지평을 확장하기 위해서이다.

광고창작시 수사법을 활용할 경우, 내용과 형식면에서 몇 가지 부각효과를 이끌어 낼 수 있다고 한다.[16] 다시 말해서, 광고창작시 여러 가지 수사학적 접근법을 활용하면 단지 '어떻게 말할 것인지' 를 추구하는 데 그치지 않고 광고 메시지를 부각시키는 데 상당한 영향을 미친다는 것이다. 광고 수사학을 통하여 기대할 수 있는 6가지 부각효

15. 박영준 · 김정우 · 안병섭 · 송민규(2006). 《광고언어론: 언어학의 눈으로 본 광고》. 서울: 커뮤니케이션북스. p.4.
16. 박영준 · 김정우(2004). "광고 언어와 수사법: 메시지 강조 기법을 중심으로." 〈어문논집〉 49, pp.85~142.

과는 다음과 같다.[17] 여기에서 상품 특성의 부각효과, 소비자 혜택의 부각효과, 일반적 주장의 부각효과는 내용적 측면(메시지의 설득력 향상)에 관련되는 데 비해, 브랜드 이름의 부각효과, 광고상황의 부각효과, 주목성의 부각효과는 형식적 측면(전달기술의 향상)에 관련된다.

| 상품특성의 부각효과 | 광고의 모든 요소들은 상품의 특성을 잘 부각시키는 데 집중되어야 한다. 직접적 표현으로도 상품의 특성을 부각시킬 수 있겠지만 광고 수사법을 활용하면 좀더 쉽고 명쾌하게 상품의 특성을 부각시킬 수 있다는 것이다. 예를 들어, "3기통 경차를 탈 것인가? 4기통 경차를 탈 것인가?"(현대 아토스)라는 헤드라인은 질문법과 반복법을 활용하여 상품특성을 부각시키고 있다.

| 소비자 혜택의 부각효과 | 소비자 혜택이 광고에서 잘 부각된다면 소비자를 움직일 수 있는 효과적 광고가 될 가능성이 높아진다. 광고 수사법을 활용하여 소비자 혜택을 보다 강력하게 전달함으로써 광고언어는 그 효과를 발휘하게 된다는 것이다. 예를 들어, "싸니까, 믿으니까, 인터파크니까"(인터파크)라는 헤드라인은 각운법을 활용하여 소비자 혜택을 부각시키고 있다.

| 일반적 주장의 부각효과 | 광고에서는 기업이 소비자를 향해 전하고 싶은 메시지가 강하게 드러나는 경우가 많다. 이와 같이 광고 수사법을 활용하여 기업이 전달하고자 하는 일반적 메시지를 강하고 효과적으로 전달할 수 있다는 것이다. 예를 들어, "창이 시를 읊으면, 마루가 꿈을 꾼다"(이건창호 이건마루)라는 헤드라인은 대구법을 활용하여 기업이 말하고 싶은 일반적 주장을 부각시킨다.

---

17. 박영준 · 김정우 · 안병섭 · 송민규(2006). 《광고언어론: 언어학의 눈으로 본 광고》. 서울: 커뮤니케이션북스. pp.296~313.

| 브랜드 이름의 부각효과 | 소비자에게 어떤 상품의 이름이나 브랜드 이름을 기억시키는 방법은 여러 가지가 있을 수 있다. 그 중에서도 광고 수사법을 활용하여 상품 이름이나 브랜드 이름을 소비자의 마음속에 부각시킬 수 있다는 것이다. 예를 들어, "랄랄라~ 라거 주세요"(OB라거 맥주)라는 헤드라인은 두운법을 활용하여 소비자들이 쉽게 따라하도록 하면서 자연스럽게 브랜드 이름을 부각시킨다.

| 광고상황의 부각효과 | 광고에서는 상품을 그대로 보여주기도 하지만 광고 창작자의 상상력에 따라 어떤 이미지가 덧붙여지기도 한다. 이 과정에서 상품을 둘러싼 상황이나 배경이 등장하는데 광고 수사법을 활용하면 그런 상황을 보다 효과적으로 부각시킬 수 있다는 것이다. 예를 들어, 〈그림 6-1〉에 제시한

〈그림 6-1〉 현대카드 M '미니를 입었군'편

"M, 미니를 입었군!"(현대 mini M카드)이라는 헤드라인은 영탄법을 활용하여 소비자들에게 광고에 제시된 상황을 부각시키고 있다.

| 주목성의 부각효과 | 광고에서는 소비자의 주목을 끌기 위하여 다양한 노력을 기울인다. 일반적으로 소비자의 시선은 광고의 시각적 표현에 머무르기 쉽지만 언어적 수사법을 활용하면 그림 못지않은 효과를 발휘한다는 것이다. 예를 들어, "세상에… 한샘인데 113만원!"(한샘)이라는 헤드라인은 생략법과 영탄법을 동시에 활용하여 한샘부엌가구의 좋은 품질에 비해 가격이 너무 싸다는 점을 강조함으로써 소비자의 주목을 끌고 있다.

광고 수사법의 분류

수사학 또는 광고 수사학이란 결국 여러 가지 수사법을 어떻게 분류하느냐에 따라서 그 범위와 적용양상이 달라진다. 여러 연구자들이 수사법의 분류를 시도하였으나 완벽한 것은 없으며 실제로 현상은 법칙보다 풍부할 것이다. 수사학에 관한 분류는 주로 언어적 맥락에서 접근했으나, 광고는 언어적 요소와 시각적 요소가 동시에 작용하여 메시지를 구성한다는 점에서 언어적 수사법과 시각적 수사법을 동시에 고려하는 것이 바람직하다.

광고의 시각적 요소와 언어적 요소가 소비자의 광고에 대한 태도(*Aad*) 및 상품속성에 대한 신념에 영향을 미치고 이것이 다시 영향을 미쳐 브랜드에 대한 태도(*Ab*)가 형성된다는 연구[18]에서도 광고 메시지에서 언어적 요소와 시각적 요소의 중요성이 강조된 바 있다. 또한, 광고의 시각적 요소는 언어적 요소의 영향을 받는 도상적인 것의 언

18. Andrew A. Mitchell(1986). "The Effect of Verbal and Visual Components of Advertisements on Brand Attitudes and Attitude toward the Advertisement." *Journal of Consumer Research* 13(1), pp.12~24.

어화가 이루어지는 동시에 언어적 구성요소는 도상영역(시각적 요소)의 영향을 받는 언어적인 것의 도상화가 이루어지며 상품 메시지를 구성한다.[19]

그럼에도 불구하고 광고가 사회의 한 상징체계로서의 위치를 확고하게 자리잡아가는 시점에서 상대적으로 시각적 메시지에 대한 체계적 접근은 극히 초보적 수준에 머무르고 있는 실정이다.[20] 따라서 광고 수사학은 언어적 측면만을 강조하기보다는 시각적 요소도 함께 고려하는 방향에서 정립되어야 한다.[21] 더욱이 광고가 사회의 거울이자 이미지 위주의 광고가 차지하는 비중이 커지는 상황에서, 광고 수사학의 지평을 시각적 설득의 영역까지 확장해야 한다.[22]

이 책의 목표가 주로 카피창작 원리의 탐색에 집중되며 광고 수사학의 검토 역시 카피창작에 유용한 현실적 맥락에서 이루어져야 한다. 따라서 이 책에서는 시각적 광고 수사법을 체계적이고 포괄적으로 검토하기보다는 주로 언어적 광고 수사법을 검토하는 데 집중하겠지만, 어쨌든 광고 수사학은 시각적 요소를 고려해야만 완벽한 체계를 갖출 수 있다는 사실만은 강조하고자 한다.

시각적 맥락에서 접근한 수사학의 분류연구를 간략히 살펴보자. 예를 들어, 바르트(R. Barthes)는 광고 이미지가 명시적 의미의 기표, 명시적 의미의 기의, 그리고 암시적 의미의 기의라는 3가지 국면에서 의미작용이 일어난다고 하면서 언어적 이미지와 시각적 이미지 사이의 관계를 상호보완적으로 규명하였다.[23] 한편, 뒤랑(J. Durand)은 거

19. 장-미쉘 아당 · 마르크 본옴므, 장인봉 역(2001). 《광고논증: 찬사와 설득의 수사학》. 서울: 고려대학교 출판부. pp.93~101.
20. Paul Messaris(1997). *Visual Persuasion: The Role of Images in Advertising*. Thousand Oaks, CA: Sage. pp.175~182.
21. Linda M Scott(1994). "Images in Advertising: The Need for a Theory of Visual Rhetoric." *Journal of Consumer Research* 21(2), pp.252~273.
22. Edward F. McQuarrie & David Glen Mick(1996). "Figures of Rhetoric in Advertising Language." *Journal of Consumer Research* 22(4), pp.424~438.
23. Roland Barthes(1985). "The Rhetoric of the Image." *The Responsibility of Forms*. New York: Hill & Wang. pp.21~40.

짓의 규범을 파괴하는 것이 금지된 욕망을 만족시킨다고 보고 수사학을 거짓 스피치의 기교(*the art of fake speech*)라고 정의했다. 그에게 수사학적 비유란 규범의 거짓에 대한 위반이었으며, 이런 맥락에서 철자법이나 문법의 규칙을 깨드리는 광고의 시각적 수사학에 주목하고, 부가, 삭제, 대체, 교환이라는 4가지 수사학적 작용이 일어난다고 보았다.[24]

일찍이 크로엘(Heinz Kroehl, 1993년)은 기호학적 관점을 시각 커뮤니케이션 이론에 접목시켜 시각적 언어를 의미론, 구문론, 화용론이라는 기호현상의 3차원으로 구분하여 접근하였다. 여기에서 구문론은 조형적 커뮤니케이션의 형식적 국면으로서 구문에 활용되는 기호는 성질기호(*qualisign*), 존재기호(*sinsign*), 법칙기호(*legisign*)로 재분류된다. 의미론은 기호학에서 말하는 도상(*icon*), 지표(*index*), 상징기호(*symbol*)에 해당되는 개념으로서 기호와 지시대상과의 관계에 근거한 개념이다. 그리고 화용론은 기호가 사용되는 구체적 상황이나 맥락을 의미하는데, 여기에는 내포적(*connotative*) 정보, 외연적(*denotative*) 정보, 그리고 엄밀(*precision*) 정보가 있다.[25]

국내에서도 강태완(1999)은 광고 수사학이 주로 언어적 메시지에 대한 분석에 치우치고 있다는 반성을 바탕으로 시각적 정보들이 어떤 설득기제를 통하여 수용자에게 전달되는지 시각적 수사학의 맥락에서 광고물을 분석하였다. 그는 선행연구에서 제시된 이미지의 수사학 개념을 바탕으로 잡지별 상품별 이미지의 수사학 유형의 분류를 시도한 것이다. 연구결과, 언어학적 수사학의 개념인 의미론(*semantics*)의 차원에서 지표 기호가 많이 활용되고 있고, 구문론(*syntactics*)의 차원에서 인과명제와 유추명제가 주요 시각적 설득 기제임을 규명하였으며, 화용론(*pragmatics*)의 차원에서는 지시적 기능이 시각적 메시지의 주요 설득전략이라는 점을 규명하였다.[26]

---

24. Jacques Durand(1987). "Rhetorical Figures in the Advertising Image." in Jean Umiker-Sebeok(Ed.). *Marketing and Semiotics: New Directions in the Study of Signs for Sale*. Amsterdam: Mouton de Gruyter. pp.295~318.

25. 크로엘, 최길렬 역(1993). 《현대 커뮤니케이션 디자인: 그래픽 · 기호학 · 광고 · 컴퓨터》. 서울: 도서출판 국제.

26. 강태완(1999). "광고에 나타난 시각적 설득의 수사학에 관한 연구." 〈광고연구〉 43, pp.169~187.

한편, 언어적 맥락에서 접근한 수사학적 분류는 주로 언어학적 맥락에서 시도되었다. 카피가 언어표현의 일종이라는 점에서 언어학적 지식에 바탕을 둔 광고 수사학을 이해하는 것은 카피창작에 유익한 길잡이가 될 것이다. 언어학적 광고 수사학에서는 주로 음운론, 구조론, 의미론, 화용론에 따라 광고카피를 분류한다. 여기에서 음운론이란 발음에 대한 지식이며, 구조론이란 전통적으로 문법이라고 하는 언어의 구조에 대한 영역이다. 의미론이란 언어가 어떠한 의미를 지니는지를 알아보는 영역이고, 화용론이란 언어가 현실에서 실제로 사용되는 맥락을 알아보는 영역이다.

우리나라 광고언어의 유형과 특성을 언어학적 수사학으로 접근한 장경희(1992)의 연구에서는 신문광고의 헤드라인에 강조법과 변화법이 자주 사용되는 반면에 은유법과 직유법 같은 비유법은 거의 사용되지 않았으며, 텔레비전 광고에서는 반복법이 주로 활용되었고 의성법과 의태법도 상당히 자주 활용된 것으로 나타났다.[27] 이 연구 이후의 광고환경이 달라졌기 때문에 지금 다시 조사를 실시하면 다른 양상이 도출될 수 있을 것이다.

언어학적 맥락에서 광고 수사법을 제시한 연구 중에서 이현우(1998)의 분류틀은 매우 체계적이다. 그는 음운론(두운; 모운; 각운), 구조론(평서문; 명령문; 의문문; 문법파괴현상), 의미론(수사적 장식-수구반복, 결구반복, 대구법, 반전, 생략법, 수사적 질문법; 수사비유-은유, 동음이의의 익살, 환유, 과장법, 반어법, 역설법), 그리고 화용론이라는 4가지 대분류 틀을 바탕으로 우리나라 광고언어의 수사법을 분류하였다.[28]

한편, 김동규(2003)가 제시한 광고 수사법의 분류틀 역시 매우 체계적이고 방대하다. 그는 국내외 수사학적 분류기준을 포괄적으로 검토한 다음, 우리나라 광고카피의 문채(文彩) 분류틀을 크게 말의 문채(*figures of language*)와 생각의 문채(*figures of thought*)로 대분류하였다. 말의 문채는 문채의 효과가 소리의 변형 같은 언어표현의 외형적 특성에서 나오는 것을 의미하고, 생각의 문채는 문채효과 자체가 언어표현의 외형적 특성에서 나오지 않고 유추나 연상 같은 사고작용을 통하여 발생하는 것을 의미

---

27. 장경희(1992). "광고 언어의 유형과 특성." 〈새국어생활〉 2(2), pp.65~80.

28. 이현우(1998). 《광고와 언어》. 서울: 커뮤니케이션북스. pp.25~106.

한다. 이상의 대분류 하에 하위유목으로 말의 문채에 문법적 문채, 운율적 문채를 포함시키고, 생각의 문채에 전의적 문채, 사유적 문채, 인용적 문채를 포함시켜 모두 60가지의 카피문채를 제안하였다.[29]

이 연구는 그동안 국내·외에서 수행된 광고 수사학의 분류틀 중에서 가장 방대하고 체계적이며 각 수사법이 상호배타성을 확보하였다는 장점이 있다. 그럼에도 불구하고 경우에 따라서 광고 실무계에서 상대적으로 활용도가 낮은 수사법(예를 들어: 돈절법, 액어법 등)을 모두 포함시킴으로써 60가지 수사법이 너무 복잡하다는 한계점도 있다. 그 방대한 내용은 다음과 같은 5가지 문채의 범주로 구분할 수 있다.

| 문법적 문채(文法的 文彩) | 문장구조나 어형을 변화시키는 것을 말한다. 대구법, 도치법, 반복법, 용어법, 열거법, 제시법, 점층법, 점강법, 급락법, 비약법, 연쇄법, 예변법, 생략법, 돈절법, 액어법, 영탄법, 돈호법, 의문법, 설의법, 문답법, 명령법, 청유법, 숫자 활용법, 글자 활용법, 파격어법 등 25가지이다.

| 운율적 문채(韻律的 文彩) | 음운반복을 통한 문장의 운율변화를 이용하는 것으로, 두운법, 모운법, 각운법, 가음법, 약운법 등 5가지이다.

| 전의적 문채(轉意的 文彩) | 비유를 통하여 어휘의 의미를 전이하는 것으로, 은유법, 직유법, 환유법, 제유법, 의인법, 활유법, 결정법, 풍유법, 우화법, 중의법, 동음이의어법, 의성법, 의태법, 상징법 등 14가지이다.

| 사유적 문채(思惟的 文彩) | 머릿속에서 일어나는 사고작용에 따라 작용하는 것으로, 과장법, 완서법, 반어법, 역설법, 모순법, 부정법, 즉각 부인법, 대조법, 비교법, 완곡법, 위악어법 등 11가지이다.

29. 김동규(2003). 《카피라이팅론》. 서울: 나남출판. pp.265~273.

| 인용적 문채(引用的 文彩) | 속담이나 격언 등 외부에 존재하는 기존의 텍스트를 원용하는 것으로, 인용법, 경구법, 속담법, 인유법, 고어법 등 4가지이다.

광고 수사법의 분류에서 엄창호(2004)는 학문적 목적을 위한 분류가 아니라 광고를 효율적으로 만들고 이해하는 데 참고자료를 제시하기 위한 목적이라는 전제하에 광고 수사법을 분류하였다. 즉, 의인화하기, 유명세 활용하기, 대구, 위협하기, 펀(*pun*), 규정하기, 입증하기, 과장하기, 은유와 환유, 내러티브 등 10가지 수사법이 그것이다.[30] 이 분류는 광고 실무계에서 자주 쓰이는 10가지 수사법을 선정하여 집중적으로 조명했다는 의의가 있으나, 전체 광고 수사법에 비하면 너무 협소하다는 한계가 있다.

오창일(2006) 역시 나름대로 독특한 기준으로 광고 수사학의 분류를 시도하였다. 그는 차별화, 관련성, 구체성, 객관성, 약속, 미학이라는 6가지 항목이 광고 수사학을 결정하는 요건으로 보았다. 이런 전제를 바탕으로 광고 수사학을 객관적 상관물형, 이야기 구조형, 재미중심형, 뉴미디어형, 그리고 패러디형이라는 5가지 유형으로 구분하였다. 객관적 상관물형에는 상관물을 중심으로 하는 비유법이, 이야기 구조형에는 스토리와 테마를 중심으로 하는 변화법이, 재미중심형에는 엔터테인먼트를 강조하는 강조법이 해당된다. 그리고 뉴미디어형에는 여러 가지 디지털 기법을 포함시키고, 패러디형에는 포스트모더니즘 이후 유행한 혼성모방 기법을 포함시키고 있다.[31] 이 분류는 실무적 활용 가능성이 매우 높으나, 분석유목이 전반적으로 광고표현의 수사적 영역을 두루 포괄하지 못하는 한계가 있다.

한편, 양웅과 김충현(2005)은 우리나라에서의 수사학 연구가 비유법, 변화법, 강조법으로 구분하는 3분법의 틀에 따라 이루어져왔음에 주목하여 기존의 분류틀을 바탕으로 광고의 맥락에 알맞게 바꿔 수정된 수사법 분류틀을 제시하였다. 그들이 제시한 광고 수사법을 보다 구체적으로 제시하면 다음과 같다. 즉, 비유법에는 직유법, 은유법, 풍유법, 의인법/활유법, 제유법/환유법, 의성법/의태법, 중의법이 해당되며, 변화

30. 엄창호(2004). 《광고의 레토릭: 성공하는 광고제작을 위한 10가지 수사법》. 서울: 한울.

31. 오창일(2006). 《광고 창작실》. 서울: 북코리아. pp.66~68, 148~233.

법에는 도치법, 인용법, 의문법, 반어법/역설법, 명령법, 대구법, 생략법이 해당되며, 강조법에는 과장법, 반복법, 영탄법, 열거법, 점층법/점강법, 대조법이 포함된다.[32]

위에서 제시한 여러 가지 분류틀이 나름대로 의미는 있으나 대체로 시각적 수사학(*visual rhetoric*)을 도외시하고 언어적 수사학(*verbal rhetoric*)에 치중하였다. 이에 비해, 양웅과 김충현(2005)은 시각적 수사학을 포함하여 광고물을 분석하였고 그 분류틀이 나름대로 타당한 분류기준임을 입증해 보였다. 또한, 이 분류틀은 우리나라의 수사학 연구에서 일반적 수사법의 분류틀로 간주된 비유법, 변화법, 강조법을 바탕으로 수정된 광고 수사법 분류틀을 제시한 것이므로 그만큼 객관성이 높다고 판단된다. 그러나 이 연구에서는 광고 헤드라인에서 자주 활용되는 소리에 의한 수사법(음운론)을 제외시킨 한계점이 있다.

따라서 필자는 양웅과 김충현(2005: 248)이 제시한 수정된 광고 수사법 분류틀을 바탕으로, 이현우(1998)가 제시한 4가지 대분류 중에서 음운론(두운; 모운; 각운) 부분을 추가하여 현실적으로 적용 가능성이 높은 광고 수사법의 분류틀을 제시하고자 한다. 필자가 제시하는 분류틀 중 구체적 수사법은 김동규(2003)가 제시한 60가지 수사법에 속하지만, 그 분류기준이 다르고 광고 실무계에서 활용빈도가 현저한 수사법만을 엄선했다는 점이 다르다고 하겠다.

필자가 분류한 광고 수사법을 보다 구체적으로 설명하면 〈표 6-2〉에 제시한 바와 같다. 즉, 국내의 수사법 연구전통과 양웅과 김충현(2005)이 제시한 수정된 수사법 분류법을 바탕으로 하되, 그 명칭을 비유의 수사법, 변화의 수사법, 강조의 수사법으로 하고, 여기에 소리의 수사법을 추가하였다. 소리의 수사법에는 이현우(1998)가 제시한 두운법, 모운법, 각운법을 바탕으로 의성법과 동음이의어법을 추가하였다. 의성법을 양웅과 김충현(2005)은 비유법으로 분류하였으나, 필자는 의성법이 소리(음운)를 이용하는 표현기법이라는 점에서 소리의 수사법으로 분류하는 것이 타당하다고 보았다.

동음이의어법(同音異義語法, *homonym*)을 이현우(1998)는 의미론 중 수사비유로 분

32. 양웅 · 김충현(2005). "광고표현의 수사적 특징변화 연구: 1993년~2003년 국내 잡지광고를 대상으로." 〈광고연구〉 66, pp.239~265.

〈표 6-2〉 광고 수사학의 분류

비유의 수사법	변화의 수사법	강조의 수사법	소리의 수사법
직유법	도치법	과장법	두운법★
은유법	인용법	반복법	모운법★
풍유법	의문법	영탄법	각운법★
의인법/활유법	반어법/역설법	열거법	의성법★
환유법/제유법	명령법	점층법/점강법	동음이의어법★
의태법	대구법	대조법	
중의법	생략법	파격어법★	
돈호법★			

★은 필자가 새로 추가하여 분류한 광고 수사법이다.

류하고 김동규(2003)는 전의적 문채로 분류하였으나, 이 역시 소리에 의한 재치와 익살의 전달이 표현기법의 핵심이라고 판단되어 소리의 수사법으로 분류하였다. 한편, 보이지 않는 사물을 마치 사람을 부르듯이 호명하는 돈호법을 김동규(2003)는 문법적 문채로 분류하였으나, 이 기법이 의인법과 활유법과는 다른 맥락에서 상품을 호명하는 방법으로 자주 활용되고, 이는 곧 상품을 사람으로 비유하는 것과 유사하다고 판단되어 비유의 수사법에 포함시켰다.

마지막으로, 특정한 목적달성을 위해 문법을 파괴하는 파격어법을 김동규(2003)는 문법적 문채로 분류하고, 이현우(2003)는 구조론 중 문법파괴 현상으로 분류하였으나, 문법을 파괴하는 목적이 광고 메시지를 강조하기 위한 의도성에 있다는 점에서 필자는 강조의 수사법으로 분류하였다. 이렇게 하여 광고수학의 4가지 대분류틀 아래 31가지의 수사법이 결정되었다.

광고 수사학에 의한 카피창작의 실제

비유의 수사법

직유법

직유법(直喩法, *simile*)은 모든 비유법 가운데 가장 역사가 오래된 것으로, 표현하고자 하는 원관념(A, *tenor*, 비유하는 것)을 보조관념(B, *vehicle*, 비유되는 것)에 직접적으로 비유하는 수사법이다. 영문에서는 'like', 'as' 같은 단어를 활용하여 직유법을 구성하고, 우리말에서는 두 가지 이상의 관념을 '~처럼', '~같이', '~양', '~듯' 같은 연결어를 사용하여 구성한다.

직유법에서는 반드시 연결어를 사용하여 원관념과 보조관념을 결합시켜 명시적이며 직접적으로 비유하는 데 비해, 은유법에서는 '~처럼', '~같이', '~양', '~듯' 같은 연결어를 사용하지 않고 대상을 간접적으로 비유한다는 점에서 차이가 있다. 카피창작시 자주 활용되는 2가지 직유법에는 축어적 직유법과 비유적 직유법이 있다. 축어적 직유법은 서로 다른 대상이나 관념을 객관적으로 엄격하게 비교하는 기법이고, 비유적 직유법은 정보의 전달보다는 감정표현에 무게를 싣는 기법이다.

따라서 비유대상을 엄격하게 비교하기 때문에 문채적 효과가 상대적으로 떨어지는 축어적 직유법은 논리적 설명이 필요한 바디카피 작성에 주로 활용되고, 보다 폭넓은 비유가 가능한 비유적 직유법은 헤드라인이나 슬로건 창작시에 주로 활용될 수 있다.[33] 직유법을 사용하면 원관념과 보조관념이 표면적으로 드러나기 때문에 의미가 분명해진다는 장점이 있으나 하나의 광고 안에서 직유법을 너무 많이 활용하면 표현은 멋 있으나 알맹이가 없는 공허한 메시지가 되기 쉬우므로 카피창작에 있어 직유법의 활용을 어느 정도 절제할 필요가 있다. 직유법을 활용한 카피 사례를 제시하면 다음과 같다.

33. 김동규(2003). 《카피라이팅론》. 서울: 나남출판. p.338.

"영화처럼 사는 여자" (라네즈)

"아내 같은 아파트" (쌍용건설 쌍용아파트)

"요술공주처럼 재주 많은 아내,

그녀가 원한다면 그렇게 돼야 합니다." (SK텔레콤 카라)

은유법

은유법(隱喩法, *metaphor*)이란 두 가지 단어 사이의 개념적 유사성에 기초하여 의미의 전환을 시도하는 문장기법이다. 메타포(*metaphor*)의 어원을 보면 그리스어 '메타 meta' (~넘어서: *over*)와 '포라phora' (나르다: *carrying*)의 합성어로 한 단어의 의미를 다른 의미로 옮기는 것을 뜻한다. 즉, 은유법은 'A = B' 라는 문장구조를 통하여 원관념(A)의 의미를 보조관념(B)에 전이시켜 원관념의 의미를 새롭게 규정해주는 표현기법이다. 경우에 따라서는 "자연을 담는 큰 그릇"(풀무원) 같이, 'A = B' 에서 원관념 A가 제시되지 않는 경우도 있다. 풀무원 광고에서 원관념이 생략된 이 카피를 보는 순간, 소비자는 "풀무원은 자연을 담는 큰 그릇입니다"로 읽게 될 것이다.

은유법을 활용하여 작성된 어떤 카피를 읽을 때 소비자 입장에서는 원관념(A)과 보조관념(B)이 어떤 면에서의 개념적 유사성(*conceptual similarity*) 때문에 연결되는지를 파악하게 될 텐데, 그 메시지가 소비자의 공감을 얻느냐 얻지 못하느냐는 보조관념으로 제시된 단어의 유사성과 이질성의 거리에 달려 있다. 히로다카시(2003: 298)의 연구에서 제시된 〈그림 6-2〉에서 알 수 있듯이, A와 B는 움직이는 개념으로 유사성(공통적 부분)과 이질성(배타적 부분)은 가변적이다.

이질성의 측면에서 보면 'A = B' 에서 A와 B가 너무 유사한 개념이면 좋은 은유가 안 되고 좋은 은유가 되려면 적어도 다른 의미장(意味場)에서 나와야 하는데,[34] 은유법에서의 의미 전이효과는 원관념과 보조관념의 의미가 유사하면서도 차별적일 때 발생

34. 히로다카시(2003). "광고언어의 은유유형과 특징: 한국어와 일본어의 자료를 중심으로." 박영준 외. 《광고언어연구》. 서울: 박이정. pp.291~335.

〈그림 6-2〉 은유 실현의 의미구조

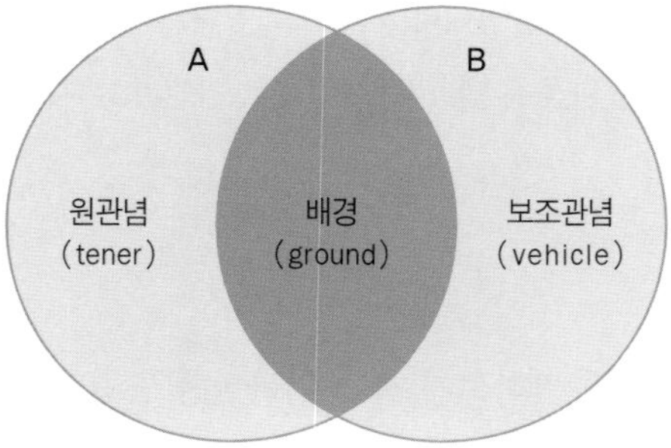

한다. 보다 구체적으로, A와 B에 제시되는 두 개념이 너무 유사하거나 너무 동떨어져도 모두 은유법의 매력을 발휘할 수가 없다는 것이다. 다시 말해서, 은유법이란 어떤 낱말의 의미형성에 필요한 전형적인 조건 중 한 가지 이상이 어겨진 표현기법이라고 볼 수 있으며, A와 B가 유사성과 이질성을 적정거리 이내에서 공유하는 순간에 보다 강력한 메시지 효과를 발휘하게 된다.

예를 들어, 서울우유의 '밀크마니아' 편의 카피들을 보면 우유에 대한 고정관념을 타파하는 내용들을 은유법을 활용한 카피들을 통하여 제시한다. 이전의 우유 광고카피와 다른 문채로 우유의 새로운 개념을 정의해주고 있다.

"우유는 키스다." "우유는 락이다." "우유는 만화다." "우유는 열정이다."
"우유는 선물이다." "우유는 남편이다." "우유는 게임이다." "우유는 부메랑이다."
"우유는 다큐멘터리다." "우유는 슈퍼모델이다."

연령대에 맞춰 "우유는 ○○다"라는 식의 카피로 만들어진 10편의 광고들은 기존의 인지도나 선호도를 고수하기보다 서울우유의 상품 및 기업 이미지를 새롭게 제고하기 위하여 시도된 새로운 접근법이다. 우유에 대한 서로의 생각과 가치는 다르지만 나이에 상관없이 새로운 도전을 즐기는 밀크마니아들의 정신세계를 제시함으로써 어린이들이 주로 마시는 우유 이미지에서 누구나 즐기는 우유 이미지의 과감한 변신을 시도한 것이다. 이밖에 은유법을 적절히 활용하여 성공한 카피 사례를 제시하면 다음과 같다.

"양말도 옷이다" (제미유통 싹스탑)

"침대는 가구가 아닙니다. 과학입니다." (에이스침대)

"나무, 그것은 산에 사는 다목적 댐." (유한킴벌리 기업PR)

풍유법

풍유법(諷喩法, *allegory*)이란 말하고자 하는 원관념을 숨긴 상태에서 전하고자 하는 메시지를 직접 드러내지 않고 속담이나 격언을 차용하여 간접적으로 암시함으로써 원관념을 유추하게 하는 수사법이다. 이때 원관념은 암시와 유추로만 표출되며 메시지 내용이 상당히 교훈적 요소를 지니고 있다.

우리나라 광고에서 속담을 활용한 헤드라인 유형은, 속담을 그대로 헤드라인으로 적용시킨 유형(가), 속담의 의미를 의도적으로 조작하여 그 의미를 변형시킨 유형(나), 한자 성어를 이용하여 한자로 표현한 유형(다), 그리고 속담의 언어적 의미를 글과 그림으로 함께 표현하는 유형(라) 등 4가지 유형으로 구분할 수 있다.[35] 이밖에도 더 많은 유형이 있을 수 있겠으나, 속담이나 격언을 있는 그대로 단순히 차용하는 수준(a)을 넘어서, 단어나 문장을 추가로 덧붙여 원래의 속담과 격언의 의미를 의도적으로 조작함으로써(b), 보조관념을 재미있게 구성하는 것이 무엇보다 중요하다.

즉, 카피창작에서 풍유법을 활용할 경우에는 풍자되는 보조관념이 익살과 재치가 넘쳐 소비자들이 흥미롭게 받아들이도록 카피를 쓰는 것이 핵심요체라고 하겠다. 그렇게 되면 소비자들은 익살스럽고 기지가 넘치는 보조관념을 보고 나서 광고 메시지에 더 주목하는 동시에 광고 메시지 자체에서 재미를 느낄 가능성이 높다. 풍유법을 활용한 카피 사례를 제시하면 다음과 같다.

"등잔 밑이 어둡다." (에덴주택, 가)

---

35. 서장호(2001). 〈한국 속담을 이용한 광고 메시지의 유형과 광고효과에 관한 연구: 인쇄매체 광고 헤드라인을 중심으로〉. 홍익대학교 대학원 석사학위 논문. pp.49~52.

"소 잃고 외양간 고친다." (현대해상보험, 가)

"밑 빠진 독에 칼슘 붓기?" (유유산업 본키, 나)

"청춘은 짧고 노후는 길다." (신한은행 개인연금신탁, 나)

"형만한 아우도 있다" (한국 야쿠르트, 나)

"뛰는 노트북 위에

나는 ThinkPad." (LG IBM ThinkPad, 나)

"유비무암(有備無癌)" (삼성생명, 다)

"철마고우(鐵馬故友)" (인천제철, 다)

"(꿩 그림) 먹고

(알 그림) 먹고." (대한주택공사, 라)

의인법

의인법(擬人法, *personification*)이란 생명이 없는 무생물에 생명을 불어넣거나 동물 또는 추상적 개념을 마치 사람인 것처럼 비유하여 표현하는 수사법이다. 《이솝우화》에 등장한 동물들이 사람행세를 하며 인간의 위선을 조롱하였듯이, 의인법은 그동안 시나 소설에서 자주 활용된 기법이었으며 광고에서도 상품에 인격을 부여하는 수단으로 널리 활용되었다. 또한, 의인법은 카피를 통한 언어적 표현뿐만 아니라 시각적 의인화를 통해 상품 스스로 인격을 지닌 사람처럼 말하도록 표현함으로써 현대 광고에 자주 활용되고 있다.

의인법의 유형을 보면, 상품을 사람으로 표현하기, 상품과 관련된 사물을 사람으로 표현하기, 그리고 사물이 스스로 말하기 등 3가지가 있다. 엄창호(2003)는 이와 같이 의인법을 3가지로 분류하고 의인법이 상품을 사람처럼 표현하지만 사실은 상품의 마음[心]을 전달하는 기법이라는 점에 주목하여, 한자 성어 인면수심(人面獸心)에 빗대어 인면제심(人面製心)의 수사법으로 비유하였다.[36] 의인법을 활용하면 심리적 거리감이

36. 엄창호(2004). 《광고의 레토릭: 성공하는 광고제작을 위한 10가지 수사법》. 서울: 한울. pp.14~27.

느껴지는 상품도 소비자에게 보다 친근하게 다가가게 한다는 장점이 있다. 이 와중에서 소비자 혜택을 비교적 무리 없이 전달할 수 있을 것이다. 의인법을 활용한 카피사례를 제시하면 다음과 같다.

"뉴욕 증시에서도
은행이 활짝 웃었습니다." (주택은행)
"미소가 아름다운 그녀.
그녀의 이름은 아시아나" (아시아나항공)
"지금 들리세요?
당신 차의 행복한 웃음소리가…" (현대 모비스)

활유법

활유법(活喩法, *prosopopoeia*)이란 살아있는 생명체가 아닌 사물을 생명이 있는 것처럼 표현하는 수사법이다. 활유법은 무생물에 감정을 이입시켜 생동감과 친근감을 주기 위해 사용되며 광고에서는 상품을 살아 있는 생명체로 표현하는 효과적인 기법으로 자주 활용된다. 의인법과 비슷해 보이지만 개념적으로 차이가 있는데, 무생물이나 동식물에 인격적 요소를 부여하여 마치 사람처럼 표현하는 것이 의인법이라면 활유법은 원관념을 사람처럼 표현하지 않고 단순히 살아 있는 생명체로 취급하여 표현하는 기법이다.

예를 들어, 주택은행 광고에 사용된 헤드라인을 비교하여 그 차이를 알아보자. "은행이 활짝 피었습니다"가 활유법을 적용한 헤드라인이라면, "뉴욕 증시에서도 은행이 활짝 웃었습니다"는 의인법을 적용한 헤드라인이다. 은행이 활짝 '피었다'는 표현은 은행이라는 무생물을 살아 있는 생물처럼 표현하는 데 그치고 있지 의인화까지는 나아가지 않은 점에서 활유법이며, 은행이 활짝 '웃었다'는 표현은 은행이 마치 사람처럼 유쾌하게 웃었다고 표현한 것이므로 의인법에 해당된다. 활유법을 적용한 카피사례를 제시하면 다음과 같다.

"미친 속도가 왔다." (하나포스 V)

"팬티의 발칙한 상상." (좋은사람들 돈앤돈스)

"당신이 잠들 때 에이스는 깨어납니다." (에이스 침대)

예를 들어, 〈그림 6-3〉에 제시한 현대 모비스 광고 '웃음소리' 편에서는 순정품으로 정비한 자동차가 행복한 웃음을 짓는다는 상황을 의인법으로 표현하고 있다. "지금 들리세요? / 당신 차의 행복한 웃음소리가…"라는 헤드라인에서도 자동차를 마치 사람처럼 의인화시키고 있다. 이 광고에는 비유의 수사법으로 의인법을 활용하는 동시에 변화의 수사법으로 의문법과 생략법을 사용하고 있다. 하나의 광고에 반드시 하나의 수사법이 필요한 것은 아니다. 메시지 구성에 효과적이라면 2~3가지 수사법을 동시에 활용해도 무방하지만 너무 많이 섞이면 수사법의 매력이 떨어진다는 점을 조심해야 한다.

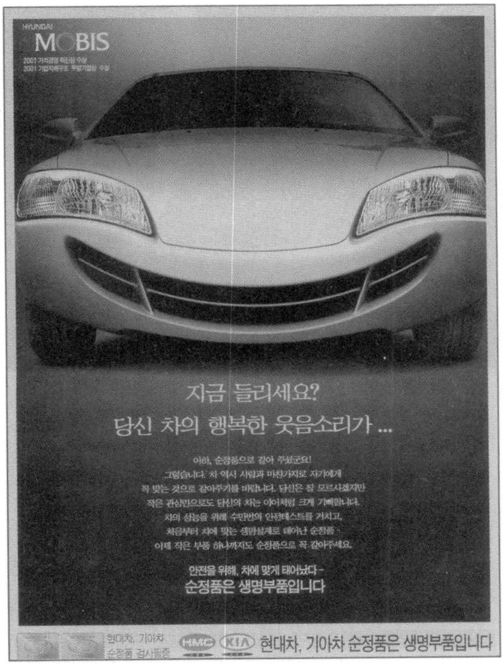

〈그림 6-3〉 현대 모비스 '웃음소리'편

환유법

환유법(換喩法, *metonymy*)이란 어떤 사물의 속성이나 개념을 그것과 연관되어 있는 다른 속성에 의해 연상하거나 유추하도록 함으로써 그 사물의 속성이나 개념을 이해하도록 하는 수사법이다. 예를 들어, "펜은 칼보다 강하다"라는 문장에서, '펜'은 '글'이나 '작가'를 의미하고 '칼'은 '무력'이나 '군인'을 의미하는데, 이는 환유법을 적용한 전형적 표현이다. 은유법과 환유법은 유사해보이지만 유사성과 인접성을 비교함으로써 그 차이를 구분할 수 있다.

즉, 'A = B'라는 형식으로 원관념과 보조관념 사이의 유사성(*similarity*)을 드러내며 그 의미를 제시하는 것이 은유법이라면, 'A = B'라는 형식을 제시하지는 않지만 단어나 문장이 갖는 일반적 상징성으로 인하여 원관념(A)의 의미를 알 수 있도록 두 관념 사이에 존재하는 인접성(*contiguity*)을 찾아내게 하는 것이 환유법이다.

환유법을 광고에서 활용하면 추상적인 것을 구체적으로, 구체적인 것을 추상적인 것으로, 원인을 결과로, 그리고 원료를 상품으로 표현할 수 있다.[37] 예를 들어, "눈물 젖은 입술을 먹어보지 못한 자는 사랑을 논하지 말라."(결혼정보회사 선우)라는 헤드라인에서 '입술을 먹어보지 못한 자'라는 카피는 키스 못해본 사람이라는 의미를 추상적인 것에서 구체적인 것으로 표현한 환유법이다. 환유법을 활용한 카피사례를 제시하면 다음과 같다.

"울어라, 암탉아!" (숙명여대)
"좋은 술의 고집" (국순당 백세주)
"내일을 지켜주는 밝은 별" (국민은행—KB방카슈랑스)

---

37. 오창일(2006). 《광고 창작실》. 서울: 북코리아. pp.172~173.

제유법

제유법(提喩法, *synecdoche*)은 환유법과 마찬가지로 두 관념 사이에 존재하는 인접성을 바탕으로 하는 수사법이라 종종 환유법과 비슷한 문장구조로 간주된다. 그러나 어떤 관념의 일반적 대표성을 나타내는 데 효과적으로 활용되는 것이 환유법이라면, 제유법은 부분을 통하여 어떤 사물의 전체를 비유한다는 점에서 본질적으로 차이가 있다.

연구자에 따라 환유법과 제유법을 유사하거나 상이한 비유법으로 분류하고 있다. 예컨대, 이현우(1998)는 수사 비유의 속성상 제유와 환유는 환유법으로 통일되는 것이 더욱 바람직하다[38]고 본 반면에, 김동규(2003)는 환유와 제유가 규모의 크기에서 차이가 있고 각각 다른 용도로 사용되며 환유법이 전체나 일반적 대표성을 통해 구체적 사물을 나타낸다면 제유법은 사물의 일부분을 통해 그것이 속한 전체를 비유하는 것[39]으로 보았다. 카피창작에서 단어 하나를 잘 쓰느냐 잘못 쓰느냐에 따라 엄청난 효과차이를 가져올 수 있다는 점에서 필자는 김동규(2003)의 관점을 지지한다.

즉, 일반적 문법에서는 제유법을 환유법에 포함시켜도 큰 문제가 없겠지만 미묘한 뉘앙스의 차이 하나가 메시지의 효과차이로 연결되는 광고문법에서 상황이 다르다고 하겠다. 단어 하나로 관념의 일반적 대표성을 나타내는 표현(환유법)과 부분을 지칭하는 단어 하나를 활용하여 어떤 브랜드의 전체를 비유하는 표현(제유법)은 카피의 '찌르는 깊이' 면에서 엄청난 차이가 있기 때문이다. 제유법을 활용한 카피사례를 제시하면 다음과 같다.

"그 남자, 내일을 향해 글라이더를 날리다." (삼성 애니패스카드)

"당신의 사인이 세계에서 통용됩니다." (아메리칸 익스프레스카드)

"남편 사무실에 아리따운 여직원이
새로 왔다는 소문을 듣고
일부러 그이의 바지주름을 2개 잡았다." (삼성전자 노비타)

---

38. 이현우(1998). 《광고와 언어》. 서울: 커뮤니케이션북스. p.79.
39. 김동규(2003). 《카피라이팅론》. 서울: 나남출판. p.344.

의태법

의태법(擬態法, *mimesis*)이란 어떤 대상의 기능과 특성을 사람이나 생물의 동작이나 모양에 빗대어 표현하는 수사법으로 주로 의태어를 활용하여 표현한다. 의성법이 청각(소리) 이미지에 빗대어 표현하는 기법이라면 의태법은 시각(모양) 이미지에 빗대어 표현하는 기법이다. 경우에 따라서 의태법과 의성법이 동시에 사용되어 시각과 청각이 공동으로 작용하는 공감각적 표현이 이루어지는 경우도 있다.

카피창작에서 의태법을 활용하면 광고상품이 살아서 움직이는 듯한 생생한 느낌을 주고 광고 메시지에도 생생한 리듬감을 살려주기 때문에 광고나 광고상품이 보다 감각적으로 다가오게 마련이다. 의태법은 여러 상품군에서 자주 활용되지만 특히 시각적 효과를 통하여 소비자의 구매욕을 자극하는 상품군에 특히 적합하다. 의태법을 활용하여 카피창작을 할 경우에 모양이나 동작의 느낌을 생생하게 살려내는 것이 핵심요체이다. 의태법을 활용한 카피사례를 제시하면 다음과 같다.

"봄이 껑충…" (하코네 풀꽃과 듀엣)
"너덜너덜" (존슨앤존슨 Band Aid 워터블록)
"자장 자장 자장" (DIOS 냉장고)
"흔들릴 때마다
 머릿결이 찰랑찰랑!" (꽃을 든 남자 케라틴 헤어팩)

중의법

중의법(重義法, *a layer meaning*)이란 하나의 단어나 구절에 두 가지 이상의 의미로 해석될 수 있는 메시지를 담아 의미의 확장을 시도하는 수사법이다. 하나의 단어에 두 가지 이상의 의미를 담고 있기 때문에 언어의 경제성을 추구하는 기법인 동시에 소비자에게 의미의 해석에 참여하도록 요구하는 언어의 개방성을 추구하는 기법이다. 이른바 광고 실무계의 카피라이터들이 자주 말하는 '이중적 표현'이나 '중의적 표현'이 여기에서 말하는 중의법에 해당되며, 중의적 표현을 잘만 활용하면 대단한 주목효과를 기대할 수 있다.

중의법을 활용하여 카피창작을 할 경우에는 순간적으로 이해할 수 있으면서도 상품과의 상관성이 살아있도록 표현하는 것이 가장 중요하다. 중의적 표현이 이해하기가 어렵다면 소비자들은 그 광고를 외면할 것이며 동시에 상품과의 상관성이 미약하다면 단지 재미와 익살에 그치는 표현으로 끝나버리기 때문이다. 중의적 표현을 할 경우에는 어디까지나 소비자들이 자신도 모르게 광고에 빠져 메시지 해석에 자발적으로 참여하도록 하는 것이 중요하다. 중의법을 활용한 카피사례를 제시하면 다음과 같다.

"BC로 사세요." (BC카드)
"쌀사랑, 러브 米." (농협)
"당신은 철없는 여자" (철분강화제 헤모Q)

돈호법 ★

돈호법(頓呼法, *apostrophe*)이란 어떤 대상을 지칭하여 이름을 호명함으로써 주의를 환기시키는 수사법으로, 어떤 대상을 구체적으로 지칭함으로써 소비자로 하여금 광고 메시지에 호감을 갖도록 한다. 호명의 대상은 생물이건 무생물이건 관계없이 이름을 부를 수 있는 것은 무엇이든 두루두루 해당되며, 특히 그 대상을 마치 사람을 부르듯이 친근한 어투로 부르는 형태를 취한다는 특성이 있다.

돈호법은 대상의 이름을 호명한다는 점에서 때때로 의인법과 혼동될 수 있으나, 반드시 사물을 의인화시켜 표현하지는 않는다는 점에서 차이가 있다. 김동규(2003)는 "문채 자체에 주의환기 목적이 있는지 없는지에 따라"[40] 돈호법과 의인법이 구별된다고 하였으나, 모든 카피는 본질적으로 소비자의 주목을 유도하고 주의를 환기시키는 목적이 있으므로 이 기준보다는 전체적으로 의인화 기법을 사용했는지 아니면 단지

40. 김동규(2003). 《카피라이팅론》. 서울: 나남출판. pp.302~303.

대상에 대한 호명만 하고 있는지의 여부로 평가하는 것이 바람직하다. 돈호법을 활용한 카피사례를 제시하면 다음과 같다.

> "TV야,
> 내일 가출할 거야?" (SK텔레콤 기업광고)
> "로댕님!
> 과학적인 의자에 앉으셔야죠?" (듀오백 의자)
> "신문님, 죄송합니다." (한국통신프리텔 magicⓝ)

예를 들어, 〈그림 6-4〉에 제시한 위니아 딤채 '생선회' 편에서는 "파닥파닥!"이라는 의태어가 인상적이다. 즉, "파닥파닥! 젓가락에서 뛰고 있어요. 딤채에서 꺼낸 생선회"라는 헤드라인은 의태법을 활용하여 딤채 냉장고가 그만큼 신선하게 보존한다는 내용을 명쾌히 전달하고 있다. '파닥파닥' 이라는 한마디는 냉장고의 기능에 대하여 아무리 자세히 설명한 상품설명서보다 명확한 판매 메시지이다.

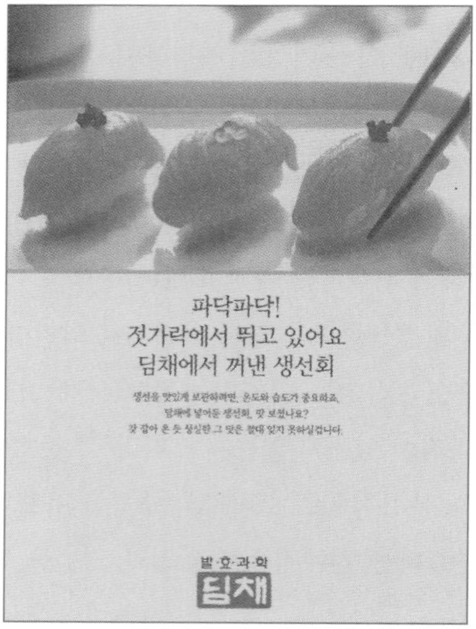

〈그림 6-4〉 위니아 딤채 '생선회'편

이 광고 역시 비유의 수사법 면에서 의태법을 활용하였으며 동시에 강조의 수사법 면에서 과장법을 활용하고 있다. 광고에 이어서 언어적 요소는 시각적 요소의 뒷받침이 이루어졌을 때 그 주목효과가 배가되듯이,[41] 여기에서의 의태어 역시 신선한 생선 초밥 그림과 함께 제시되었기 때문에 더 눈길을 끈다고 할 수 있다.

변화의 수사법

도치법

도치법(倒置法, *inversion*)이란 의도적으로 언어의 배열위치를 바꾸고 문법적 순서를 뒤바꾸어 어떤 표현을 강조하는 수사법이다. 도치법은 카피에서 특정한 핵심어(*key word*)를 강조하기 위해서 쓰이는 것이 일반적이지만, 말의 순서를 뒤바꿈으로써 카피에 생동감을 더해주고 소비자 행동을 직접적으로 촉구하는 효과가 있다. 일반적으로 주어와 동사의 위치를 바꾸거나 핵심어를 먼저 내세우면 단어의 도치에 의한 강조효과가 발생하게 된다.

우리나라 광고카피에서는 도치법을 활용한 언어유희도 자주 발견되고 있다.[42] 즉, 언어의 배열순서를 바꿈으로써 소비자에게 카피 읽는 즐거움을 주는 것이다. 이와 같은 도치법을 적절히 활용함으로써 더욱 참신하고 기억에 남을 광고카피를 창작할 수 있다. 도치법을 활용한 카피사례를 제시하면 다음과 같다.

"함께 가요,
희망으로!" (삼성)

41. Gail Tom & Anmarie Eves(1999). "The Use of Rhetorical Device in Advertising." *Journal of Advertising Research* 39(4), pp.39~43.

42. 구명철(2001). "광고문에 나타난 언어유희적 특성: 독일어 광고문과 우리나라 광고문의 사례를 중심으로." 〈한국광고학보〉 3(1), pp.62~87.

"떠나라,
열심히 일한 당신!" (현대카드)
"잘가라, 교복이여.
반갑다, 즐거움이여." (KTF Na)

인용법

인용법(引用法, *citation*)이란 널리 알려진 유명한 말이나 글을 인용하여 광고카피로 활용하는 수사법이다.[43] 카피라이터의 취향에 따라서 선택하는 문제이나 타인의 말이나 글을 따옴표를 써서 있는 그대로 인용하는 방법과 따옴표 없이 간접적으로 인용하는 2가지 방법이 있다. 인용법을 활용하여 카피창작을 할 경우에는 인용하는 말이 상품의 특성이나 혜택을 극대화하는 맥락에서 인용되어야 한다.

또한, 많은 사람들이 알고 있는 친숙한 말이나 유명인의 메시지를 인용할수록 효과가 있다는 점에서 기왕이면 인구(人口)에 회자(膾炙)되는 명언이나 노래가사들을 활용하는 것이 효과적이다. 풍유법은 원관념을 숨긴 상태에서 전하고자 하는 메시지를 직접 드러내지 않고 속담이나 격언을 차용하는 데 비해, 인용법은 속담이나 격언을 제외한 경구나 명언을 인용한다는 점에서 두 기법의 차이가 있다. 인용법을 활용한 카피사례를 제시하면 다음과 같다.

"쓰레기는 죽지 않는다.
다만 재활용 될 뿐이다." (한국공익광고협의회)
"인사가 만사라는데,
뭘 믿고 인사 초보에게 맡기십니까?" (인쿠르트)
"사노라면 언젠가는 좋은 날이 오겠지

43. 인용법을 하나의 수사법이 아닌 인용적 문채(引用的 文彩)라는 광고 수사학의 포괄적 갈래로 보고, 인용법(引用法, *citation*), 경구법(警句法, *epigram*), 속담법(俗談法, *proverb*), 인유법(引喩法, *allusion*), 고어법(古語法, *archaism*) 등 5가지 유형으로 세분화한 김동규(2003: 392~399)의 관점은 주목할 만하다.

궂은 날도 날이 새면 해가 뜨지 않더냐.
새파랗게 젊다는 게 한밑천인데
쩨쩨하게 굴지 말고 가슴을 쫙 펴라.
내일은 해가 뜬다~
내일은 해가 뜬다~
내일의 희망을 향해 — 박카스.” (박카스, IMF 체제하의 신문광고)

의문법

의문법(疑問法, *question*)은 평서문을 의문문으로 바꿔서 표현함으로써 소비자의 호기심을 유발하는 수사법이다. 일단 질문을 던지면 소비자는 심정적으로 대답을 준비할 수 있으므로, 소비자를 질문에 참여시켜 상호작용을 유발하는 데 의문법을 활용하면 소비자의 구체적 반응을 요구할 수 있다는 장점이 있다. 우리 속담에 “병 주고 약 주고”라는 말이 있는데 이와 같이 병도 주고 약도 줌으로써 소비자의 구체적 동의를 유도하는 접근방법이 의문법의 본질적 기능이다.

의문법을 활용할 경우에는 너무 오랫동안 생각해서 나오는 질문을 던지기보다 곧바로 답을 찾을 수 있는 질문이 바람직하다. 알듯 모를 듯한 애매한 질문을 던지는 의문법 카피에 대해 소비자들은 금방 외면할 것이기 때문이다. 의문법을 보다 세분화하여, 설의법과 문답법으로 구분하기도 하지만 모두 의문법의 범주에 들어가므로 여기에서는 굳이 구분하지 않기로 한다. 다만, 설의법은 “이 게임 재미있지, 그렇지?(This game is interesting, isn't it?)”와 같은 영어에서의 부가의문문처럼 질문에 대한 긍정적 동의를 유도하는 문장기법이며, 문답법은 질문과 함께 그에 대한 해답을 동시에 제시하는 문장기법이라는 점을 이해할 필요가 있다.

예를 들어, “껍데기만 조금 바꾼다고 신차입니까?”(GM대우 라세티)라는 헤드라인에는 질문에 대하여 모든 소비자들이 ‘아니오!’라고 동의해 주기를 유도하는 설의법이 활용되고 있다. 또한, “와사삭! 이보다 더 싱싱할 수 있을까? 딤채에서 꺼낸 수박”(딤채)이라는 헤드라인에는 질문과 해답을 동시에 제시하고 있으므로 문답법을 활용한 경우에 해당된다. 카피라이터 입장에서는 물음표가 들어간 카피문장이 의문법이냐, 설의법이냐, 문답법이냐를 분류하는 것보다 어떤 질문을 던져 소비자의 참여를 더 많이 유도할 수 있는 실제 글쓰기를 하는 것이 더 본질적이고 중요한 문제일 터이다. 의문법을 활용한 카피사례를 제시하면 다음과 같다.

"누가 나이키를 신는가?" (나이키)
"당신의 카드 결제일은
안녕하십니까?" (굿머니클리어론)
"주부님 뼈 안녕하세요?" (빙그레 생큐 칼슘알파 우유)

반어법

반어법(反語法, *Irony*)이란 실제 의도와는 정반대로 표현함으로써 오히려 메시지의 호소력을 배가시키고 문장의 의미변화를 모색하는 수사법이다. 표면적으로는 본뜻과는 정반대로 표현하지만 자세히 들여다보면 자신감의 표현인 경우가 많은데 이런 카피는 모두 반어법을 활용한 수사법에 해당된다.

예를 들어, "좋아 죽겠어!" 라는 말은 실제로 죽고 싶다는 뜻이 아니라 너무 좋은 상태를 반어적으로 표현한 것이며, 부정의 부정은 강한 긍정이라는 명제도 반어법을 설명하기에 충분하다. 카피창작에서 반어법을 활용할 경우에는 소비자가 공감할 수 있는 범위 안에서 반어적 표현을 해야지 그 범위를 넘어설 정도로 너무 지나치면 오히려 역효과가 날 수 있다. 반어법을 활용한 카피사례를 제시하면 다음과 같다.

"컬러의 유혹은 치명적이다!" (리케아)
"어머, 너무 고와지면 안 되는데." (마프러스)
"주부님, 죄송합니다.
가야당근농장은 100% 제주도산

당근만을 사용하다 보니

조금 <u>비쌉니다</u>." (건영식품 가야당근농장)

다음 〈그림 6-5〉에 제시한 엠파스 광고 '토끼'편에서는 의문법을 활용하여 소비자의 구체적 반응을 요구하고 있다. "더듬더듬 헤맬 것인가? 한눈에 찾아갈 것인가?"라는 헤드라인은 질문이 두 번 반복되면서 소비자들이 보다 구체적으로 생각해 보도록 유도하는 동시에 자연스럽게 대구법의 효과까지 살리고 있다. 두 번의 질문에 대한 답을 하는 과정에서 소비자들은 자연스럽게 엠파스가 정보검색이 뛰어난 포털 사이트라고 생각하게 될 것이다.

역설법 ★

역설법(逆說法, *paradox*)이란 한 문장 안에서 반대되거나 모순되는 의미를 가진 단어나

〈그림 6-5〉 엠파스 '토끼'편

문장을 함께 사용함으로써 오히려 메시지 내용을 돋보이게 표현하는 수사법이다. 역설법을 활용한 카피를 얼핏 보면 한 문장 안에서 앞뒤가 서로 안 맞는 단어가 공존함으로써 혼란스럽고 비상식적이며 잘못된 표현으로 보일 수 있지만, 잠시만 뒤집어 생각해 보면 공감할 수 있는 진실이 담겨진 경우가 많다.

이와 같이 역설법은 소비자로 하여금 단어나 문장의 의미를 뒤집어보게 함으로써 소비자의 관심을 오히려 집중시키는 의표 찌르기 기법이라고 할 수 있다. 역설법을 활용하여 카피를 창작할 경우, 단지 역설적 내용의 헤드라인만을 제시하는 데 그쳐서는 곤란하다. 바디카피에서 왜 헤드라인이 역설적 내용이었는지를 부연 설명함으로써 소비자들이 헤드라인의 내용을 완전히 이해할 수 있도록 메시지의 의미전환을 시도해야 한다. 역설법을 활용한 카피사례를 제시하면 다음과 같다.

"쓸수록 버는 카드." (LG 하이카드)

"소리가 보인다." (한국통신프리텔 PCS 016)

"감출수록 드러나는 그녀." (태평양 헤라파리라운지)

명령법 ✶

명령법(命令法, *imperative*)이란 소비자의 구매행동을 직접적 간접적으로 촉구하며 문장의 끝에 명령형 어미를 붙여 소비자의 태도변화를 유도하는 수사법이다. 때로는 평서문으로 써도 메시지 내용을 전달할 수 있지만 메시지를 보다 강력하게 표현하기 위하여 명령형 어미를 붙여 내용을 강조하기도 한다. 광고 메시지는 본질적으로 소비자에게 어떤 특정한 행동을 요구하고 지시하는 속성이 있으므로, 명령법은 광고에서 일반적으로 활용될 가능성이 가장 많은 문장표현 기법이다.

명령법을 활용하여 카피창작을 할 때는 강압적으로 명령하듯이 카피를 쓰기보다 제5장의 헤드라인 유형에서 설명한 '제안형' 헤드라인 스타일을 바탕으로 명령형 어미를 덧붙여 강조하는 문장을 구성해야 한다. 즉, 소비자들이 광고에서 제시하는 내용에 동의하면 구체적 혜택을 얻을 수 있다는 느낌을 주는 명령법이 바람직하다. 명령법을 활용한 카피사례를 제시하면 다음과 같다.

"큰 차
비켜라!" (대우자동차 마티즈)
"지금까지의
게임은 잊어라!" (Sony PlayStation2)
"여자를 안다면
티부터 감춰라!" (꽃을 든 남자 컬러로션)

대구법

대구법(對句法, *parallelism*)이란 카피의 구절과 구절이 평행을 유지하며 유사한 형태로 반복하는 수사법이다. 문장을 병렬적으로 나열하고 대칭을 유지함으로써 반복하는 효과를 지니게 된다. "호랑이는 죽어서 가죽을 남기고/사람은 죽어서 이름을 남긴다"라는 우리 속담이 대구법의 전형적 사례인데, 마찬가지로 이를 광고의 상황에 알맞게 패러디하여 대구법으로 표현하면, "광고는 죽어서 브랜드를 남기고/광고인은 죽어서 캠페인을 남긴다"고 할 수 있을 것이다. 이와 같이 대구법을 활용하여 카피창작을 할 때는 언어의 운율감각을 살려 카피에 리듬감을 주는 것이 중요하다.

대구법에서 모든 형식적 대구는 의미의 평행과 대조를 강조해야 한다. 이때, 문장형식에서 동등한 음성적 · 문법적 위치를 유지하는 것이 중요하기는 하지만 대구로 구성된 단어끼리 또 다른 의미를 생성하는 의미론적 파괴를 시도할 필요가 있다.[44] 대구법을 활용한 카피사례를 제시하면 다음과 같다.

"입으로 하는 웅변,
옷으로 하는 웅변." (트래드클럽)

44. Guy Cook(1992). *The Discourse of Advertising*. New York, NY: Routledge. pp.130~136.

"시원시원 바닷가,
아슬아슬 눈가." (보브 샤인새도 썸머블루)
"주스는 마시고,
알맹이는 터뜨리고." (롯데 쌕쌕 오렌지주스)

생략법

생략법(省略法, *ellipsis*)은 대체로 카피의 끝부분에 말줄임표(…)를 붙여 단어나 음절 또는 구절 등을 생략함으로써 여운을 남기는 수사법으로, 광고에서 특정 요소를 의도적으로 생략함으로써 소비자 스스로 생략된 부분을 보충하도록 촉구한다. 문장을 끝까지 쓰지 않고 생략하면 전체를 설명할 때보다 소비자의 흥미를 불러일으키는 경우가 많으며 이렇게 되면 소비자 스스로 생략된 문장을 완성하려는 경향도 있다.

방송광고 텍스트에서 소비자 스스로의 채워넣기(*filling-in*)나 선택적 해석에 의해서 광고의 의미작용이 이루어지듯이,[45] 생략법을 활용하면 소비자 스스로 미완의 문장을 완성하려는 경향이 있기 때문에 뜻밖의 광고효과를 기대할 수도 있다. 그러나 어떤 구체적 의미를 암시하지 않은 상태에서 지나치게 문장을 생략하면 전달하려는 의미가 모호해질 수 있으므로 암시할 수 있는 선에서 생략하는 것이 바람직하다. 지나치게 너무 많이 생략하면 소비자들이 아예 관심을 갖지 않을 수도 있으므로 관심을 끄는 단서를 제시하는 선에서 생략의 묘미를 부려야 한다. 생략법을 활용한 카피사례를 제시하면 다음과 같다.

"그곳에 가면…" (대우건설 푸르지오)
"오래오래 입고 싶어서…" (LG전자 TROMM 세탁기)
"트윈케이크가 답답한 나이라면…

45. 김병희(2004). "문화기술지적 수용자반응비평." 김영찬 편저. 《광고비평의 이해》. 서울: 한울. pp.224~247.

〈그림 6-6〉 대우자동차 마티즈 '스모 선수'편

파우더만으로 불안한 나이라면…" (아모레 마몽드)

예를 들어, 〈그림 6-6〉의 대우자동차 마티즈 광고 '스모 선수'편은 명령법을 활용하여 작은 차의 당당함을 흥미진진하게 표현하고 있다. 즉, 작은 고추가 맵다는 듯이, 상대적으로 거대한 이미지를 지니고 있는 스모 선수를 등장시켜 빈틈없이 당당한 자동차의 특성을 강조하고 있다. 더욱이 "큰 차 비켜라!"라는 헤드라인에서 알 수 있듯이, 변화의 수사법인 명령법을 활용함으로써 메시지의 주목효과가 배가되고 있다.

강조의 수사법

과장법

과장법(誇張法, *hyperbole*)이란 어떤 대상을 실제보다 부풀려서 표현하는 수사법이다. 실제보다 크게 부풀리는 것만을 과장법으로 생각할 수 있으나 실제의 현상이나 모양을 파격적으로 축소하는 것도 과장법이며, 이를 수사학자들은 낮춰말하기(*humiliatio*)라고 부른다.[46] 반면에 김동규(2003)는 "그녀의 목소리가 모기소리만 했다"처럼 실제보다 작게 표현하는 기법을 완서법(緩徐法, *understatement*)이라고 하며 과장법과 반대되는 문채로 구분[47]하고 있으나, 크게 과장하든 작게 과장하든 과장의 속성은 동일하므로 모두 과장법으로 보아야 한다.

과장법을 활용하여 카피창작을 할 경우 소비자들이 보기에 한눈에 과장되었음을 알 수 있도록 비약적으로 과장하여 제시해야 한다. 그렇지 않으면 본질적으로 상품의 혜택을 과장하게 마련인 광고의 속성상 과장광고로 오인될 가능성이 있다. 과장법과 과장광고는 분명 다른 개념이므로 과장법을 잘못 사용하면 설득력을 잃고 커뮤니케이션에 실패할 수 있음을 명심해야 한다. 과장법을 활용한 카피사례를 제시하면 다음과 같다.

"컴퓨터는 <u>죽었다</u>." (스피드011 n.Top)
"유럽이 <u>통째로 왔다</u>." (에버랜드 유로페스티벌)
"현대백화점과 함께 만나는 여름,
강렬한 햇살도 당신 앞에서는 <u>빛을 잃습니다</u>." (현대백화점)

반복법 ✶

반복법(反復法, *repetition*)이란 똑같은 음절이나 단어 또는 구절이나 문장을 반복함으로써 전달하는 내용을 강조하는 수사법이다. 일상생활에서도 중요한 내용은 두 번 이상 반복하여 강조하듯이 카피에서도 동일한 내용을 반복하면 강조하는 효과를 기대할 수 있다. 그러나 무조건 반복한다고 해서 강조효과가 나타나지는 않으므로 반복법을 활용하여 카피를 쓸 경우에는 음절이나 단어 또는 구절이나 문장을 의미있게 반복함으

---

46. 이현우(1998). 《광고와 언어》. 서울: 커뮤니케이션북스. p.81.
47. 김동규(2003). 《카피라이팅론》. 서울: 나남출판. pp.372~373.

로써 강조효과를 치밀하게 모색할 필요가 있다.

메시지의 반복이 소비자의 기억을 활성화시킨다는 점에서 반복법은 광고에서 자주 활용되는데, 이현우(1998)는 반복법을 수사적 장식(*rhetorical figure*)으로 보고 대구법까지 반복법에 포함시켜 반복법을 3가지로 세분화하기도 하였다.[48] 반복법은 위에서 이미 설명하였으므로 수구반복과 결구반복에 대하여만 카피사례를 제시하여 설명하면 다음과 같다.

| 수구반복(首句反復, anaphora) | 문장의 첫구절을 반복하는 기법이다.

"눈높이 사랑
눈높이 교육" (대교)
"인간에게 와서
인간으로 돌아갑니다." (장에는GG)
"오래도록 기억되는 사람,
오래도록 기억되는 시바스리갈." (시바스리갈)

| 결구반복(結句反復, epistrophe) | 문장의 마지막 구절을 반복하는 기법이다.

"누구도 당신을 대신할 수 없습니다.
그 무엇도 캐슬을 대신할 수 없습니다." (롯데캐슬)
"더 샾(the #)에 살게 되었습니다.
남편의 노랫소리가 반올림되었습니다." (포스코 the #)
"남녀노소 누구나 다 아는 순서, 12345.
휴대폰 국제전화 싸게 거는 순서, 00345." (KTF 00345)

48. 이현우(1998). 《광고와 언어》. 서울 : 커뮤니케이션북스. pp.63~65.

영탄법

영탄법(咏歎法, *exclamation*)이란 대상을 보고 느끼는 개인의 감정이나 정서를 문장을 완결하는 형태로 서술하지 않고 감탄사나 느낌표를 사용하여 축약하여 나타내는 수사법이다. 일명 감탄법(感嘆法)이라고도 하며 다양한 소비자로부터 정서적 공감을 얻기 위하여 사용하는 경우가 많다. 카피창작에서 영탄법을 활용하면 소비자와의 면대면 접촉과 거의 흡사한 감정적 일체감을 나눌 수 있고, 광고 메시지에 대하여 공감하는 분위기를 확산할 수 있다는 장점이 있다.

그러나 영탄법을 너무 남발하면 소비자들이 진부한 메시지로 받아들일 수 있다. 헤드라인 하나에 느낌표를 3개 이상 붙여 감탄스러움을 강조하는 초보 카피라이터도 있는데, 과유불급(過猶不及)이라는 말처럼 느낌의 강조가 지나치면 오히려 메시지의 전달력을 약화시킨다. 때에 따라서 느낌표를 남발하는 것은 촌스러운 감정표출과 같다. 영탄법을 통한 공감대의 형성은 "감탄부호에서 오는 것이 아니라 느낌의 공유에서 온다는 사실"[49]을 이해할 필요가 있겠다. 감탄법을 활용한 카피사례를 제시하면 다음과 같다.

"위장병, 잡혔어!" (겔포스)
"당신을 감탄합니다!" (기아자동차 오피러스)
"어머! 얼굴이 반쪽이네." (에바스 보시앙)

예를 들어, 〈그림 6-7〉에 제시한 스카치 블루 광고 '긁힌 레이블' 편을 보면 일부러 스카치 블루 병의 레이블을 긁어낸 다음, "어허! 세상의 존경을 받는다는 위스키께서…" 라는 헤드라인을 쓰고 있다. 즉, '어허!' 라는 영탄법을 활용하여 소비자의 주목을 유도하는 광고이다. 또한, 이 광고는 강조의 수사법인 영탄법 외에도 위스키를 '위스키께서…' 라로 부름으로써 비유의 수사법인 돈호법과 변화의 수사법인 생략법을 동시에

49. 이현우(1998). 《광고와 언어》. 서울: 커뮤니케이션북스. p.48.

활용하고 있다.

열거법

열거법(列擧法, *enumeration*)이란 뜻이 비슷한 단어나 어구 또는 문장을 되풀이해서 나열하는 수사법이다. 반복법이 같은 말을 그대로 되풀이하는 동어반복의 성격이 강하다면 열거법은 같은 단어나 문장을 반복하지 않고 유사한 어구를 죽 나열한다는 점에서 차이가 있다. 즉, 똑같은 말을 반복하는 구조가 반복법이라면 유사한 어구를 중첩시킨다는 점이 열거법의 특징이다.

〈그림 6-7〉 스카치 블루 '긁힌 레이블'편

일찍이 레오 버넷(Leo Burnett)은 "광고카피에서 되풀이되는 쓰레기와 돼지먹이"라는 에세이에서 그린 자이언트 완두콩의 세일즈 메시지를 사례로 들어 지루하게 자화자찬하는 나열식 카피의 위험성을 경고한 바 있는데, 열거법을 활용하여 카피를 쓸 경우 단어의 단순한 나열은 소비자에게 감동을 주지 못한다는 점을 명심해야 한다. 카피를 잘 쓰려면 열거하는 단어와 어구 또는 문장이 서로 논리적 연계성을 갖도록 하는 글쓰기 훈련이 필요하다. 열거법을 활용한 카피사례를 제시하면 다음과 같다.

"유쾌, 상쾌, 통쾌." (KT 메가패스)

"We have, We love, We live,
We save, We solve." (두산 위브)

"학교가 옵니다. 도서관이 옵니다.
병원이 옵니다. 문화센터가 옵니다.
그리고 첨단 산업시설이 옵니다.
원전 수거물 관리센터를 따라
우리 아이들의 미래가 옵니다." (산업자원부)

점층법 ✶

점층법(漸層法, *climax*)은 카피의 표현강도를 약한 것에서 강한 것으로 점점 높여나가는 수사법이다. 점층법은 사물, 감정, 의미의 상승을 통해 읽고 듣는 이를 설득하고 감동시키기 위해 사용되며, 숫자적 측면에서는 작은 것에서 많은 것으로, 정도나 크기는 작은 것에서 큰 것으로, 감정에서는 강도가 약한 것에서 강한 것으로, 비본질적인 것에서 본질적인 것으로 점점 정도를 높여나가게 된다.[50]

점층법을 활용하면 카피 메시지를 단계적으로 강조할 수 있다. 바로 이 점 때문에 광고 실무계의 카피라이터들은 점층법에 매력을 느끼고 자신의 감각을 살릴 수 있는

---

50. 김동규(2003). 《카피라이팅론》. 서울: 나남출판. pp.286~288.

최적의 수사법으로 생각할 수 있다. 그러나 자칫하면 문장 자체만 길어지고 형식적인 말장난으로 끝날 수도 있으므로 너무 남용해서는 곤란하다. 점층법을 활용한 카피사례를 제시하면 다음과 같다.

"날마다
달마다
해마다" (도까이 은행)
"한 번은 맛을 위해
두 번은 깨끗한 오늘을 위해
세 번은 깨끗한 아침을 위해
소주가 제일이다." (진로 참이슬)
"가르쳐서 알게 된 것은 하루를 가고
스스로 깨우치게 된 것은 평생을 갑니다." (재능교육)

점강법 ★

점강법(漸降法, *bathos*)은 점층법과는 정반대로 카피의 표현강도를 강한 것에서 약한 것으로 점점 낮춰나가는 수사법이다. 점층법이 지속적으로 상승하는 느낌을 강조하는 데 비해 점강법은 지속적으로 하강하는 느낌을 강조함으로써 단계적으로 메시지에 대한 소비자의 관심을 유발한다. 그동안 시나 소설 같은 문학작품에서 점강법은 효과적 표현기법으로 많이 활용되었다.

일반적으로 실제보다 메시지를 약화시키기보다 메시지의 강화와 상승에 주안점을 두는 광고카피의 속성상 카피창작에서는 점강법이 그리 많이 활용되지는 않는다. 그러나 메시지의 약화나 하강을 브랜드의 특성과 절묘하게 연결시키면 뜻밖에도 높은 기대효과를 올릴 수 있으므로 점강법을 활용한 카피창작은 광고표현의 틈새영역이라 할 수 있다. 점강법을 활용한 카피사례를 제시하면 다음과 같다.

"마음은 월척,
몸은 피라미." (유유산업 비나폴로F)
"세월을 기다리시겠습니까?
시간을 활용하시겠습니까?" (한양투자금융)
" '세계는 넓다' 고 할 사람.
'세계는 좁다' 고 할 사람." (대우 모집광고)

대조법 ★

대조법(對照法, *contrast*)이란 정반대의 의미를 지닌 단어나 구 또는 문장을 평행이 되도록 대조시켜 표현하는 수사법이다. 얼핏보면 문장의 구조가 대구법과 유사하여 같은 수사법으로 볼 수 있으나 문장의 외형적 구조만 비슷할 뿐 내용은 전혀 다르다. 제시되는 내용에 상관없이 단어나 구(句)가 외형적으로 평행을 유지하는 구조가 대구법이라면, 대조법은 단어나 구에서 상반되는 개념을 제시함으로써 내용적으로 극명한 대조를 이루는 구조를 의미한다.

상반되는 개념을 통하여 상품의 특성을 전달하거나 소비자 혜택을 강조할 수 있다는 점에서 대조법은 카피창작에서도 자주 활용된다. 이때, 대조적 의미를 단순히 평행으로 나열하기보다 상반되는 단어나 구절이 의미심장하게 맞서도록 표현하는 것이 이 기법을 활용한 카피창작의 핵심이라고 하겠다. 대조법을 활용한 카피사례를 제시하면 다음과 같다.

"사랑이라 부르면 너무 무겁고,
좋아한다 말하면 너무 가볍다." (하이트맥주)
"가슴의 반은 늘 열어 놓는다.
그리움의 반은 늘 닫아 놓는다." (맥심 커피)
"딸에게 물려주고 싶은 피부,
엄마에게 물려받고 싶은 피부." (아모레 스템2)

파격어법

파격어법(破格語法, *irregularity*)이란 한글과 카피의 의미를 강조하기 위하여 한자 또는 한자와 영어 등의 조합을 통하여 의도적으로 문법을 파괴하여 제시하는 수사법이다. 제2장의 광고 심리학에서 설명하였듯이, 소비자들이 어떤 대상을 지각할 때는 평범한 것보다 특이한 것이 소비자의 지각에 영향을 미칠 가능성이 높다. 마찬가지로 소비자들은 평이한 문장보다 파격적 문장에 관심을 나타낼 가능성이 높을 것이다.

국어학자나 일반인들은 대체로 광고언어가 문법적으로 올바르게 쓰여야 한다고 기대할 것이다. 그러나 실제 사용되는 광고언어를 분석해 보면 광고언어의 문법적 구조가 다양하게 훼손되고 있음을 알 수 있다. 또한, 카피라이터가 의도적으로 문법을 파괴하는 경우도 많다. 이는 카피라이터가 바른 말의 사용에 관심을 갖기보다 주목받는 말을 만드는 데 신경을 쓴 탓이다. 그러나 광고의 속성상 어쩔 수 없다.

카피라이터들은 소비자의 관심을 끌기 위한 목적에서 파격어법을 자주 활용하는데, 이는 카피라이터의 재치 있는 말솜씨 재주와 깊이 관련된다. 이현우(1998)가 제시한 우리나라 광고에 나타난 파격어법의 유형은, 특정 목적달성을 위해 의도적으로 철자법을 오기하는 경우, 우리말과 한자어를 섞어서 표현하는 경우, 그리고 은어와 속어 등의 비표준어를 광고언어로 사용하는 경우가 많은 것으로 나타났다.[51] 파격어법을 활용한 카피사례를 제시하면 다음과 같다.

● 철자법 문법 파괴

"어찌 하오리까." (하우리)
"노래? 내가 좀 돼지." (돼지바)
"'모' 처럼 좋은 세일" (현대백화점)

---

51. 이현우(1998). "광고 슬로건 및 브랜드네임에 대한 언어학적 접근 연구." 〈광고연구〉 40, pp.125~145.

● 영어 및 한자를 통한 의미조작

"We하여!" (보령제약 겔포스M)
"산사춘愛 빠졌다." (산사춘)
"반값만사성" (두루넷) ← 家和萬事成
"멋Jean고딩男" (아이젯 청바지)
"Do You(豆乳) 엘리트?" (연세우유 엘리트 두유)
"Eye 좋아, Mazellan." (한솔 LCD모니터)
"내 생애 봄날은 오 GO!" (SK텔레콤 TTL TING)
"이보다 더 좋을 水 없다." (화이트 벨 연수기)
"그 입술 무슨 水를 쓴 거지?" (에뛰드 아쿠아톡스)

● 비표준어의 사용

"야— 닉스가 뭐이가?" (Nix 청바지)
"어솨요~ 솜셔~한 유닌98 세상입니다." (유니텔)
"버거의 역사는 대빵이 바꾼다!" (롯데리아 빅립)

예를 들어, 〈그림 6-8〉에 제시한 아이젯 청바지광고 '멋jean고딩' 편에서는 "멋jean고딩男"과 "멋jean고딩女"라는 파격적 헤드라인을 쓰고 있다. 즉, 한글과 영어 그리고 한자의 조합을 통하여 멋진 고등학생들이 입는 청바지(*jean*)가 아이젯이라는 메시지를 화투의 짝을 통하여 제시한다. 이러한 파격어법은 파격 그 자체에 매력이 있는 것이 아니라, 문법파괴 자체가 상품의 소비자 혜택을 얼마나 그럴듯하게 전달하느냐에 따라 광고의 완성도나 메시지의 전달효과가 달라진다는 점을 명심해야 한다.

〈그림 6-8〉 아이젯 청바지 '멋jean고딩'편

소리의 수사법

언어학적 접근방법으로 카피를 이해하면 카피창작에 도움이 된다. 음운론은 발음에 대한 지식을 의미하며, 이는 시나 광고카피에서 자주 논의되는 언어의 운율과 관련이 있다. 두운, 모운, 각운 같은 음운론적 특성은 소비자의 관심을 유발하는 방법론이다.[52]

두운법

두운법(頭韻法, *alliteration*)이란 단어나 문장의 첫머리에서 같은 자음이나 어구를 반복시키는 수사법이다. 두운법은 음운의 반복을 통하여 소비자의 주의를 환기함으로써 핵심어나 브랜드 이름을 기억시키기 때문에 브랜드 이름이나 슬로건 창작시 활용하면 효과적이다. 카피라이터들은 첫 음절을 반복적으로 강조함으로써 문장 전체에 감각적

52. 이현우(1998). 《광고와 언어》. 서울: 커뮤니케이션북스. pp.25~41.

리듬감을 살리는 동시에 광고 브랜드를 보다 효과적으로 알릴 수 있을 것이다.

이때, 문장의 첫머리에서 자음을 기계적으로 무의미하게 반복하기보다 소비자 혜택으로 연결시키며 반복하는 것이 두운법을 활용한 카피창작의 요체이다. 예를 들어, "걸면 걸리는 걸리버"(현대전자 PCS폰 걸리버)라는 브랜드 슬로건에는 '걸' 자가 3번 반복되지만 무의미하게 반복되지 않고 브랜드를 보다 잘 기억되도록 하는 효과적 어절로 작용하고 있다. 두운법을 활용한 카피사례를 제시하면 다음과 같다.

"차이는 인정한다.
차별엔 도전한다." (KTF)
"속마음은
속옷으로 전하세요." (레노마 언더웨어)
"귀한 몸, 귀한 홍삼, 귀한 술" (경주법주 — 마음의 宮)

모운법 ★

모운법(母韻法, *assonance*)이란 두 단어에서 반복되는 소리가 모음인 경우의 수사법이다. 모운의 효과는 두운에 비해 눈치채기가 비교적 쉽지 않으나 모운법 역시 카피창작에 자주 활용된다. 모운은 주로 단어나 문장의 중간에서 사용되며 자음에 비해 발음이 잘 드러나지 않기 때문에 발견하기가 더 어렵지만 카피의 운율을 살리는 데 중요한 기능을 한다. 두운법을 활용한 카피창작에 비해 모운법을 활용하여 카피를 쓰는 것이 더 어렵기는 하지만, 부드러운 어감 때문에 장기간에 걸쳐 소비자의 기억을 활성화시킬 가능성이 높다.

미국의 34대 대통령 아이젠하워가 대통령 선거전에서 "I Like Ike"라는 슬로건으로 대단한 인기를 누린 것도 모운의 효과가 작용한 결과로 볼 수 있다. 이 슬로건은 오직 4개의 알파벳만을 사용하여 그의 애칭인 아이크(*ike*)를 효과적으로 알리는 동시에 '아이(*i*)' 라는 모음을 3번 반복하고 '케이(*k*)' 라는 말운을 2번 반복함으로써 한 번만 들어도 기억하기 쉬운 강력한 슬로건이라고 하겠다.

모운법을 활용한 카피 사례를 제시하면 다음과 같다.

"아슬아슬함이여, 안녕!" (미라젤)
"아내는 여자보다 아름답다" (동서식품 프리마)
"아름다운 사람들
아름다운 만남" (아시아나항공)

각운법

각운법(脚韻法, *rhyme*)이란 두 단어 이상에서 마지막 음절이나 낱말이 반복되며 청각을 자극하는 수사법이다. 마지막 음절이나 낱말이 유사한 발음으로 끝나면 반복효과가 배가되며 소비자에게 여운과 반향을 남기며 광고카피를 부각시키게 된다. 두운법이나 모운법과 마찬가지로 각운법을 활용하여 카피창작을 할 때는 음절이나 낱말을 기계적으로 단순 반복하기보다 반복을 통하여 단어나 음절의 의미를 확장하도록 메시지를 구성해야 한다.

카피창작에서 각운법을 활용하여 가장 높은 메시지 효과를 기대하려면 각운에 사용된 이질적 요소들끼리의 조화를 창출하는 데 있다. 즉, "각운에 등장하는 서로 닮지 않은 사물이나 의미가 하나로 결합됨으로써 주목과 호기심을 불러일으키는 것이다. 이와 같은 이질적 개념의 결합이 실패하면 각운법 문채는 주목효과가 떨어지고 그냥 평범한 문장이 된다".[53] 각운법을 활용한 카피사례를 제시하면 다음과 같다.

"급할수록! 귀할수록!" (DHL)
"유쾌, 상쾌, 통쾌." (KT 메가패스)
"알차! 당차! 힘차!
기아 강차가 온다." (기아자동차 비스토)

53. 김동규(2003). 《카피라이팅론》. 서울: 나남출판. pp.302~303.

의성법

의성법(擬聲法, *onomatopoeia*)이란 사물이나 동물이 내는 소리를 화용하여 표현하는 수사법이다. 일반적으로 의성어로 알려진 단어들을 활용하는 표현기법인데, 판소리 사설이나 고전소설의 지문에서 그 용례를 많이 발견할 수 있듯이 우리말에는 청각을 자극하는 의성어가 매우 발달되어 왔다. 또한, 의성법은 광고카피에서도 두루 사용되었는데, 소리를 활용하여 표현하면 상품에 생동감을 불어넣고 식음료의 맛 감(*sizzle*)을 살리는 데도 효과가 배가되기 때문이었다. 의성법은 그동안 과자류나 식음료 광고에 자주 활용되었으나 앞으로는 상품군에 관계없이 두루 활용될 것으로 예상된다.

소리를 통하여 소비자의 청각을 자극해야 된다는 점에서, 의성법은 인쇄매체 광고보다 라디오나 텔레비전 광고 또는 인터넷 광고나 DMB 광고에서 보다 높은 메시지 효과를 기대할 수 있다. 그러나 어떤 소리를 창의적으로 표현하면 인쇄광고에서도 청각의 시각화를 통하여 메시지를 색다르게 전달할 수 있으므로, 카피라이터는 마치 소리가 보이듯이 표현하는 연습을 게을리하지 말아야 한다. 이때 어떠한 서체(*typography*)로 소리를 표현했느냐에 따라 의성법의 성공여부가 달라진다는 점도 명심할 필요가 있겠다. 의성법을 활용한 카피사례를 제시하면 다음과 같다.

"톡! 내가 살아있는 소리." (카스맥주)

"사각사각!" (롯데칠성 사각사각 주스)

"와사삭!
이보다 더 싱싱할 수 있을까? 딤채에서 꺼낸 수박" (위니아 딤채)

"불 위에서 지글지글,
맛있는 버거킹으로 오세요!" (버거킹 불고기와퍼)

동음이의어법

동음이의어법(同音異義語法, *homonym*)이란 발음은 같지만 의미가 다른 단어나 구절을 적절히 조합하여 재치 있고 익살스럽게 표현하는 수사법이다. 은유법이 의미의 유사성을 이용하는 표현기법이라면, 동음이의어법에 의한 익살(*pun*)은 소리의 유사성을 이용하는 수사법이다. 익살에 이용된 단어는 대체로 두 가지 이상의 서로 다른 의미를 가지며, 단어의 의미를 어떻게 해석하느냐에 따라 문장 전체의 뜻이 달라진다.

동음이의어법을 활용하여 카피창작을 할 경우에는 두 가지 이상의 의미로 해석될 수 있는 적합한 단어의 사용이 가장 중요하다. 동음이의어는 하나의 발음으로 두 가지 의미를 나타낸다는 점에서 일발필도의 메시지 구성방법이라고 할 수 있다. 소비자들 역시 일상생활에서 표의문자인 한자를 많이 사용한다는 점에서, 동음이의어법은 카피라이터들에게 매장량이 풍부한 언어의 금광이 될 수 있을 것이다. 동음이의어법을 활용한 카피사례를 제시하면 다음과 같다.

> "樂! 소리나는 채널" (m.net) ← 감탄사 악, 즐거움.
>
> "과音하세요." (Jukeon) ← 과음(過飮), 많은 음악.
>
> "e - 편한 세상" (대림건설) ← 이렇게, 전자(electronics).
>
> "미스 김!
> 그 안[54]에서 사색에 빠져있는 동안
> 밖에서 기다리는 나는
> 사색이 돼가고 있는 거
> 알아?" (서울우유 칸 요구르트) ← 사색(思索), 사색(死色).

예를 들어, 〈그림 6-9〉에 제시한 카스맥주 광고 '톡' 편에서는 "톡!" 이라는 의성법을 활용하여 상품 메시지를 전달하고 있다. 즉, 맥주병을 딸 때 나는 소리인 '톡!' 을 광고

---

54. 화장실 안.

〈그림 6-9〉 카스맥주 '톡'편

의 핵심 메시지로 사용한 셈인데, 이는 맥주의 성분을 강조하기보다 맥주 마시는 기분과 분위기를 강조하는 경우이다. "내가 살아있는 소리"라는 카피 역시 '톡!' 하는 소리에 자신이 살아 있음을 느끼고 잔을 부딪치며 인생을 배운다는 의미를 강화시키고 있다. 이와 같이 의성어 하나를 이용하여 전체적인 광고의 느낌을 끌고 갈 수 있도록 하는 것도 소리의 수사법이 지닌 매력이다.

카피창작의 길 없는 길

어느 카피라이터의 '일과 후에 쓴 글'[55]

"일과가 끝나고 사람들은 거의 다 퇴근했다.…"

그 광고의 첫줄은 이렇게 시작된다. 〈그림 6-10〉에 제시한 광고회사 어윈 워시 앤 컴퍼니(Erwin, Wasey & Company, Inc.)의 자체광고 "일과 후에 쓴 글"(*Written After Hours*, 1939)은 지금 읽어 봐도 언제나 감동적이다. 이 광고에는 보다 돋보이는 광고 수사학 그 하나를 위하여 숱한 불면(不眠)의 밤을 지새우는 카피라이터의 직업철학이 고스란히 녹아 있다. 이 광고는 비단 한 광고회사의 광고철학을 담는 데 그치지 않고, 카피라이터라면 누구나 한 번쯤 생각하게 되는 "어떻게 사는 것이 카피라이터로서 올바로 사는 길일까?"라는 풀리지 않는 끝없는 의문에 한 줄기 빛으로 다가오는 때가 많다.

사람들이 다 퇴근한 다음, 혼자 남아서 광고 컨셉을 곱씹어 보기도 하고, 채택되지 않을 것이 불을 보듯 뻔한데 감성에 소구하는 광고안 하나를 추가로 더 만들어 보기도 하고… 그렇게 불면의 밤을 지새우다가 대단한 아이디어 하나를 건져 올린 다음에 회사문을 나서면 새벽의 찬바람이 상큼하게 몰려온다. 카피라이터라면 누구나 콧등을 스치는 새벽의 그 찬바람을 사랑했을 것이다. 하지만 그순간 마치 빚문서처럼 머리를 짓누르는 생각의 실꾸리가 둥둥둥 떠내려 올 때가 있다. 도대체 왜 이렇게 사는 걸까? 그때마다 '일과 후에 쓴 글'을 다시 읽어보면 언제나 큰 힘이 되어 준다.

아이디어 사냥을 위해 그렇게 밤늦게까지 야근을 하라고 "누가 요청한 것도 아니다. …순전히 자유의지(*free will*)에 따라서 그렇게 한 것이고, 그것에 대한 진정한 대가는 일이 잘되었다는 자부심뿐이다". 아무도 알아주지 않더라도 스스로 만족하면 된다. 마음이 내키는 쪽으로 아이디어를 몰고 가서 적어도 자신에게 부끄럽지 않을 정도로

55. 김병희(2001) "길 없는 길: 어느 카피라이터의 일과 후에 쓴 글." 《광고의 매혹》. pp.284~292를 바탕으로 광고 수사학의 맥락에서 일부 수정하였음.

〈그림 6-10〉 어윈 워시 앤 컴퍼니 '일과 후에 쓴 글'편(1939)

최선을 다하면, 카피라이터는 아이디어내고 카피쓰는 일에서 충분한 보람을 찾을 수 있다. 그 광고는 일을 하다가 괴로움에 빠질 때마다 마음을 따듯하게 토닥거려 준다. 자기 직업에 대한 철학도 없이 고통의 바다를 항해할 수는 없다. 그 광고는 카피 쓰는 일이 참을 수 없이 괴로워질 때마다 내면을 성찰하는 마음의 거울로 다가온다. 또한, 사소한 일을 하찮게 여길 때마다 그 일에서 얻는 작은 완성이야말로 더 이상 비할 데 없는 카피라이터의 보람이라고 가르쳐 준다.

다시, 일과 후에 글을 쓴다. 잊지 말자, 잊어버리지 말자, 하면서도 '일과 후에 쓴 글'의 가르침을 잊어버리는 때가 많다.

일과가 끝나고 사람들은 거의 다 퇴근했다. 몇 사람이 듬성듬성 자기 자리에서 썸

네일(*thumbnail*)을 그리고 있거나, 매킨토시 앞에 앉아 포토샵작업을 하고 있다. 충무로 원색분해집 외근사원이 오기를 기다리는 동안 컴퓨터 게임을 즐기는 사람도 있다. 모두들 고단한 모습으로 담배를 뻑뻑 피워대고 있으나 눈망울은 총총해 보인다. 저들의 가족들도 다 올빼미 눈을 하며 가장이 들어오기를 기다리고 있을 것이다.

오전에 있었던 살벌했던 창작회의 풍경이 아직도 머리 꼭대기에서 뱅뱅 맴돌고 있다. 내가 좀 참았어야 했다. 어차피 광고가 좋아서 이 바닥에서 만난 처지인데, 그 AE인들 애드 브리프를 그렇게 두루뭉수리 하게 쓰고 싶어서 그렇게 썼겠는가? 광고물을 준비하다 보면 전략이 뾰족하게 정리되지 않는 때도 많고, 쫓기는 시간 때문에 정말 번갯불에 콩 구워먹듯 광고시안을 만들어서 광고주에게 제시해야 하는 경우는 또 얼마나 많은가? 대안을 제시하지는 않은 채 상대방을 맹목적으로 몰아붙인 것은 참 무책임한 태도였다. 고백하건대, 그 당시에는 나에게도 아무런 대안이 없었다.

그렇지만 브리프에 정리된 광고컨셉이 말도 안 되는 소리라며 언성을 높였던 것은 현장사정을 전혀 몰라서도 아니었고, 그 AE가 이른바 '방향이 없는' 애매한 제작주문을 최근 들어 부쩍 자주 요구했기 때문이었다. 내가 그랬던 것은 무조건 덥석 일을 받아오지 말고 좀 걸러서 가져오라는 어쩔 수 없는 항의표시였다. 그는 참 명석하며 빛나는 논리를 가진 사람이다. 그런 그가 지금쯤 회의시간에 있었던 일을 망신으로 생각하며 곱씹고 있을지, 아니면 넓은 아량으로 웃어넘기고 곤한 잠에 빠져 있을지 궁금하다. 그는 "방향을 제대로 주지 못해서 미안하다"는 말을 반복했지만, 그인들 더 자세히 정리해주고 싶지 않아서 그랬을까? 카피라이터로서 광고의 등뼈를 곧추세우는 일에 신경 쓰지 않고 그냥 열심히 쓰기만 하겠다고 생각했더라면 이런 일도 없었을 것이다. 그러나 그렇게 생각하는 순간, 카피 쓰는 일을 그만 둬야 하지 않을까?

오전에 완성된 신문광고 시안을 보았을 때 미진한 구석이 있었다. 그 즉시 고쳤으면 되었을 텐데 왜 여태껏 찜찜한 기분이 풀리지 않는 것일까? 완성도가 떨어진 광고시안을 광고주에게 제시했다는 부끄러움 때문에 그러는 것이 아니다. 매킨토시 화면에서 레이아웃을 처음 보았을 때 별로 마음에 들지는 않았으나, 디자이너에게 "이렇게 고치면 어떨까? 아니면 말고"라는 식으로 아주 소극적인 입장만을 그에게 표현했다는 자책감이 몰려온다. 레이아웃에서 앵글이나 서체가 어색하게 표현되었을 때는 그가 누구든 상관하지 말고 바꿔 보자며 과감히 제안해야 하지 않았을까? 그런데 디자이너의 고유한 영역을 존중(?)한다는 미명하에 너무 쉽게 타협해 버린 건 아니었는지.

카피라이터는 카피라이터대로 디자이너는 디자이너대로 고유한 창조적 영역이 있겠지만 그 영역을 존중한다며 광고안에 문제가 있는데도 그대로 방치한다면 그것도 존중하는 것이라 할 수 있을까? 그렇지 않다. 건강한 비판과 끝없는 논쟁을 통하여 완성에 이르는 먼 길을 함께 가는 것이 진정으로 서로를 존중하는 태도이다. 전문가 집단이란 창조적 논쟁을 회피하지 않고 자기에게 쏟아지는 그 어떤 비판도 겸허하게 수용하되 창조적으로 발전시키는 사람들이다. 어느 선까지는 건드려도 되고 어느 선 이상을 건드리면 안 된다는 저 타성에 젖은 불문율이 광고 수사학의 무한한 영역을 가로막는 장애물로 작용하지는 않았을까? 자칫하면 상대방에게 영혼의 상처를 줄 수도 있지 않겠느냐는 그 왜소한 타협심 때문에 이렇게 괴로운 것이다. 비판하지 않고 침묵하는 자세는 광고 수사학의 정립에 조종(弔鐘)만 울릴 뿐이다. 카피라이터를 가로막는 장벽이란 있을 수 없다. 그 역도 마찬가지다. 언제든지 상대방을 찌르고 봉합하며 함께 나가야 한다. 왜냐하면 혼자 하는 것보다 여러 사람이 함께 팀을 이뤄 일할 때 더 좋고 더 정확한 광고를 만들 수 있기 때문이다.

또한, 저쪽에서는 작업에 빠져 시간 가는 줄 모르고 있는 디자이너의 열정이 형광등 불빛보다도 더 환히 빛나고 있다. 시간관계상 광고주에게 컬러시안을 제시하기 어려우니 정밀 썸네일(*thumbnail*)을 제시하기로 이미 AE와 합의했음에도 불구하고, 가능한 한 흑백시안이라도 제시하겠다며 저토록 밤을 밝히고 있는 그 열정에 경의를 표한다. 자기가 하겠다는데 누가 말릴 수 있겠는가?

오후에 녹음실에서 PD와 참 별스런 언쟁을 나눈 것은 가장 큰 보람으로 남는다. 그 텔레비전 광고는 우리가 함께 아이디어를 낸 것인데, 광고주가 그 아이디어를 한 번에 사주었기 때문에 기쁜 마음으로 촬영을 마칠 수 있었다. 녹음실에 나온 그는 며칠째 편집실에서 밤을 샜는지 부스스한 얼굴이었다. 편집본을 함께 보며 이미 확정된 카피를 붙여보는 즐거움이란 이루 말로 표현하기 어렵다. 어느 순간 나는 카피 한 줄을 날리자고 제안했다. 그 한 줄은 영상 이미지를 해칠 것 같았고 이미 도입부에 한 번 나오기 때문에 사족에 불과했다.

갑자기 눈이 휘둥그레 달라지던 그의 눈동자가 떠오른다. 그는 "물론 그럴 수도 있겠지만 한 번 더 강조해주면 소비자들에게 더욱 확실하게 침투할 수 있고, 영상과 카피가 부분적으로 엇나가는 것은 대세가 아니기 때문에 그 카피를 꼭 반복해야 한다" 며 고집을 피웠다. 미리 연습이라도 했었나? 그의 고집 앞에서 카피라이터는 기쁘게 백기를 들었던 것이다.

카피라이터는 카피를 빼자고 우기고 PD는 카피를 그대로 두자고 우기는 좀 별난 언쟁이었다. 그에게 결국 손을 들고 말았지만 정말 기분 좋은 승복이었다. 언제까지나 우리가 함께 일할 수 있다면 얼마나 좋을까? 언젠가 PD는 영상이 카피와 맞지 않으니 영상을 걷어내자고 우기고, 카피라이터는 그러면 안 된다며 고집을 피우는 그런 즐거운 논쟁이 또 일어날 수 있을 것이다.

저 유명한 광고의 거장들이 광고의 개념에 대해 모두 한마디씩 말했지만, 카피라이터의 가슴을 가장 크게 때리는 것은 "광고는 독가스(*poison gas*)" 라는 조지 루이스(George Lois)의 견해이다. 그에 의하면, 광고란 소비자의 눈에서 눈물을 자아내게 하고, 소비자의 신경조직을 흐트러뜨리며, 소비자를 완전히 KO시키는 독가스이다. 카피라이터는 가장 독한 독가스를 만들기 위해 언어의 칼날을 그토록 날카롭게 벼리는 사람들이다. 카피 한 줄의 무게와 함께 밤도 깊어간다. 빛나는 카피 한 줄이 여명의 안개 속에서 독을 품고 달려오는 때도 있다. 카피에 목을 매야 한다. 그렇지만 거기에 빠져 허우적거리는 일은 삼가야 한다. 정말 중요한 것은 드라마가 느껴지는 광고 아이디어를 생각해내는 일이니까.

아이디어, 또 아이디어, 독특한 광고 아이디어를 바탕으로 광고 수사학의 영역을 확장시켜 나가야 한다. 그래야 카피라이터는 카피만 쓰는 사람이라는 편협한 생각에서 벗어날 수 있으며 '광고의 등뼈' 를 곧추세울 수 있다. 등뼈가 튼튼하면 늙어도 쉽게 허리가 구부러지지 않는다. 광고에서도 마찬가지다. 카피는 광고의 등뼈이다. 아이디어가 들어있는 카피파워는 광고의 힘을 오랫동안 지속시키며 시간이 지나도 광고를 비틀거리게 하지 않는다.

카피라이터는 자신을 위해 존재하지 않는다. 그는 지금 순수예술을 하느라 늦은 밤까지 컴퓨터 앞에 앉아 있지 않고, 비즈니스를 하느라 머리에 쥐가 나도록 자판을 두드리고 있는 것이다. 시인이나 소설가가 되고 싶었다고? 아니면, 또 다른 그 무엇이 되고 싶었다고? 천만에, 지금은 달라졌어. 그가 어떤 꿈을 가졌는지 광고마을 사람들은 "아무도 몰라!" 지금 필요한 것은 오직 광고주를 위한 상업적 글쓰기일 뿐이다. 카피라이터의 반짝이는 아이디어와 그가 쓴 모든 글들은 결국 광고주를 위해 존재한다. 카피라이터가 광고주에게 주는 최고의 선물이란 돈과 시간으로는 환산하기 어려운 열정적인 마음으로 효과적인 카피를 쓰는 일이지 않겠는가.

그렇다면 카피라이터는 항상 자아의 부재상태에서 살아가는 것일까? 그렇지 않다. 알아서 스스로 찾고 채워가야 한다. 애초에 길은 없었다. 걸음마를 떼는 순간부터 길은 시작되며, 길을 나서는 순간에 벌써 광고 수사학은 저만치에서 카피라이터의 열정과 용기를 기다리고 있다. 자, 길을 떠나 탐스럽고 기름진 광고 수사학의 열매들을 따보자!

이 글 역시 일과 후에 쓴 것이다(This, too, was written after hours).

생_각_해_ 볼_ 문_제_

1. 동서양의 수사학적 전통을 개략적으로 설명하고, 그것이 광고 수사학의 개념정립에 어떠한 기준으로 작용할 수 있는지 논의해 보자.

2. 광고 수사학의 분류틀에서 비유의 수사법, 변화의 수사법, 강조의 수사법, 그리고 소리의 수사법에 대하여 기술해 보자. 또한, 4가지 수사법 범주에 세부적으로 어떤 표현기법들이 포함되는지 광고의 예를 들어 설명해 보자.

3. 다음 광고의 헤드라인 "음식을 먹다가 바퀴벌레 몇 마리가 나왔을 때 가장 기분이 나쁠까요?"는 변화의 수사법 중 의문법 헤드라인을 활용한 것입니다. 이 헤드라인을 비유의 수사법, 강조의 수사법, 그리고 소리의 수사법을 활용하여 각각 바꿔보자.

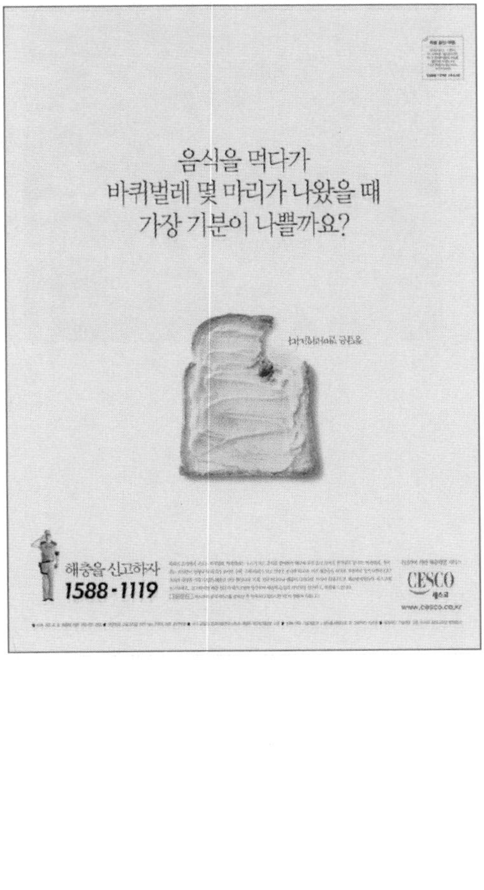

4. 음 헤드라인은 의성법과 의태법 그리고 생략법을 동시에 활용하고 있습니다. 언어적 메시지를 바탕으로 시각적 수사학을 완성한다고 생각하고 비주얼에 대한 아이디어 발상을 해보시오.

"째깍, 째깍, 째깍…
조마, 조마, 조마…
가끔은 지각생, 그러나 011이 있다." (스피드 011)

5. 다음 광고의 헤드라인은 "싸이월드는 아이스크림이다"라는 은유법을 활용하여 작성되었습니다. 서울우유의 '밀크마니아'편에서 은유법을 활용하여 "우유는 키스다," "우유는 락이다," "우유는 만화다"처럼 목표 소비자의 특성에 맞게 우유의 정의를 달리 하였듯이, 은유법을 활용하여 싸이월드에 대한 정의를 20가지 이상으로 새롭게 내려보자.

참고문헌

강승구 · 신용삼(1999). 《광고카피론》. 서울: 참미디어. pp.22~23.

강정문 역(1988). 《세계 광고회사의 광고 접근법: Saatchi&Saatchi의 The Brief》. 서울: 대홍기획. pp.23~26.

강태완(1999). "광고에 나타난 시각적 설득의 수사학에 관한 연구." 〈광고연구〉 43, pp.169~187.

강정문 역(1989). 《광고전략 모델의 소개와 평가》. 서울: 대홍기획. p.109.

강정문을 사랑하는 사람들의 모임 · 대홍기획 편저(2000). 《뭐가 그리 복잡하노? 짧게 좀 해라》. 서울: 청람문화사.

곽원섭 · 차경호(2001). "창의성을 위한 자원과 광고교육." 〈광고연구〉 53, pp.7~29.

구명철(2001). "광고문에 나타난 언어유희적 특성: 독일어 광고문과 우리나라 광고문의 사례를 중심으로." 〈한국광고학보〉 3(1). pp.62~87.

김광수(1999). 《광고학》. 서울: 한나래. p.281.

김동규(2003). 《카피라이팅론》. 서울: 나남출판.

_____(2006). "광고카피의 산출과정에 관한 근거이론 연구." 〈한국광고홍보학보〉 8(2). pp.106~157.

김병희(2000). 《광고와 대중문화》. 서울: 한나래.

_____(2000). "메시지의 탄생과 관계설정의 지도 그리기." 〈광고정보〉 10월호, pp.61~67.

_____(2001). 《광고의 매혹》. 서울: 연암사.

_____(2002). "광고 창의성에 관한 현상학적 연구." 〈광고연구〉 55, pp.183~207.

_____(2004). 《크리에이티브의 길을 묻다》. 서울: 살림출판.

_____(2004). "광고감독 윤석태 연구." 〈호서문화논총〉 18, 서원대학교 호서문화연구소. pp.1~39.

_____(2004). "한국과 중국 광고에 나타난 가치 패턴 비교." 〈광고학연구〉 15(3). pp.181~205.

_____(2004). "문화기술지적 수용자반응비평." 김영찬 편저. 《광고비평의 이해》. 서울: 한울. pp.224~247.

_____(2006). 《광고 오디세이》. 서울: 새문사.

_____(2006). "가치관의 차이가 국제광고 표현에 미치는 영향: 한미 간 비교문화연구." 〈한국광고홍보학보〉 8(3). pp.179~209.

_____(2006). "광고 창의성 평가에 대한 비평과 전망." 김병희 외. 《방송광고와 광고비평》. 서울: 나남출판, pp.109~133.

_____(2006). "광고 헤드라인의 유형 분류." 《2006년 연차학술대회 논문집》. 서울: 한국광고학회. pp.716~729.

_____(2006). "크리에이티브의 길을 묻다 45: 둥지를 떠날 날개를 달자—이어령 ①." 〈광고정보〉 4월호, pp.68~72.

_____(2006). "크리에이티브의 길을 묻다 46: 남다르게 접근하기—이어령 ②." 〈광고정보〉 5월호, pp.66~70.

_____(2006). "크리에이티브의 길을 묻다 53: 정신사의 궤적을 찾아서—이만재 ①." 〈광고정보〉 12월호, pp.106~110.

_____(2007). "크리에이티브의 길을 묻다 54: 시야각에서 벗어나기—이만재 ②." 〈광고정보〉 1월호, pp.87~88.

김병희·지우학(2004). "크리에이티브의 길을 묻다 26: 수평적 사고가 세상을 바꾼다—이용찬 ①." 〈광고정보〉 8월호, pp.34~41.

_____(2004). "크리에이티브의 길을 묻다 27: 벨칸토 창법으로 세상과 말 걸기—이용찬 ②." 〈광고정보〉 9월호, pp.38~45.

김병희·한상필(2001). "광고 Headline의 담론 구성에 관한 연구." 〈한국언론학보〉 45(특별호). pp.41~69.

_____(2006). "광고 창의성 측정을 위한 척도개발과 타당성 검증." 〈광고학연구〉 17(2). pp.7~41.

김수업(2006). "말뜻 말맛: '강한 바람' 만인가?" 〈한겨레〉. 7월 11일자, 30면.

김욱동(2002). 《수사학이란 무엇인가》. 서울: 민음사.

김완석(2000). 《광고심리학》. 서울: 학지사.

김완석·정미광(1999). "헤드카피의 문장형식에 따른 광고효과: 기억도, 브랜드 태도, 광고태도의 차이." 《한국광고학회 1999년 연차학술발표회 발표논문집》. pp.48~58.

김유경(1999). "호프스테드의 문화차원에 나타난 광고거리에 관한 연구: 크리에이티브 전략을 중심으로." 〈한국언론학보〉 43(4). pp.42~78.

김정우(2006). 《카피연습장1: 아이디어와 인쇄광고 편》. 서울: 커뮤니케이션북스. pp.174~199.

김정탁(1992). "기업 이미지 광고전략으로서 고전적 조건화 모델의 효용성: 여객 항공사 광고를 중심으로." 〈광고연구〉 15, pp.5~30.

김태형(1981). "풍요 속의 평작." 〈광고정보〉 12월호, p.61.

_____(1984). "잡종철학 무철학이 나의 카피 철학." 〈광고정보〉 9월호, pp.44~46.

_____(1993). "광고하는 사람이란." 〈광고계동향〉 11월호, p.3.

_____(1995). 《카피라이터 가라사대》. 서울: 디자인하우스. p.12.

_____(2002). "고맙습니다, 오길비 선생님." 〈광고정보〉 3월호, pp.9~11.

김 헌(2004). "아리스토텔레스의 구분: 시(詩)의 언어표현(*lexis poietike*)과 연설(演說)의 언어표현(*lexis rhetorike*)." 〈서양고전학연구〉 22, pp.1~31.

김현택 외(2004). 《심리학의 이해》. 서울: 학지사.

노린스, 김광규·최동만·손훈수 역(1998). 《크리에이티브 워크샵》. 서울: 한국광고연구원.

니시오타다히사(西尾忠久), 안준근 역(1986). 《효과적인 광고카피》. 서울: 오리콤 마케팅커뮤니케이션 연구소.

동방기획 TCR팀(1998). 《알수록 어려운 광고 알고 보면 쉬운 광고》. 서울: 동방기획. pp.14~15

드 무이, 김유경·전성률 역(1999). 《글로벌시대의 국제광고론》. 서울: 나남출판.

리대룡(1988). "한국 광고학의 정립이 시급하다." 〈광고정보〉 3월호, p.6.

_____(1990). "광고 크리에이티브와 창조 철학." 한국언론연구원 편(1990). 《세계의 광고》. 서울: 한국언론연구원. pp.162~199.

리브스, 권오휴 역(1984). 《광고의 실체》. 서울: 오리콤 마케팅커뮤니케이션 연구소.

리스·트라우트, 박길부 역(1994). 《마케팅 불변의 법칙》. 서울: 십일월출판사.

문영숙(2003). "텔레비전 광고의 가치소구에 대한 비교문화연구." 〈광고연구〉 59, pp.49~67.

박기철(2005). "소비자 조사 · 분석을 넘는 생활자 체험 · 이해." 〈한국광고홍보학보〉 7(3). pp.42~84.

박성철(2004). "설득전략으로서의 텍스트문체 분석: 표현영역(*elocutio*)을 중심으로." 〈텍스트 언어학〉 17, pp.511~541.

박영준(2001). "기업 슬로건의 언어적 기법에 대한 분석." 〈이중언어학〉 19, pp.273~297.

박영준·김정우(2004). "광고 언어와 수사법: 메시지 강조기법을 중심으로." 〈어문논집〉 49, pp.85~142.

박영준·김정우·안병섭·송민규(2006). 《광고언어론: 언어학의 눈으로 본 광고》. 서울: 커뮤니케이션북스.

박우덕(1997). "좋은 헤드라인보다 좋은 비주얼은 없다." 웰콤 사내 특강 자료(1997.9.6). 웰콤.

_____(2001). "광고인 하계대학 특강: 좋은 광고 하나가 세상을 바꿀 수도 있습니다." 〈광고정보〉8월호, pp.48~54.

_____(2006). "웰콤 사내 특강 자료(2006.4.25/ 5.8/ 5.30)." 웰콤.

박현주(1998). 《딱정벌레에게 배우는 광고 발상법》. 서울: 나남출판.

백운복(2006). 《글쓰기 이렇게 하면 된다》. 서울: 새문사. p.21.

서구원(2003). "광고 아이디어 발상을 위한 신 브레인스토밍 기법." 〈사보 LGAd〉 183, pp.66~69.

서구원·이두희·이인호(2006). "광고 크리에이티비티 향상을 위한 브레인스토밍(*Brainstorming*) 실증연구." 〈광고학연구〉 17(1). pp.77~100.

서장호(2001). 〈한국 속담을 이용한 광고 메시지의 유형과 광고효과에 관한 연구: 인쇄매체 광고 헤드라인을 중심으로〉. 홍익대학교 대학원 석사학위 논문. pp.49~52.

성영신·이일호·허연주·이지량(2002). "창의적 광고의 심리학적 메커니즘." 《한국광고학회 2002 연차학술대회 논문집》(pp.60~70). 한국광고학회.

송창석(2005). 《새로운 민주시민 교육방법: Metaplan을 이용한 토론렴嶽퓐회의 진행법》. 서울: 백산서당.

송치복(2003). 《생각의 축지법》. 서울: 디자인하우스. pp.62~123.

스티빈스, 송도익 역(1991). 《카피캡슐》. 서울: 서해문집.

신강균(1997). 〈광고전략 개발을 위한 래더링의 가치단계 분석: 제품특성과 라이프스타일을 중심으로〉. 한양대학교 대학원 신문방송학과 박사학위 논문.

신인섭(1975). 《광고 핸드북》. 서울: 매일경제신문사. pp.140~141.

_____(1978). "광고와 카피(*Copy*)." 〈커뮤니케이션연구〉 4, 경희대 신문방송학과 커뮤니케이션조사연구소, pp.25~38.

아당·본옴므, 장인봉 역(2001). 《광고논증: 찬사와 설득의 수사학》. 서울: 고려대학교 출판부. pp.93~101.

양승목(1997). "언론과 여론: 구성주의적 접근." 〈언론과 사회〉 17, pp.6~39.

양웅(2004). "상징의 의미와 광고 속의 상징."《광고와 상징》. 서울: 한국방송광고공사. pp.11~21.

양웅·김충현(2005). "광고표현의 수사적 특징 변화 연구: 1993년~2003년 국내 잡지광고를 대상으로." 〈광고연구〉 66, pp.239~265.

엄창호(2004). 《광고의 레토릭: 성공하는 광고제작을 위한 10가지 수사법》. 서울: 한울. pp.14~27.

오길비, 박종열 · 김명하 역(1984). 《오길비의 광고》. 서울: 평음사.

_____(1984). 《오길비의 고백》. 서울: 평음사.

오창일(2004). "$E = mC^2$." 《카피 발(發) 비주얼 착(着)》. 서울: 북코리아. pp.48~52.

_____(2006). 《광고 창작실》. 서울: 북코리아. pp.66~233.

우에조노리오(植條則夫), 맹명관 역(1991). 《카피교실》. 서울: 들녘. pp.31~87.

유창조(2000). "광고에 대한 평가요인의 효과에 관한 연구." 〈광고학연구〉 11(1). pp.35~51.

유창조·김광수 · 신강균 · 김철민 · 이화자(2001). "광고 창의성의 구성 및 선행 요인에 관한 연구." 〈광고학연구〉 12(3). pp.125~143.

윤석태(1987). "광고인 하계대학 지상중계: 커머셜 제작기법—리얼리티 철저히 추구해야." 〈광고정보〉 77, pp.50~56.

_____(1990). "커머셜 제작노트 2: 불신의 늪." 〈광고정보〉 110, pp.86~87.

_____(2001). 《윤석태 TV-CF 작품집 Q-30》. 서울: 도서출판 호미.

_____(2003). "영상은 누구나 만들지만 광고는 아무나 만들 수 없다." 〈광고계동향〉 147, pp.4~5.

_____(2005). 《영상 커머셜 제작》. 서울: 한국방송광고공사. pp.33~34.

윤준호(2007). "카피 혹은 아이디어를 위한 메타포 11: 스물과 스물하나." 〈광고정보〉 1월호, p.11.

윤태일(2006). "방송광고 비평의 미학적 기초: 광고와 예술의 접목을 위한 시론." 김병희 외. 《방송광고와 광고비평》. 파주: 나남출판, pp.21~54.

이강우(1987). "광고라는 직업." 〈광고정보〉 10월호, pp.94~95.

_____(1997). 《한국 TV광고 영상의 변천에 관한 연구》. 중앙대학교 신문방송대학원 석사학위 논문.

_____(2003). 《대한민국 광고에는 신제품이 없다》. 서울: 살림출판.

이귀옥·남경태·황장선(2003). "한국 텔레비전 광고의 메시지 전략에 관한 연구: 6분할 메시지 전략모델의 적용." 〈광고학연구〉 14(5). pp.285~307.

이낙운(1988). 《광고제작의 실제》. 서울: 나남출판.

이만재(1990). 《카피라이터 입문》. 서울: 고려원. pp.76~78.

_____(1994). "한국광고인물사 6: 카피라이터의 원형질 30년 김태형." 〈광고정보〉 8월호, pp.98~99.

이명천(1991). "다차원 척도(MDS) 분석에 의한 FCB 그리드 모델의 적용 가능성 평가연구." 〈광고연구〉 11, pp.247~269.

이수민(2003). 〈데이비드 오길비(David Ogilvy)의 광고이론과 그 적용사례에 관한 연구〉. 이화여대 디자인대학원 석사학위 논문.

이인구(1995). 《카피라이터 이인구가 본 세상》. 서울: 한국광고연구원.

이현우(1998). "광고 슬로건 및 브랜드 네임에 대한 언어학적 접근 연구." 〈광고연구〉 40, pp.125~145.

_____(1998). 《광고와 언어》. 서울: 커뮤니케이션북스.

_____(2002). "보고 또 보면 없던 정도 생긴다—에펠탑 효과." 《사람의 마음을 움직이는 설득 심리》. 서울: 더난출판. pp.123~129.

이현우·김병희(2002). 《광고 발상과 전략의 텍스트》. 서울: 북코리아. pp.303~309.

이화자(1998). 《광고표현론》. 서울: 나남출판. pp.56~57, pp.248~249.

이희복(2005). "광고의 수사적 비유로서 공명의 커뮤니케이션 효과." 〈커뮤니케이션학연구〉 13(2). pp.54~79.

_____(2006). "도시 브랜드의 슬로건 분석: 수사적 기법을 중심으로." 〈스피치와 커뮤니케이션〉 5, pp.69~102.

임태섭·김광수(1993). "광고 메시지의 질적 접근: 담론분석을 중심으로." 〈광고연구〉 21, pp.327~366.

장경희(1992). "광고 언어의 유형과 특성." 〈새국어생활〉 2(2). pp.65~80.

정승환(2006). "네모난 계란 나왔다." 〈매일경제〉, 2006년 4월 16일자.

조봉구(1984). "명 카피라이터 열전: 미 '카피라이터 명예의 전당'에 헌정된 거봉들." 〈광고정보〉 9월호, pp.35~41.

조재영(1994). "소비자의 관점에서 본 광고의 기능에 관한 연구: 소비자 유형을 중심으로." 〈광고연구〉 22, pp.255~286.

정우봉(2004). "18세기 중반 한국 수사학사의 한 국면: 안석경의 《삽교예학록》과 《삽교지문》을 중심으로." 〈수사학〉 1, pp.164~179.

최덕수 편역(1987). 《광고의 체크리스트》. 서울: 대광기획. pp.388~390.

최병광(2006). "카피는 카피가 아니다." 〈사보 LGAd〉 11/12월호, pp.8~10.

최윤식(1993). "David Ogilvy와 William Bernbach의 광고 철학에 관한 비교 연구." 고려대학교 정책과학대학원 석사학위 논문.

최인령(2005). "광고 메모리, 시적 메모리: 인지적 환기시학의 접근방법에 의한 시와 광고 슬로건의 관련성 연구." 〈불어불문학연구〉 64, pp.613~646.

캠벨, 문영숙 역(1999). 《광고전략워크북》. 서울: 커뮤니케이션북스. pp.137~157.

커밍스, 서기원 역(1995). 《18인의 광고 천재들》. 서울: 김영사.

케이플스, 송도익 역(1992). 《광고, 이렇게 하면 성공한다》. 서울: 서해문집, pp.17~95.

콜리, 윤선길·조한웅 역(1998). 《DARGMAR 광고이론》. 서울: 커뮤니케이션북스.

크로엘, 최길렬 역(1993). 《현대 커뮤니케이션 디자인: 그래픽 · 기호학 · 광고 · 컴퓨터》. 서울: 도서출판 국제.

포스터, 정상수 역(1999). 《잠자는 아이디어 깨우기》. 서울: 해냄출판사.

홍재욱(2002). "광고와 문화적 가치: 중국과 한국의 TV광고 비교." 〈광고학연구〉 13(4). pp.111~130.

황휘(2004). 〈외계어 헤드라인의 유사언어적 역할과 광고효과에 미치는 영향 연구〉. 연세대학교 언론홍보대학원 석사학위 논문.

히긴스, 이현우 역(2003). 《광고 글쓰기의 아트》. 서울: 북코리아. pp.39~70.

히로다까시(2003). "광고언어의 은유 유형과 특징: 한국어와 일본어의 자료를 중심으로." 박영준 외. 《광고언어연구》. 서울: 박이정. pp.291~335.

Altstiel, Tom & Jean Grow(2006). *Advertising Strategy: Creative Tactics From the Outside/In*. Thousand Oaks, CA: Sage.

Arens, William F.(1996). *Contemporary Advertising*(6th Ed.). Chicago, IL: Richard D. Irwin.

Baker, Stephen(1979). *A Systematic Approach to Advertising Creativity*. New York, NY: McGraw-Hill. pp.199~200.

Bandura, A.(1977). "Self-efficacy: Toward a Unifying Theory of Behavioral Change." *Psychological Review* 84. pp.191~215.

Barthes, Roland(1985). "The Rhetoric of the Image." *The Responsibility of Forms*. New York: Hill & Wang. pp.21~40.

Bendinger, Bruce(1988). *The Copy Workshop Workbook*. Chicago, IL: The Copy Workshop. p.28.

Bengston, Timothy A.(1982). "Creativity' s Paradoxical Character: A Postscript to James Webb Young' s Technique for Producing Ideas." *Journal of Advertising* 11(1). p.3.

Blasko, Vincent J. & Michael P. Mokwa(1986). "Creativity in Advertising: A Janusian Perspective." *Journal of Advertising* 15(4). pp.43~50, p.72.

Bly, Robert W.(1985). *The Copywriter' s Handbook*. New York, NY: Dodd, Mead & Company. pp.13~23.

Burnett, Leo(1995). *100 LEO's: Wit and Wisdom from Leo Burnett*. Chicago, IL: NTC Business Press. pp.52~72.

_____(1961). *Confessions of an Advertising Man*. Chicago, IL: Leo Burnett Company. p.77.

Burton, Philip Ward(1996). *Advertising Copywriting*(7th Ed.). Lincolnwood, IL: NTC Business Books. pp.13~113.

Caples, John(1957). *Making Ads Pay*. New York: Dover.

_____(1975). "Fifty Things I Have Learned in Fifty Years in Advertising." *Advertising Age*, September 22. p.47.

_____(1983). *How to Make Your Advertising Make Money*. Englewood Cliffs, NJ: Prentice-Hall. pp.23~37.

Cheng, Hong & John C. Schweitzer(1996). "Cultural Values Reflected in Chinese and U.S. Television Commercials." *Journal of Advertising Research* 36(3). pp.27~45.

Cohen, Dorothy(1981). *Advertising*(2nd Ed.). New York, NY: John Wiley & Sons, Inc. pp.185~188.

Cook, Guy(1992). *The Discourse of Advertising*. New York, NY: Routledge. pp.1~9, pp.130~136.

Cooper, Joel & Russell H. Fazio(1984). "A New Look at Dissonance Theory." *Advances in Experimental Social Psychology* 17. pp.229~266.

Csikszentmihalyi, Mihaly(1999). "Implications of a Systems Perspective for the Creativity." in Robert J. Sternberg(Ed.). *Handbook of Creativity*. New York, NY: Cambridge University Press. pp.313~335.

Davies, Mark A. P.(2000). "Using an Analytic Hierarchy Process in Advertising Creativity." *Creativity and Innovation Management* 9(2). pp.100~108.

de Mooij, Marieke(1998). *Global Marketing and Advertising: Understanding Cultural Paradoxes*. Thousand Oaks, CA: Sage.

_____(2004). *Consumer Behavior and Culture: Consequences for Global Marketing and Advertising*. Thousand Oaks, CA: Sage.

Dunn, Samuel Watson & Arnold M. Barban(1986). *Advertising: Its Role in Modern Marketing*(6th Ed.). New York, NY: The Dryden Press. pp.459~464.

Durand, Jacques(1987). "Rhetorical Figures in the Advertising Image." Jean Umiker-Sebeok(Ed.). *Marketing and Semiotics: New Directions in the Study of Signs for Sale*. Amsterdam: Mouton de Gruyter. pp.295~318.

El-Murad, Jaafar & Douglas C. West(2004). "The Definition and Measurement of Creativity: What Do We Know?" *Journal of Advertising Research* 44(2). pp.188~201.

Franzen, G.(1994). *Advertising Effectiveness*. Henley-on-thames, Oxfordshire, UK: NTC Business Publication.

Frazer, Charles F.(1983). "Creative Strategy: A Management Perspective." *Journal of Advertising* 12(4). pp.36~41.

Gabay J. Jonathan(2000). *Teach Yourself Copywriting*. Lincolnwood, IL: NTC Business Books.

_____(2005). *Gabay's Copywriter's Compendium: The definitive Professional Writer's Guide*. Burlington, MA: Elsevier.

Geertz, Clifford(1973). *The Interpretation of Cultures*. New York: Basic Books.

Gordon, Wendy(2006). "What Do Consumers Do Emotionally with Advertising?" *Journal of Advertising Research* 46(1). pp.2~10.

Heath, Rebecca Piirto(1996). "The Frontiers of Psychographics." *American Demographics*, July. pp.38~43.

Higgins, Denis(1965). *The Art of Writing Advertising: Conversations with Masters of Craft*. Lincolnwood, IL: NTC Business Books. p.93.

Hill, Railton & Lester W. Johnson(2004). "Understanding Creative Service: A Qualitative Study of the Advertising Problem Delineation, Communication and Response(APDCR) Process." *International Journal of Advertising* 23(3). pp.285~307.

Hofstede, Geert(1980). *Culture' s consequences: International differences in work-related values*. Newbury Park, CA: Sage.

Holbrook, Morris B.(1987). "The Study of Signs in Consumer Esthetics: An Egocentric Review." in Jean Umiker-Sebeok(Ed.). *Marketing and Semiotics: New Directions in the Study of Signs for Sale*. Amsterdam: Mouton de Gruyter. pp.72~122.

Johnson, Craig E. & Michael Z. Hackman(1995). *Creative Communication: Principles & Applications*. Prospect Heights, IL: Waveland Press.

Katz, E.(1959). "Mass Communication Research and the Study of Popular Culture: An Editorial Note on A Possible Future for This Journal." *Studies in Public Communication* 2. pp.1~6.

King, Janice M.(2006). *Copywriting That Sells High Tech*. United States: WriteSpark Press.

Klebba, Joanne M. & Pamela Tierney(1995). "Advertising Creativity: A Review and Empirical Investigation of External Evaluation, Cognitive Style and Self-Perceptions of Creativity." *Journal of Current Issues and Research in Advertising* 17(2). pp.33~52.

Kover, Arthur J., William L. James & Brenda S. Sonner(1997). "To Whom Do Advertising Creatives Write? An Inferential Answer." *Journal of Advertising Research* 37(1). pp.41~53.

Laskey, Henry A., Ellen Day & Melvin R. Crask(1989). "Typology of Main Message Strategies for Television Commercials." *Journal of Advertising* 18(1). pp.36~41.

Leo Burnett Company(1971). *Leo*. Chicago, IL: Leo Burnett Company.

MacGregor, James N.(1987). "Short-Term Memory Capacity: Limitation or Optimization." *Psychological Review* 94. pp.107~108.

Marra, James L.(1990). *Advertising Creativity: Techniques for Generating Ideas*. Englewood Cliffs, NJ: Prentice Hall. pp.16~63.

Marsteller, William A.(1981). *Creative Management*. Chicago, IL: Crain Books, p.38.

Maslow, Abraham H.(1970). *Motivation and Personality*(2nd ed.). New York, NY: Harper & Row.

McCracken, Grant(1986). "Culture and Consumption: A Theoretical Account of the Structure and Movement of the Cultural Meaning of Consumer Goods." *Journal of Consumer Research* 13(1). pp.71~84.

_____(1988). *Culture and Consumption: New Approaches to the Symbolic Character of Consumer Goods and Activities*. Bloomington, IN: Indiana University Press. pp.78~79.

McGuire, W. J.(1966). "The Current Status of Cognitive Consistency Theories." in S. Feldman(Ed.). *Cognitive Consistency: Motivational Antecedents and Behavioral Consequences*. New York: Academic Press. pp.1~46.

McQuarrie, Edward F. & David Glen Mick(1996). "Figures of Rhetoric in Advertising Language." *Journal of Consumer Research* 22(4). pp.424~438.

Messaris, Paul(1997). *Visual Persuasion: The Role of Images in Advertising*. Thousand Oaks, CA: Sage. pp.175~182.

Miller, George A.(1956). "The Magical Number Seven, Plus or Minus Two: Some Limits on Our Capacity for Processing Information." *Psychological Review* 63. pp.81~97.

Mitchell, Andrew A.(1986). "The Effect of Verbal and Visual Components of Advertisements on Brand Attitudes and Attitude toward the Advertisement." *Journal of Consumer Research* 13(1). pp.12~24.

Moriarty, Sandra E.(1991). *Creative Advertising: Theory and Practice*(2nd Ed.). Englewood Cliffs, NJ: Prentice-Hall. pp.197~200.

Moriarty, Sandra E. & Bruce G. Vanden Bergh(1984). "Advertising Creatives Look at Creativity." *Journal of Creative Behaviour* 18(3). pp.162~174.

Mowen, John C.(1988). "Beyond Consumer Decision Making." *Journal of Consumer Marketing* 5(1). pp.15~25.

Mueller, Barbara(1992). "Standardization vs. Specification: An Examination of Westernization in Japanese Advertising." *Journal of Advertising Research* 32(1). pp.15~24.

Muller, George H.(1973). *The Idea Trigger Session Primer.* Ann Arbor, Michigan: A. I. R. Foundation.

Naples, Michael J.(1979). *Effective Frequency: The Relationship Between Frequency and Advertising Effectiveness.* Association of National Advertisers Inc.

Ogilvy, David(1963). *Confessions of an Advertising Man.* New York, NY: Ballantine.

_____(1983). *Ogilvy on Advertising.* New York, NY: Crown Publishing.

O' Guinn, Thomas C., Chris T. Allen & Richard J. Semenik(2003). *Advertising and Integrated Brand Promotion*(3rd Ed.). Mason, OH: Thomson South-Western. pp.409~410.

Ohanian, Roobina(1990). "Construction and Validation of a Scale to Measure Celebrity Endorser' s Perceived Expertise, Trustworthiness, and Attractiveness." *Journal of Advertising* 19(3). pp.39~52.

Osborn, Alex F.(1948). *Your Creative Power: How to Use Imagination.* New York, NY: Charles Scribner' s Sons.

_____(1963). *Applied Imagination*(3rd Ed.). New York, NY: Scribners.

Paulus, P. B. & H. Yang(2000). "Idea Generation in Groups: A Basis for Creativity in Organizations." *Organizational Behavior and Human Decision Processes* 82(1). pp.76~87.

Petty, Richard E. & John T. Cacioppo(1984). "The Effects of Involvement on Response to Argument Quality and Quantity: Central and Peripheral Routes to Persuasion." *Journal of Personality and Social Psychology* 46. pp.69-81.

Plummer, Joseph T.(1974). "The Concept and Application of Life Style Segmentation." *Journal of Marketing* 38(1). pp.33~37.

Raphaelson, Joel(Ed.).(1988). *The Unpublished David Ogilvy.* Bloomsbury Way, London: Sidgwick and Jackson Limited. pp.54~55.

Reece, Bonnie B., Bruce G. Vanden Bergh & Hairong Li(1994). "What Makes a Slogan Memorable and Who Remember It." *Journal of Current Issues and Research in Advertising* 16(2). pp.41~57.

Reeves, Rosser(1961). *Reality in Advertising.* New York: Alfred A. Knopf. pp.47~48.

Reynolds, Thomas J. & Jonathan Gutman(1988). "Laddering Theory, Method, Analysis, and Interpretation." *Journal of Advertising Research* 28(2). pp.11~34.

Reynolds, Thomas J. & David B. Whitlark(1995). "Applying Laddering Data to Communications Strategy and Advertising Practice." *Journal of Advertising Research* 35(3). pp.61~70.

Ries, Al & Jack Trout(1981). *Positioning: The Battle for Your Mind.* New York, NY: McGraw-Hill.

Rokeach, M.(1973). *The Nature of Human Values.* New York: Free Press.

Rossiter, J. R. & G. L. Lilien(1994). "New Brainstorming Principles." *Australian Journal of Management* 19(1). pp.61~72.

Rubin, A., A. M. Perse & R. A. Powell(1985). "Loneliness, Parasocial Interaction, and Local Television News Viewing." *Human Communication Research* 12(2). pp.155~180.

Scott, Linda M.(1994). "Images in Advertising: The Need for a Theory of Visual Rhetoric." *Journal of Consumer Research* 21(2). pp.252~273.

Simon, Julian L.(1971). *The Management of Advertising.* Englewood Cliffs, NJ: Prentice-Hall.

Smith, Gerald F.(1998). "Idea-Generation Techniques: A Formulary of Active Ingredients." *Journal of Creative Behavior* 32(2). pp.107~133.

Solomon, Michael R.(1999). *Consumer Behavior*(4th ed.). Upper Saddle River, NJ: Prentice Hall.

Staats, A. W.(1975). *Social Behaviorism.* Homewood, IL: Dorsey Press.

Taylor, Ronald E.(1999). "A Six-Segment Message Strategy Wheel." *Journal of Advertising Research* 39(6). pp.7~17.

Tom, Gail & Anmarie Eves(1999). "The Use of Rhetorical Device in Advertising." *Journal of Advertising Research* 39(4). pp.39~43.

Trout, Jack & Al Ries(1979). "The Positioning Era: A View Ten Years Later." *Advertising Age*, July 16. pp.39~42.

Vanden Bergh, Bruce G., Leonard. N. Reid & Gerald A. Schorin(1983). "How Many Creative Alternatives to Generate?" *Journal of Advertising* 12(4). pp.46~49.

Vaughn, Richard(1980). "How Advertising Works: A Planning Model." *Journal of Advertising Research* 20(5). pp.27~33.

______(1986). "How Advertising Works: A Planning Model Revisited." *Journal of Advertising Research* 26(1). pp.57~66.

Young, Charles E.(2000). "Creative Differences between Copywriters and Art Directors." *Journal of Advertising Research* 40(3). pp.19~26.

Young, James Webb(1975). *A Technique for Producing Ideas.* Lincolnwood, IL: NTC Business Books.

Wells, William D.(1989). "Lecture and Drama." in Patricia Cafferata & Alice M. Tybout(Eds.). *Cognitive and Affective Response to Advertising.* Massachusetts: Lexington Books.

White, Alisa & Bruce L. Smith(2001). "Assessing Advertising Creativity Using the Creative Product Semantic Scale." *Journal of Advertising Research* 41(6). pp.27~34.

Zajonc, R. B.(1968). "Attitudinal Effects of Mere Exposure." *Journal of Personality and Social Psychology Monography Supplement* 9(2, Part 2). pp.1~27.

http://www.clioawards.com/html/wsj/riney.html

일반

ㄱ

ㅈ

ㅊ～ㅋ

ㅌ~ㅍ

ㅎ

기 타

인명

나남커뮤니케이션스 ⑥

나남신서 나남출판사의 책은 쉽게 팔리지 않고 오래 팔립니다 2007

1007 **사회복지 질적 연구방법의 이론과 활용**
에드먼드 셔먼·윌리엄 리드 편/
유태균(숭실대)·이선혜(중앙대)·
서진환(성공회대) 공역

1008 **한말애국계몽운동의 사회사**
신용하(前 서울대) 저

1009 **한국의 문화유산**
최정호(前 연세대) 저

1010 **증보 신채호의 사회사상연구**
신용하(前 서울대) 저

1014 **커뮤니케이션 이론**
세버린·탠카드/박천일(숙명여대)·
강형철(숙명여대)·안민호(숙명여대) 공역

1015 **학교와 사회복지실천**
한인영(이화여대)·홍순혜(서울여대)·
김혜란(서울대) 공저

1019 **사회복지연구조사방법론**
김환준(계명대) 저

1022 **민주주의는 실패한 신인가**
한스헤르만 호페/박효종(서울대) 역

1023 **일상문화읽기: 자기성찰의 사회학**
일상문화연구회

1025 **환경이 아프면 몸도 아프다**
시민환경연구소 환경보건위원회 편

1026 **브레이크아웃**
마틴 러스/임상균(ING은행) 역

1027 **수화의 이해와 실제**
이준우(나사렛대)·남기현(나사렛대) 공저

1030 **비언어적 커뮤니케이션론**
김우룡(외대)·장소원(서울대) 공저

1031 **대통령의 무혈혁명**
조용중(성곡언론문화재단 이사) 저

1035 **한국권력구조의 이해**
진영재(연세대) 편저

1036 **영원한 재야 대인 홍남순**
홍남순평전 간행위원회 편

1038 **한국사회 이해의 새로운 패러다임**
송호근(서울대) 편

1042 **강대국 국제정치의 비극**
존 미어셰이머/이춘근(자유기업원 부원장) 역

1043 **사회복지실천이론의 이해와 적용**
연세사회복지실천연구회 역

1045 **표류하는 한국경제, 활로는 없는가**
윤건영(연세대) 외 공저

1048 **남북경제통합론**
박상봉(미래한국신문) 저

1049 **질병의 사회심리학**
알랜 래들리/조병희(서울대)·
전신현(한국디지털대) 공역

1051 **영상경제학**
브루스 M. 오웬 · 스티븐 S. 와일드맨/
최양수(연세대) 역

1052 **현대 중국의 대외경제정책**
오용석(경성대) 저

1054 **세상은 꿈꾸는 사람들의 것이다: 참여연대 실천경영론**
박원순(아름다운 재단) 저

1055 **사회과학 데이터 분석법 ③: 인자분석·Q방법론·MDS·생존분석·LISREL**
오택섭·최현철(고려대) 공저

1056 **시각영상 커뮤니케이션**
신항식(홍익대 겸임교수) 저

1058 **범죄학 이론**
로널드 L. 에이커스 · 크리스틴 S. 셀러스/
민수홍(경기대) 외 공역

1059 **공영방송론: 한국의 사회변동과 공영방송**
강형철(숙명여대) 저

1060 **한국의 내일을 묻는다**
정범모(한림대 석좌교수) 저

1063 **뛰는 스포츠, 나는 마케팅**
에비즈카 오사무/휘닉스커뮤니케이션즈
마케팅플래닝본부 역

1064 **9 · 11의 충격과 미국의 거대전략**
존 L. 개디스/강규형(명지대) 역

1065 **에로스와 문명**
허버트 마르쿠제/김인환(고려대) 역

1066 **대한민국 어디로 가야 하나**
김진현(세계평화포럼이사장) 외 공편

1068 **변화하는 세계 바로보기**
하영선(서울대) 외 공저

1069 **21세기 동북아 국제관계와 한국**
이승철(한양대) 외 공저

1071 **한국 원민족 형성과 역사적 전통**
신용하(한양대 석좌교수) 저

1073 **김일성시대의 중소와 남북한**
오진용(포스코경영연구소 연구자문위원) 저

1074 **한국전쟁과 미국 외교정책**
윌리엄 스툭/서은경(AFX NEWS) 역

1075 **한국 경제의 인프라와 산업별 경쟁력**
이근(서울대) 외 공저

1076 **열린 통상대국**
안세영(서강대) 외 공저

1077 **인적 자원의 확충과 보호**
안종범(서울대) 외 공저

1078 **한국사회의 세대문제**
박재홍(경상대) 저

1079 **사람이 나라의 미래**
중앙인사위원회 편

1080 **가족복지론**
김연옥(서울시립대) 외 공저

1081 **시각영상기호학**
신항식(홍익대 겸임교수) 저

1082 **천도반대운동의 사회학**
김형국·최상철(서울대) 공편

1083 **디지털시대의 방송미디어**
김규(서강대 명예교수)·전환성(청주대)·
김영용(서강대) 공저

1084 **도시와 인간**
여홍구(한양대) 외 공저

1085 **김대중 정권의 흥망**
〈비화 국민의 정부〉 동아일보
특별취재팀 저

1086 **정책 · 행정 서비스의 업그레이드**
송하중(경희대) 외 공저

1088 **사회복지조사방법론**
최성재(서울대) 저

1090 **프로젝트 청계천: 갈등관리 전략**
황기연·변미리(서울시정개발연구원)·
나태준(연세대) 공저

1091 **한국영화 정책사**
김동호(동서대 객원교수) 외 공저

1094 **시각영상 세미나 ③, ④**
신항식(홍익대 겸임교수) 저

1097 **떠날 것인가 남을 것인가**
앨버트 O. 허쉬만/강명구(아주대) 역

1099 **영화마케팅 PR론**
이수범(인천대) 저

1101 **재벌의 사업구조와 경제력 집중**
송원근(진주산업대)·이상호(참여사회
연구소) 공저

1102 **재벌의 재무구조와 자금조달**
이윤호(순천대) 저

나남커뮤니케이션스 ⑦

나남신서 나남출판사의 책은 쉽게 팔리지 않고 오래 팔립니다 2007

1103 **재벌의 소유구조**
김진방(인하대) 저
1104 **재벌의 경영지배구조와 인맥 혼맥**
김동운(동의대) 외 공저
1105 **재벌의 노사관계와 사회적 쟁점**
강신준(동아대) 외 공저
1106 **동아시아 안보공동체**
한용섭(국방대) 외 공저
1108 **비교빈곤정책론**
김상균·조흥식(서울대) 외 공저
1107 **법·정치와 현실**
안경환(서울대) 외 공저
1109 **사회복지자료분석론**
최성재(서울대) 저
1110 **설득 커뮤니케이션**
김영석(연세대) 저
1111 **지역사회복지론**
감정기(경남대) 외 공저
1113 **새로운 한국경제발전사**
이대근(성균관대) 외 공저
1114 **현대중국의 이해**
김익수(고려대) 외 공저
1116 **새로운 제국-중국**
로스 테릴/이춘근(자유기업원 부원장) 역
1118 **한국현대사: 진실과 해석**
전상인(서울대) 외 공저
1123 **학문의 조건**
정범모(한림대 석좌교수) 저
1124 **한국 보수세력 연구**
남시욱(세종대 석좌교수) 저
1125 **미국의 대전략: 외교정책과 군사전략**
로버트 J. 아트/김동신(前 국방부장관)·이석중(국방대) 공역
1126 **위기의 교육과 교육시장**
앤드류 코울슨/서은경(AFX NEWS) 역
1128 **지역사회복지실천론**
강철희(연세대), 정무성(숭실대) 공저
1129 **사회복지정책론**
이태복(사) 인간의 대지 이사장), 심복자(사) 인간의 대지 상임이사) 공저
1130 **공정거래정책혁신론**
신광식(연세대 겸임교수) 저
1131 **의사소통행위이론 1, 2권**
위르겐 하버마스/장춘익(한림대) 역

1135 **일본의 국가전략과 안보전략**
배정호(통일연구원 선임연구위원) 저
1138 **땅은 사유재산이다**
김정호(자유기업원 원장) 저
1139 **디지털시대의 방송편성론**
한진만(강원대), 심미선(순천향대) 외 공저
1140 **직업으로서의 학문**
막스 베버/전성우(한양대) 역
1141 **사회문제와 사회복지**
표갑수(청주대) 저
1142 **파워브랜드를 만드는 광고전략**
김원규(Communications 'of Cours') 저
1143 **미국법 오해와 이해**
이수형(동아일보) 저
1145 **후진타오 시대의 중국정치**
조영남(서울대) 저
1146 **한국언론인물사상사**
조맹기(서강대) 저
1148 **한국의 법문화**
김정오(연세대) 저
1151 **정보화시대의 신성장국가론**
홍성걸(국민대), 윤석만(포스코) 외 공저
1152 **마케팅커뮤니케이션의 통합과 온광고론**
김일철(동의대), 돈 E. 슐츠(미국 노스웨스턴대) 공저
1153 **복지국가의 태동**
송호근(서울대), 홍경준(성균관대) 공저
1155 **황우석사태와 한국사회**
김세균·최갑수(서울대), 홍성태(상지대) 외 공저
1156 **민족일보연구**
김민환(고려대) 저
1157 **노예의 길**
프리드리히 A. 하이에크/김이석(국회예산정책처) 역
1158 **종교사회학의 이해**
이원규(감리교신학대) 저
1159 **방송대본 이렇게 써라**
한소진(드라마 작가) 저

1160 **여성과 자유**
웬디 맥엘로이 편/서은경(AFX NEWS) 역
1167 **한국 세기 뛰어넘기**
권태준(前 서울대) 저
1168 **정신보건과 사회복지**
양옥경(이화여대) 저
1171 **도선국사 풍수비법**
리귀홍(전통풍수지리학회장) 저
1174 **인간·경제·국가 ①, ②**
머레이 N. 라스바드/전용덕(대구대), 김이석(국회예산정책처) 공역
1176 **공공의료제도의 치명적 위험**
리처드 A. 엡스타인/안진환(인트랜스번역원) 역
1179 **다시 광장에서**
송호근(서울대) 저
1181 **민주주의와 법원의 위헌심사**
존 하트 일리/전원열(대법원 재판연구관) 역
1188 **현실주의 국제정치학**
이춘근(자유기업원 부원장) 저